本书获得岳麓书院国学研究与传播中心经费资助

岳麓书院 国学文库

朱汉民◎主编

Lili Shuangzhang
Zhuxi Lixue Sixiang Tanwei

礼理双彰

朱熹礼学思想探微

殷 慧◎著

中华书局

图书在版编目（CIP）数据

礼理双彰:朱熹礼学思想探微/殷慧著. —北京:中华书局,
2019.3
（岳麓书院国学文库/朱汉民主编）
ISBN 978-7-101-13654-8

Ⅰ.礼… Ⅱ.殷… Ⅲ.朱熹(1130~1200)-礼仪-思想评论
Ⅳ.①B244.75②K892.9

中国版本图书馆 CIP 数据核字（2018）第 289189 号

书　　名	礼理双彰:朱熹礼学思想探微
著　　者	殷　慧
丛 书 名	岳麓书院国学文库
丛书主编	朱汉民
责任编辑	胡正娟　黄飞立
出版发行	中华书局
	（北京市丰台区太平桥西里 38 号　100073）
	http://www.zhbc.com.cn
	E-mail:zhbc@zhbc.com.cn
印　　刷	北京瑞古冠中印刷厂
版　　次	2019 年 3 月北京第 1 版
	2019 年 3 月北京第 1 次印刷
规　　格	开本/710×1000 毫米　1/16
	印张 29　插页 2　字数 360 千字
印　　数	1-2000 册
国际书号	ISBN 978-7-101-13654-8
定　　价	88.00 元

岳麓书院国学文库总序

"岳麓书院国学文库"即将陆续出版。借为这个文库作"总序"的机会,我想讨论以下这样几个问题:现代世界已经发生了惊人的变化,传统国学还有什么意义呢?"国学"是一门独立的学科吗?国学与岳麓书院有什么密切的联系?

一、国学的意义

我认为,对现代中国和世界而言,国学至少有四个层面的重要意义。

第一,国学能够为现代人的个体精神需求提供思想营养。中国正面临社会的急剧变革,每个人的命运正在发生很大的变化,每个人的行动也有更多的选择自由,但是,能够给我们驾驭命运的精神方向、作出行动选择的人生智慧却严重不足。现代中国人往往会感到是非的迷茫、得失的困扰,同时引发对生命意义的追问。社会底层民众是这样,那些成功人士也是如此。儒家、道家、佛家的经典,诸子百家的思想,对人生意义的选择,包括是非的迷惘、毁誉的困扰、得失的彷徨,以及对人生终极价值的选择,都能够提供很多很好的思想营养。今天很多人思考的问题,其实古代先贤都思考过，而且有非常好的解决办法。我们回头去看经典，原来我们的老祖宗已经有很好的思考了。

　　第二，国学能够满足当代社会建立和谐社会的需求，并提供重要的文化资源。在中国的现代化转型过程中，我们正面临着种种社会问题和思想危机。我们常常感到人与人之间越来越缺乏信任，我们不相信超市里买来的食品是否安全，我们怀疑来自陌生人的帮助是否藏着恶意，我们甚至还在讨论见到老人摔倒该不该扶起，还有许多人损人利己的做法，已经到了完全不能容忍的地步。诚信危机、道德危机成为我们建立和谐社会的大敌。大家都在想，怎么来制止相关恶劣事件的发生，怎么来建立一个有诚信、有道德的和谐社会。中国传统国学，对于如何建立有诚信、有道德的和谐社会，有着一系列重要的思想，中国传统的仁爱思想、忠恕之道，仍然可以成为建构现代和谐社会的价值理念，"己所不欲，勿施于人"，仍然是我们建立有诚信、有道德的和谐社会的金科玉律。

　　第三，国学能够为当代中华文明的崛起提供重要的支撑力量。当前的"国学热"其实和中华文明的崛起有着密切关系。中国崛起与中华文明崛起不是一个概念。中国崛起是指一个独立的中国在政治上、经济上的强大，而中华文明崛起则是强调一种延续了五千年的文明体系在经历了近代化、全球化的"浴火"之后，重新成为一个有着强大生命力的文明体系。在世界文明史上，中华文明是唯一历经五千年而没有中断的原生形态的古文明，并且一直保持其强大的生命力，位居世界文明的前列。但是，中国近代史是一部中国被瓜分、被侵略的历史，在这个历史过程中，中国人开始失去文明的自信。其实，近代中国学习、吸收西方先进文明是非常正确的，但是我们必须坚持中华文明的主体性，采取对自我文化的虚无态度是非常不应该的。我们必须有一种文明的自我意识，我们要认识到，现代化中国的崛起，离不开中华民族文化精神的崛起。我们活下来并且能够昂首挺胸的不仅仅是我们的身体，首先应该是我们高贵的精神和灵魂！那么，我们高贵的精神和我们的灵魂是如何形成的呢，其实，就是国学熔铸了我们的精神和灵魂。正是从这个意义上说，国学能够为当代中华文明的崛起提供重要的支撑力量。

第四，国学能够为 21 世纪新的人类文明建构做出重要的贡献。我一直认为，中国国学里面所包含的许多价值观念，比方说仁爱、中和、大同，不仅仅对中华民族具有重要的意义，同时，它们一定能够成为具有全球性的、普遍意义的价值观念，能够弥补某种单一文明主导的价值观念的缺失。西方文明一直在坚持他们倡导的许多核心价值。其实，中华文化近代化的过程，就是一个接受这种西方价值的过程。但是，许多中国人在此过程中，却忽略或者忘记了中华文明中的价值理念。特别是在整个 20 世纪的文明史上，以西方为主导的现代文明已经暴露出越来越多的弊端。21 世纪建构的人类文明，一定是一种多元一体的文明，而延续五千年没有中断的中华文明，一定会对 21 世纪的人类文明建构做出自己的贡献。

二、国学是一门独立的学科

尽管国学如此重要，但对国学是否可以成为一个独立学科，学界内部还存在着不少疑虑与分歧。人们首先会问，国学的确切定义是什么？其实，"国学"有非常明确的内涵和外延。首先，"国学"的"国"应该是指中国，这个很明确。其次，这个"学"就是指传统学术，即中国传统的知识体系与价值体系，这种知识体系与价值体系总是要通过文字、典籍的形式固定和保存下来。中国古代文献典籍有经、史、子、集，所以今天人们所说的国学往往也分为经、史、子、集。

人们又会进一步追问：国学的知识构架和学理依据是什么？当然，国学之所以可以成为一个独立学科，必须要有两个重要条件：其一是国学学科体系的内在条件，即国学体系的知识构架和学理依据；其二是国学的外在条件，即国学能否具有现代学术视野而能得到普遍承认并开展广泛的或全球化的学术交流。

国学这门学科，之所以在学界还有不少疑虑与分歧，与它在当代中国学术体制内的处境有关。现在大学院系的分科，基本上是近代引进西学而建立起来，分为理学、工学、文学、历史、哲学、艺术、宗教、政治学、教育学等。尽管近些年各个大学纷纷创建了国学院，但是国学在当代中国的学术体制内并无合法性的身份。这样，我们延续几千年的中国传统国学，在这种学科体制下只能变成其他学科的材料。比如国学中最重要的经学，在现代大学的学科中就没有合法的独立地位，我们不能独立地研究、学习经学，只能够将其分别切割到文学、历史学、哲学、政治学、法学、宗教学、教育学的不同学科。这样，国学中的经、史、子、集的不同门类知识，全部被分解到了文学、历史、哲学、艺术、宗教、政治学、教育学的不同学科视野里面，变成其他不同学科的材料。

近代引进的文学、历史、哲学、艺术、宗教、政治学、教育学的不同学科，对于拓展我们对中国传统学术的研究视野，确实有它的长处，但也有其短处。中国传统学术是一个有着密切联系的有机整体，其知识体系和价值体系有着内在联系。当我们用各门现代学科把传统国学分割之后，就有可能失去原来知识体系的联系和特点。每一种知识体系或学科框架，实际上是我们人类把握世界的一种具有主观性因素的图式。不同文明有不同的把握世界的图式，西方知识学有它自己的长处，中国传统知识体系也有自己的长处，譬如中国的知识传统具有整体性、实践性、辨证性的特点，以此成就了中华文明的世界性贡献。正因为如此，研究中国传统学术，应该保持对其原文化生态的、有机整体的学问特点的思考。国学作为这样一种原文化生态的、有机整体的学问特点，有它存在的必要性和合理性。

　　其实,在讲到中国"国学"合法性的时候,我们还可以暂且借用西方大学的"古典学"的概念。在西方世界许多大学都设立了古典学系。这个古典学研究什么呢? 它最初是以古希腊、罗马的文献为依据,研究那个时期的历史、哲学、文学等。古典学的特点是注重将古希腊、罗马文明作为一个整体来研究,而不是分别研究古希腊、罗马时期的历史、哲学、文学。在西方,古典学一直是一门单独的学科。我们认为,"国学"其实也可以说是"中国古典学"。如果我们用"中国古典学"来说明中国"国学",可以提供"国学"作为一门独立学科的上述两个条件。一方面,在几千年的漫长历史中,中国形成了建立自己特有的具有典范意义的文明体系。建立"中国古典学",也就是以中国古人留下的历史文献为依据,将中华文明作为一个整体来研究。由于"中国古典学"是以中国传统学术体系为学科基础,这是一门从学术范式到知识构架、学理依据均不同于现有的文学、历史、哲学学科的独立学科,这是"中国古典学"得以确立的内在条件。另一方面,由于"国学"概念仅仅能够为中国人自己使用,西方人则只能使用汉学,以"中国古典学"来定义原来的国学,"国学"具有了知识共享、学术交流的现代学科的要求,并能兼容国学、汉学,为中外学者所通用,这是国学能够具有现代学术视野并能开展国际学术交流的外在条件。

三、国学与岳麓书院

　　书院是一种由古代儒家士大夫创办并主持的学术教育机构,它形成了一套独具特色的组织制度、基本规制、讲学形式,对中国传统学术文化的发展做出了不可磨灭的历史贡献。书院继承、发扬了中国优秀的教育传统,表现出儒家士大夫那种追求独立的学术思考、人格自由的精神。书院将中国传统教育和传统学术发展到一个高级阶段,从而促进了中国文化的蓬勃发展，宋、元、明、清学术文化思潮迭起，无不与书院这种独特学术教育机构有着密不可分的内在联系。

岳麓书院是中国书院的杰出代表，在中国教育史、中国学术史上具有十分重要的地位，因其有着悠久的办学历史和卓著的学术成就，受到古今人们的普遍敬仰。继先秦诸子等学术思潮之后，两宋时期兴起了理学思潮。理学以复兴先秦儒学为旗帜，要求重新解释儒家经典，力图使儒家文化在新的历史时期得以振兴；同时，它又吸收、综合了佛、道两家的学说，将儒学发展为一种具有高深哲理的思想体系。岳麓书院创建于宋代，很快成为新兴理学思潮的大本营，学术界一大批有影响的著名理学家纷纷讲学于此。南宋乾道年间，被称为"东南三贤"之一的张栻主持岳麓书院讲席，在此聚集了一大批理学之士，并且形成了当时学界很有影响的湖湘学派。同时，后来被称"致广大，尽精微，综罗百代"的著名理学家朱熹两次在岳麓书院讲学传道，更是形成了学术鼎盛的历史局面。岳麓书院成为宋代学术文化史最著名的四大理学基地之一。以后，许多著名理学家纷纷来此讲学。南宋后期，著名理学家真德秀、魏了翁讲学岳麓书院；明代中叶以后，理学思潮中的心学一派王阳明及其弟子王乔龄、张元忭、季本、邹元标等亦纷纷来岳麓书院讲学，使岳麓书院因新兴的心学思潮再度发挥极其重要的学术大本营的作用。明清以来，中国学术文化又发生重大变革，先后出现清代理学、乾嘉汉学、今文经学等不同的学术思潮，而岳麓书院一直是不同时期内学术思潮的重镇，从而推动着中国传统学术的创新发展，继续在中国学术领域发挥重要的作用。可见，岳麓书院在一千多年的办学过程中，一直是中国传统国学的重镇。宋以后的各种学术思潮、学术流派均以它为学术基地，如宋代理学派、事功学派，明代心学派、东林学派，清代乾嘉学派、今文学派等等，许多学术大师如朱熹、张栻、陈傅良、王阳明、王文清、王先谦、皮锡瑞等在这里传道授业，培养了一代代国学领域的著名学者。

　　光绪二十七年(1901)，清政府下诏全国各地改书院为学堂，岳麓书院也于1903年改为湖南高等学堂，后来又改为湖南高等师范学堂、湖南大学。但岳麓书院遗址在战乱年代，一度受到严重损害。从20世纪80年代开始，湖南大学全面修复岳麓书院，经过二十年的努力，岳麓书院古建全面修复，基本上恢复了历史上办学最盛时期的建筑规制。与此同时，我们启动了岳麓书院国学研究、教育的复兴工程。近二十多年来，岳麓书院培养、引进了一批国学研究的学者，逐步获得学士、硕士、博士学位点及博士后流动站。岳麓书院学术、教育功能的恢复，是建立在现代高等教育体制及学科建设基础之上的。今天的岳麓书院已经成为国学复兴的重镇。岳麓书院的明伦堂仍是讲授国学的讲堂；朱熹、张栻"会讲"的讲堂仍在举办国学论坛，斋舍也仍然是学者从事国学研究的场所。古代学术传统内核的经学、理学、诸子学、史学及其相关的知识学问，均成为岳麓书院的主要学习内容和重要研究方向。国学是在中国传统文化生态中逐渐形成的一种学术文化类型，作为一种具有民族主体性的学术文化，国学确实不同于西学，因为它有不同于西学的文化土壤与生态环境。从这个意义上说，国学与书院有着共生的独特文化背景。

　　我们有一种传承中华学脉的强烈愿望，希望推动岳麓书院学术的现代复兴。岳麓书院的现代复兴，是在中华民族伟大复兴的背景下发生的一个重要文化教育现象。我们相信，在中华民族伟大复兴之际，我们完全可以做好书院文化传统的转换、创新工作。所以，我们编辑、出版"岳麓书院国学文库"，也是与传统国学的当代复兴有着密切关联的。我们希望有更多的书院、学者加入到这个行列来，盼望国学界的研究者能够不断赐稿，共同推动当代国学的繁荣！

朱汉民

甲午年于岳麓书院文昌阁

序

　　我很乐意为殷慧此书《礼理双彰：朱熹礼学思想探微》撰写序言。在过去一个世纪，几乎所有中国学者都对儒家礼仪研究视而不见或避之不及，现在反而有不少卓越的中国年轻学者愿意投身其中，殷慧就是其中一位。殷博士这类学者力求以客观的、历史的和有力的视角理解礼仪，而不是走向极端，以致将传统礼仪习俗理想化或妖魔化。

　　学术界对礼学的忽视，主要是回应了 1915 年开始的新文化运动对儒家礼仪的仇视。1919 年开始的五四运动愈发加深了这种仇视。在载于第一年《青年杂志》的《敬告青年》一文中，陈独秀指责儒家传统培养了中国人奴性重、保守、被动和对其他文化缺乏兴趣的性格。为了加入现代世界、拯救国家，陈独秀主张中国年轻人独立、进步、有进取心及具备世界观。这种对儒家礼制和价值观的大力鞭挞影响了五四运动，亦反映在巴金、鲁迅那里及当时各种文学作品中。在这种仇视的氛围中，当时的许多学者都响应了对儒家的指控，回避从任何正面角度研究儒家礼制如何影响中国的发展。

　　进入 21 世纪，越来越多的中国学者开始以比较正面的态度来看待儒家礼仪。事实上，除了学者对儒家礼仪感兴趣外，许多其他组织亦提倡在当代中国社会复兴儒家礼仪。当然，正在阅读殷教授此书的读者会比我这个身处海外的旁观者更了解礼学的兴起和传统礼仪在中国的流行程度。而中国国内的礼学转向也引起了不少海外学者的注意。我和我的女儿田梅合作了一系列关于儒家嫁娶礼仪现代复兴的文章，其中就涉及朱杰人等学者如何革新《朱子家礼》中有关嫁娶礼仪的内容。

在知悉殷博士湖南大学的博士论文研究后，我就一直留意她在这方面的研究。我首次知悉殷慧的研究是通过我的朋友，即殷慧在岳麓书院的老师肖永明教授。其后，我通过电邮和她讨论其研究。我对她的研究印象深刻，所以当肖教授建议她来亚利桑那州立大学几个月与我合作研究时，我立即答应并向她发出邀请函。那时，她仍然忙于她的论文，而中国方面亦未批准她的资助申请。2010 年，我因富布莱特项目资助去了中国，终于有机会和殷慧见面。那年春天，她到武汉参加了几场我在武汉大学和华中科技大学的演讲。之后，她陪我到湖南大学岳麓书院进行另一场演讲。我们在旅程中有许多分享研究兴趣的机会。我向朱杰人教授推荐殷慧加入我们在清华大学朱熹国际会议中的一个讨论小组，殷慧是当中最年轻的论文发表者。会后，她得到了国家留学基金委的资助。2012 年 12 月，我终于可以在亚利桑那州立大学欢迎她来进行为期一年的研究。

来到美国一个月，殷慧就用英文在 2013 年美国历史协会年会上发表了一篇论文。美国历史协会是首个由美国历史学者成立的组织，要加入其中一个小组，竞争很激烈。此外，大部分小组的研究集中在北美或西欧历史。虽然大部分东亚学者都知道儒家经典对历史的重要性，美国历史协会仍然只会在接受中国历史小组的申请以后，选择一些与中美关系或现代中国相关的题目进行核准。因此，美国历史协会能够接受我们成立中国经典研究小组，可以说是一种成就。我和殷慧合写文章，但我坚持由她在会议上以英文发表。我对她愿意接受挑战感到自豪，尤其是考虑到她来美国不到一个月。在经过多番讨论及修改后，我们在《道：哲学比较研究》期刊上发表了英文版，并于 2014 年在《中国哲学史》期刊上发表中文版。文章以戴震对朱熹的批评带出两个论点：第一，在何种程度上朱熹的"四书"研究削弱了"五经"在宋代的地位？第二，朱熹的哲学理论如何削弱了礼仪和礼制的传统地位？

　　在殷博士来亚利桑那州立大学前，我已将她的几篇文章列入新开设的中国礼仪和政治研究生导读班的书目。2013 年春，她加入了我的一个中国思想研究的研究生导读班。在班上，研究生用数星期阅读一些有关礼仪的文章，并与殷慧讨论文章内容。艾文贺（Philip Ivanhoe）最近在编制一本指导学生理解朱熹哲学的书。当他问我有关朱熹论及天、鬼和礼的翻译时，我在殷慧文章的大量引文中选取了一些有关礼仪的段落。另外，在递交我为《朱熹哲学导读》所作的翻译之前，我先将翻译寄给了殷慧，她纠正了我对几个要点的理解。

　　我已从殷慧的礼学研究中获益甚多。很高兴她的博士论文将由久负盛名的中华书局出版。从目录中亦可见到她有关思想史的研究方法。现在，有更多人可以得益于她的研究和她对朱熹礼学的见解。朱熹怎么看待礼学与礼仪，在中国正成为一个越来越被人关心的课题。

田浩（Hoyt Cleveland Tillman）

2017 年 11 月 17 日

于台湾"中研院"史语所

目　录

绪　论

一

　　朱熹的学术博大精深，著作众多。历来研究探讨朱熹学术的文献可谓汗牛充栋。当代出现的这些数量庞大的学术著作，主要着眼于朱熹心性义理之学。如牟宗三《心体与性体》第三册、张立文《朱熹思想研究》、刘述先《朱子哲学思想的发展与完成》、陈来《朱子哲学研究》、金春峰《朱熹哲学思想》。比较之下，朱熹的经世思想、政治主张，则未获得应有的重视。余英时《朱熹的历史世界》一书面世，引发了极大的回响。余英时认为：现代哲学史的叙事先将理学从儒学整体脉络中"抽离"出来，更进一步将"道体"从理学的脉络中"抽离"出来，这样就不免陷入了"断章取义"的困境。而他做的工作就是实现"哥白尼式的回转"，从"道体"移向"内圣外王连续体"，从政治文化的角度考察士大夫的思想学术，回到朱熹的历史世界。余英时的这一研究思路启示我们，如果接续钱穆在《朱子新学案》中所涉及的朱熹学问的诸多方面，加之钱穆曾明确提出："要了解中国文化必须站得更高来看到中国之心。

中国的核心思想就是'礼'。"①那么关于朱熹思想的研究，就更应该放在一个大的"礼"的视野中来考察，朱熹为中国的核心思想"礼"所作出的贡献是什么。吾妻重二《朱熹家礼实证研究》一书的出版显示，要全面理解朱熹学问，考察其礼学无疑是一条可行之径，这不仅可以帮助我们深入了解朱熹所生活的历史世界，也可以帮助我们理解朱熹学问的多种面向。这是因为，在古代社会，礼是无时不在、无处不有的。礼不仅是我们打开古代社会生活大门的一把钥匙，也是我们真正理解朱熹学术不可或缺的资源。一方面，理学家讨论的道德性命和存养内圣功夫，与礼学有着千丝万缕的联系；另一方面，理学家在重振社会秩序，自觉承担"外王"的责任时，无一例外地利用礼来实现其化民成俗的理想。

鲁迅等为代表掀起的新文化运动，猛烈地抨击了封建礼教的落后与"吃人"的特点，我们暂且不对这些作价值评判，但有一点是值得注意的，那就是他们基本上认同中国古代社会特别是自宋代以来，推行的是以礼教为核心的政治教育制度。实际上应该看到，朱熹有着强烈的重建儒学的意识，承孔孟之绪的心志非常明晰。现在我们大多从理学的角度去理解朱熹的主要思想，却往往忽视了将朱熹思想回归到以"六经"为核心，或以"四书"为主的经学体系中去阐释。而我们一旦认同这一点，并且同时能将"六经总以礼为本"②贯之唐宋以来的社会及朱熹思想的考察，就会明白从礼学的角度来探讨朱熹的思想会显得如此迫切，从而能够更加真实地回归到朱熹的历史世界和思想世界。因此，研究朱熹的礼学思想，对充实朱子学研究而言，是大有裨益的。

在清末，无论是汉宋学术的分野还是融合，最终均汇入现代学科分类体系中，传统的经学体系已经崩溃和分化，礼学已经不再是经学体系

---

① 〔美〕邓尔麟著，蓝桦译：《钱穆与七房桥世界》，社会科学文献出版社，1998 年，第 9 页。
② 陈戍国：《论六经总以礼为本》，浙江大学古籍研究所编：《礼学与中国传统文化：庆祝沈文倬先生九十华诞国际学术研讨会论文集》，中华书局，2006 年，第 136—145 页。

的重点,而是成为社会史、制度史、民俗史等的史料。中国哲学关于礼的了解与分析,也基本脱离经学的框架与范围。近年来清代礼学的研究成果颇为丰硕,张寿安《以礼代理——凌廷堪与清中叶儒学思想之转变》和林存阳《清初三礼学》两书均论及清代学者对礼、理之看法,无论是辨礼理之异①,还是舍理言礼②,抑理崇礼③,抑或强调礼理互通④,都促使我们去思考这样一些问题:宋儒如何界定礼、理关系?宋代理学家在建构理学体系时到底是怎样借用、沟通、整合礼学资源的?朱熹是如何被指为"理"的代言人,而其实际上是试图实现礼理兼备的?这些问题当然也可以通过相关的研究得到解决,但以朱熹的礼学为研究突破口,探究清楚朱熹礼学思想的来源,考察朱熹礼学在社会影响下的局限性与超越性,可能有助于我们回应"汉宋之争""礼理之辨"这一问题。

在中国古代社会,礼无疑就是人们所追求的生活方式。礼的哲学基本上也可以认为是朱熹时代所追求的作为生活方式的哲学。⑤ 无论是龚鹏程提出的东亚儒学发展的新途径——以礼学为基础的生活儒学的重

---

① 凌廷堪说:"盖圣人之言,浅求之,其义显然,此所以无过不及,为万世不易之经也。深求之,流入于幽深微眇,则为贤智之过以争胜于异端而已矣。何也?圣人之道本乎礼而言者也,实有所见也;异端之道外乎礼而言者也,空无所依也。"这里所言"异端之道"即指"理"。([清]凌廷堪:《校礼堂文集》卷四《复礼下》,中华书局,1998年,第32页)
② 焦循指出:"后世不言礼而言理。九流之原,名家出于礼官,法家出于理官。齐之以刑,则民无耻;齐之以礼,则民且格。礼与刑相去远矣。惟先王恐刑罚之不中,务于罪辟之中,求其轻重,析其毫芒,无有差谬,故谓之理。其官即谓之理官。而所以治天下,则以礼,不以理也。"焦循还提出"礼论辞让,理辨是非",指出止争之方仍得诉诸礼。([清]焦循:《释礼》,《论语通释》,《续修四库全书》第155册,上海古籍出版社,1987年,第47页)
③ [清]阮元:《揅经室集》续集卷三《书东莞陈氏学蔀通辨后》,中华书局,1993年,第1062页。
④ 杨以增说:"礼犹体,理即脉。人具体而脉不调,则病;人袭礼而理不析,则诬。"([清]高均儒:《礼理篇跋》,《续东轩遗集》,清光绪七年刻本)张成孙说:"汉之学,要在礼。宋之学,要在理。汉儒非不言理,以为言礼即具其理也。宋儒非不知礼,以为言理而后可以言礼也。""礼者,言表而含里者也;理者,言里而遗表者也。汉人说礼,而制作之精自具;宋人说理,举礼以附合之,其说乃全。"([清]张成孙:《端虚勉一居文集》卷一《答方彦闻书》《与方彦闻书》,清宣统刻本)方东树:"周子言理曰礼者,是就四德分布者言,非以一礼尽四德之理也。盖分言之,则理属礼;合论之,仁义知信,皆是理。"([清]方东树:《汉学商兑》卷中之上,《续修四库全书》第951册,第568页)
⑤ 〔法〕皮埃尔·阿多著,姜丹丹译:《作为生活方式的哲学:皮埃尔·阿多与雅妮·卡尔利埃、阿尔诺·戴维森对话录》,上海译文出版社,2014年。

建①，还是周桂钿在谈到当代儒学发展的新趋势时，认为从维护政治稳定、建设和谐社会出发，当代中国社会现实需要儒家礼学的重构②，这些都肯定了礼学作为一种传统资源在儒学振兴中的重要作用。尽管朱熹礼学的内容在现代法治社会已不合时宜，可取之处已甚少，但就现实意义而言，探究朱熹是如何构建其礼学思想体系的，对现代社会新礼仪、礼俗建设必然会有不少有益的启示。

二

　　朱熹是宋代理学的集大成者，也是成就斐然的礼学大家。他一生议礼、考礼，对礼的本质、价值、结构、功能进行了具有理学特色的阐述，对古代礼制也悉心潜玩，博考深辨，其见解多为后代礼学家所称引。中年以后，朱熹致力于编修礼书。他撰修《家礼》，并在阐发《仪礼》经传的基础之上，与弟子编纂《仪礼经传通解》。朱熹编撰的《朱子家礼》影响了元郑泳《郑氏家仪》，明徐骏《五服集证》、丘濬《家礼仪节》、韩承祚《明四礼集说》和清朱轼《仪礼节要》、王复礼《家礼辨定》、郭嵩焘《校订朱子家礼》等家礼研究及编写。朱熹制定的《仪礼经传通解》体例，影响了元吴澄《仪礼逸经》、明李经纶《礼经类编》、清江永《礼书纲目》、张怡《三礼合纂》、应㧑谦《礼学汇编》等书的大纲。清陆陇其《读礼志疑》专门阐发朱熹礼学的精神，李光地于朱熹《仪礼经传通解》及《家礼》二书外，凡说礼之条散见于文集、语类者，分类纂集编成《朱子礼纂》，分为总论、冠昏、丧、祭、杂仪五目。皮锡瑞提及："近马骕《绎史》载《仪礼》、张尔岐《仪礼

①　龚鹏程：《生活儒学的重建：东亚儒学发展的新途径》，"儒学联合论坛"2004 年 12 月 26 日。
②　周桂钿：《当代儒学发展的新趋势》，《光明日报》2006 年 7 月 15 日。

郑注句读》、吴廷华《仪礼章句》、江永《礼书纲目》、徐乾学《读礼通考》、秦蕙田《五礼通考》，分节皆用朱子之法。"①黄侃《礼学略说》："朱子《仪礼经传通解》欲以通礼之伦类，后之《礼书纲目》《五礼通考》《礼经释例》，皆师放而为之；其厘析经文，每一节后辄为之标题，后之《仪礼郑注句读》《仪礼章句》，亦皆师放而为之。"②这些论述均显示出朱熹礼学对后世的深远影响。可以毫不夸张地说，朱熹礼学是其宏大的理学体系的重要组成部分，在经学思想史上具有非常重要的地位，对宋元以降的中国社会乃至整个东亚社会产生了深刻的影响。

清末以康有为、梁启超为代表的维新派，极力主张仿洋改制，变法图强，对封建制度和礼教为主的传统文化展开了激烈的批判。五四新文化运动的兴起，将这一批判继续推进，礼学、礼教被贴上"吃人"的、腐朽的、没落的标签。在很长一段时间内，学界对朱熹礼学都以批判为主。周予同在研究朱熹的哲学与经学时，注意到朱熹对三礼的态度。③ 除1936年白寿彝发表《〈仪礼经传通解〉考证》一文外，国内罕见学者关注。④ 到20世纪下半叶，一些海外学者率先关注朱熹礼学的研究。近三十年来，随着学界对礼学研究的重视程度不断提高，海内外逐渐有更多的学者对朱熹礼学进行研究。研究成果涉及朱熹礼学的内容与特点、《家礼》真伪的考辨、《家礼》的流布和社会影响、关于《仪礼经传通解》的研究等方面。

（一）总论朱熹礼学之特点

20世纪80年代，海外总论朱熹礼学者有如下几种。钱穆在《朱子新

---

① ［清］皮锡瑞：《经学通论·三礼》，中华书局，1954年，第24—25页。
② 转引自陈其泰等编：《二十世纪中国礼学研究论集》，学苑出版社，1998年，第18页。
③ 周予同：《朱熹》，商务印书馆，1929年，第68页。
④ 20世纪20年代至40年代，日本学者有一些研究朱熹礼学的论文。如浦川源吾：《朱子的礼说》，《哲学研究》1922年第3期；后藤俊瑞：《朱子的礼论》，《台北帝国大学文政学部哲学科研究年报》1941年第7期。

学案》中梳理朱熹的礼论，认为朱熹于经学中特重《礼》，其生平极多考《礼》议《礼》之大文章。尤其于晚年，编修《礼》书，所耗精力绝大。朱熹论《礼》，大要有两端。一曰贵适时，不贵泥古。一曰《礼》文累积日繁，贵能通其大本。朱熹之意，其要不在考《礼》，而在能制礼。[①] 高明《朱子的礼学》文中"朱子礼学的著述"一节具列朱熹文集中讨论礼学的专文篇名卷次。[②] 日本学者宇野精一写有《朱子和礼》一文。[③]

　　21世纪初，大陆有学者探讨了朱熹礼乐思想的几个特点：一是其礼乐思想具有应用性、实践性的特点；二是重视礼乐之"义"；三是强调礼乐可以"义起"。[④] 蔡方鹿从经学的角度讨论了朱熹的礼学，探讨了《家礼》的真伪及内容和特色；讨论了《仪礼经传通解》纂修的过程及经传相分相合而不废传、注的特点；分析了朱熹礼学的指导思想：《仪礼》为经，《礼记》为传，《周礼》为纲领；理安著在《仪礼》所载之事中；因与时。[⑤] 彭林分析了朱熹的礼学观，认为朱熹礼学的重要特点之一是强调礼的践履性；朱熹之所以伟大，最重要的原因之一，他把礼从经学家的案头解放出来，将它推行到民间，成为移风易俗的工具，从而在一个完整的意义上继承、提升和弘扬了孔子的礼学。[⑥]

（二）《朱子家礼》的研究

1.《家礼》真伪的考辨

　　朱熹去世后，失窃的《家礼》复出，其门人弟子黄榦、李方子、陈淳等均对《家礼》为朱熹所作笃信不疑。到元代至正年间，武林应氏作《家礼

---

① 钱穆：《朱子之礼学》，《朱子新学案》，巴蜀书社，1986年，第1309—1954页。
② 高明：《朱子的礼学》，《辅仁学志》（文学院之部）1982年第11期。
③ 〔日〕宇野精一：《宇野精一著作集》第4册，东京明治书院，1987年，第351—362页。
④ 徐远和：《朱熹礼乐思想简论》，武夷山朱熹研究中心编：《朱子学与21世纪国际学术研讨会论文集》，三秦出版社，2001年，第243—255页。
⑤ 蔡方鹿：《朱熹经学与中国经学》，人民出版社，2004年，第414—461页。
⑥ 彭林：《朱熹的礼学观》，"宋代经学国际研讨会"（台北"中央研究院"中国文哲研究所主办）论文，2002年。

辨》，首先提出《家礼》非朱熹所作，引来聚讼。明代丘濬在《家礼仪节》中反对应氏之说。至清初，王懋竑在《年谱》及《考异》中又论《家礼》非朱熹之书，更作《家礼考》，再次申说《家礼》非朱熹之书。王懋竑认为朱熹曾经被窃去的并不是《家礼》，而是《祭礼》。《四库全书总目提要》完全采用了王懋竑之说。可是这一影响深远的论断还是不断遭到学者的质疑。夏炘提出，不能因为朱熹没有提到过《家礼》名称就否定此书，如果朱熹谈到过与《家礼》内容相同的著述，则可以经过考订而确认之。① 钱穆在《朱子新学案》中亦诘问："朱子卒及其葬，值党禁方严，谓有人焉，据其跋文，伪造专礼，又伪作序文，及朱子之卒献于家，有是人，有是理乎？"②陈来则认为王懋竑论证了庚寅年朱熹确乎没有写过《家礼》，这是正确的。然而，朱熹四十一岁时并未著成《家礼》一书，也只是否认了《家礼》成于庚寅年的可能，并不能排除《家礼》在以后完成的可能性。后来陈来经过考证，认为《家礼》一书中祭礼部分确为朱熹所作，虽然还不能百分之百地证实《家礼》全书为朱熹所作，但在证实《家礼》为朱熹之书方面进了一步。③ 束景南——考辨王氏《家礼考》中以《家礼》为伪的六条证据，认为其不过是以误证误罢了，而且认为若用王氏《后考》《考误》探研朱熹早年与晚年礼学思想之演变与各家礼说之异同，颇有裨益，若以证明《家礼》之伪，可不置辨。关于《祭仪》与《家礼》之间的关系，束景南得出的结论是：《祭仪》经三次修订，最后定稿于淳熙二年（1175）；《家礼》草于淳熙二年九月至三年二月间，尚未完稿，即在三月赴婺源展墓途中被窃失于僧寺；《祭仪》本于二程之说，《家礼》本于司马之说，前者繁，后者约。④ 有学

① ［清］夏炘：《述朱质疑》卷七《跋家礼》，《续修四库全书》第952册，第78—79页。
② 钱穆：《朱子新学案》，第1349页。
③ 陈来：《朱子〈家礼〉真伪考议》，《北京大学学报》（哲学社会科学版）1989年第3期。
④ 束景南：《朱熹〈家礼〉真伪考辨》，《朱熹佚文辑考》，江苏古籍出版社，1991年，第675—686页。

者继续考定《家礼》为朱熹所作。^①有学者通过对朱熹的礼仪观及其所作著述分析，认为两者的风格和基本思想是一致的，《家礼》是朱熹未及最终写成的草稿，而非他人著述。^②还有学者探讨了《家礼》的形成过程。^③可以说，学者们并没有因为四库馆臣将其定为"伪书"而放弃对《家礼》一书的考证，目前比较一致的看法是认同《家礼》为朱熹所作。彭林则继承王懋竑之说，认为断断不能将《家礼》归之朱熹名下。他认为"《家礼》文本具在，其学术水准如何，是否与朱子礼学修养相称，则完全可以讨论，于解决《家礼》真伪，亦最为紧要"。提出判断《家礼》之真伪的主要原则有：不悖逆《仪礼》主旨；优于《书仪》；无礼学常识错误；不悖逆时势。并例举《家礼》种种疑误之处，主要方法是以《仪礼》来判断《家礼》之优劣。^④

　　2. 讨论《家礼》之流布

　　由于《家礼》一书产生了深远影响，所以不少学者关注《家礼》的流布。王启发探讨了《家礼》对元明清家庭礼仪的影响。^⑤李丰楙的《朱子家礼与闽台家礼》探讨了《家礼》在闽台的延续与发展。^⑥孔志明研究了朱熹《家礼》对台湾婚礼、丧礼的影响。^⑦韩国学者卢仁淑曾著《朱子家礼与韩国之礼学》，论述了《文公家礼》之渊源内容及特色，《文公家礼》之东传及其开展，《文公家礼》对韩国礼学的影响。^⑧李承妍则论述了《朱子家

①　张国风：《〈家礼〉新考》，《北京图书馆馆刊》1992 年第 1 期。
②　安国楼：《朱熹的礼仪观与〈朱子家礼〉》，《郑州大学学报》（哲学社会科学版）2005 年第 1 期。
③　〔韩〕琴章泰：《朱子家礼的形成过程》，《传统礼学的本质与现代价值上的研究》第 4 章，《东洋哲学研究》1993 年第 14 卷；〔韩〕郑景姬：《朱子礼学的形成与〈家礼〉》，《汉城大韩国史论》1998 年第 39 卷。
④　彭林：《朱子作〈家礼〉说考辨》，《文史》2012 年第 3 期。
⑤　王启发：《朱子〈家礼〉的礼学价值、传播和历史影响》，《炎黄文化研究》第十辑，大象出版社，2009 年，第 122—137 页。
⑥　李丰楙：《朱子家礼与闽台家礼》，"朱子学与东亚文明讨论会——纪念朱子逝世八百周年朱子学会议"（台北"中央研究院"中国文哲研究所筹备处主办）论文，2000 年。
⑦　孔志明：《朱子〈家礼〉对台湾婚礼、丧礼的影响》，高雄师范大学国文研究所硕士学位论文，1997 年。
⑧　〔韩〕卢仁淑：《朱子家礼与韩国之礼学》，人民文学出版社，2000 年，第 8 页。

礼》在朝鲜的接受及展开过程。① 崔根德亦分析了《家礼》的五个特征,从
而说明其与当时韩国社会需求的相适性。② 彭林③、张品端④论述了《家
礼》在朝鲜的研究、普及、推广及其朝鲜化。王维先、宫云维的《朱子〈家
礼〉对日本近世丧葬礼俗的影响》一文讨论了《家礼》传入日本后对日本
的家庭伦理和社会习俗,尤其是丧礼和祭礼产生了较大影响。⑤

　　3.《家礼》多角度的解读与研究

　　有对《家礼》内涵的研究,如王启发《朱子家礼小议》⑥、杨志刚《朱子
〈家礼〉民间通用礼》⑦、日本学者牧野巽《〈文公家礼〉的宗法意义》⑧、兼永
芳之《〈朱文公家礼〉的一次考察》⑨。

　　有对《家礼》文本进行的比较研究,如杨志刚的《〈司马氏书仪〉和〈朱
子家礼〉研究》探讨了两书的异同。⑩ 粟品孝的《文本与行为:朱熹〈家
礼〉与其家礼活动》对朱熹的家礼行为进行清理并与其《家礼》文本进行
比照,发现其言行相顾,《家礼》的规定基本上在其家庭生活中得到了实
现,但由于现实境遇和思想的变化,朱熹的一些行为也与《家礼》的要求
明显不合,而最受后人重视的《家礼》"祠堂"部分则可能并非朱熹所定。⑪

①　〔韩〕李承妍:《朝鲜における"朱子家礼"の受容および展开过程》,大阪市立大学,
　　1999年。
②　〔韩〕崔根德:《〈朱子家礼〉在韩国之受容与展开》,《国际朱子学会议论文集》上册,台北"中
　　央研究院"中国文哲研究所筹备处,1993年,第235—248页。
③　彭林:《论〈朱子家礼〉在朝鲜时代的播迁》,《华学》第五辑,中山大学出版社,2001年,第
　　276—297页;《中国礼学在古代朝鲜的播迁》,北京大学出版社,2005年,第101—137页。
④　张品端:《〈朱子家礼〉对朝鲜礼学发展的影响》,武夷山朱熹研究中心编:《朱子学与21世
　　纪国际学术研讨会论文集》,第595—601页。
⑤　王维先、宫云维:《朱子〈家礼〉对日本近世丧葬礼俗的影响》,《浙江大学学报》(人文社会科
　　学版)2003年第6期。
⑥　王启发:《朱子家礼小议》,《上饶师专学报》1987年第2期增刊。
⑦　杨志刚:《朱子〈家礼〉民间通用礼》,《传统文化与现代化》1994年第4期。
⑧　〔日〕牧野巽:《〈文公家礼〉的宗法意义》,《斯文》1943年第2期。
⑨　〔日〕兼永芳之:《〈朱文公家礼〉的一次考察》,《中国学研究》(广岛中国学会)1958年第
　　11期。
⑩　杨志刚:《〈司马氏书仪〉和〈朱子家礼〉研究》,《浙江学刊》1993年第1期。
⑪　粟品孝:《文本与行为:朱熹〈家礼〉与其家礼活动》,《安徽师范大学学报》(人文社会科学
　　版)2004年第1期。

有对《家礼》中一些细节问题进行的研究，如对《家礼》中的"国"与"家"概念的理解①，关于《家礼》中婚、丧、祭礼的研究②，以及《家礼》中蕴含的精神、思想研究③，等等。

（三）有关《仪礼经传通解》的研究

关于《仪礼经传通解》的研究，主要经历了一个从探讨编纂缘起及其体例到深入研究其内容和特点的过程。白寿彝《〈仪礼经传通解〉考证》一文，对该书的编纂体例、经过，参与编修者及刊刻者，均有考述。④ 其后戴君仁著有《朱子〈仪礼经传通解〉与修门人及修书年岁考》⑤《书朱子〈仪礼经传通解〉后》⑥两篇。前文较详于该书编修过程及参与编修者，对于体例则所言不多；后者则主要阐发朱熹修书意旨。王贻樑《〈仪礼经传通解〉与朱熹礼学思想体系》一文主要介绍了朱熹编辑理念及意旨；至于点

---

① 师琼佩：《朱子〈家礼〉对家的理解——以祠堂为探讨中心》，台北中国文化大学史学研究所硕士学位论文，2002 年；〔韩〕李丞涓：《国与家：以在〈朱子家礼〉中的出现为中心》，《东洋社会思想》2000 年第 3 期。

② 顾仁毅：《从〈仪礼〉到〈文公家礼〉谈丧礼中的"饭"与"含"》，《国民教育》1991 年第 7、8 期；〔日〕友枝龙太郎：《朱子祭田疑义》，《东方古代研究》1959 年第 9 期；〔韩〕权利顺：《随着朱子家礼的固定化丧服变化之研究》，釜山东亚大学教育学院硕士学位论文，2002 年；〔韩〕徐奉植：《我们传统祭礼上之女性角色：以朱子家礼开始的礼资料为基础》，《乡土研究》2004 年第 24 期；〔韩〕李吉杓、金仁玉：《〈朱子家礼〉与〈四礼便览〉中所出现之祭礼的文献之比较考察》，《生活文化研究》2001 年第 15 期；〔韩〕张哲洙：《以朱子家礼与四礼便览的丧礼为中心》，《韩国文化人类学》1973 年第 6 期；〔韩〕李吉杓、崔培英：《朱子〈家礼〉与对其中所出现之婚礼的考察：议婚、纳采、纳币》，《大韩家庭学会志》1998 年第121 期。

③ 〔韩〕郑一均：《〈朱子家礼〉与礼的精神》，《韩国学报》2001 年第 27 期；〔韩〕崔震德：《儒学对〈朱子家礼〉与死亡的理解》，《精神文化研究》2000 年第 80 卷；〔韩〕张斗宇：《朱熹礼学中"朱熹家礼"的位相企划意图》，《精神文化研究》2000 年第 80 卷；〔韩〕李丞涓：《朱子家礼与民主主义》，《2000 年度韩国社会学会前期社会学大会发表文大要集》，2000 年；陈彩云：《朱子〈家礼〉中的禁奢思想及对后世的影响》，《孔子研究》2008 年第 4 期。

④ 白寿彝：《〈仪礼经传通解〉考证》，《国立北平研究院院务汇报》1936 年第 4 期。

⑤ 戴君仁：《朱子〈仪礼经传通解〉与修门人及修书年岁考》，《文史哲学报》1967 年第 16 期；戴君仁：《梅园论学集》，台北开明书店，1970 年，第 47—72 页；戴君仁：《戴静山先生全集》（二），台北戴顾志鹓，1980 年，第 657—682 页。

⑥ 戴君仁：《书朱子〈仪礼经传通解〉后》，《孔孟学报》1967 年第 14 期；戴君仁：《梅园论学集》，第 73—79 页；戴君仁：《戴静山先生全集》（二），第 683—689 页；戴君仁：《三礼研究论集》，台北黎明文化事业公司，1981 年，第 301—308 页。

校本《仪礼经传通解》前,则又简述成书经过,并胪列历代中日刊本。① 此外,日本学者上山春平撰有《朱子的礼学——〈仪礼经传通解〉研究序说》②及《朱子的〈家礼〉与〈仪礼经传通解〉》③,其中对《仪礼经传通解》编辑体例先后之不同,作了详细的整理与比较。户川芳郎《仪礼经传通解》"解题",对《仪礼经传通解》在日本的传布情况与影响,有所说明。④ 另有李致忠的《〈仪礼经传通解〉三十七卷叙录》发表。⑤

1989 年,台湾"国立"政治大学中国文学研究所由董金裕指导、张经科撰写的硕士论文《仪礼经传通解之家礼研究》已经开始深入探讨其内容。⑥ 1999 年,宋在伦的硕士论文从《家礼》《小学》到《仪礼经传通解》的阶段性发展探讨了朱熹礼学思想的形成。⑦ 还有学者探讨《仪礼经传通解》的体制中出现的朱熹礼学思想。⑧ 2000 年,林革华从文献学的角度研究了《仪礼经传通解》的"编纂"。⑨ 2004 年,孙致文的博士论文《朱熹〈仪礼经传通解〉研究》探讨了《仪礼经传通解》的文献学意义、解经学意义、现实意义,最后从礼理争辩和汉宋学术争辩两方面总结了《通解》的

---

① 王贻樑:《〈仪礼经传通解〉与朱熹礼学思想体系》,《21 世纪的朱子学——纪念朱熹诞辰 870 周年、逝世 800 周年论文集》,华东师范大学出版社,2001 年,第 288—297 页;王贻樑:《〈仪礼经传通解〉校点说明》,《朱子全书》第 2 册,上海古籍出版社、安徽教育出版社,2002 年,第 1—10 页。
② 〔日〕上山春平:《朱子的礼学——〈仪礼经传通解〉研究序说》,《人文学报》1976 年第 41 期。
③ 〔日〕上山春平:《朱子的〈家礼〉与〈仪礼经传通解〉》,《东方学报》1982 年第 54 期。
④ 〔日〕户川芳郎:《〈和刻本〉仪礼经传通解》"解题",长泽规矩也、户川芳郎:《〈和刻本〉仪礼经传通解》,东京古典研究会,1980 年第 3 期。
⑤ 李致忠:《〈仪礼经传通解〉三十七卷叙录》,《宋版书叙录》,书目文献出版社,1994 年,第 119—125 页。
⑥ 张经科:《仪礼经传通解之家礼研究》,台湾"国立"政治大学中国文学研究所硕士学位论文,1989 年。
⑦ 〔韩〕宋在伦:《朱熹礼学思想的形成:〈家礼〉〈小学〉〈仪礼经传通解〉的阶段性发展》,高丽大学文学院硕士学位论文,1999 年。
⑧ 〔韩〕朴美拉:《〈仪礼经传通解〉的体制中出现之朱子礼学思想》,《汉城大宗教与文化》1997 年第 3 期。
⑨ 林革华:《朱熹〈仪礼经传通解〉"编纂"研究》,吉林大学历史文献学研究所硕士学位论文,2000 年。

学术史意义。①

（四）与朱熹礼学相关的一些研究

陈戍国的《中国礼制史·宋辽金夏卷》为我们展现了朱熹礼学的宋代礼制大背景，其中对朱熹礼论亦多有精到的论述。② 还有不少研究者开始拓宽视野，从哲学、社会生活、大文化的角度来探讨朱熹礼学。③ 亦有学者探讨朱熹所论礼、义的内在属性。④ 余蓓荷的《关于朱熹思想中用"礼"缓和社会冲突的概念》⑤、束景南的《朱子大传》⑥为我们展现了朱熹生活中的学术与思想。束景南《朱熹年谱长编》更将朱熹礼学主张与行动细致推算到年和月。⑦ 龚鹏程的《生活儒学的重建：以朱熹礼学为例》则将朱熹礼学与当代儒学发展的趋势联系起来。⑧ 此外，还有一些非常细致的考察研究，如赖文华的《朱子礼学中的妇女》⑨、蒋义斌的《朱熹对宗教礼俗的探讨——以塑像、画像为例》和《朱熹的乐论》⑩、韩国学者郑瑨哲和沈愚甲的《朱子大全宫室制论说之历史意义：以明堂制与庙寝制

---

① 孙致文：《朱熹〈仪礼经传通解〉研究》，台北"中央大学"文学研究所博士学位论文，2004 年。
② 陈戍国：《中国礼制史·宋辽金夏卷》，湖南教育出版社，2001 年。
③ 〔韩〕金英湜：《新儒学的几个根本倾向对中国士阶层的自然观所造成之影响——以朱子的礼为中心》，《韩国科学史学会志》1983 年第 5 期；〔韩〕尹用男：《朱子礼说的体用理论分析》，《东洋哲学》1996 年第 7 期。
④ Thompson Kirill, "Li and yi as Immanent: Chu Hsi's Thought in Practical Perspective", *Philosophy East and West*, Vol.38, No.1, 1988, pp.30 - 46.
⑤ 余蓓荷：《关于朱熹思想中用"礼"缓和社会冲突的概念》，厦门朱子学国际学术会议论文，1987 年，第 2—5 页。
⑥ 束景南：《朱子大传》，福建教育出版社，1992 年。
⑦ 束景南：《朱熹年谱长编》，华东师范大学出版社，2001 年。
⑧ 龚鹏程：《生活儒学的重建：以朱熹礼学为例》，淡江大学中国文学系主编：《台湾儒学与现代生活国际学术研讨会论文集》，台北市文化局，2000 年，第 79—138 页；龚鹏程：《儒学反思录》，台北学生书局，2001 年，第 497—558 页。
⑨ 赖文华：《朱子礼学中的妇女》，《中国文化月刊》1997 年第 205 卷。
⑩ 蒋义斌：《朱熹对宗教礼俗的探讨——以塑像、画像为例》，《第二届宋史学术研讨会论文集》，1996 年，第 147—167 页；蒋义斌：《朱熹的乐论》，钟彩钧主编：《国际朱子学会议论文集》下册，台北"中央研究院"中国文哲研究所，1993 年，第 1463—1479 页。

为中心》和《朱子大全仪礼释宫研究》①、朱瑞熙的《朱熹的服装观》②、陈荣捷的《绍熙州县释奠仪图》③。这些都提示我们，朱熹礼学可以进行更为深广的研究。

关于朱熹礼学与宗教的关系，陈荣捷的《朱子之宗教实践》认为，朱熹的礼仪实践均表现出宗教热诚。④ 罗秉祥的《儒礼之宗教内涵——以朱子〈家礼〉为中心》指出朱熹编修《家礼》，希望能培养士人对祖先"爱敬""崇爱敬"，有"谨终追远之心""报本反始之心"，这些都可说是一种宗教情怀，但不是平常理解的祖先崇拜。⑤

另外，一些关于朱熹伦理、教育方面的研究成果，也可以帮我们进一步认识理解其礼学。如林美惠的硕士论文《朱子学礼研究》⑥、日本学者山根三芳所著《朱子伦理思想研究》⑦。山根三芳还释读了《朱子语类》卷八十四和八十五的朱子礼论⑧，吾妻重二带领的团队译注了《朱子语类》卷八十四至八十八⑨。此外，还有孟淑慧所著的《朱熹及其门人的教化理念与实践》⑩、韩国学者郑相峰写的《朱熹伦理思想与 21 世纪》⑪等。于述胜所著《朱熹与南宋教育思潮》论述了朱熹的礼论与教育内容论之间的

---

① 〔韩〕郑墡哲、沈愚甲：《朱子大全宫室制论说之历史意义：以明堂制与庙寝制为中心》，《大韩建筑学会论文集》，1998 年，第 144 页；《朱子大全仪礼释宫研究》，《大韩建筑学会论文集》，第 115 页。

② 朱瑞熙：《朱熹的服装观》，《迈入 21 世纪的朱子学：纪念朱熹诞辰 870 周年、逝世 800 周年论文集》，第 386—395 页。

③ 陈荣捷：《朱子新探索》，华东师范大学出版社，2007 年，第 459—461 页。

④ 陈荣捷：《朱子之宗教实践》，《朱学论集》，华东师范大学出版社，2007 年，第 121 页。

⑤ 罗秉祥：《儒礼之宗教意涵——以朱子〈家礼〉为中心》，《兰州大学学报》（社会科学版）2008 年第 2 期。

⑥ 林美惠：《朱子学礼研究》，高雄师范学院国文研究所硕士学位论文，1985 年。

⑦ 〔日〕山根三芳：《朱子伦理思想研究》，东海大学出版社，1983 年。

⑧ 〔日〕山根三芳：《朱子礼关连文献译注》，《宋代礼说研究》，广岛株式会社溪水社，1995 年，第 173—313 页。

⑨ 〔日〕吾妻重二等译注：《朱子语类译注》（卷八十四—八十六），汲古书院，2014 年；〔日〕吾妻重二等译注：《朱子语类译注》（卷八十七—八十八），汲古书院，2015 年。

⑩ 孟淑慧：《朱熹及其门人的教化理念与实践》，台湾大学出版委员会，2003 年。

⑪ 〔韩〕郑相峰：《朱熹伦理思想与 21 世纪》，武夷山朱熹研究中心编：《朱子学与 21 世纪国际学术研讨会论文集》，第 176—187 页。

关系，认为其在社会教化方面的作为主要体现在建祠堂、颁礼教、行乡约。[①] 2003 年，四川大学中国古代史专业博士生熊瑜撰写的博士学位论文《朱熹伦理教化研究》对朱熹的家庭以及学校伦理教化思想和行动作了较为全面的探讨。

三

　　毋庸置疑，前人有关朱熹礼学的研究已经取得了不少成绩，尤其是对《家礼》和《仪礼经传通解》两书的研究已经比较深入，这为我们进一步的研究奠定了坚实的基础。不过，其中也存在一些不足。如：在研究范围上，大多就朱熹礼书文本来探究其思想，还停留在静态层面的考察，这固然有助于我们深入了解朱熹礼学思想，但还不足以形成对朱熹礼学思想发展历程动态的、整体性的认识；在研究视角上，大多还停留在仅就朱熹礼学言论而谈思想，对朱熹礼学与社会之间的互动关系重视不够，还不曾将朱熹礼学放置在社会大背景和个人面临冲突的政治、学术事件中进行全面考察，因而离真正认识朱熹礼学还有一定的距离。

　　姜广辉曾言："研究礼学，重要的是把握其历史脉动的规律和社会功能，把握其内在的价值和意义，因此对礼学发生、发展的历史考察不能就事论事，而要有一种整体观照的情怀和角度。"[②]"一个思想家不可避免地要受其时代思潮的影响，因此我们不能只做某位思想家经学思想的个案研究，还要从宏观上研究经学演变和理学发展的思想背景，只有把具体思想家的经学思想放在这样的思想背景之下，我们才能认识其真正的价

① 于述胜：《朱熹与南宋教育思潮》，山东大学出版社，1996 年。
② 姜广辉：《礼学思想体系探源序》，王启发：《礼学思想体系探源》，中州古籍出版社，2005年，第 3 页。

值和意义。"①姜广辉的上述论述都可以看作是自梁启超以来,重新认识礼学价值所采用的思路和方法,即"用新史家的眼光去整理他,可利用的地方多着哩"②。本书采用思想史的研究方法,试图从经史结合、学术史和社会史相结合的角度来"整体观照"、理解朱熹的礼学。

本书拟在充分吸取前人研究成果的基础上,对朱熹礼学思想作出进一步研究,对学界尚未涉及的朱熹礼学思想来源及其与社会互动建构方面,将更多关注并深入探讨。值得一提的是,即将论述的朱熹礼学思想拟从三《礼》学的角度展开,这一方面会让人觉得有些老套,另一方面也可能会有人质疑朱熹在其他经典上涉及的礼学思想难道能抛开吗? 我的回应是,从三《礼》学的角度来考察朱熹的礼学思想,这是朱熹礼学思想中最为突出的一面;另外,三《礼》问题的思考,正可以解决《礼记》中《大学》《中庸》凸显的历史背景及特色问题,也是理清汉宋、礼理关系的关键点。至于《诗集传》《周易本义》等涉及的朱熹礼学思想,本书将根据需要有所涉及并试图有机地整合。除绪论和结论以外,本书内容主要有:

第一章论述朱熹礼学思想产生的时代背景、学术环境以及朱熹个人经历。

第二、三、四章将朱熹的三《礼》学思想放在整个学术史和宋代社会史大背景中进行考察分析,主要试图理清朱熹礼学与北宋、南宋礼学的关系,朱熹对前人礼学的反思、批判与继承,揭示朱熹礼学思想既是对传统礼学思想的继承与发扬,又是礼理结合、礼文与礼意并举的产物,也是佛道影响下儒家传统伦理再次张扬的结果,还是朱熹独立思想与主张的体现。挖掘朱熹三《礼》学之间的内在联系与可能的矛盾和冲突,展现朱

---

① 姜广辉:《论宋明理学与经学的关系》,《湖南大学学报》(社会科学版)2004 年第 5 期。
② 梁启超:《中国近三百年学术史》,东方出版社,1996 年,第 238 页。

熹礼学思想的形成过程与建构的趋势，重点说明其三《礼》学思想与理学思想之间的联系与沟通，以及与同时代学者的礼学讨论、交流和争锋。

第二章将朱熹《周礼》学思想放在宋代《周礼》学讨论的大背景中进行审视，通过分析朱熹对王安石《周官新义》的批评，与永嘉学派《周礼说》的分歧，与胡宏《极论周礼》的不同意见，反映朱熹《周礼》学思想形成的脉络与轨迹，说明朱熹《周礼》学思想既是对当时流行的学术观点的反思与批驳，也与其为学宗旨有着密切的联系。通过分析朱熹在推行经界、推广社仓制度中的实际体会，说明正是出于对制度名物之学与道德性命之学的深刻反思，朱熹的礼学思想才成为倾向于以《仪礼》为基础的修身之学，而非以《周礼》为凭借的制度之学。

第三章考察朱熹的《仪礼》学思想。关于《家礼》，首先分析王懋竑论《家礼》的思想背景，然后追索《家礼》文本的内容及其撰作过程，并尝试通过比较朱熹中晚年礼学观点的异同，来推定《家礼》文本的成书年代及其所反映的特点。关于《仪礼经传通解》，将从学术和政治活动层面来探究朱熹编撰该书的缘由，叙述朱熹编撰的过程及其所遭遇的困难和挑战，分析《仪礼经传通解》在朱熹学术思想中的地位。

第四章论述朱熹的《礼记》学思想，阐明朱熹礼学思想与理学思想之间的内在联系。首先剖析朱熹对待《礼记》的态度；其次着重探讨朱熹从秩序重建和内圣之道两方面建立的礼理双彰思想，分析朱熹对求仁功夫的强调、主敬涵养的推崇，从而实现礼的践履；最后从礼义的获得与反思来重新发掘其格物致知论的初衷、主旨以及形成。

第五章重点考察朱熹礼学思想与南宋政治、社会的互动关系，以朱熹重视祭祀为考察点，通过具体的礼学事件考察朱熹的礼学主张是在怎样的生活场景中表现出来的，关注礼学思想与具体的政治社会活动之间的关联。从朱熹的鬼神观与祭祀思想来探讨朱熹对祭之理的追索，从朱熹道统观的形成与释奠仪的开展讨论学术与规范之间的相互作用。全面深入研究朱熹议论祧庙事件,挖掘事件背后学术与政治之间的纠葛,反映朱熹礼学思想中的守与失,说明此事件与礼书修撰之间的联系。试图通过具体典型的事例或主张,深入探究朱熹的礼学思想赖以产生的社会根源,说明朱熹礼学思想也是对社会现实的积极应对。

第六章主要针对朱熹礼学思想本身展开讨论,具体从朱熹以《仪礼》为本经的三《礼》观、注重礼意的考礼观、因时可行的制礼观三方面对朱熹礼学思想的主旨进行概括与提炼,试图从学、理、用三个层面揭示其礼学思想的特点。

第一章　朱熹的时代环境与礼学倾向

第一节　社会背景与秩序重振

朱熹生活的宋代是中国历史上一个重要的变革和转型时期,在政治、经济、思想、文化等方面均表现出与前代社会不同的特点。法国汉学家谢和耐说:"十一至十三世纪,政治生活、社会生活、经济生活与前代比较,没有任何一个领域不显示出根本变化。不仅是程度上的变化(如人口增加,生产普遍发展,对内、对外贸易增长……),而且是性质改变。政治风尚,社会、阶级关系,军队、城乡关系,经济形式均与唐朝这个中世纪式的贵族帝国迥然不同。"[①]的确,在唐宋社会转型的大背景下来审视宋代就会发现:就社会史而言,从魏晋兴盛起来的在国家政治生活中占主导支配地位的门阀士族到唐五代时已基本崩溃,代之而起的是试图通过科举而晋升特权阶层的士庶地方精英的壮大和延续。

经济、金融、交通和书籍印刷业的迅速发展造成一个结果,那就是文

---

① 〔法〕谢和耐著,黄建华、黄迅余译:《中国社会文化史》,湖南教育出版社,1994 年,第269 页。

人的数量大大增加,宋代经济发展,社会结构和文化观念都发生了大变化,知识分子空前活跃,这在中国文化史和政治史上都是重要的因素。^①在文化史和思想史上,是唐代基于"历史"的文化观,转向宋代基于"心念"的文化观,从相信皇帝和朝廷应该对社会和文化拥有最终的权威,转向相信个人自己做主;在文学和哲学中,人们越来越有兴趣去理解万事万物如何协调为一个体制。^②在政治上,士大夫强烈地要求与君主共治天下,试图通过道统的追寻与道学的诠释来说服君王,达到以"一道德、同风俗"为理想的三代之治。重振秩序的愿望表明了新儒家知识分子的精神需求和志趣所在。

就经济基础而言,土地所有制的改变促使土地私有化、商品化的趋势增强,出现了"贫富无定势,田宅无定主,有钱则买,无钱则卖"^③和"庄田置后频移主"^④的现象。经历五代十国的陵替后,宋初礼崩乐坏的状况引起了新兴富裕阶层的不安,要求恢复宗法制度的思潮兴起。富家子孙很难保全祖先遗留的土地,即使是高官大族,也可能家世陵替。张载曾说:"今骤得富贵者,止能为三四十年之计……既死则众子分裂,未几荡尽,则家遂不存……"^⑤李觏描述了当时社会的无序状态:"周衰法弛,斯道以亡,庶匹适者有之矣,幼陵长者有之矣。祖以世断,远则忘之矣;族以服治,疏则薄之矣。骨肉或如行路……"^⑥程颐曾叹曰:"且如豺獭皆知报本,今士大夫家多忽此,厚于奉养而薄于祖先,甚不可也。……凡物,

① E. A. Kracke, "Sung Society: Change within Tradition", *Far Eastern Quarterly*, Vol.14, No.4, 1955, pp.479-488;胡志宏:《西方中国古代史研究导论》,大象出版社,2004年,第125—126页。
② 〔美〕包弼德:《唐宋转型的反思:以思想的变化为主》,《中国学术》第三辑,商务印书馆,2000年,第63页。
③ 〔宋〕袁采:《袁氏世范》卷下,《文渊阁四库全书》第698册,上海古籍出版社,1987年,第638页。
④ 〔宋〕刘克庄:《后村集》卷一《故宅》,《文渊阁四库全书》第1180册,第11页。
⑤ 〔宋〕张载:《经学理窟·宗法》,《张载集》,中华书局,1978年,第259页。
⑥ 〔宋〕李觏:《李觏集》卷十五《五宗图序》,中华书局,2011年,第132页。

知母而不知父，走兽是也；知父而不知祖，飞鸟是也。惟人则能知祖，若不严于祭祀，殆与鸟兽无异矣。"①这些论述以坦白的态度记录了"宗"的观念在家庭事务里受到的巨大冲击，因而有众多儒者试图在家庭内重振宗法思想。②

　　同时，士庶文人的增加，也强烈地呼唤新的价值规范和行为礼仪的出现。在唐末五代十国"礼崩乐坏"后，原来的门阀士族渐渐衰落，新兴的平民阶层通过科举而进入政治权力中心，逐渐占据并处于政治优势地位。同时随着商品经济的发展，悄然兴起的富裕阶层一方面可能不自觉中"僭越"，另一方面也渴望能够融入高雅的贵族阶层，让通行的礼仪规范修饰自身。在这样一个没落与崛起并行的时代，与个人、人群息息相关的礼仪规范无疑受到了严峻的挑战，在旧的礼仪规范无从考究和新的礼仪规则还无从谈起的时候，《仪礼》受到漠视也在意料之中，但是这样的局面随着士大夫阶层人数的增长而慢慢发生着变化。12、13 世纪，一个家族所能够做的事情，包括编修族谱、积聚族田、建造祠堂、年节共祭、修建祠庙，还有就是为他们共同祭拜的神祇争取赐封。③ 可见，重视家族的建设成为当时的风潮。司马光、张载、二程、吕祖谦、张栻、朱熹等热心关注新兴士大夫阶层的礼仪制度建设，为适应社会发展的需求，强调家礼、家范的重要性，成为《仪礼》学习与革新的倡导者。在宋代，虽然《仪礼》的研究尚处于薄弱阶段，乏善可陈，但是《仪礼》学与社会生活实践的联系程度却在不断加强，强调在新的时代面前重新审视《仪礼》的精神内涵，在仪节上根据礼义因时制宜是其特色。

---

① ［宋］程颢、程颐：《河南程氏遗书》卷第十八，《二程集》，中华书局，1981 年，第 241 页。
② Patricia Buckley Ebrey, "Conceptions of the Family in the Sung Dynasty", *Journal of Asian Studies*, Vol.43, No.2, 1984, pp.219 – 245；胡志宏：《西方中国古代史研究导论》，第 249—250 页。
③ 〔美〕韩森著，包伟民译：《变迁之神：南宋时期的民间信仰》，浙江人民出版社，1999 年，第 162 页。

1127 年,北宋曾经隐隐作痛的内忧外患终于爆发为国破家亡,金国乘胜追击,南宋在风雨飘摇中勉强支撑。在北宋、南宋交替之际,国家在政治上、军事上变弱,知识分子的变化也很大:首先,南宋的社会精英从关心朝廷的权力转而注重巩固家乡的基础,地方主义成为新的社会理想。他们关注家乡的表现首先是住在乡村而不移居到大城市;在家乡缔结婚姻关系网;把钱财捐赠给家乡。其次,精英开始与国家分离。朝廷和社会精英的利益有时相同,有时不同。当南宋朝廷权力衰弱时,精英把自己的利益植根于家乡。他们推举一些人当官,试图缓和国家与地方的矛盾,但他们比以往更清醒地保持独立,用主要精力维护家族和邻居的利益。① 内忧外患带来的国家政治力量的削弱,使更多的家族更加紧密地团结在一起,相互依赖的程度加深,管理家族也成为必需。而以宗法制为基础的等级礼法亟须得到加强。《仪礼》中注重宗族的传衍和注重宗族结构中以男权为主的上下关系的宗法文化满足了士大夫重建社会秩序的愿望。《朱子家礼》撰述的意义,正如有关研究者指出的,“意在将日常生活中的重要环节,诸如出生、婚礼、丧葬以及祖先祭祀,都纳入儒学指导的领域之内”,并显示了“宋代理学家怎样试图在行为领域,而不仅是在思想领域占据主导地位,他们强调这套符合儒学传统的生活秩序,还试图抵制佛道二教在日常生活中的影响”。② 朱熹编撰《家礼》、重视乡礼和推崇《仪礼》正是这一社会背景下的产物。

---

① Robert P. Hymes, *Statesmen and Gentlemen: The Elite of Fu-Chou, Chiang-hsi, in Nothern and Southern Sung*, Cambridge University Press, 1986, pp. 124 - 135;胡志宏:《西方中国古代史研究导论》,第 252—258 页。

② Patricia Buckley Ebrey, "Translator's Preface", *Chu Hsi's Family Rituals: A Twelfth-century Chinese Manual for Performance of Cappings, Weddings, Funerals, and Ancestral Rites*, Princeton University Press, 1991, pp. 1 - 2.

第二节　儒学复兴与礼下庶人

柯林武德曾说："要考察任何一个特定的民族在其历史的任何特定时期中在哲学上的特别突出的论题，就要找出使他们感到正在唤起他们全部精力的那些特殊问题的征象。而边缘的或辅助性的论题则显示出他们并没有感到有什么特殊困难的那些东西。"①依此，我们可以设问：在宋代，最优秀的思想家讨论的中心问题是什么？他们思想主要努力在什么地方？余英时给出的回答是：宋代儒学的整体动向是秩序重建，而"治道"——政治秩序——则是其始点。道学虽然以"内圣"显其特色，但"内圣"的终极目的不是人人都成圣成贤，而仍然是合理的人间秩序的重建。②应该说，这样的判断是符合宋学发展状况和精神的，所谓"秩序""治道"，在学者们看来无疑是礼治秩序的重建，对"三代之治"的追寻、领悟、探讨都使得学者们将注意力集中到了代表三代文明与教化的周礼上。

宋儒强调儒家礼乐文化的重要性，积极挖掘和阐明礼乐制度的新内涵，以对抗浸淫之深远、影响之广泛的佛教。欧阳修的《本论》集中表达了当时儒者的呼声："彼为佛者，弃其父子，绝其夫妇，于人之性甚戾，又有蚕食虫蠹之弊，然而民皆相率而归焉者，以佛有为善之说故也。呜呼！诚使吾民晓然知礼义之为善，则安知不相率而从哉？奈何教之谕之之不至也？"③王安石论末世风俗，感叹当时的社会现实是："贤者不得行道，不

①　〔英〕柯林武德著，何兆武、张文杰译：《历史的观念》，商务印书馆，2009 年，第 31 页。
②　余英时：《朱熹的历史世界：宋代士大夫政治文化的研究》，生活·读书·新知三联书店，2004 年，第 118 页。
③　〔宋〕欧阳修：《欧阳修全集》卷十七《本论下》，中华书局，2001 年，第 291 页。

肖者得行无道;贱者不得行礼,贵者得行无礼。"①就北宋礼学与现实秩序
重建的联系而言,欧阳修、王安石重视礼乐制度的建设,通过利用《周礼》
阐发新义为现实政治改革张目,无论是在学术层面还是在现实政治层面
都处于明显的优势地位。同时,自范仲淹开始,继之有司马光、张载、二
程等都在探讨以《仪礼》为基础的社会层面的礼仪革新实践,当时这些礼
仪的实施基本上在士大夫儒生群体及其家庭中展开,尚处在劣势地位。

　　自北宋三先生始,新儒家开始全面地反思佛教的影响。石介认为,
外来佛教以其人、道、俗、书、教、居庐、礼乐、文章、衣服、饮食、祭祀全方
位地取代中国固有的文化②,造成了"髡发左衽,不士不农,不工不商,为
夷者半中国"的社会状况③。面对当时佛寺密布全国的状况,程颢曾至禅
寺,见佛教礼仪"趋进揖逊之盛",不禁感叹说:"三代威仪,尽在是矣。"④
程颐一直以礼为儒家之本来对抗佛、老之学,他说:"庄子有大底意思,无
礼无本。"⑤"禅学只到止处,无用处,无礼义。"⑥理学家群体积极从佛、道
吸收思想精华,仿照佛学精致的思辨体系,淘选、辨析礼学经典中的心、
性、理、情等概念,弥补了儒学理论建构上的不足,从本体论和心性论的
角度开始全面提升儒学的思辨品质,为儒学的复兴和礼治秩序的重建奠
定了精神基础。

　　渡江后的南宋时期,参与到科举考试中的儒生数量大幅增长,士大
夫阶层的迅速增长更刺激了《仪礼》学在社会层面的展开。南宋人偏安
一隅,首先是求生存,发展的最优途径无疑是通过科举进入官僚阶层,因
而参加科举的人数大幅度增长。但录取比例非常小,大多数人又不得不

---

① ［宋］罗大经:《鹤林玉露》乙编卷三《末世风俗》,中华书局,1983 年,第 165 页。
② ［宋］石介:《徂徕石先生文集》卷十《中国论》,中华书局,1984 年,第 116—117 页。
③ ［宋］石介:《徂徕石先生文集》卷五《怪说上》,第 60 页。
④ ［宋］程颢、程颐:《河南程氏外书》卷十二,《二程集》,第 443 页。
⑤ ［宋］程颢、程颐:《河南程氏遗书》卷七,《二程集》,第 97 页。
⑥ ［宋］程颢、程颐:《河南程氏遗书》卷七,《二程集》,第 96 页。

走向手工业、商业。① 习儒业也成为一种普遍的谋生手段②，私立书院也因此蓬勃发展，讲学风气日兴，这些士庶学者也在寻求价值认同和行为规范上能自拔于流俗。

南宋社会生活的不安定因素增多，人们依赖佛、道以及民间信仰的程度在加深。佛教变通，有向民间宗教下移的趋向，度牒数量的控制也使学佛不再那么容易，道教日益兴盛，有由外向内转的趋势，这意味着佛、道可能会与民众有更加深入的接触，因而会拥有更广泛的民众基础。儒学为了抵抗佛、道二教以及民间信仰的侵蚀，亟须在思想和行为层面得到进一步梳理与发扬。朱熹及其他理学家感到危机重重，在批评乃至取缔淫祀的同时，也在积极加强儒学祠祀的建设。

朱熹一方面以"天理"论的建构作为批判佛、道之义的武器，完善了理学的心性论和功夫论；另一方面也严肃整顿礼教以维护儒学的地位。朱熹将佛老之教与儒学传播进行了比较，说："夫先王礼义之官与异端鬼教之居，孰正孰邪？三纲五常之教与无君无父之说，孰利孰害？今老佛之宫遍满天下，大郡至逾千计，小邑亦或不下数十，而公私增益，其势未已。至于学校，则一郡一县仅一置焉，而附郭之县或不复有。其盛衰多寡之相绝至于如此，则于邪正利害之际亦已明矣。"③朱熹主张多建立以儒学为主的学校，积极传播儒学，以对抗佛、道的影响。他说："既又按考此山老、佛之祠盖以百数，兵乱之余，次第兴葺，鲜不复其旧者，独此儒馆莽为荆榛。虽本军已有军学，足以养士，然此洞之兴，远自前代，累圣相传，眷顾光宠，德意深远，理不可废。况境内观寺钟鼓相闻，殄弃彝伦，谈说空幻，未有厌其多者，而先王礼义之官，所以化民成俗之本者，乃反寂

---

① 〔美〕贾志扬：《宋代科举》，东大图书股份有限公司，1995 年，第 228 页。
② 〔宋〕袁采：《袁氏世范》卷中，《文渊阁四库全书》第 698 册，第 623 页。
③ 〔宋〕朱熹：《晦庵先生朱文公文集》卷十三《延和奏札七》，《朱子全书》，上海古籍出版社、安徽教育出版社，2002 年，第 653 页。

寥希阔,合军与县仅有三所而已。"①朱熹看到传播儒学的州县之学建制稀少,因而主张从基层推进州县之学,试图与佛老之教相抗衡。

　　社会的变化发展必然会逐步反映在当时推行的制度中。宋代礼制发展的一大特点就是礼下庶人,而形成宋代"礼下庶人"的直接动因是:"庶人社会地位的提高,必然要求产生适合于他们生活方式的礼仪。"②北宋徽宗时,朝廷修订《政和五礼新仪》,其中涉及庶人礼仪规定的内容很多,明确标有"庶人婚仪""庶人冠仪""庶人丧仪"等专门为庶人制定的礼文。但由于《政和五礼新仪》尚未进行完善的修订,朝廷的礼制条文中庶民礼仪仍然不十分完备,例如庶民祭祖礼仪还没有相关规定。礼文的修订与礼文在民间得到遵行并全面发挥影响之间还有很大差距。③

　　渡江后,南宋初的礼制增损较大,有一些不同于北宋的礼仪出现。④和议时与金的礼仪冲突备受士人关注。⑤ 略微安定后,恢复一些典礼,对礼制礼器的整顿较大。国家礼制的阙失、礼器的丧失以及重思振作的要求,金国礼制的振兴所形成的外在张力,都成为朱熹礼学思想外在的刺激因素与关注的重点。据史载,乾道四年(1168)七月,有臣僚上奏:"临安府风俗,自十数年来,服饰乱常,习为边装,声音乱雅,好为北乐,臣窃伤悼! 中原士民,延首企踵,欲复见中朝之制度者,三四十年,却不可得;而东南之民,乃反效于异方之习而不自知,甚可痛也! 今都人静夜十百为群,吹鹧鸪,拨洋琴,使一人黑衣而舞,众人拍手和之,伤风败俗,不可不惩。"⑥这种礼乐制度遭到外族挑战并浸染的现状是朱熹需要重新认识

---

① 　［宋］朱熹:《晦庵先生朱文公文集》卷十六《缴纳南康军任满合奏禀事件状》,《朱子全书》,第 757 页。
② 　杨志刚:《中国礼仪制度研究》,华东师范大学出版社,2001 年,第 195—204 页。
③ 　王美华:《官方礼制的庶民化倾向与唐宋礼制下移》,《济南大学学报》(社会科学版)2006 年第 1 期。
④ 　［宋］李心传:《建炎以来系年要录》卷三十二,《文渊阁四库全书》第 325 册,第 479、565 页;《建炎以来系年要录》卷一百四十八,《文渊阁四库全书》第 327 册,第 67 页。
⑤ 　［宋］李心传:《建炎以来系年要录》卷二,《文渊阁四库全书》第 325 册,第 41 页。
⑥ 　［清］毕沅:《续资治通鉴》卷一百四十,中华书局,1957 年,第 3745 页。

并认真思考和应对的。朱熹在谈到宋代服饰的渊源时，明确指出："今世之服，大抵皆胡服，如上领衫、靴鞋之类，先王冠服扫地尽矣！"朱熹透彻地了解了汉服的变化，他反对恢复古制，但也主张分辨华夷。他说："而今衣服未得复古，且要辨得华夷。"①"中国，礼义所自出也。"这成为需要在思想学术上重新论证的时代命题。② 朱熹感叹："圣人事事从手头更历过来，所以都晓得。而今人事事都不会。最急者是礼乐。乐固不识了，只是日用常行吉凶之礼，也都不曾讲得。"③礼崩乐坏的现状是朱熹礼学思想形成的现实动因。朱熹复兴儒学的实践就体现在对日常冠昏丧祭等礼仪的斟酌裁损和忠实践履中。

第三节　新学的影响和理学的振兴

就南宋学术和政治的发展而言，朱熹正处于理学与新学相互消长的时期。④ 新学是王安石变法的指导思想，也是北宋中期儒学复兴运动中的主要流派。自从熙宁八年（1075）七月《三经新义》正式由朝廷颁布后，直到北宋末年，新学作为官学在儒家诸学派中独领风骚达五六十年之久，并对南宋学术和政治产生了深远的影响。

北宋末年，蔡京集团垮台，二程高徒杨时在论及蔡京祸国殃民罪责时，上溯至王安石变法，直接针对新学。宋钦宗为了挽救危局、争取人心，解除了"元祐党禁"的禁令，王安石新学开始逐渐丧失独尊的地位。南渡后，宋高宗也多次将北宋亡国之罪与蔡京、王安石学术联系起来，新学遭到很大的冲击和致命的否定。但终高宗一朝，新学事实上仍执政治

---

① ［宋］黎靖德辑：《朱子语类》卷九十一，《朱子全书》，第3067、3068页。
② ［宋］李心传：《建炎以来系年要录》卷二十七，《文渊阁四库全书》第325册，第410页。
③ ［宋］黎靖德辑：《朱子语类》卷三十六，《朱子全书》，第1335页。
④ 何俊：《南宋儒学建构》，上海人民出版社，2004年，第2—13页。

文化的牛耳,甚至迟至孝宗初年,新学在朝廷上的地位仍无动摇的迹象。① 由于新学具有较为深厚的学术基础和传播范围,且君主有将政事与学术分离的倾向,因此作为一种学术流派,新学并没有很快退出历史舞台。② 直至孝宗乾道、淳熙以后才真正走向式微。而被彻底否定,则要到宋理宗淳祐以后。

作为内圣之学的理学在熙宁变法之后骤然兴盛,南宋前、中期一直是理学与新学此起彼伏的激烈斗争时期,理学为争取取代新学不仅经历了较为漫长的时期,而且历经了艰难曲折的斗争过程。建炎、绍兴时期是理学兴起的阶段,它取得了与新学、蜀学并峙的地位,呈现出显学的发展态势。乾道、淳熙间是理学在民间的大发展并日臻鼎盛的阶段,嘉定至淳祐是理学确立一尊官学地位的时期。

朱熹的礼学思想也主要受这一思想潮流的影响,围绕反思新学、振兴理学而展开。朱熹的礼学思想正是在理学与新学此消彼长中批判、反思、吸收王安石之学而逐渐形成的。首先,朱熹与王安石的礼学思想似乎有着共同的目标:"宋代儒学中最具代表性的荆公新学与程朱理学虽有分歧,新学发展工具理性,理学张扬道德理性,新学推动政治的上层改革,理学关注社会的基层改造,但宋儒言礼而求理、将社会秩序建立在理性与人文的基础上的根本精神是一致的。"③但在具体礼学观点上,朱熹对《周礼》《仪礼》学的态度却与王安石正相反。

其次,朱熹的礼学思想是在继承北宋理学、整顿程门后学中展开的。朱熹主要继承、发展了北宋理学的核心精神,发扬了程颐"涵养须用敬,进学则在致知"的学术主旨,清理整顿了南宋理学发展的多元化趋势,批

---

① 余英时:《朱熹的历史世界:宋代士大夫政治文化的研究》,第 42 页。
② 李华瑞:《南宋时期新学与理学的消长》,《史林》2002 年第 3 期。
③ 何俊:《由礼转理抑或以礼合理:唐宋思想转型的一个视角》,《北京大学学报》(哲学社会科学版)2007 年第 6 期。

评程门后学多流入异端，从而确立了集大成的理学思想体系。刘清之曾编《续近思录》，取程门诸公之说，朱熹劝其不必作，原因是程门诸先生盖"接续二程意思不得"①。朱熹常常批评伊川门人如游酢、杨时、谢良佐"多流入释氏"②。朱熹《中庸章句序》直接批评了程氏门人学术中存在的流弊："其所以为说者不传，而凡石氏之所辑录，仅出于其门人之所记，是以大义虽明而微言未析。至其门人所自为说，则虽颇详尽而多所发明，然倍其师说而淫于老佛者，亦有之矣。"③

仅以杨时传承的道南学派而言，浙西的王蘋和张九成在推进洛学的同时很大程度上偏离了洛学，倾向于心学，成为后来陆九渊心学的先声。四明士人高闶、童大定及赵庇民是洛学的传承者，以礼学名家的高闶更是四明地区洛学最重要的传人，是永嘉学术发展进程中的重要人物。④罗从彦虽然是杨时弟子千余人中的佼佼者，但"在杨门，所学虽醇，而所得实浅，当在善人、有恒之间"⑤。有学者指出，罗从彦对杨时思想的传承，在很大程度上放弃了程颐的主敬说，返回到了周敦颐所倡导的主静说，不能不说是一个极大的理论后退。⑥李侗师从罗从彦，极注重静坐功夫的锤炼，后来为朱熹所扬弃。

再次，南宋理学的发展多呈现出地方化、区域性的特点，表现出重经制之学、偏好历史、经世致用等特点。由胡安国创立，胡寅、胡宏传承的湖湘学派引史学入理学，对后来薛季宣、陈傅良永嘉之学和吕祖谦婺学均有润泽之功，这个取向便是全祖望所言"学主礼乐制度，以求见之事功"⑦。朱熹礼学思想正是在与湖湘学派、婺学、永嘉学等学派的相互论

---

① ［宋］黎靖德辑：《朱子语类》卷一百一，《朱子全书》，第3357页。
② ［宋］黎靖德辑：《朱子语类》卷一百一，《朱子全书》，第3358—3359页。
③ ［宋］朱熹：《晦庵先生朱文公文集》卷七十六《中庸章句序》，《朱子全书》，第3675页。
④ 黄宽重：《宋代家族与社会》，东大图书股份有限公司，2006年，第82页。
⑤ ［明］黄宗羲、全祖望：《宋元学案》卷三十九《豫章学案》，中华书局，1986年，第1269页。
⑥ 何俊：《南宋儒学建构》，第45页。
⑦ ［明］黄宗羲、全祖望：《宋元学案》卷五十二《艮斋学案》，第1690页。

争中形成的,对这些学派的礼学主张与思想有不少批评和吸收。

第四节　朱熹人生中的礼

朱熹是一位能够将理论思考和现实运用高度统一起来的思想家。朱熹一生都对理学的理论建设充满强烈的兴趣和高昂的斗志,他的礼学思想表现出重视义理的特点,同时一旦遇到机会,他又力求将思想成果坚决地践履实行。这一特点可以从朱熹一生的礼学历程中看出。

朱熹的礼学思想有着深厚的家学渊源。其父朱松和延平李侗都师事于杨时的高足罗从彦,可谓承道南学脉之正流。童年时代父亲的引导以及学习礼仪规范在朱熹心中烙下了深深的痕迹。九岁时,朱熹在临安就傅,延杨由义为师,杨授之以司马光《杂仪》等。后来朱熹就《弟子职》、温公《杂仪》与朋友交流时,还回忆起当年学习《杂仪》的情景。[①] 朱熹后来重视小学,与自身童年教育有密切关系。

由于父亲早逝,朱熹在十五岁以后就参与了家中的祭祀。十七八岁时,在胡宪的指导下,朱熹考订写成了生平第一本著作《诸家祭礼考编》,为其后来所作《祭仪》《家礼》《古今家祭礼》之滥觞。朱熹生平第一本著作竟为礼学著作,这既与其父朱松以礼名家有关,也为实际生活所必需,亦为朱熹平生思想旨趣之开端。朱熹回忆说:"某自十四岁而孤,十六而免丧。是时祭祀,只依家中旧礼,礼文虽未备,却甚齐整。先妣执祭事甚虔。及某年十七八,方考订得诸家礼,礼文稍备。"[②]而朱熹以念念不忘

---

① ［宋］朱熹《晦庵先生朱文公文集》卷二十五《与建宁傅守札子》:"闻杨丈已行下主簿籴米……前日所禀《弟子职》、温公《杂仪》谨纳上……《杂仪》之书,盖顷年杨丈尝以教授者,感今怀昔,岁月如流,而孤露至此,言之哽咽不能自已。语次及之,亦足为慨然也。"(《朱子全书》,第1121页)

② ［宋］黎靖德辑:《朱子语类》卷九十,《朱子全书》,第3052页。

《仪礼经传通解》的编撰而殁，生以礼为学之开端，死以礼而相捐，令人惊叹。

二十四岁时，朱熹赴泉州同安县主簿任，经福州，访礼学名家刘藻、任文荐。朱熹对当时的礼学研究已经有了相当认识，不满于当时礼学研究多空疏杜撰、自出胸臆的现状，认为礼学研究应注重考据的方法。除了对礼学研究方法有所认识外，在为官初期，朱熹便注重发挥礼的教化功能。他对民众不知礼仪的状况深感忧虑，倡导制定、学习较切实可行的州县礼仪。朱熹访闻得知同安县"自旧相承，无婚姻之礼，里巷之民贫不能聘，或至奔诱，则谓之引伴为妻，习以成风"①。朱熹认为，婚姻是别男女、经夫妇、正风俗、防祸乱的根本所在，于是检会《政和五礼》士庶婚娶仪式行下，旨在移风易俗。

自延平问学始，到四十六七岁，朱熹主张具体礼仪的编撰与深入的礼学理论探讨并重。这一阶段朱熹主要致力于礼学的理论建构，讨论了已发未发、忠恕一贯、中和、理一分殊、仁说等诸多问题，确立了平生学问之宗旨。他对具体礼仪的兴趣主要在丧祭礼上，这一方面是应对现实人生的需要，另一方面也是朱熹开始形成以《仪礼》为本经的礼学思想的体现。三十岁，与许升书札往还，讨论丧礼。四十岁到四十三岁之间，与汪应辰、张栻、吕祖谦多讨论修订《祭仪》。四十五岁左右，编订《弟子职》《女戒》，编次《古今家祭礼》成。四十六岁，考订《乡约》《乡仪》作者，为作跋，并作《增损吕氏乡约》。四十七岁与张栻共作《四家礼范》，由刘珙刻于建康。这一时期，朱熹还没有完全形成自己的礼学思想体系，但是他却以一种实际的态度来研究烦琐的礼，以整顿推行家礼来挽救衰败的世风。②

五十岁，朱熹知南康，首布榜牒，下教三条，以养民力、敦风俗、砥士

---

① ［宋］朱熹：《晦庵先生朱文公文集》卷二十《申严婚礼状》，《朱子全书》，第896页。
② 束景南：《朱子大传》，第305页。

风。整顿军学,立濂溪周先生祠于学宫,以二程先生配。又立五贤祠。十月下元日,行视陂塘,发现白鹿洞故址,遂议复兴建白鹿洞书院,发布《白鹿洞牒》,上状申修白鹿洞书院。五十一岁,申乞颁降《礼书》与增修《礼书》。五十二岁补定《古今家祭礼》,刻版于建安。与颜师鲁讨论深衣制度,作《深衣制度》。五十四岁始编小学之书。与潘友恭合作《礼书》,《仪礼经传通解》盖滥觞于此。淳熙丁未十月八日,高宗赵构卒,作《君臣服议》,讨论订正丧服制度。六十岁正式序定《大学章句》和《中庸章句》。六十一岁知漳州,发布《漳州晓谕词讼榜》,整治词讼。发布《晓谕居丧持服遵礼律事》,列上释奠礼仪,整顿礼教。颁布《劝女道还俗榜》《揭示古灵先生劝谕文》《劝谕榜》,整顿风俗。编《礼记解》,刊于临漳。六十二岁出公牒,延郡士黄樵等八人入学,整顿郡学。六十五岁致书福州州学教授常浚孙,助辛弃疾、常浚孙修建整顿郡学。知潭州,考正释奠礼仪,行下诸州,作《绍熙县释奠仪图》成。发布约束榜,明教化、整词讼、戢奸吏、抑豪强。为张栻《三家礼范》作跋。致书临江通判论素服。后赴临安出任侍讲,讲《大学》,上《孝宗山陵议状》。上《乞讨论丧服札子》,讨论嫡系承重之服。面奏祧庙事状。上札乞修三《礼》。六十七岁正式启动私人修撰《仪礼经传通解》,未竟而终。朱熹的《仪礼经传通解》按照家、乡、学、邦国、王朝的顺序编撰,也是朱熹个人一生的礼学经历在文本上的体现。

　　回顾朱熹一生的礼学历程,我们会发现朱熹毕生都在孜孜不倦地进行礼学探索。朱熹礼学思想是在社会生活实践和理学思想体系建构中不断交汇,从而协调、平衡、凸显出来的。只不过由于为学、为官等身份的转换,其探讨的兴趣点不一,方法也不尽相同,但朱熹对礼义探索的执着,推行礼仪的热情和重视礼的教化却始终如一。

第二章　朱熹的《周礼》学思想

　　朱熹关于《周礼》的论述虽然比较简略，但涉及面之广，讨论程度之深入，与其主体学术思想关系之密切，都值得我们深入研究。朱熹明确提出《周礼》的撰作者为周公，并认为《周礼》为可信之书，重新确立《周礼》作为礼学经典的地位；通过对北宋《周礼》学研究方法及思想取向的反思，朱熹从为学次第的角度提出《周礼》难学、不敢轻易教人学的观点；针对湖湘学派和永嘉学派在《周礼》学上取得的成果，朱熹也给予了适当的批评。本章我们将考察朱熹《周礼》学思想的形成与发展，也准备探讨这一思想形成的实践基础。

第一节　朱熹对《周礼》的态度

　　《周礼》是一部讲求治国的制度之书。到唐代时，《周礼》虽被认为"经邦之轨则"，但已鲜有人问津。[①] 宋代兴起的儒学振兴思潮，使《周礼》

---

① ［唐］杜佑：《通典》卷十五《选举三》，中华书局，1988年，第355页。

学研究进入了一个新阶段。流传至今的宋代《周礼》学著作有王安石的《周官新义》(附《考工记解》)、王昭禹《周礼详解》、俞庭椿《周礼复古编》、叶时《礼经会元》、郑伯谦《太平经国之书》、易袚《周官总义》、王与之《周官订义》、林希逸《鬳斋考工记解》、朱申《周礼句解》、无名氏《周礼集说》等。朱熹作为集理学之大成的思想家,也参与了《周礼》的讨论。朱熹对《周礼》比较推崇,有不少溢美之词。如:

> 《周礼》一书,也是做得来缜密,真个盛水不漏![1]

> 如《周礼》一书,周公所以立下许多条贯,皆是广大心中流出。[2]

> "贤者识其大者,不贤者识其小者。"大者如《周礼》所载,皆礼之大纲领是也。小者如《国语》所载,则只是零碎条目是也。[3]

朱熹充分肯定《周礼》一书详尽细密地规划了中国古代理想的政治制度,认为此书的撰作者周公是胸襟广阔之人,所立下的条贯皆是礼的大纲领,可以为后世所效仿。朱熹赞叹:"一部《周礼》却是看得天理都烂熟也。"[4]这种对《周礼》青睐有加的取向无疑受到了宋代以来儒者喜谈三代之治风气的影响。朱熹在综合评判各种论说的基础上,明确《周礼》的撰作者应为周公,《周礼》为可信之书,并驳斥了"《周官》非圣人之书"的观点。朱熹的具体论述如下:

> 《周礼》是周公遗典也。

---

[1]　［宋］黎靖德辑:《朱子语类》卷八十六,《朱子全书》,第 2912 页。
[2]　［宋］黎靖德辑:《朱子语类》卷三十三,《朱子全书》,第 1195 页。
[3]　［宋］黎靖德辑:《朱子语类》卷四十九,《朱子全书》,第 1672 页。
[4]　［宋］黎靖德辑:《朱子语类》卷九十,《朱子全书》,第 3022 页。

　　问《周礼》。曰："未必是周公自作，恐是当时如今日编修官之类为之。又官名与他书所见，多有不同。恐是当时作此书成，见设官太多，遂不用。亦如《唐六典》今存，唐时元不曾用。"

　　大抵说制度之书，惟《周礼》《仪礼》可信，《礼记》便不可深信。《周礼》毕竟出于一家。谓是周公亲笔做成，固不可，然大纲却是周公意思。某所疑者，但恐周公立下此法，却不曾行得尽。①

　　朱熹的论述主要包含这样几层意思：《周礼》可全信、深信。《周礼》是周公遗典，贯穿了圣人的旨意。针对吕祖谦提出的"《周官》成于周公之手而立政亦公亲笔也"②的说法，朱熹认为《周礼》并不完全是周公亲自撰作，可能有其他官员等代笔为之，但其大体及其规模均为周公制定，因此应视为周公所作。朱熹认为怀疑《周礼》有行未尽处尚可，但如果怀疑其根本非周公所作则不可。关于《周礼》的成书年代及其撰作者，是学术史上一个众说纷纭、聚讼不已的问题。③朱熹提出的这种观点，实际上并没有确凿的文献依据，在很大程度上只是一种直接的论断。从目前的研究看，学界实际上更倾向于否定周公作《周礼》之说。笔者无意就这一学术公案作出评判，但值得探讨的是，素有"极广大、尽精微"之称的朱熹为何在证据不足的情况下仍坚持周公作《周

---

① ［宋］黎靖德辑：《朱子语类》卷八十六，《朱子全书》，第 2912 页。
② ［宋］吕祖谦：《东莱外集》卷一，《文渊阁四库全书》第 1150 册，第 368 页。
③ 崇信者如孙诒让、黄侃诸学者亦以《周礼》为周公所作。贬之者姚际恒、康有为则谓《周礼》为刘歆伪造。徐复观亦认为"《周官》乃王莽、刘歆们用官制以表达他们政治理想之书"（徐复观：《中国经学史的基础·〈周官〉成立之时代及其思想性格》，九州出版社，2014 年，第 236 页）。更多的学者则倾向于拿出令人信服的实证来确定其成书年代及撰作者。顾栋高、崔述、郭沫若、钱穆、杨向奎、顾颉刚、金春峰、彭林等先生均有探讨，提出了西周说、春秋说、战国说、周秦之际说和西汉说。（刘丰：《百年来〈周礼〉研究的回顾》，《湖南科技学院学报》2006 年第 2 期）陈成国在"周公制礼作乐是否可信"和"《周礼》一书可靠的程度如何"的问题上亦下了精辟的论断：《周官》（《周礼》）一书并非周公制礼的撰作，说是先秦著作固可，说它大多可信亦可，说它完全可靠则不然。并且认为周公制礼与周公是否著《周礼》实为两事。（陈成国：《中国礼制史·先秦卷》，湖南教育出版社，2002 年，第 201—202 页）

礼》的判断？

从思想渊源上看，朱熹的这一思想可能受到了北宋以来推崇《周礼》思潮的影响。[①] 当时不少学者信《周礼》为周公所作，力求周公之心，主要在于经世务、窒乱源。如范祖禹有云："天地有四时，百官有六职，天下万事尽备于此。如网之在纲，裘之挈领，虽百世不可易也。人君如欲稽古以正名，苟舍《周礼》，未见其可。"[②]强调了《周礼》在国家政治生活中的重要地位。如李觏说："窃观《六典》之文，其用心至悉，如天焉有象者在，如地焉有形者载。非古聪明睿智，谁能及此？其曰周公致太平者，信矣。"[③]吕大临认为："《周礼》直欲无一物不得其所，其书无一言而非仁。"[④]如上所示，不少学者都认为能够"用心至悉"地制定出《六典》之文的人，必非周公莫属；周公能致天下太平，是可信的。宋代学者的这些观点，可以视为朱熹提出周公作《周礼》之说的先导。

朱熹强调《周礼》为周公所作，也是对汉唐以来众多学者怀疑《周礼》观点的一种回应。早在东汉时就有学者认为《周礼》非周公所作。贾公彦《周礼正义序》所附《序〈周礼废兴〉》云："《周礼》起于成帝刘歆，而成于郑玄，附、离之者大半。故林孝存以为武帝知《周官》末世渎乱不验之书，故作《十论》《七难》以排弃之。何休亦以为六国阴谋之书。"[⑤]宋代以降，随着疑经思潮的兴起，有学者认为《周礼》不可能或部分不可能为周公所作，因而也就不可全信。如张载说："《周礼》是的当之书，然其间必有末世添入者，如盟诅之属，必非周公之意。"[⑥]程颐也说："《周礼》不全是周公

① 《宋儒对〈周礼〉的研究与争议》，姚瀛艇主编：《宋代文化史》，河南大学出版社，1992 年，第 158—168 页；姚瀛艇：《宋儒关于〈周礼〉的争议》，林庆彰编：《中国经学史论文选集》（下），台北文史哲出版社，1993 年，第 99—112 页。
② ［清］朱彝尊：《经义考》卷一百二十，中华书局，1998 年，第 637 页。
③ ［宋］李觏：《李觏集》卷五，第 67 页。
④ ［宋］吕大临等撰，陈俊民辑校：《蓝田吕氏遗著辑校·蓝田语要》，中华书局，1993 年，第 561 页。
⑤ ［清］阮元校刻：《十三经注疏》（清嘉庆刊本），中华书局，2009 年，第 1371 页。
⑥ ［宋］张载：《经学理窟·周礼》，《张载集》，第 248 页。

之礼法，亦有后世随时添入者，亦有汉儒撰入者。"①李觏曾策问："《周礼》，周公致太平之迹也，而于大司马见师不功之文，小司寇有询国危之目，诸如此类，盖非周公所尝行。若《春秋》旧凡亦曰周公之制而弑君之例存焉，岂成王时有是也哉？故学者疑《周官》凡例皆不出于周公。"②苏轼大胆地非议《周礼》，认为"《周礼》之言田赋夫家车徒之数，圣王之制也。言五等之君，封国之大小，非圣人之制也，战国所增之文也"，指出郑氏注文"周公征伐不服，斥大中国，故大封诸侯，而诸公之地至五百里"中的诸多有悖于史实的可疑之处，并以子产的有关言论加以论证，进而认为"先儒或以《周礼》为战国阴谋之书，亦有以也"，否定了《周礼》的神圣地位。③ 苏辙也提出了类似的疑义，认为《周礼》一书"秦、汉诸儒以意损益之者众矣，非周公之完书也"，"凡《周礼》之诡异远于人情者，皆不足信也"。④ 以上诸观点基本上对《周礼》持半信半疑的态度，信在于《周礼》是比较合适的制度之书，疑则在从不少迹象看来又不完全是周公制作。

　　朱熹则认为，从某些细节看来，《周官》的确有未尽如人意之处，甚至有与圣人之意抵牾的种种问题，然而微瑕不能掩完玉，不具备圣人之心的人是不可能设计如此精致完美的制度蓝图的，因此对待《周礼》的态度应该是崇胜于疑。朱熹以为相信《周礼》应该从大处着眼，彰显其"的当之书"的一面，而对其损益之处和不够融通的地方应该有所忽略。朱熹对此作出的种种巧妙解释与同时的学者亦有相通之处。如郑樵说："盖周公之为《周礼》，亦犹唐之《显庆开元礼》也。唐人预为之，以待他日之用，其实未尝行也。惟其未经行，故仅述大略，俟其临事而损益之。"⑤朱

① ［宋］程颢、程颐：《河南程氏外书》卷十，《二程集》，第404页。
② ［宋］李觏：《李觏集》卷二十九，第336页。
③ ［宋］苏轼：《苏轼文集》卷七《天子六军之制》，中华书局，1986年，第222页。
④ ［宋］苏辙：《栾城后集》卷七《历代论一》，《苏辙集》，中华书局，1990年，第960、961页。
⑤ ［宋］郑樵：《礼经奥旨·周礼辨》，《丛书集成初编》第243册，商务印书馆，1936年，第12页。

熹亦言："恐是当时作此书成,见设官太多,遂不用。亦如《唐六典》今存,唐时元不曾用。"①意思是制度设计与现实操作之间有着一定的距离,不应拘泥于细节的观察,而应从整体上把握《周礼》作为经典的精神实质。

朱熹认为《周礼》为周公所作,亦是对宋代学者提出刘歆伪造说的反驳。有学者认为《周礼》乃汉代聚敛之臣所为。如范浚说："文王治岐,关市讥而不征。周公相成王,去文王未远,纵不能不征,使凡货之出于关者,征之足矣。何至如叔末世设为避税法,没其货,挞其人,劫天下之商必使从关出哉!此必汉世聚敛之臣如桑弘羊辈,欲兴权利,故附益是说于《周礼》,托周公以要说其君耳。"②比这种观点更明确更直接的是有学者确信《周礼》为刘歆伪造之作。其代表人物,据罗璧《识遗》说有司马光、苏辙、胡寅、胡宏、晁说之、洪迈。洪迈曾撰专文,认为"《周礼》一书,世谓周公所作,而非也。昔贤以为战国阴谋之书,考其实,盖出于刘歆之手"③。而朱熹则认为:"《周礼》,胡氏父子以为是王莽令刘歆撰,此恐不然。"④面对学者们提出的种种质疑,朱熹似乎在回避他们在文献比较中发现的各种疑点,仍旧认为《周礼》是周公的遗典,极力维护《周礼》作为经典的神圣地位。

从朱熹的学术主旨来看,他正是要引导人们从褒贬《周礼》的困局中走出来重新理解并审视圣贤之学。一方面,朱熹认为只有周公具备撰写《周礼》的襟怀与气度。譬如朱熹在讨论天官之职时,就认为如果不是心怀宽广的人,就不能应对千头万绪、包罗万象的饮食衣服起居等众多庶事,而能够"先事措置,思患预防"的周公无疑有着这样细密周全的精神;也只有能够穷理致知、事事物物都理会过的周公具备这

---

①　[宋] 黎靖德辑:《朱子语类》卷八十六,《朱子全书》,第 2912 页。
②　[清] 朱彝尊:《经义考》卷一百二十,第 638 页。
③　[宋] 洪迈:《容斋续笔》卷十六《周礼非周公书》,《容斋随笔》,中华书局,2005 年,第 420—421 页。
④　[宋] 黎靖德辑:《朱子语类》卷八十六,《朱子全书》,第 2912 页。

样的品质，具备撰写此书的条件。① 另一方面，朱熹认为学者们要想讨论学习《周礼》，就先要理会圣贤之心，而不可妄揣私意，崇信经典是理解经典的基础。

朱熹虽然推崇《周礼》，但并不太主张学者先从《周礼》入手进行学习与研究。朱熹说：

> 《周礼》一书好看，广大精密，周家法度在里，但未敢令学者看。②

> 不敢教人学。非是不可学，亦非是不当学，只为学有先后，先须理会自家身心合做底，学《周礼》却是后一截事。而今且把来说看，还有一句干涉吾人身心上事否？③

以上论述实际上已经清楚地说明了朱熹不太主张学者先学《周礼》的原因。朱熹认为秉要执本的关键在于应该认识到学有先后，身心内省之学是学习制度之学的基础，应该优先考虑涉及根本的为己之学。只有先求道、体道，学纯心正了，才能应事接物，才能无往不正。身心之学是为己之学，是为人的基础，致知穷理后才可以应付制度之事。朱熹曾明确指出："不先就切身处理会得道理，便教考究得些礼文制度，又于自家身己甚事。"④这与朱熹一贯强调的应求为己之学，应格物穷理、讲学修身的学术主旨是相符的。朱熹常说：

> 窃谓学以知道为本，知道则学纯而心正，见于行事，发于言语，

---

① ［宋］黎靖德辑：《朱子语类》卷八十六，《朱子全书》，第 2919 页。
② ［宋］黎靖德辑：《朱子语类》卷八十六，《朱子全书》，第 2912 页。
③ ［宋］黎靖德辑：《朱子语类》卷八十六，《朱子全书》，第 2911 页。
④ ［宋］黎靖德辑：《朱子语类》卷七，《朱子全书》，第 269 页。

亦无往而不得其正焉。①

　　盖为学之序，为己而后可以及人，达理然后可以制事。②

　　吾徒之力，无如之何，只有讲学修身，传扶大教，使后生辈知有此道理，大家用力，庶几人材风俗，他日有以为济世安民之助而已。③

　　虽然朱熹主张身心为己之学的最终目的是能够"济世安民"，但是认为制事、及人都是后一截事。为学次第是需要十分谨慎对待的问题，一旦次序颠倒，本末倒置，后果将不堪设想。郑樵曾指出《周礼》的特点："详周之制度，而不及道化；严于职守，阔略人主之身。"④这就是说，《周礼》有强化国家制度而不重道德教化，有规范臣子职守而忽略制约人主的特点。自王安石依托《周礼》变法失败以来，在制度与道德之间该如何选择，成为南宋儒者思考的最重要的问题之一。《新唐书·礼乐志》云："由三代而上，治出于一……由三代而下，治出于二……"⑤清代学者阎镇珩在《六典通考》中则表述得更分明："由三代而上，治与道出于一；由三代而下，治与道出于二。"⑥阎镇珩这里所说的"一"，就是一切出于礼或礼教；这里所说的"二"，则是指国家的礼乐制度与发挥礼义的伦理道德价值体系分离为二。朱熹认为欧阳修所说为"古今不易之至论也"，并强调说："然彼知政事礼乐之不可不出于一，而未知道德文章之尤不可使出于

————————

①　[宋]朱熹：《晦庵先生朱文公文集》卷三十《答汪尚书》，《朱子全书》，第 1303 页。
②　[宋]朱熹：《晦庵先生朱文公文集》卷三十五《答吕伯恭》，《朱子全书》，第 1532 页。
③　[宋]朱熹：《晦庵先生朱文公文集》卷三十五《与刘子澄》，《朱子全书》，第 1545 页。
④　徐世昌等编纂：《清儒学案》卷一百九十六《诸儒学案二》，中华书局，2008 年，第 7613 页。
⑤　[宋]欧阳修、宋祁：《新唐书》，中华书局，1975 年，第 307 页。
⑥　[清]阎镇珩：《六典通考》，清光绪刻本。

二也。"①朱熹承北宋理学家所探讨的道德性命之学,特别关注人主的身心修养,因而并不热衷推行《周礼》中的具体制度,正如伊沛霞教授指出的:"朱熹不能被描述为优先考虑礼中之义理或外在的威仪形式,他强调两者并重。"②但是我们也不能否认,在朱熹的礼学思想中注重义理优先的倾向也十分明显,这是回应北宋以来振兴儒学这一时代课题的需要,因为两宋新儒家所关注的问题意识"已转至夫子罕言的'天道性命'议题,'尽伦''尽制'不是不重要,但圣王这些事业现在被认定只有建立在'性命'的基础上,它们才可以具有更深刻的意义"③。

朱熹关于《周礼》撰作者问题的讨论与宋代关于《周礼》的流行学术观点密切相关,同时也与其为学宗旨有着密切的联系。

第二节　朱熹《周礼》学思想的
形成与发展

一　对王安石新学的反思与批评

朱熹的《周礼》观,主要基于王安石运用《周礼》进行政治经济改革的经验教训。北宋王安石新学利用《周礼》为变法改革服务,将学术与政治结合起来,改革最终失败。这一惨痛教训使朱熹深刻认识到学习、运用《周礼》之难。朱熹从思想基础、动机目的以及诠释运用文本等诸多方面全面反思了王安石《周礼》学,提出优先精通义理、修养身心后再学习运

---

① 〔宋〕朱熹:《晦庵先生朱文公文集》卷七十《读唐志》,《朱子全书》,第3373—3374页。
② Patricia Buckley Ebrey, *Confucianism and Family Rituals in Imperial China: A Social History of Writing About Rites*, Princeton University Press, 1991, p.103.
③ 杨儒宾:《〈中庸〉、〈大学〉变成经典的历程:从性命之书的观点立论》,李明辉编:《中国经典诠释传统》(二),台湾喜玛拉雅研究发展基金会,2002年,第154页。

用《周礼》的思想，而礼学文本的学习，朱熹认为最终应该回到以关切身心为主的《仪礼》。[①]

余英时曾说："《周礼》无疑是中国思想史上一部'乌托邦'作品，对整个社会有一套完整的、全面的、系统的设计。这一套乌托邦的设计特别受到儒家型知识人的重视，因为儒家的特色之一便是要'改造世界'。"[②] 这句话概括了《周礼》的特点以及它与儒家知识分子追求之间的密切联系，十分精当。这一论述对追求重建秩序、恢复三代之治的宋代儒学与《周礼》之间的关系来说，更是贴切。在北宋，立志"改造世界"的儒者悄然兴起了诠释《周礼》的风潮。由《经义考》可知，在至和元年（1054）王洙所著《周礼礼器图》与王安石《周官新义》之间，先后有李觏《周礼致太平论》、杨杰《周礼讲义》、刘彝《周礼中义》、刘恕《周礼记》、周谞《周礼解》诸种。[③] 这些《周礼》学研究著作诠释的目的均在实现国家社会秩序的重建，其中杨杰指出了学术与政治发展需要之间的关系：

> 圣上悯其若此，命儒臣以训释旨归，列之科选，使成周太平之迹，焕然著明于本朝，诚千百年希阔之遇也。然而执形器度数之学者，不知制作之所存；泥道德性命之说者，不能考合以适用，盖学礼者之所蔽。惟不执不泥，然后能尽变通以致用，上以副朝廷经术造士之意。[④]

---

① 这一判断放在刘子健所言新学与新儒学的异同上仍然是成立的，刘子健认为：王安石希望在文化、经济、政治领域进行激烈的制度改革；而朱熹所领导的新儒家则希望通过哲学、道德、文化，最终是社会和政治方面的进步使社会发生彻底的转变。简言之，新儒家不只是想成为官方正统，而且要对一切重新定位。尽管他们宣称自己的主张是从三皇五帝传下来的正道，但实际上却恰恰代表了一种对整个社会的全新的思考方式。王安石重视并谋求建立一个高效的政府，新儒家则渴望建立一个具有自我道德完善能力的社会。（〔美〕刘子健著，赵冬梅译：《中国转向内在——两宋之际的文化内向》，江苏人民出版社，2002年，第45页）

② 余英时：《周官之成书及其反映的文化与时代新考序》，金春峰：《周官之成书及其反映的文化与时代新考》，东大图书股份有限公司，1993年，第19页。

③ 〔清〕朱彝尊：《经义考》卷一百二十二，第651—652页。

④ 〔清〕朱彝尊：《经义考》卷一百二十二，第651页。

上文暗示了《周礼》学的发展实际上也得到了宋仁宗的支持。如何调和"形器度数"与"道德性命"之间的关系，如何变通经典为社会政治服务，这成为当时礼学发展的迫切需要。王安石的《周官新义》回应了这一时代课题，而且成为这一时期礼学的代表著作。

针对"器"与"德"的协调问题，王安石提出："外作器以通神明之德，内作德以正性命之情。礼之道，于是为至礼至矣。"①这样，王安石通过强调"形器度数"与"道德性命"应该并重来实现礼之道，达到礼之治。另外，王安石主张通过"义制""理作"的方式来实现通经致用，他认为："王之所制，道有升降，礼有损益，则王之所制宜以时修之……度量法则，王之所制也。书名虽未之有，可以义制；声音虽未之有，可以理作。"②实际上，王安石认为可以通过追究、发挥"义理"来实现对礼制的因时制宜、斟酌损益。他提出"法其意"的原则来实现先王之政，进行变易改革，也正是这一精神的体现。③侯外庐评价王安石新学时说："训释经义，主要在阐明义理，反对章句传注的烦琐学风……实开宋儒义理之学的先河。"④而我们也不难看出，王安石所要阐明的"义理"与其依托《周礼》进行改革紧密地结合在一起。何俊指出："当宋学发展到王安石这里，宋学初兴时的理论化诉求与宋学的世俗性关怀已吻合无间，'礼'与'理'成为一事之两面。"⑤这一判断中的礼与理正是"形器度数"与"道德性命"的简称，表明了王安石对礼及礼之意的追求。

当时理学家与王安石的追求是一致的，程颐说："学礼者考文，必求先王之意，得意乃可以沿革。"⑥张载认为："今礼文残缺，须是先求得礼之

① ［宋］王安石：《周官新义》卷八，《文渊阁四库全书》第91册，第91页。
② ［宋］王安石：《周官新义》卷十六，《文渊阁四库全书》第91册，第169—170页。
③ ［宋］王安石：《王文公文集》卷一《上皇帝万言书》，上海人民出版社，1974年，第2页。
④ 侯外庐：《中国思想通史》第四卷上，人民出版社，1992年，第440页。
⑤ 何俊：《由礼转理抑或以礼合理——唐宋思想转型的一个视角》，第39页。
⑥ ［宋］程颢、程颐：《河南程氏遗书》卷第二上，《二程集》，第23页。

意然后观礼,合此理者即是圣人之制,不合者即是诸儒添入,可以去取。"①这说明当时对礼意的追求与礼制的建设是并重的,而对"理"的阐发则放在了优先的地位。只不过后来王安石在礼制层面上的建设引人注目,而理学家在发挥礼义上无处不在彰显"性与天道"之理。朱熹承北宋礼理结合之绪,与王安石礼学思想的主要方面是共通的,或者说朱熹在对礼的核心精神的把握上是与王安石相同的。但在如何运用"礼"和阐发"理"上两人却有很大不同。

王安石撰著的《周官新义》不仅直截了当地说明了变法改革的必要性与合理性,也为新法措施提供了理论依据,其目的就在于为新法事业服务。王安石说:"惟道之在政事,其贵贱有位,其先后有序,其多寡有数,其迟速有时。制而用之存乎法,推而行之存乎人。其人足以任官,其官足以行法,莫盛乎成周之时;其法可施于后世,其文有见于载籍,莫具乎《周官》之书。"②全祖望这样概括熙宁变法的理论:

> 《三经新义》,尽出于荆公子元泽所述,而荆公门人辈皆分纂之。独《周礼》则亲出于荆公之笔,盖荆公生平用功此书最深,所自负以为致君尧、舜者俱出于此,是固熙、丰新法之渊源也,故郑重而为之。③

在经典训释过程中王安石本着"以所观乎今,考所学乎古"的原则,在先王的精义与现实实践中进行双向的构建。④

在实际变法过程中,针对反对者的攻讦,王安石一再援引《周官》成例来说明变法的依据。关于免役法,王安石指出:"出于《周官》所谓府、

---

①　[宋]张载:《张子语录·语录下》,《张载集》,第 327 页。
②　[宋]王安石:《王文公文集》卷三十六《周礼义序》,第 426 页。
③　[明]黄宗羲、全祖望:《宋元学案》卷九十八,第 3252 页。
④　[宋]王安石:《王文公文集》卷三十六《周礼义序》,第 426 页。

史、胥、徒，《王制》所谓'庶人在官'者也。"①关于保甲法，王安石这样说明："保甲之法，起于三代丘甲，管仲用之齐，子产用之郑，商君用之秦，仲长统言之汉，而非今日之立异也。"②他还讲："今新法乃约《周礼》太平已试之法，非专用陕西预散青苗条贯也。"③熙宁三年，河北安抚使韩琦上疏，极言青苗法不利，认为朝廷立青苗法本来"务在惠小民"，而实际情况却是："今令多借之钱，一千令纳一千三百，则是官自放钱取息，与初诏绝相违戾。"④王安石则指出常平收息是周公遗法，并比较了自己与汉代桑弘羊，认为："桑弘羊笼天下货财以奉人主私用，乃可谓兴利之臣；今抑兼并，振贫弱，置官理财，非所以佐私欲，安可谓兴利之臣乎？"⑤就这样，王安石利用《周礼》为各项新法措施作出了理论上的说明，指出新法是符合先王本意的，有着经典的依据和理论渊源。

王安石也毫不讳言要利用、学习《周礼》中蕴含的理财思想为政治改革服务。他说："所以理财，理财乃所谓义也。一部《周礼》，理财居其半。"⑥由于后来新法变革的失败，王安石所立新法连同新经义遭士大夫阶层群起而攻之。他们对王安石变法所依据的《周礼》一书中相关制度的真实性提出疑问。张载研究《周礼·泉府》后，认为这不过是管理市场的小事，并不是有关国计民生的大政，实含蓄地在批评王安石的市易法。他说："一市之博，百步之地可容万人，四方必有屋，市官皆居之，所以平物价，收滞货，禁争讼，是决不可阙。故市易之政，非官专欲取利，亦所以为民。百货亦有全不售时，官则出钱以留之，亦有不可买时，官则出而卖之，官亦不失取利，民亦不失通其所滞而应其所急。故市易之政，止一市

---

①　［宋］王安石：《王文公文集》卷一《上五事书》，第 19 页。
②　［宋］王安石：《王文公文集》卷一《上五事书》，第 19 页。
③　［清］徐松：《宋会要辑稿·食货四》，上海古籍出版社，2014 年，第 6051 页。
④　［元］脱脱等：《宋史》卷一百七十六《食货上四》，中华书局，1985 年，第 4282 页。
⑤　［元］脱脱等：《宋史》卷一百七十六《食货上四》，第 4283 页。
⑥　［宋］王安石：《王文公文集》卷八《答曾公立书》，第 97 页。

官之事耳,非王政之事也。"①青苗法也曾以泉府之职为依据,孙觉上奏认为:"国事取具,盖谓泉府所领,若市之不售,货之滞于民用,有买有予,并赊贷之法而举之。傥专取具于泉府,则冢宰九赋,将安用邪? 圣世宜讲求先王之法,不当取疑文虚说以图治。"②苏轼则认为:"大抵事若可行,不必皆有故事。若民所不悦,俗所不安,纵有经典明文,无补于怨。"③苏辙曾对《周礼》记载的土地制度和官吏数量进行了分析,认为是不可信的。

二程高足杨时在两宋之际便撰有《三经义辨》,对王安石思想加以批评。杨时认为王安石新学在理财和培育人才方面都存在很大弊端:"所谓理财者,务为聚敛,而所谓作人者,起其奔竞好进之心而已。"④朱熹继承这一说法,在与学生讨论《易传》"虽无邪心,苟不合正理则妄也,乃邪心也"时,认为王安石"亦有邪心夹杂","将《周礼》来卖弄,有利底事便行之,意欲富国强兵,然后行礼义。不知未富强,人才风俗已先坏了"。⑤ 吕祖谦曾高度肯定杨时此书对推倒荆公新学、恢复孔孟思想起到了重要作用,指出"今所欠者,最是杨龟山《三经义辨》要切"。⑥ 与吕祖谦的评价不同,朱熹认为杨时《三经义辨》"亦有不必辨者,却有当辨而不曾辨者"。⑦朱熹对杨时的做法有些不以为然:

> 《周礼》"六书",制字固有从形者。然为义各不同,却如何必欲说义理得! 龟山有辩荆公《字说》三十余字。荆公《字说》,其说多矣,止辩三十字,何益哉? 又不去顶门上下一转语,而随其后屑屑与

---

① ［宋］张载:《经学理窟·周礼》,《张载集》,第 249 页。
② ［元］脱脱等:《宋史》卷三百四十四,第 10927 页。
③ ［宋］苏轼:《苏轼文集》卷二十五《上神宗皇帝书》,第 734 页。
④ ［宋］杨时:《龟山集》卷十,《文渊阁四库全书》第 1125 册,第 201 页。
⑤ ［宋］黎靖德辑:《朱子语类》卷七十一,《朱子全书》,第 2401 页。
⑥ ［清］朱彝尊:《经义考》卷一百二十二,第 653 页;［宋］吕祖谦:《东莱别集》卷十《答潘叔度》,《文渊阁四库全书》第 1150 册,第 288 页。
⑦ ［宋］黎靖德辑:《朱子语类》卷一百三十,《朱子全书》,第 4038 页。

之辩，使其说转，则吾之说不行矣。①

　　杨时有《王氏字说辨》，他不满王安石释"忠"为"中心"，认为"心无中外，以忠为中心，无是理也。《礼器》曰：礼以多为贵者，以其外心也；以少为贵者，以其内心也。盖用心之有内外耳，非心有内外也"。②朱熹认为，杨时的做法还局限于王安石的思路，从形式上尾随并"屑屑与之辩"，而不能从实质的思想内涵上有所超越。朱熹对新学礼学强说义理的治学路径进行了反思与批评：一方面认为从字形上推敲其义的方法笨拙而不可取，更难有效地使人信服；另一方面认为抛却仪节而去专寻义理也存在根本性的问题。朱熹的目的在于从根本上推翻王安石礼学：从文本上，朱熹主张以《仪礼》代《周礼》，但也不否认《周礼》为儒家经典；从义理上，朱熹直接针对制度设计背后的理论基础，利用《礼记》重道德性命的特点发挥礼义，夯实儒家礼学的基础。

　　在如何阐释、运用《周礼》上，朱熹与王安石存在很大的分歧，首先体现在朱熹与王安石理解的所谓"正理"，即先王之道是不同的。王安石所说"道在政事"，实际上就是从直接有益于现实政治制度建设的角度着眼，主要从礼乐刑政、政令法度、制度设置等方面来理解先王之道。而朱熹则继承北宋理学家的普遍看法，认为所谓先王之道，是一种以仁义道德为根本，以礼义教化为先务的道德政治理想。

　　源于对先王之道理解上的不同，朱熹认为王安石从《周礼》中看出了"理财居半"，就是其心不正、邪心夹杂的表现。王安石对待《周礼》的态度，只不过是"姑取其附于己意者，而借其名高以服众口耳"，并非真有意于先王之治道。这一评价与晁公武的判断相似。晁公武说："介甫以其

①　［宋］黎靖德辑：《朱子语类》卷八十六，《朱子全书》，第2934页。
②　［宋］杨时：《龟山集》卷七，《文渊阁四库全书》第1125册，第161页。

书理财者居半,爱之,如行青苗之类,皆稽焉,所以自释其义者,盖以其所创新法尽傅着之,务塞异议者之口。"①后来的四库馆臣也顺承这一说法,指出:"《周礼》之不可行于后世,微特人人知之,安石亦未尝不知也。安石之意,本以宋当积弱之后,而欲济之以富强,又惧富强之说必为儒者所排击,于是附会经义以钳儒者之口。"②朱熹认为出于此目的的经义诠释和政治改革,招致失败是必然的,同时也表明王安石并非得古三代之治的真意。朱熹认为:"(王安石)若真有意于古,则格君之本、亲贤之务、养民之政、善俗之方,凡古之所谓当先而宜急者,曷为不少留意,而独于财利兵刑为汲汲耶? 大本不正,名是实非,先后之宜又皆倒置,以是稽古,徒益乱耳,岂专渺茫不可稽考之罪哉!"③鉴于此,朱熹认为坚持北宋理学家所倡导的身心教化之学才是根本之所在。

程颢曾强调:"必有《关雎》《麟趾》之意,然后可行周公法度。"④《关雎》《麟趾》为《诗经·国风》中的两篇,在程颢看来,它们所谈的是由正家修德而始最后化成天下仁厚之俗的道理。朱熹在与学生讨论程颢的这句话时,将其推至入微处:"须是自闺门衽席之微,积累到熏蒸洋溢,天下无一民一物不被其化,然后可以行周官之法度……后世论治,皆欠此一意。"⑤朱熹之意在于强调周官之法度是以仁义道德为核心,以三纲五常为要法作为基础的,论治都应认识到从下至上,从细致入微的教化开始,化民成俗,作育人才,才能出现理想的政治格局。

总之,与王安石利用《周礼》趋向于致用不同,朱熹更强调学习《周礼》应该以性命道德之大体为基点。这从两人对经典中同一名物的解读也可略窥一斑。《周礼》中有"旅师,掌聚野之锄粟"一条,王安石这样训

---

① 〔宋〕晁公武撰,孙猛校证:《郡斋读书志校证》卷一,上海古籍出版社,1990年,第82页。
② 〔清〕永瑢等:《四库全书总目》卷十九经部礼类一,中华书局,1965年,第150页。
③ 〔宋〕朱熹:《晦庵先生朱文公文集》卷七十《读两陈谏议遗墨》,《朱子全书》,第3382页。
④ 〔宋〕程颢、程颐:《河南程氏外书》卷十二,《二程集》,第428页。
⑤ 〔宋〕黎靖德辑:《朱子语类》卷九十六,《朱子全书》,第3251页。

释以为青苗法的实施寻找理论依据："掌聚野之锄粟、屋粟、闲粟而用之者，聚此三粟而用以颁以施以散也，施其惠，若民有难厄，不责其偿。"①而朱熹则说："昔予读《周礼》旅师、遗人之官，观其颁敛之疏数，委积之远迩，所以为之制数者，甚详且密，未尝不叹古之圣人既竭心思，而继之以不忍人之政，其不可及乃如此。"②同样对"旅师"一职的解读，王安石读到的是能为政治改革服务的具体致用之策，而朱熹所领会的是圣人详密的心思和实施仁政的宽阔胸怀。

针对有学者提出的王安石之学"本出于刑名度数而不足于性命道德也"的评价，朱熹深入剖析后认为，道德性命与刑名度数，表面上看来其精粗、本末等有所区别，然而两者实际上相为表里，如影随形，难以明确地加以分割。因此如果说王安石之学独有得于刑名度数而于道德性命有所不足是不确切的，"是不知其于此既有不足，则于彼也，亦将何自而得其正耶？夫以佛老之言为妙道而谓礼法事变为粗迹，此正王氏之深蔽，今欲讥之而不免反堕其说之中，则已误矣，又况其于粗迹之谬，可指而言者盖亦不可胜数，政恐未可轻以有得许之也"③。在朱熹看来，刑名度数与道德性命是紧密联系在一起的，不可将两者分割而论。

如果对王安石运用《周礼》进行改革失败的原因进行分析，那么他在刑名度数与性命道德两方面都存在缺陷。就道德性命而言，二程就曾抨击王安石说："介甫自不识道字。道未始有天人之别，但在天则为天道，在地则为地道，在人则为人道。"④"道一也，未有尽人而不尽天者也。以天人为二，非道也。"⑤在理学家看来，王安石新学也涉及性命道德，但本

---

① 〔宋〕王安石：《周官新义》卷七，《文渊阁四库全书》第91册，第79页。
② 〔宋〕朱熹：《晦庵先生朱文公文集》卷七十九《建宁府建阳县大阐社仓记》，《朱子全书》，第3780页。
③ 〔宋〕朱熹：《晦庵先生朱文公文集》卷七十《读两陈谏议遗墨》，《朱子全书》，第3382—3383页。
④ 〔宋〕程颢、程颐：《河南程氏遗书》卷二十二，《二程集》，第282页。
⑤ 〔宋〕程颢、程颐：《河南程氏粹言》卷一，《二程集》，第1170页。

体论的特点就在于以人法天而非天人合一,以致天自天,人自人,天与人之间存在着巨大的裂缝。①而在朱熹看来,不涉及人道的天道必然流于佛老之道而不自知,而王安石没有基于儒家的伦理纲常而进行本体论的建构,失败的必然性就显现出来了。

同时,朱熹认为王安石《周官新义》在刑名度数上的"粗迹之谬"也不可胜数,王安石诠释"泉府"一职说:"泉府掌以市之征布,敛市之不售、货之滞于民用者,以其贾买之物楬而书之,以待不时而买者。买者各从其抵,都鄙从其主,国人、郊人从其有司,然后予之。凡赊者,祭祀无过旬日,丧纪无过三月。凡民之贷者,与其有司辨而授之,以国服为之息。凡国事之财用取具焉,岁终则会其出入而纳其余。"②朱熹曾就此提出质疑:"'泉府掌以市之征布,敛货之不售'者,或买,或赊,或贷。贷者以国服为息,此能几何?而云'凡国事之财用取具焉',何也?"③总之,朱熹认为王安石的《周礼》研究缺乏深厚的道德性命之学的基础,从而导致了刑名度数的实施也存在巨大的困难。这种体用不能结合、不能相互支撑的状态正是学者们应该深刻反思的。正是鉴于此,朱熹才明确地表示不敢教人在"理会自家身心"之前就先学《周礼》,因为要学习和运用《周礼》需要在一个更高的层次上进行。朱熹说:

> 理会《周礼》,非位至宰相,不能行其事。自一介论之,更自远在,且要就切实理会受用处。若做到宰相,亦须上遇文、武之君,始可得行其志。④

张元德问《春秋》《周礼》疑难。曰:"此等皆无佐证,强说不得。若穿

---

①　张岂之主编:《中国思想学说史·宋元卷》,广西师范大学出版社,2007年,第406页。

②　[宋]王安石:《周官新义》卷七,《文渊阁四库全书》第91册,第76页。

③　[宋]黎靖德辑:《朱子语类》卷八十六,《朱子全书》,第2934页。

④　[宋]黎靖德辑:《朱子语类》卷八十四,《朱子全书》,第2879页。

凿说出来，便是侮圣言。不如且研穷义理，义理明，则皆可遍通矣。"①

　　且如读书：《三礼》《春秋》有制度之难明，本末之难见，且放下未要理会，亦得。②

　　在朱熹看来，学习、运用《周礼》都是需要条件的。一方面，理会《周礼》非德高位重者不能行其事。这是因为《周礼》本为周公所撰，只有权位相当于宰相之人才能领悟其中的"切实受用处"。而且还须遇上文王、武王那样的德君，方可实施其政治制度之蓝图，谋天下之太平。朱熹发此论，还是有感于王安石利用《周官》为新法服务而得出的如何学习、利用《周礼》的经验性结论。既然学习《周礼》后还需要有可遇可求之机遇，那么就不如先安顿身心，诉诸内求，不将制度之学放在首位。另一方面，朱熹认为《周礼》有制度难以考证精核之处，与其去附会强说致穿凿之嫌，还不如先研穷义理，领会圣人之心意，而后再遍观，则可融会贯通。

　　当有人询问朱熹关于《周礼》的一些问题时，朱熹会很谦虚地说"某于此书素所不熟，未敢容易下语"③。关于如何学习《周礼》，朱熹指引的路径还是循注疏看。学习《周礼》首要的是应该见得圣贤公平之意，应体悟圣人广大精密之心。而最主要是应该认识《周礼》之大纲如正心、修身、齐家、治国、平天下之进阶。因为早在孟子之时，实际上就已难求古代制度的真面目了。与其考古拾掇零碎的条目，不如追寻根本的身心之学，而且"大凡礼乐制度若欲理会，须从头做功夫，不可只如此章，草略说一二。但恐日力未遽及此，不若且专意于其近者为佳耳"④。何况制度难

① ［宋］黎靖德辑：《朱子语类》卷八十三，《朱子全书》，第 2836 页。
② ［宋］黎靖德辑：《朱子语类》卷八，《朱子全书》，第 289 页。
③ ［宋］朱熹：《晦庵先生朱文公续集》卷七《答俞寿翁》，《朱子全书》，第 4778 页。
④ ［宋］朱熹：《晦庵先生朱文公文集》卷六十《答余彝孙》，《朱子全书》，第 2926 页。

行,难得其真,而且制度本来就应该随时应变而行,而不可泥古。因此先理会得身心之学才能更好地斟酌制度。总之,朱熹的态度是:"且于义理上留心,制度名物少缓亦不妨也。"①"经旨要子细看上下文义。名数制度之类,略知之便得,不必大段深泥,以妨学问。"②

二　与南宋湖湘学、永嘉学在《周礼》学上的分歧

朱熹《周礼》观,也是在与永嘉学派、湖湘学派关于《周礼》的讨论、考证、反思与批驳中形成的。受王安石的《周礼》学思想及其实践的影响,南宋时期,湖湘学派代表人物胡宏承道南正脉,力攻荆公新学,一反《周礼》,主张恢复与仁政相适应的封建井田制,其经世致用的社会政治思想表现出复古的倾向。永嘉学作为当时的功利主义学派,同样也反新学,但他们对《周礼》推崇有加,重考核制度名物,高举制度建设的大旗,成为朱熹密切关注并反驳的对象。龚鹏程已经注意到朱熹与湖湘派学者间的论辩亦不只是参究中和问题和《仁说》,更关联到彼此论礼的歧异。③朱熹与两派学者在《周礼》观上的分歧,首先来自对新学礼学的评价和《周礼》文本的使用问题的讨论,其次才是设官分职以及田制赋税等具体问题的探讨。这些分歧既受北宋以来政治文化的影响,也是在南宋社会、政治、经济具体背景下形成的,同时也反映了汉宋之学在朱熹时代的争论与差异。

(一) 对胡宏《周礼》说的反思批评

湖湘学派的代表人物胡宏经历亡国之痛,对刘歆、王安石等以《周

---

① ［宋］朱熹:《晦庵先生朱文公文集》卷五十九《答陈与叔》,《朱子全书》,第 2819 页。
② ［宋］黎靖德辑:《朱子语类》卷十一,《朱子全书》,第 347 页。
③ 龚鹏程:《生活儒学的重建》,《儒学反思录》,第 497 页。

礼》指导变革的行为深恶痛绝，干脆否认《周礼》是儒家经典。他说：

> 夫歆不知天下有三纲，以亲则背父，以尊则背君，与周公所为正相反者也。其所列序之书，假托《周官》之名，剿入私说，希合贼莽之所为耳。王安石乃确信乱臣贼子伪妄之书，而废大圣垂死笔削之经，弃恭俭而崇汰侈，舍仁义而营货财。不数十年，金人内侵，首足易位，涂炭天下，未知终始。原祸乱之本，乃在于是。①

　　胡宏认定《周礼》成于刘歆，而刘歆是不知三纲之人，因而"其书不可引以为证"②，并说"《周礼》之书颠倒人伦，不可以为经也"③。基于这样的认识，胡宏明确指出《周礼》非周公致太平之书，根本不能与《易》《诗》《书》《春秋》等经书相比，胡宏在《皇王大纪论·极论周礼》一文中论述了《周礼》官职中种种与周公之意违背处。
　　马克斯·韦伯曾深刻地洞察儒家政治理论的立足点在于有效地制约皇权的独裁制和宦官、后宫的权力。他认为：儒家只有一个始终存在的大敌，这就是独裁制和为其撑腰的宦官政治。这是后宫影响所致，正因为如此，儒家对后宫极不信任，深为关注。不洞察这种斗争，就无法了解中国的历史。④ 分析朱熹与胡宏在天官冢宰、女巫、王后等职分上的不同认识，可以看出儒家内部政治理论的一些分歧。
　　首先关于天官冢宰一职，胡宏认为：

> 冢宰当以天下自任，故王者内嬖嫔妇敌于后，外宠庶孽齐于嫡，宴饮无度，衣服无章，赐与无节。法度之废，将自此始。虽在内庭为

① ［宋］胡宏：《皇王大纪论·极论周礼》，《胡宏集》，中华书局，1987年，第259—260页。
② ［宋］胡宏：《与彪德美》，《胡宏集》，第140页。
③ ［宋］胡宏：《皇王大纪论·周礼祀冕》，《胡宏集》，第253页。
④ 〔德］马克斯·韦伯著，王容芬译：《儒教与道教》，商务印书馆，1995年，第189页。

冢宰者，真当任其责也。若九嫔之妇法，世妇之宫具，女御之功事，女史之内政，典妇之女功，乃后夫人之职也。王安石以为统于冢宰，则王者所以治内，可谓至公而尽正矣。夫顺理而无阿私之谓公，由理而无邪曲之谓正，修身以齐家，此王者治国平天下之定理，所自尽心者也。苟身不能齐家，而以付之冢宰以为主也，悖理莫甚焉！又可谓之公正乎？噫！安石真奸人哉！①

　　针对王安石提出的王之内事也须统于冢宰的看法，胡宏认为冢宰应以天下为己任，无须管理王室后宫之事，否则会妨碍王者修身齐家，王者连修身齐家都做不到，更谈不上治国平天下了。但胡宏的这一观点遭到不少学者的批评。薛季宣认为冢宰一职既统五官，又治王内："《周官》太宰职在正君，故其所统之属五官之外，无非在王所者，此事寂寥已久，不可以力胜。"②陈傅良也认为冢宰应该肩负格君心、正内务的责任。朱熹对胡宏所论多有辨析：

　　　　"周之天官，统六卿之职，亦是其大纲。至其他卿，则一人理一事。然天官之职，至于阍寺、宫嫔、醯酱、鱼盐之属，无不领之。"道夫问："古人命官之意，莫是以其切于君身，故使之领否？"曰："然。"③

　　　　《周礼》天官兼嫔御、宦官、饮食之人皆总之，则其于饮食男女之欲，所以制其君而成其德者至矣，岂复有后世宦官之弊？古者宰相之任如此。④

① ［宋］胡宏：《皇王大纪论·极论周礼》，《胡宏集》，第256—257页。
② ［宋］薛季宣：《浪语集》卷十八《湖州与曾参政书》，《文渊阁四库全书》第1159册，第306页。
③ ［宋］黎靖德辑：《朱子语类》卷八十六，《朱子全书》，第2919页。
④ ［宋］黎靖德辑：《朱子语类》卷八十六，《朱子全书》，第2920页。

五峰以《周礼》为非周公致太平之书，谓如天官冢宰，却管甚官闱之事！其意只是见后世宰相请托宫闱，交结近习，以为不可。殊不知，此正人君治国、平天下之本，岂可以后世之弊而并废圣人之良法美意哉！①

《周礼》恐五峰之论太偏，只如冢宰一官，兼领王之膳服嫔御，此最是设官者之深意。盖天下之事无重于此，而胡氏乃痛诋之，以为周公不当治成王燕私之事，其误甚矣。②

朱熹对胡宏关于天官冢宰管理君王宫闱之事的意见不以为然，他认为这正是周公设立官制的"良法美意"和"深意"，其用意在于通过对人君燕私之事的管理、监督、引导君王修身、齐家从而治国、平天下，同时避免后世宦官之弊。不应因为后世出现了宰相请托宫闱、结交近习之事就否定《周礼》官制设立的合理性。张载就曾感慨："《周礼》惟太宰之职难看，盖无许大心胸包罗，记得此复忘彼。"③朱熹也肯定李觏《周礼论》主张的宰相掌人主饮食男女事。④ 而朱熹正是以广大心胸来看待冢宰一职的。朱熹晚年编撰《仪礼经传通解》时，自撰《天子之礼》，仍然主张天子"其嫔御、侍卫、饮食、衣服、货贿之官皆领于冢宰"⑤。

朱熹为什么对胡宏论宰相之职分要严加申辩呢？这是因为宰相的职权划定直接关系到实际政治中皇权与相权之间的博弈。关于宋代皇权与相权的讨论，目前研究者多倾向于认为宋代皇权与相权有并强、共

---

① ［宋］黎靖德辑：《朱子语类》卷八十六，《朱子全书》，第 2914 页。
② ［宋］朱熹：《晦庵先生朱文公文集》卷五十《答潘恭叔》，《朱子全书》，第 2312 页。
③ ［宋］张载：《经学理窟·周礼》，《张载集》，第 255 页。
④ ［宋］黎靖德辑：《朱子语类》卷一百三十九，《朱子全书》，第 4300 页。
⑤ ［宋］朱熹：《晦庵先生朱文公文集》卷六十九《天子之礼》，《朱子全书》，第 3364 页。

盛的特点。① 但就南宋初年而言,王夫之就曾指出:"高宗之世,将不乏人,而相为虚设久矣。"②"宋之猜防其臣也,甚矣! 鉴陈桥之已事,惩五代之前车,有功者必抑,有权者必夺;即至高宗,微弱已极,犹畏其臣之强盛,横加铲削。"③这表明建炎以来,实际上君权占据了最高的地位,相权被削弱了。

在朱熹看来,南渡之后的政治格局中本来就表现出君权加强的趋势。以君临臣丧礼来说,两宋之际,临奠仪式的时间、空间、过程选择、安排都从以临奠对象——死者为中心向以临奠者——君主一方倾斜,这表明皇帝的权威在凸显,死者和臣下完全被置于从属地位。④ 朱熹也不禁感慨:"祖宗时,于旧执政丧亦亲临。渡江以来,一向废此。"⑤细微的礼仪往往反映出政治格局的变化,朱熹敏锐地察觉到了孝宗在平日待之甚厚的陈俊卿死后也不亲临,这一方面说明君臣情意之薄,另一方面也说明君权的扩张侵犯了丞相应得的待遇与权利。

如何能在现实政治中有效地发挥宰相的作用,以防止君王独断呢?朱熹曾在《经筵留身面陈四事札子》中,指责宋宁宗"即位未能旬月,而进退宰执,移易台谏,甚者方骤进而忽退之,皆出于陛下之独断"的同时,提出:"盖君虽以制命为职,然必谋之大臣,参之给舍,使之熟议以求公议之所在,然后扬于王庭,明出命令而公行之。"⑥朱熹明确指出君权应该控制

<hr />

① 钱穆最先提出宋代皇权加强、相权削弱论,见其《论宋代相权》,《中国文化研究汇刊》第二卷,1942 年。王瑞来提出宋代相权加强、皇权削弱论,见其《论宋代相权》,《历史研究》1985 年第 2 期;《论宋代皇权》,《历史研究》1989 年第 1 期。张邦炜则提出宋代皇权、相权都强的观点,见其《论宋代的皇权和相权》,《四川师范大学学报》(社会科学版)1994 年第 2 期。焕力论证了宋代君权、相权并盛的特点,见其《宋代君权强相权盛》,《人文杂志》2005 年第6 期。
② 〔明〕王夫之:《宋论》卷十,中华书局,1964 年,第 187 页。
③ 〔明〕王夫之:《宋论》卷十,第 197 页。
④ 皮庆生:《宋代的"车驾临奠"》,《台大历史学报》2004 年第 6 期。
⑤ 〔宋〕黎靖德辑:《朱子语类》卷八十五,《朱子全书》,第 2898 页。
⑥ 〔宋〕朱熹:《晦庵先生朱文公文集》卷十四《经筵留身面陈四事札子》,《朱子全书》,第680 页。

在合适的范围，不要侵犯宰臣们的权力，应该本着君臣共谋、共治天下的态度来处理国家事务。胡宏关于太宰一职的批判，虽痛诋了王安石及其新学，但却容易导致相权萎缩。而朱熹则预见到了这一点，认为只有相权的有效干预才能防止内闱之习。

关于王后之职，胡宏认为："内小臣掌王后之命，后有好事于四方则使往，有好令于卿大夫则亦如之。阍人掌守王宫中门之禁，说者以为此二官奄者、墨者也。妇人无外事，以贞节为行，若外通诸侯，内交群下，则将安用君矣？夫人臣尚无境外之交，曾谓后而可乎！"朱熹认为胡宏所言"王后不当交通外朝之说，他亦是惩后世之弊。要之，《仪礼》中亦分明自载此礼"。胡宏在谈到宫内女巫之职时说："女祝掌宫中祷祀禳祓之事。夫祭祀之礼，天子、公卿、诸侯、大夫、士行之于外，后妃、夫人、嫔妇供祭服笾豆于内，况天地、宗庙、山川、百神祀有典常，又安用此么么祷祠禳祓于宫中。此殆汉世女巫执左道入宫中，乘妃姬，争忌妒，与为厌胜之事耳。刘歆乃以为太宰之属，置于王宫，其诬周公也甚矣！"①朱熹认为："盖古人立法，无所不有，天下有是事，他便立此一官，但只是要不失正耳。且如女巫之职，掌宫中巫、祝之事，凡宫中所祝，皆在此人。如此，则便无后世巫蛊之事矣。"②在朱熹看来，胡宏对《周礼》设官分职的怀疑主要是鉴于后世官制沿革中出现的种种弊端而发出的感慨，并没有全面深刻地理解周公设官的良苦用心与随事立官的合理性，因而陷入了偏激的一面，形成了对《周礼》的偏见。

另外，朱熹与胡宏在封建井田之制上也存在很明显的分歧。自北宋以来，理学家的社会政治改革主张普遍都认为要解决当时兼并严重、贫富不均的社会问题，最理想的方案是实行"井田"之制。张载说："仁政必

①　［宋］胡宏：《皇王大纪论·极论周礼》，《胡宏集》，第256页。
②　［宋］黎靖德辑：《朱子语类》卷八十六，《朱子全书》，第2914页。

自经界始,贫富不均,教养无法,虽欲言治,皆苟而已。"①"治天下不由井地,终无由得平。周道止是均平。"②程颢亦认为,治民"必制其恒产,使之厚生,则经界不可不正,井地不可不均,此为治之大本也"③。不仅如此,二程和张载都认为井田制可行。张载说:"井田至易行,但朝廷出一令,可以不笞一人而定。"④张载还不无乐观地认为:"若许试其所学,则《周礼》田中之制皆可举行。"⑤程颐在回答门人"井田今可行否"的问题时,断然指出"岂有古可行而今不可行者",肯定了井田制的现实可行性。⑥ 而同时受二程之学影响的胡宏、张栻湘学一派和朱熹闽学一派在对待井田制上也有分歧。

胡宏主张学习圣人之道,既要得其体,又要得其用,而"用"也是关系到能否与异端区别开来的一个重要方面,而"井田、封建、学校、军制,皆圣人竭心思致用之大者也"⑦。胡宏通过分析三代前后社会状况的巨大差异,说明封建井田对于治乱兴衰的巨大影响。他认为,三代时期的封建井田制度,保证了"仁政"的实施,满足了人民的需要,故而能够参赞天地,使王朝长盛不衰。而三代末世和秦汉之后屡屡发生祸乱,改制立法尽出于私意,都是因为破坏了封建井田制度。三代之法的核心制度就是封建井田。封建井田制度为古时圣王所立,属于万世不变之法:"圣人理天下,以万物各得其所为至极。井田封建,其大法也。"⑧胡宏举例说明了封建制废后,郡县之制产生的种种弊端:"邦国之制废,而郡县之制作矣。郡县之制作,而世袭之制亡矣。世袭之制亡,而数易之弊生矣。数易之

① ［宋］张载:《吕大临横渠先生行状》,《张载集》,第384页。
② ［宋］张载:《经学理窟·周礼》,《张载集》,第248页。
③ ［宋］程颢、程颐:《河南程氏文集》卷一,《二程集》,第453页。
④ ［宋］张载:《经学理窟·周礼》,《张载集》,第249页。
⑤ ［宋］张载:《经学理窟·学大原上》,《张载集》,第282页。
⑥ ［宋］程颢、程颐:《河南程氏遗书》卷二十二上,《二程集》,第291页。
⑦ ［宋］胡宏:《与张敬夫》,《胡宏集》,第131页。
⑧ ［宋］胡宏:《知言·事物》,《胡宏集》,第21页。

弊生，而民无定。"①并认为正是废除封建制、推行郡县制才导致了宋代面临的夷狄之祸："自秦而降，郡县天下，中原世有夷狄之祸矣。"②实施封建则可以对王朝构成一道有力的屏障，拱卫皇权。

因而胡宏更多地是强调井田封建的重要性，井田制度可以杜绝兼并、平均土地："先王之所以沟封田井者，亩数一定，不可诡移，一也；邑里阻固，虽有戎车，不可超越，二也；道路有制，虽有奸宄，不可群逞，三也。此三利者，绝兼并之端，止狱讼之原，沮寇盗、禁奸宄于未兆，所以均平天下，行政教，美风俗，保世永年之大法也。"③他认为封建之大法是分辨王道与霸道，仁政帝王与霸世暴主的重要特征："故封建也者，帝王所以顺天理、承天心、公天下之大端大本也；不封建也者，霸世暴主所以纵人欲、悖大道、私一身之大孽大贼也。"④胡宏还形象地将封建比作仁政之根，认为其能给治理国家带来源源不绝之能量与动力："故封建者，政之有根者也，故上下辨、民志定、教化行、风俗美，理之易治，乱之难亡，扶之易兴，亡之难灭。郡县反是。"⑤基于封建具有根本大法的性质，胡宏认为："郡县天下，可以持承平而不可支变故；封建诸侯，可以持承平，可以支变故。"⑥也就是说封建之制，不仅能在和平安宁之时维系天下，也能在天下动荡之际应对各种变故，是亘古不变的政治准则。胡宏赞美封建井田之制是"仁民之要法也"⑦，"井田封建，施仁恩之大纲也"⑧。胡宏在给弟子彪德美的信中说，董仲舒的"限田之策，欲渐进古。而唐时府兵之制，亦师古者也"，希望他能将历代田税制度考证精详，为时所用。⑨ 在胡宏看

① ［宋］胡宏：《知言·中原》，《胡宏集》，第46页。
② ［宋］胡宏：《知言·汉文》，《胡宏集》，第43页。
③ ［宋］胡宏：《皇王大纪论·商鞅变法》，《胡宏集》，第280—281页。
④ ［宋］胡宏：《知言·中原》，《胡宏集》，第47页。
⑤ ［宋］胡宏：《知言·中原》，《胡宏集》，第48页。
⑥ ［宋］胡宏：《知言·好恶》，《胡宏集》，第12页。
⑦ ［宋］胡宏：《皇王大纪论·建国井田》，《胡宏集》，第266页。
⑧ ［宋］胡宏：《与彪德美》，《胡宏集》，第139页。
⑨ ［宋］胡宏：《与彪德美》，《胡宏集》，第139页。

来，在"进古""师古"的基础上，井田封建完全可以重建。胡宏在政治思想方面表现出强烈的复古倾向，其现实意义仍然是指向南宋图恢复、思振作的时代主题。

与胡宏坚决恢复实行井田封建的主张不同，朱熹认为井田封建很难推行。朱熹指出胡宏论井田没有经过详密的考证，只不过是直抒己见的臆测而已。他说："胡氏《大纪》所论井田之属，亦多出臆断，不及《注》《疏》之精密。"①朱熹不满胡宏"专以封建为是"的主张，认为井田封建实际上不可行。有一段话可以总体表明朱熹的态度：

> 先生言论间犹有不满于五峰论封建井田数事，尝旷其说以质疑。先生云："封建井田，乃圣王之制，公天下之法，岂敢以为不然？但在今日恐难下手。设使强做得成，亦恐意外别生弊病，反不如前，则难收拾耳。此等事未须深论，他日读书多、历事久，当自见之也。"②

朱熹认为，封建井田的确是圣王之制，也是公平天下之大法，封建的好处在于能使君民之情相亲，可以长治久安而无患，因此"亦有可行者"。③ 朱熹曾考究井田制度，所撰《井田类说》虽然只是从《汉书》和《汉记》里抄录三段长文，并未加入自己的意见，然而暗示了他赞赏井田制度下的理想社会的景象。④ 但即使是圣人之法，也不能说就没有弊端。从总结历史经验教训来看，"封建后来自然有尾大不掉之势"，"封建井田皆

---

① ［宋］朱熹：《晦庵先生朱文公文集》卷五十《答潘恭叔》，《朱子全书》，第 2312 页。
② ［宋］黎靖德辑：《朱子语类》卷一百八，《朱子全书》，第 3514 页。
③ ［宋］黎靖德辑：《朱子语类》卷一百八，《朱子全书》，第 3517 页。
④ ［宋］朱熹：《晦庵先生朱文公文集》卷六十八《井田类说》，《朱子全书》，第 3326—3330 页；〔美〕田浩：《朱熹的思维世界》，陕西师范大学出版社，2002 年，第 189 页。

易得致弊"。① 从现实制度运作效果来看，应该说没有十全十美的制度，以封建郡县而言，也只能说各有利弊。朱熹认为："天下制度无全利而无害底道理，但看利害分数如何。封建则根本较固，国家可恃；郡县则截然易制，然来来去去，无长久之意，不可恃以为固也。"② 而如果一味地推崇井田封建，而否定郡县制度的优点，这种态度也是不可取的。

朱熹此观点与叶适有相近之处，叶适也并非如大多数宋儒那样，显露或赞成或反对的两极倾向，而是认为封建和郡县，只不过是历史演变的产物而已，不必将其视为对立不相容的政治组织形式。他说："唐、虞、三代，必能不害其为封建而后王道行；秦、汉、魏、晋、隋、唐，必能不害其为郡县而后伯政举。"③ 叶适从历史观点出发，分析制度本身的含义及其根本精神，肯定分治为治国之大法，而封建郡县只不过是不同时期的历史名词而已。叶适也非常清醒地看到了恢复井田实不可行，坚定地说："儒者复井田之学可罢，而俗吏抑兼并富人之意可损。"④ 他认为抑兼并、复井田，"其为论虽可通，而皆非有益于当世，为治之道终不在此"⑤。在叶适看来，井田封建都并非为治之道。朱熹认为要推行井田封建制，还需要天时、地利、人和的种种条件，而在南宋偏安一隅、国分家裂的状况下，推行起来恐怕很难，即使推行了也可能意外生出许多别的弊端。朱熹的这些言论，与北宋王安石批评程颢"如何可遽夺其田以赋贫民，此其势不可行，可行亦未为利"的说法口吻酷肖，如出一辙。⑥ 这说明朱熹同王安石一样，对现实问题有着清醒的估计，认为以封建井田来"论治乱毕竟不在此"⑦。朱熹认识到在当时的历史条件下，实行井田，剥夺兼并之

---

① ［宋］黎靖德辑：《朱子语类》卷一百八，《朱子全书》，第 3513 页。
② ［宋］黎靖德辑：《朱子语类》卷一百八，《朱子全书》，第 3513—3514 页。
③ ［宋］叶适：《水心别集》卷十二《法度总论一》，《叶适集》，中华书局，2010 年，第 787 页。
④ ［宋］叶适：《水心别集》卷二《民事下》，《叶适集》，第 657 页。
⑤ ［宋］叶适：《水心别集》卷二《民事下》，《叶适集》，第 655 页。
⑥ 萧永明：《北宋新学与理学》，陕西人民出版社，2001 年，第 154 页。
⑦ ［宋］黎靖德辑：《朱子语类》卷一百八，《朱子全书》，第 3513 页。

家的土地,是根本行不通的。勉强实行,只会造成更大的混乱,于国家不利。因此讨论、实施井田封建不可不慎。

另外,朱熹对待井田的态度受到了二程与张载的影响。程颐曾说"自古立法制事,牵于人情,卒不能行者多矣",同样要使井田制出现君民上下、富者贫者均得利而无怨怒的情形,要将道、法、政有机地结合起来,几乎不太可能。① 张载的井田实践方案终因其病故而不了了之的现实也使朱熹认识到,理想的制度设计终究不可能在现实社会中付诸实施。有学生问及张载的井田方案时,朱熹的回答也是耐人寻味:

> 问:"横渠谓:'世之病(井田)难行者,以亟夺富人之田为辞。然处之有术,期以数年,不刑一人而可复。'不审井议之行于今,果如何?"曰:"讲学时,且恁讲。若欲行之,须有机会……若平世,则诚为难行。"
>
> 安卿问:"横渠复井田之说,如何?"曰:"这个事,某皆不曾深考。而今只是差役,尚有万千难行处,莫道便要夺他田,他岂肯!"②

在这里,朱熹明确指出井田难行,认为张载实行井田制的设想仅仅是"讲学时且恁讲",只能停留在学术讨论的理论层面而不可能付诸实践。与朱熹的一贯主张相适应,他认为与其去讨论难以实现的理想制度,还不如去理会学者能把握的身心之学。朱熹曾发出"制度易讲,如何有人行"的感叹,一方面是感叹制度易讲难行,更重要的是朱熹认为很难有合适的人来实施、运作好的制度。朱熹始终觉得执行制度能否达到其预期效果,关键在人。各种制度之所以会出现种种弊端,主要是受到了执行者道德水平和能力的影响。因此在朱熹看来,去议论封建郡县何者

---

① ［宋］程颢、程颐:《周易程氏传》卷一,《二程集》,第756页。
② ［宋］黎靖德辑:《朱子语类》卷九十八,《朱子全书》,第3324—3325页。

为得的问题实际上是多余的，因为理清治乱之源不在于实施运用的某种制度，而在于施展权力推行制度的人。他说：

　　诸生论郡县封建之弊。曰："大抵立法必有弊，未有无弊之法，其要只在得人。若是个人，则法虽不善，亦占分数多了；若非其人，则有善法亦何益于事？且如说郡县不如封建，若封建非其人，且是世世相继，不能得他去；如郡县非其人，却只三两年任满便去，忽然换得好底来，亦无定。范太史《唐鉴》议论大率皆归于得人，某初嫌他恁地说，后来思之，只得如此说。"又云："革弊须从原头理会。"①

　　因此，要正本清源，革除弊端，就必须从整顿人心开始。从上我们不难看出，朱熹在讨论制度问题时，最终总是将话题引向关于统治者道德修养的讨论。

　　还有，胡宏主张复古井田封建，甚至认为在具体做法上也可以完全照搬成制。他说："经界，真良法也。其初，依大禹九等之法，乃为尽善。主议者坚执三等，以为简易。事既行矣，今再有旨令去害民者，若于今所定三等中分为九等，虽有一时之烦劳，既定，则为久远之利。"②胡宏所言当时的经界法，是李椿年于南宋高宗绍兴十二年（1142）十一月提出来的，它是通过对土地的清丈来确定土地产权状况，从而明晰土地产权，查出隐田漏税的情况，进而增加政府的财政收入。胡宏认为在划分经界上，三分简易之法就不如九分的近古之法能够带来长久的利益。与胡宏主张复古相对，朱熹强调时变，认为"立一个简易之法，与民由之，甚好"③。在朱熹看来，夏商的井田法之所以能在三代流行，就是因为当时

---

① ［宋］黎靖德辑：《朱子语类》卷一百八，《朱子全书》，第 3513 页。
② ［宋］胡宏：《与向伯元书》，《胡宏集》，第 127 页。
③ ［宋］黎靖德辑：《朱子语类》卷一百八，《朱子全书》，第 3517 页。

的圣贤之君能够采用灵活的简易之法，而后来周法之所以废坏，就在于它太繁碎了，而不能通变。朱熹认为要改变当时法制繁复杂乱的情形，找出适合解决当前问题的对策与方法，关键在于因时变通地斟酌古制，而不是恪守成规，拘泥三代之制。在与张栻讨论田制实行时，朱熹主张就当时"边郡官田，略以古法画为丘井沟洫之制，亦不必尽如《周礼》古制，但以孟子所言为准，画为一法，使通行之。边郡之地已有民田在其间者，以内地见耕官田易之，使彼此无疆场之争，军民无杂耕之扰，此则非惟利于一时，又可渐为复古之绪"①，试图在《周礼》古制与当前需要之间达到一个平衡，而不必拘泥古制，这是朱熹因时制礼表现的一个方面。朱熹认为："《周礼》一书，圣人姑为一代之法尔。到不可用法处，圣人须别有通变之道。"②而在当时的社会条件下，学习、运用《周礼》都应该留意变通之道。

（二）对永嘉《周礼》说的批评

永嘉学派一般被认为是事功学派，其特点是重视制度建设。楼钥曾总结以薛季宣、陈傅良为代表的永嘉学术的特点，认为："中兴以来，言理性之学者宗永嘉，惟薛氏后出，加以考订千载，自井田、《王制》、《司马法》、《八阵图》之属，该通委曲，真可施之实用。凡今名士，得其说者，小之则擅场屋之名，大可以行于临民治军之际。公（陈傅良）游从最久，造诣最深，以之研精经史，贯穿百氏，以斯文为己任。综理当世之务，考核旧闻，于治道可以兴滞补敝，复古至道，条画本末，粲如也。"③与理学学者对《周礼》或攻击或避而不谈不同，永嘉之学从薛季宣到陈傅良、叶适都

---

① ［宋］朱熹：《晦庵先生朱文公文集》卷二十五《答张敬夫》，《朱子全书》，第1115页。
② ［宋］黎靖德辑：《朱子语类》卷八十六，《朱子全书》，第2914页。
③ ［宋］楼钥：《攻媿集》卷九十五《宝谟阁待制赠通议大夫陈公神道碑》，《文渊阁四库全书》第1153册，第471页。

表现出经纶以通世变，务实求治的态度，积极学习、运用《周礼》之学。①

陈傅良不满当时"老生宿儒发愤推咎，以是为用《周礼》之祸，诋排不遗力"的状况。② 他认为不能因为新学引领的改革失败了，就否定《周礼》，这样做无异于"因噎废食"。③ 陈傅良对《周礼》非常推崇，说："大抵《周礼》《古文尚书》，三代之法存焉。"④叶适也认为："(《周官》)极尽小大，天与人等，道与事等，教与法等，粗与细等，文与质等，无疏无密，无始无卒，其简不失，其繁不溢，则虽不必周公所自为，而非如周公者亦不能为也。"⑤叶适这样描述和总结王安石运用《周礼》的过程以及弊端：

> 当熙宁之大臣，慕周公之理财，为市易之司以夺商贾之赢，分天下以债而取其什二之息，曰："此周公泉府之法也。"天下之为君子者，又从而争之曰："此非周公之法也，周公不为利也。"其人又从而解之曰："此真周公之法也。圣人之意，《六经》之书，而后世不足以知之。"以此嗤笑其辨者。然而其法行而天下终以大弊，故今之君子真以为圣贤不理财，言理财者必小人而后可矣。夫泉府之法……居今之世，周公固不行是法矣。⑥

在叶适看来，王安石和当时的儒者在是否为周公之法上争论不休，当今的道学家还在为理财与否、君子或小人汲汲而辩。这实际上忽视了真正的礼制法度是随着历史而变化发展的，应该认识到制度的现实性，

---

① 吕祖谦同样也受此风的影响，亦注重从制度层面理解、学习《周礼》，他曾说："看《周礼》须先看叙官，先录历代百官志及本朝官制。"([宋]吕祖谦：《东莱外集》卷六《杂说》，《文渊阁四库全书》第 1150 册，第 434 页)

② [宋]陈傅良：《止斋集》卷四十《进周礼说序》，《文渊阁四库全书》第 1150 册，第 811 页。

③ [宋]陈傅良：《止斋集》卷四十《夏休井田谱序》，《文渊阁四库全书》第 1150 册，第 813 页。

④ [宋]陈傅良：《止斋集》卷三十五《与王德修》，《文渊阁四库全书》第 1150 册，第 772 页。

⑤ [宋]叶适：《习学记言序目》卷七《周礼》，中华书局，1977 年，第 83 页。

⑥ [宋]叶适：《水心别集》卷二《财计上》，《叶适集》，第 658—659 页。

因时制宜。叶适自谓其治学立场是,考前世兴衰之变,"欲折衷天下之义理""考详天下之事物",期有益于治道。① 叶适还指出,王安石运用制度最大的错误在于"不知其为患在于纪纲内外之间,分画委任之异,而以为在于兵之不强,财之不多也"②。如果说王安石是试图通过制度变革实现富国强兵的梦想,那么叶适则认为只有通过纪纲、法度的实现才能兴国安邦,因此他提出"纪纲、法度,一事也,法度其细也,纪纲其大也"③。而叶适所言"纪纲""法度"无不立足于礼制,主张通过礼制的参酌变通而实现礼治。叶适言:"天下之治也,礼义在于中国;其乱也,礼义在于夷狄。"④黄震深切体味叶适求治的苦心,说:"公尚礼学,而尤精究财赋本末,欲起而救之,至切也。"⑤叶适所尚之礼学无疑以《周礼》为核心,从历史研究出发,考究建制立法的基本原理,试图从旧制度中寻找设计出新制度。

在绍熙元年(1190)陈傅良廷对时,光宗要求他进献经说,后来陈傅良奉旨献上《周礼说》。叶适曾言:"永嘉陈君举亦著《周礼说》十二篇,盖尝献之绍熙天子,为科举家宗尚。"⑥由此可见《周礼说》在当时产生了较大的影响。陈傅良认为应该从"格君心、正朝纲、均国势"等几个方面来重新认识把握《周礼》的纲领。⑦ 朱熹对此高度重视、密切关注,曾向胡大时打听陈傅良廷对的内容。⑧ 关于永嘉所推崇的《周礼》和《本政书》等,据吕祖谦称,朱熹曾"累书欲得之"⑨。朱熹了解后对门人弟子说:

① [宋]叶适:《水心文集》卷二十九《题姚令威西溪集》,《叶适集》,第614页。
② [宋]叶适:《水心别集》卷十四《纪纲三》,《叶适集》,第815页。
③ [宋]叶适:《水心别集》卷十四《纪纲一》,《叶适集》,第811页。
④ [宋]叶适:《水心别集》卷六《左氏春秋》,《叶适集》,第716页。
⑤ [宋]黄震:《黄氏日抄》卷六十八《叶水心文集》,《文渊阁四库全书》第708册,第638页。
⑥ [宋]叶适:《水心文集》卷十二《黄文叔周礼序》,《叶适集》,第220页。
⑦ [宋]陈傅良:《止斋集》卷四十《进周礼说序》,《文渊阁四库全书》第1150册,第811页。
⑧ [宋]朱熹:《晦庵先生朱文公文集》卷五十三《答胡季随》,《朱子全书》,第2517页。
⑨ [宋]吕祖谦:《东莱别集》卷十《与陈同甫》,《文渊阁四库全书》第1150册,第282页。

于丘子服处见陈、徐二先生《周礼制度菁华》。下半册，徐元德作；上半册，即陈君举所奏《周官说》。先生云："孝宗尝问君举：'闻卿博学，不知读书之法当如何？'陈奏云：'臣生平于《周官》粗尝用心推考。今《周官》数篇已属稿，容臣退，缮写进呈。'遂写进御。大概推《周官》制度亦稍详，然亦有杜撰错说处。"①

朱熹所说陈傅良推《周官》制度稍详，实可信，兹举两例。陈傅良曾论：

自古功业多遗恨，惟周公无亏欠。孔孟监二代兼三王之论，王通说经制大备，皆见得彻。载师、闾师、县师三官皆征赋税。载师乃征公卿大夫、王子弟诸食采，若其食者三之一之类，其征之民则什一，而自以租归公上则有差等，轻或二十而一，重或二十而五，若其他受田之民什一之税，乡则征于闾师，遂则征于县师，显然三局，自昔诸儒见不破，可胜叹也。②

今多言常平出汉，耿中丞、颜秘书且以为权道，不知常平乃法《周官·司稼》。所谓以年之上下出敛法，出则减价粜，敛则增价籴也，是非常平乎？自郑氏以出其敛法为解，后人遂以周礼耳。《孟子》亦曰：狗彘食人，食而不知检，野有饿莩而不知发。今又作益，《食货志》作敛是也。载师所征税或二十而一，或十而五，自汉来诸儒因此疑周不纯用彻法，亦轻重非二等，是又失之不考。凡征于载师，皆非谓在野受田之民，率士官贤牧所食，公卿大夫、王子弟采地耳。凡此其收之民则什一也，而自以其租归公上，则别以厚薄劳佚

---

① 〔宋〕黎靖德辑：《朱子语类》卷八十六，《朱子全书》，第2915页。
② 〔宋〕陈傅良：《止斋集》卷三十八《答张端士五》，《文渊阁四库全书》第1150册，第799页。

为差,轻或二十而一,重或二十而五。此冢宰所谓邦中、四郊、稍甸、都鄙之税与万民九职、诸侯九贡各调度耳。汉律,诸侯王自有少钱,亦其租之所在也。①

朱熹指出陈傅良《周礼说》有"杜撰错说处",主要表现在设官分职之事和对待注疏的态度上。

《周礼》展现出的本来就是一种非常公式化设计出来的、非常理性化地由官吏领导的国家制度。② 陈傅良关注《周礼》,也正是试图理解国家制度如何有效地调动官吏的积极性,为彰显治道提供一家之言。在官属问题上,陈傅良有感于南宋官僚制度"文移回复、职事侵紊"的弊端,认为各官职之间的条块分割很严重,导致行政效率很低。陈傅良从《周官》研究中看出其六官"虽各有司存,然错综互见,事必相关",目的在于强调各官职在各司其职的基础上加强互相监督,从而提高行政效率。他认为:

　　先王设官如此,当时不见文移回复、职事侵紊之患,何也? 六官之设,虽各有司存,然错综互见,事必相关……后世礼官专治礼,刑官专治刑,兵官专治兵,财官专治财,并不相关,虽有遗失,他官不得搏节,而废旷多矣。③

陈傅良一直对《周官》如何设官分职有着浓厚的兴趣,也曾在《策问》中问:"《周官》六典,各有攸司,而其间错综不齐,若相输而不相次,何欤?"④联系《周官》大宰一职中关于以"八法治官府"的论述,"官属"与"官联"应结合起来的事实,陈傅良的观点还是可取的。可是陈傅良的这一观点遭到不少

① 〔宋〕陈傅良:《止斋集》卷三十五《与王德修》,《文渊阁四库全书》第1150册,第773页。
② 〔德〕马克斯·韦伯著,王容芬译:《儒教与道教》,第85页。
③ 〔宋〕王与之:《序周礼兴废》引陈傅良语,《周礼订义》,《文渊阁四库全书》第93册,第14页。
④ 〔宋〕陈傅良:《止斋集》卷四十三,《文渊阁四库全书》第1150册,第844页。

质疑,陆九渊就曾在轮对中指出:"文移回复,互相牵制,其说曰所以防私。而行私者方借是以藏奸伏慝,使人不可致诘。"[①]朱熹也认为:

> 儒用录云:"但说官属。不悉以类聚,错综互见。事必相关处,却多含糊。或者又谓有互相检制之意,此尤不然。"如云冢宰之职,不特朝廷之事,凡内而天子饮食、服御、宫掖之事无不毕管。盖冢宰以道诏王,格君心之非,所以如此。此说固是。但云主客行人之官,合属春官宗伯,而乃掌于司寇;土地疆域之事,合掌于司徒,乃掌于司马;盖周家设六官互相检制之意。此大不然! 何圣人不以君子长者之道待其臣,既任之而复疑之邪?[②]

朱熹首先肯定陈傅良对冢宰一职的理解有"格君心之非"的作用,但不同意陈傅良关于官属问题的意见。在朱熹看来,以周公为代表的圣人是以君子、长者之道对待臣下的,怎么可能"既任之而复疑之"呢? 所以朱熹认为,学习《周礼》这样的经典必须虚心静气,一方面须好好体悟圣人设官分职的用意,一方面应加强身心修养,使自身思想与圣人之用意产生共鸣。如果不能这样,直接指向于用而不能立足于体的制度之学,必然会因急功近利的倾向而给学术和政治带来危害。

分析两人在官属问题上的不同见解,就可了解双方思想的分歧之处。陈傅良的《周礼说》着眼于对现实问题的考虑,希望在经典中找到依据,从而能为南宋统治者提供进行制度建设的良方。他曾说:"《周礼》一经,尚多三代经理遗迹,世无覃思之学,顾以说者为谬,尝试者复大缪,乃欲一切驳尽为慊。苟得如《井田谱》与近时所传林勋《本政书》者,数十家各致其说,取其通如此者,去其泥而不通如彼者,则周制可得而考矣。周

---

① [宋]陆九渊:《陆九渊集》卷十八《删定官轮对札子》,中华书局,1980年,第224页。
② [宋]黎靖德辑:《朱子语类》卷八十六,《朱子全书》,第2915页。

制可得而考,则天下亦几于理矣。"①陈傅良认为,完美的制度近乎天理,有着至高无上的地位。因此,他研究《周礼》的目的非常明确,就是要考证周制以为当代所用。而朱熹却认为:"如今学问,不考古固不得。若一向去采摭故事,零碎凑合说出来,也无甚益。孟子慨然以天下自任,曰:'当今之世,舍我其谁!'到说制度处,只说'诸侯之礼,吾未之学,尝闻其略也'。"②就朱熹的治学取向喜好而言,他也非常注重考证功夫,但是朱熹以为考证也须建立在对圣人旨意完整全面的把握上,同时应该像孟子那样,信信存疑,如果拘泥于尚未了解之制度,一味采摭故事,就会陷入烦琐零碎的境地。

有学者曾分析朱熹与陈傅良官属问题分歧背后的原因,认为永嘉学派首先着眼于制度设计的合理性,至少在形式上,永嘉学派维护了制度原则的独立性。朱熹认为为学根本在"理会自家身心",制度设计的原则也不可能独立于天理。这种思想上的分歧实际上源于双方的道、法之辨。朱熹侧重"法"自"道"出,法是派生性的,而道是第一位的,因此,所有实践的重心应放在求道;永嘉学认为,理学的"道"与制度自身所具有的制度理性——"法",是互相独立的,对道与法的追求并不必然是时间先后的问题,二者在士大夫的实践中应该是交织在一起的。③ 这种分析是有一定道理的,但还有一点需要指出的是,他们求制度之学的路径是不一样的,永嘉学认为从制度到制度就几近天理,而朱熹则认为从理会身心出发去体悟周制中蕴含的天理,才是正途。

在封建、井田、沟洫等具体问题的考证上,朱熹针对陈傅良的《周礼说》提出了不同的意见。这些不同的观点实际上暗含了朱熹对郑玄注的推崇以及对永嘉学派为学方法的批评。永嘉从薛季宣开始,"尤邃于古

---

① ［宋］陈傅良:《止斋集》卷四十《夏休井田谱序》,《文渊阁四库全书》第 1150 册,第 813—814 页。
② ［宋］黎靖德辑:《朱子语类》卷八十六,《朱子全书》,第 2913 页。
③ 陈安金:《论永嘉学派与朱子学派的分歧》,《江汉论坛》2004 年第 7 期。

封建、井田、乡遂、司马之制"①。朱熹与陈傅良不同意见具体有三：一是陈傅良认为《周礼》《王制》《孟子》三处说井田处皆通②；而朱熹认为"《王制》《孟子》《武成》分土皆言三等，《周礼》乃有五等"，绝不可合起来说③。《周礼正义》孙诒让疏《小司徒》职"乃均土地以稽其人民而周知其数"条下："此经及《大司徒》《遂人》《大司马》诸职说田制，并止三等。《王制》及《孟子·万章篇》《春秋繁露·爵国篇》说上下农夫亦止五等。而郑有九等上下之说……"④由此可见，在此点上，朱熹洞见甚明。

二是关于具体的田制问题。叶适认为"儒者争言古税法必出于十一，又有贡、助、彻之异，而其实皆不过十一"，认为不必尽以"孟子貉道之言为断"⑤；而朱熹认为永嘉诸儒欲混井田、沟洫为一，不可行，这是因为"周礼有井田之制，有沟洫之制。井田是四数，沟洫是十数"，是绝不可能混淆的⑥。朱熹认为正因为井田之制与沟洫之制不同，所以与之相关的贡、助二法亦异。况且乡遂、井田的划分格局也不同，因此不能将二者混淆。

三是在封疆面积上，陈傅良认为诸公封疆只是方一百二十五里；朱熹认为，诸公之地，封疆"每个方五百里，甚是分明"，无须多辩。⑦

从以上问题的争辩中，我们可以看出朱熹《周礼》学研究的某些思想倾向。首先，朱熹是非常推崇郑玄注的。⑧ 陈傅良似乎对郑玄的《周礼》

---

① ［宋］陈傅良：《止斋集》卷五十一《薛季宣行状》，《文渊阁四库全书》第1150册，第906页。
② ［宋］陈傅良：《止斋集》卷三十六《答黄文叔》，《文渊阁四库全书》第1150册，第781页。
③ ［宋］黎靖德辑：《朱子语类》卷八十六，《朱子全书》，第2917页。
④ ［清］孙诒让：《周礼正义》卷二十，中华书局，2013年，第780页。
⑤ ［宋］叶适：《习学记言序目》卷七《周礼》，第85、86页。
⑥ ［宋］黎靖德辑：《朱子语类》卷八十六，《朱子全书》，第2917页。
⑦ ［宋］黎靖德辑：《朱子语类》卷八十六，《朱子全书》，第2917页。
⑧ 在对待《周礼》注疏的问题上，朱熹的态度还与陆九渊不同。据陆九渊年谱淳熙十五年（1188）记载："南丰刘敬夫学《周礼》，见晦庵，晦庵令其精细考索。后见先生，问：'见朱先生何得？'敬夫述所教。先生曰：'不可作聪明，乱旧章。如郑康成注书，枘凿最多。读经只如此读去，便自心解。《注》不可信，或是讳语，或是莽制。傅季鲁保社中议此甚明，可一往见之。'于是往问于季鲁。又尝曰：'解书只是明他大义，不入己见于其间，伤其本旨，乃为善解书。后人多以己意，其言每有意味，而失其真实，以此徒支离蔓衍，而转为藻绘也。'"（［宋］陆九渊：《陆九渊集》卷三十六，第503—504页）

注不甚满意,认为郑玄只知用佶屈聱牙的章句来探讨细微事物,而关于《周礼》设官分职、关系兴亡盛衰的大旨却讳莫如深,曾说:"彼二郑(郑玄、郑众)诸儒,崎岖章句,窥测皆薄物细故,而建官分职,关于盛衰二三大指,悉晦弗著,后学承误,转失其真。"①另外,陈傅良认为郑玄注多生拉硬扯,解释牵强:"郑经生志以为之传焉耳,于其说不合,即出己见附会穿凿。其举而措之斯世,可不可复古,郑虑不及此也,故曰说之者过。"②叶适批评郑玄所释大宰和载师二职:"玄虽博洽群书,训释经义,而不知帝王大意,随文彼此,辄形笺传以误后世,其害甚矣。"③在讨论地官司徒时,叶适释司徒和职方氏:"两言自五百里至百里,此成周分土之定制也。诸侯之国,三五相因,周之特封者可数,齐晋鲁卫陈蔡宋郑,往往皆自五百里以下,而诸家之论谓诸侯必百里者,妄说也……而郑众谓'包以附庸',郑玄又谓'一易再易,必足其国之用而后以贡其余'者,尤妄说也。且虽王畿千里,亦不过举封疆言,安得尽可食之地哉。"④这些观点反映了永嘉《周礼》学一反汉儒的倾向。

朱熹曾援引郑玄注来反驳陈傅良。在关于井田、沟洫与贡、莇二法的看法上,他直接引用郑注《周礼·匠人》来加强自己的论点:"以《载师》职及《司马法》论之,周制,畿内用夏之贡法,税夫无公田。以《诗》《春秋》《论语》《孟子》论之,周制,邦国用殷之莇法,制公田,不税。夫贡者,自治其所受田,贡其税谷。莇者,借民之力以治公田,又使收敛焉。畿内用贡法者,乡遂及公邑之吏,旦夕从民事,为其促之以公,使不得恤其私。邦国用莇法者,诸侯专一国之政,为其贪暴,税民无艺。周之畿内,税有轻重。诸侯谓之彻者,通其率以什一为正。孟子云:'野九夫而税一,国中

---

①　[宋]陈傅良:《止斋集》卷四十《进周礼说序》,《文渊阁四库全书》第1150册,第811页。
②　[宋]陈傅良:《止斋集》卷四十《夏休井田谱序》,《文渊阁四库全书》第1150册,第813页。
③　[宋]叶适:《习学记言序目》卷七《周礼》,第85页。
④　[宋]叶适:《习学记言序目》卷七《周礼》,第86—87页。

什一。'是邦国亦异外内之法耳。"①朱熹评价说："《周礼》，郑氏自于《匠人》注内说得极子细。前面正说处却未见，却于后面僻处说。先儒这般极子细。"②这是颂扬郑玄治学上的严谨细密。从对贡、莇二法的判断来说，朱熹非常认同郑玄用三代异制来圆融通达、求同存异地疏通这一问题③，并借机批评陈傅良"于《周礼》甚熟，不是不知，只是做个新样好话谩人"。"新样好话"的评价实际上就涉及了朱熹对陈傅良研究《周礼》方法上的批评。

朱熹认为在考证古代的具体名物制度上，陈傅良的态度是"只就事上理会，将古人所说来商量，须教可行"。在择取名物制度的考辨上，有着明确的指向"可行"的目的，因而会在综罗各说时，加以变通，以求实用。而朱熹则认为："古人见成法度不用于今，自是如今有用不得处。然不可将古人底折合来，就如今为可用之计……古人事事先去理会大处正处，到不得已处方有变通，今却先要去理会变通之说。"④在对待古制的态度上，朱熹认为像井田、沟洫、贡莇这样的问题，其实很难明确，也不知晓古人到底是怎样设计运作的。朱熹甚至认为研究当时的刑罚、税赋比古人之制更重要，反诘学生"何暇议古"。朱熹并非对古制有着某种恐惧，而是认为这是涉及治学方法、为学宗旨的大问题，因此与其费心力、耗思量在不通处强为之疏通，还不如让种种不同之制"细考而兼存之，以俟知

---

① ［清］阮元校刻：《十三经注疏》（清嘉庆刊本），第 2014 页。
② ［宋］黎靖德辑：《朱子语类》卷八十六，《朱子全书》，第 2916 页。
③ 朱熹对贡、莇、彻的看法影响了后世。王夫之曾在《四书稗疏》中疏解朱熹之注："（朱熹《孟子集注》云：'在《孟子》则以都鄙用莇、乡遂用贡，谓周之彻法如此。'周制：畿内之田用夏之贡法，邦国用殷之莇法。盖通贡、莇而谓之彻。《集注》之说，确有所本。"孙诒让疏在论《周礼》税敛关于夏贡殷莇和周彻的不同说时："九服之大，疆索不同，周承二代，而贡、莇两法，容有沿袭而未能尽革者。"（［清］孙诒让：《籀庼述林》卷一《彻法考》，中华书局，2010 年，第 6 页）也就是承认贡、莇、彻三法并存于不同地区。沈文倬在《略论宗周王官之学》一文中亦认为："周初同时并存贡、莇二法，彻训为通，通乎夏、殷，故谓之'周彻'。"（沈文倬：《菿闇文存——宗周礼乐文明与中国文化考论》，商务印书馆，2006 年，第 462—463 页）
④ ［宋］黎靖德辑：《朱子语类》卷一百一十四，《朱子全书》，第 3613 页。

者决焉,不必自为之说也"。①朱熹认为陈傅良这样探讨出来的《周礼》制度可能会对现实产生很大的危害。朱熹不无担心地说:"如近年新说,只教画在纸上亦画不成,如何行得?且若如此,则有田之家一处受田,一处应役,彼此交互,难相统一。官司既难稽考,民间易生弊病,公私烦扰,不可胜言。圣人立法,必不如此也。"②这就是说,陈傅良等苦心探讨出来的制度之说,不仅在学理上很难融通,更难以在现实政治中应用。而且即使能在民间实行,其后果也将是弊病丛生,带来更大的混乱。因此不论从学术讨论的角度,还是从为现实政治服务的角度,朱熹认为陈傅良的做法都不符合圣人立法的苦心。

　　为什么朱熹会与永嘉学派在《周礼》的讨论中形成尖锐的对立意见呢?从大的学术思想取向来说,理学家与永嘉学者薛季宣、陈傅良旨趣迥异。薛季宣之学主礼乐制度,以求见之事功。"其徒益盛。此亦一时燦然学问之区也,然为考亭之徒所不喜,目之为功利之学。"③陈傅良承郑伯熊、薛季宣之学,又"解剥于《周官》《左史》,变通当世之治具条画",其学术影响较薛季宣更大。④ 张栻生前对永嘉学就有些警惕,曾言:"闻欲招陈君举来学中,此固善,但欲因程文而诱之读书,则义未正。今日一种士子,将先觉言语耳剽口诵,用为进取之资,转趋于薄,此极害事。若曰于程文之外,明义利之分,教导涵养,使渐知趋向,则善也。"⑤这表明张栻早就注意到陈傅良有趋向功利的势头,这与理学首先要明义利,重义轻利的主张有悖。这也说明理学学派一直对永嘉学有着本能的排斥与紧张。后来陈傅良还是去了湖南教授讲学,学徒增多,学派日益壮大。楼

① ［宋］朱熹:《晦庵先生朱文公文集》卷四十五《答廖子晦》,《朱子全书》,第2091页。
② ［宋］朱熹:《晦庵先生朱文公文集》卷五十二《答吴伯丰》,《朱子全书》,第2448页。
③ ［明］黄宗羲、全祖望:《宋元学案》卷五十二《艮斋学案》,第1691页。
④ ［明］黄宗羲、全祖望:《宋元学案》卷五十三《止斋学案》,第1710页。
⑤ ［宋］张栻:《新刊南轩先生文集》卷十九《答湖守薛士龙寺正》,中华书局,2015年,第1052页。

钥曾将其与胡宏、张栻并举，认为"文定南轩仙去后，湖湘又得一先生"，足见其在学界的影响和地位。① 朱熹对永嘉学派主要代表人物的学术多有批评。对薛季宣之学，他认为："似亦有好高之病，至谓义理之学不必深穷，如此则几何而不流于异端也耶？"② 说陈傅良："殊不可晓，似都不曾见得实理，只是要得杂博，又不肯分明如此说破，却欲包罗和会众说，不令相伤，其实都不晓得众说之是非得失，自有合不得处也。"③ "向时有一截学者，贪多务得，要读《周礼》、诸史、本朝典故，一向尽要理会得许多没紧要底工夫，少刻身己都自恁地颠颠倒倒没顿放处。如吃物事相似：将什么杂物事，不是时节，一顿都吃了，便被他撑肠拄肚，没奈何他。"④

从表象来说，朱熹认为永嘉之学有含糊之病，这种含糊之病的表现实际上就是所知甚少。他说："今人多是躐等妄作，诳误后生，辗转相欺，其实都不晓得也。此风永嘉为甚。"⑤ 陈傅良曾经写信给朱熹劝他不要与林栗、陆九渊争辩，认为"相与诘难，竟无深益。盖刻画太精，颇伤易简。矜持已甚，反涉吝骄"。而朱熹则反唇相讥，说："'刻画太精'，便只是某不合说得太分晓，不似他只恁地含糊。他是理会不得，被众人拥从，又不肯道我不识，又不得不说，说又不识，所以不肯索性开口道这个是甚物事，又只恁鹘突了。"指称陈傅良之学"含糊之病"由此而来。还有几处亦提到此种病症之表现："至如君举胸中有一部《周礼》，都撑肠拄肚，顿着不得……只是他稍理会得，便自要说，又说得不着。""今永嘉又自说一种学问，更没头没尾……大抵只说一截话，终不说破是个甚，然皆以道艺先觉自处，以此传授。"⑥ 从朱熹对其含糊之病的批评来看，并没有指出确

---

① 〔宋〕楼钥：《攻媿集》卷八《送陈君举守桂阳》，《文渊阁四库全书》第 1152 册，第 366 页。
② 〔宋〕朱熹：《晦庵先生朱文公文集》卷三十三《答吕伯恭》，《朱子全书》，第 1437 页。
③ 〔宋〕朱熹：《晦庵先生朱文公文集》卷五十三《答刘公度》，《朱子全书》，第 2487 页。
④ 〔宋〕黎靖德辑：《朱子语类》卷十一，《朱子全书》，第 347 页。
⑤ 〔宋〕朱熹：《晦庵先生朱文公文续集》卷一《答黄直卿》，《朱子全书》，第 4670 页。
⑥ 〔宋〕黎靖德辑：《朱子语类》卷一百二十三，《朱子全书》，第 3865 页。

切的例证来进一步说明。朱熹为何如此批评永嘉之学呢？一方面是基于陈傅良对自己"刻画太精"的批评，而反观永嘉之学得出这样的印象；另一方面则是因为陈傅良之学主要探讨名物制度，忽略对制度背后深层伦理基础的探讨，直接以"道艺先觉自处"，而朱熹的兴趣则在建构传统儒学的理论体系，夯实理论基础。由于双方的兴趣点不一样，朱熹指明其含糊之病，更基于对功利之学深层弊病的考虑。

　　从深层内涵来说，朱熹认为以陈傅良、叶适为代表的永嘉之学专是功利，"教人都晓不得"。在朱熹看来，永嘉之学一方面主张学者研习制度之学须取得立竿见影的效果，这样很难得到真正意义上的学问；另一方面易使学者混淆"天理"与"制度"，将二者生吞活剥分离开来，不能给学者以明确的追求。叶适在讨论"秋官司寇"大小行人、司仪等职事时，认为三代之治"盖其得之未尝以智力，其守之未尝不以礼义"①。叶适用"智力"与"礼义"并举来描述理想与现实交错的政治局面，未尝不当。但这对追求完美无缺的三代之治的朱熹来说，无疑是混淆视听的。朱熹严厉地批评叶适："言世间有一般魁伟底道理，自不乱于三纲五常。既说不乱三纲五常，又说别是个魁伟底道理，却是个甚么物事？也是乱道。他不说破，只是笼统恁地说以谩人。及人理会得来都无效验时，他又说你是未晓到这里。他自也晓不得。他之说最误人，世间呆人都被他瞒，不自知。"②朱熹认为永嘉之学割裂"理"与"事"之间的关系，以为"魁伟底道理"与"三纲五常"可以割裂开来，这样的学术指向最终会导致效验与理论之间难以平衡而误导学者。朱熹认为理解制度之学的关键还在于如何体会《周礼》中的圣人之意，如果低估、歪曲了圣人之意，就会出现以上所论述的官属、井田等问题中的偏差。因为在朱熹看来："盖圣人行事，皆是胸中天理自然发出来不可已者，不可勉强有为为之。后世之论，皆

①　［宋］叶适：《习学记言序目》卷七《周礼》，第90页。
②　［宋］黎靖德辑：《朱子语类》卷第一百二十三，《朱子全书》，第3872页。

以圣人之事有所为而然。《周礼》纤悉委曲去处，却以圣人有邀誉于天下之意，大段鄙俚。此皆缘本领见处低了，所以发出议论如此。如陈君举《周礼说》有'畏天命，即人心'之语，皆非是圣人意。"[①]朱熹始终认为，在经典如《周礼》中，那些"纤悉委曲"之处，就是天理流行处，也是圣人之意所在，而为学只不过是用心体悟、挖掘而已。

第三节　朱熹《周礼》学思想的实践基础

朱熹重视《周礼》，对新学、永嘉学、湖湘学多反思批判，不主张学者们先理会《周礼》中的制度，而提出应该优先身心道德之学。这些主张仅仅是朱熹在思想与学术上论争的需要，还是对社会人生经过深刻洞察后的觉悟？朱熹关于《周礼》学的思想是有着足够的独特性，还是在当时社会条件下具有一定的普遍性？朱熹在推行制度的过程中有着怎样的遭遇？这种遭遇促使他对推行制度又有着怎样深切的反思？我们试图通过考察朱熹推行经界法、建立社仓等具体实践，来理解朱熹《周礼》学思想的形成。

一　正经界的尝试

正经界是指通过清丈地图、清理地籍，最终实现均平赋税。在儒家思想中，正经界是仁政的标志。《孟子·滕文公上》说："夫仁政，必自经界始。经界不正，井地不均，谷禄不平。是故暴君污吏必慢其经界。经

---

① ［宋］黎靖德辑：《朱子语类》卷一百三十，《朱子全书》，第 4059—4060 页。

界既正,分田制禄可坐而定也。"朱熹的解释是:"井地,即井田也。经界,谓治地分田,经画其沟涂封植之界也。此法不修,则田无定分,而豪强得以兼并,故井地有不钧;赋无定法,而贪暴得以多取,故谷禄有不平。此欲行仁政者之所以必从此始,而暴君污吏则必欲慢而废之也。有以正之,则分田制禄,可不劳而定矣。"①朱熹推崇孟子关于仁政的思想,力主实施经界。宋代推行"不抑兼并"的国策,土地矛盾十分严重,因此"井田制"成为儒家学者挥之不去的梦。统治者和士大夫们为了寻求"渐均贫富"的良方,经历过均田、限田和正经界等各种尝试。②南宋时推行的经界法与北宋王安石新政时在全国推行的方田均税法实一脉相承,只是名字有异而已,其目的仍然是使贫富均能各按经济能力来负担赋税。

朱熹同宋代许多学者一样,看到了经界实施的种种好处。朱熹说:"至如经界一事……讫事之后,田税均齐,里闾安靖,公私皆享其利。"③朱熹认为行经界后,"田土狭阔、产钱重轻条理粲然,各有归著,在民无业去产存之弊,在官无逃亡倚阁之欠,豪家大姓不容侥幸隐瞒,贫民下户不至偏受苦楚,至今四五十年,人无智愚,皆知经界之为利而不以为害"④。朱熹对在绍兴十九年(1149)开始实施的经界法持肯定态度,认为平衡了豪家和贫户之间的贫富悬殊,无论在官、在民,产业均能有所保障。朱熹认为正经界是拯救、体恤老百姓的有效方法,能使"赋入既正,总见数目,量入为出,罢去冗费,而悉除无名之赋,方能救百姓于汤火中"。⑤朱熹明确指出经界不明是地方吏治全部弊端的根源:"税籍不正,田亩荒芜,官司失陷,王税数目浩瀚,无以供解岁计,遂至巧作名色,科敷责罚,以救目

① [宋]朱熹:《孟子集注》卷五,《朱子全书》,第311—312页。
② 刘复生:《理想与现实之间——宋人的井田梦以及均田、限田和正经界》,《四川大学学报》(哲学社会科学版)2006年第6期。
③ [宋]朱熹:《晦庵先生朱文公文集》卷四十九《答王子合》,《朱子全书》,第2263页。
④ [宋]朱熹:《晦庵先生朱文公文集》卷一百《晓示经界差甲头榜》,《朱子全书》,第4623页。
⑤ [宋]黎靖德辑:《朱子语类》卷一百一十一,《朱子全书》,第3557页。

前。官既不法，吏又为奸，是以贫弱之民受害愈甚。"认为"若不推行经界，决是无由革去此病之根。此于通行利害之中，又是一郡要切利害"。①这说明原来朱熹是有着用推行制度来改善吏治的良好愿望的，可是他万万没有想到，正是推行经界的举措触动了官僚和豪家大姓的利益，良好的计划也最终破产。

绍熙元年(1190)四月，朱熹任官漳州，展开以正经界为核心的改革。关于此改革的始末，束景南已有细致而生动的描述。② 在绍兴年间刚推行经界时，当时漳、泉、汀三郡以何白旗作过之后，朝廷恐其重扰，没有推行。淳熙八年(1181)闰三月，新知江阴军王师古上奏请补葺经界图籍，朝廷诏令已下，却很快在八月被谏官葛楚辅以"扰民"奏罢。到淳熙十四年(1187)，福建转运判官王回又上奏乞汀州先行经界，但当王回被除为户部右曹郎官，在同月前往措置经界时，人尚未到，就有武臣提刑"言其不便，遂止之"。③ 由于越来越严重的土地集中与赋税不均，经界已成为豪姓大族、细民下户与中央朝廷之间矛盾斗争的一个焦点。

1187 年秋收后，朱熹投书张构，向他描述汀州触目惊心的现状：

汀州在闽郡最为穷僻，从来监司巡历多不曾到。州县官吏无所忌惮，科敷刻剥，民不聊生，以致逃移，抛荒田土，其良田则为富家侵耕冒占，其瘠土则官司摊配亲邻。是致税役不均，小民愈见狼狈，逃亡日众，盗贼日多，每三四年一次发作，杀伤性命、破费财物不可胜计。虽为王土，实未尝得少沾惠泽……近因户部王郎中申请乞行经界，得旨施行，千里细民鼓舞相庆，其已逃亡在漳、潮、梅州界内者，亦皆相率而归，投状复业。然此一事，豪家大姓不以为便……往往

① ［宋］朱熹：《晦庵先生朱文公文集》卷二十一《经界申诸司状》，《朱子全书》，第 961—962 页。
② 束景南：《朱子大传》，第 791—802 页。
③ 《两朝纲目备要》卷一，《文渊阁四库全书》第 329 册，第 702 页。

皆能造为浮语,扇惑上下。独有贫民下户欲行此事,有同饥渴,而其
冤苦之情无路上通。是致前任监司妄有申述,沮格成命,使昔之鼓
舞者今变而为咨嗟,昔之投状归业者今复相与狼狈而去。①

　　但此说并未打动朝廷达官,经界之说沉寂了三年。绍熙元年(1190)
初,有一名唐姓官员上殿向赵惇进献了一种闽中行经界的简便方法,可
以使"民心自安,不差官吏、不置司局而民亦无扰矣"。二月十九日三省
下了一道札子,令福建路监司相度经界,条具闻奏。② 朱熹的改革正是在
此背景下展开的。

　　朱熹花了一个多月时间为经界作深入询访,摸清了本州税籍不正、
田亩荒芜、田税亏欠、赋役不均的情况。他先访求到龙溪知县翁德广的
条具事状,立即备录供申。到六月,他向安抚转运提刑提举使司上状详
陈六条,全面论述了他对经界的看法,成为他在漳州施行经界的大纲。
第一条论经界利害。朱熹认为"正经界"是一件"最为民间莫大之利"的
事情,而版籍不正、田税不均,贫者无业而有税,富者有业而无税,一些逃
户的田土为富家巨室并吞却隐而不报等,公私俱受其弊;认为正经界有
利于"官府细民",而"豪家大姓、猾吏奸民皆所不便"。③ 第二条论推行经
界详简的利弊,是针对省札中臣僚提出的简易之法而发。在第三条中,
他提出了与朝廷简易之法相对的切实详备之法,其中包括打量之法、图
帐之法、官吏用心之法,而把用"法"归到择"人"上,认为上下选用精干得
力之人,汰除"昏谬疲软、力不任事"之辈,是施行经界成败的关键。朱熹
立即上了《条奏经界状》,就选择官吏、打量之法、图帐之法、均产之法与
废寺田产几个方面提出了独到的设想和意见。

①　[宋]朱熹:《晦庵先生朱文公文集》卷二十七《与张定叟书》,《朱子全书》,第 1207 页。
②　[宋]朱熹:《晦庵先生朱文公文集》卷二十一《经界申诸司状》,《朱子全书》,第 956 页。
③　[宋]朱熹:《晦庵先生朱文公文集》卷十九《条奏经界状》,《朱子全书》,第 875 页。

　　后来朱熹发布了一道《晓示经界差甲头榜》，开始选择推行经界的官吏。他的办法是："郡守察其属县，令或不能，则择于其佐，又不能，则择于它官，一州不足则取于一路，见任不足则取于得替、待缺之中，皆委守臣踏逐申差，或权领县事，或只以措置经界为名，使之审思熟虑于其始，而委任责成于其终。"①为了选汰官吏，他对所属四县官员作了全面查访。八月，朱熹按劾了漳浦县尉黄岌，要把他同龙岩县主簿陆槐对移。他专门致札陈公亮，道出了自己调不动昏庸强横官吏的忧虑："若不惩治，深恐官吏习见州郡事体削弱，不能使人，向后迭相仿效，无所禀畏。万一一旦稍有缓急，事将有不可胜虑者。"②后来朱熹不得不从弟子和外州待阙官员中选调得力人手，他的标准是"有精神、耐劳苦、肯任事而能戢吏爱民者"。③刘爚、蔡元定、黄查、郑子上、范伯崇、杨元礼、林井伯、退翁、刘仲则、游诚之、蔡用先后来漳州协助朱熹施行经界。

　　绍熙二年(1191)正月中旬，朱熹向转运司上了《乞候冬季打量状》，以农隙早过，新春农事已起，奏请秋收以后再行经界，七月一日开始差役，十月一日开始打量。眼下先做好分划都界、置立土封的准备工作。他立即派遣官员下乡分界，告谕乡民丈量之意，传授简易算法。二月，发布《劝农文》，向百姓广泛宣传行经界的打算和步骤，安抚民心，并借机批评阻挠经界的豪富阶层："只恐豪富作弊之家见其不利于己，必须撰造语言，妄有扇摇。今仰深思彼此一等，皆是王民，岂可自家买田收谷，却令他人空头纳税？非惟官法不容，亦恐别招阴谴，不须如此计较生事，沮挠良法。"④此时正遇长子朱塾正月去世，朱熹上乞宫观札子，丏祠归治丧事。四月二十九日，朱熹离开漳州北归，实行经界的梦想破灭。

　　在整个筹划经界的过程中，朱熹遭遇的实际上并非实施是否得法的

①　［宋］朱熹：《晦庵先生朱文公文集》卷十九《条奏经界状》，《朱子全书》，第876页。
②　［宋］朱熹：《晦庵先生朱文公文集》卷二十八《与陈宪札子》，《朱子全书》，第1234页。
③　［宋］朱熹：《晦庵先生朱文公别集》卷四《林井伯》，《朱子全书》，第4910页。
④　［宋］朱熹：《晦庵先生朱文公文集》卷一百《劝农文》，《朱子全书》，第4627页。

问题,而是涉及人心的问题。朱熹后来论及经界时说:"只著一'私'字,便生无限枝节。"①这是因为朱熹看到了围绕经界问题,宰执、州县官吏、豪富等各怀私利,展开了激烈的斗争。实际上,朱熹始终处在上有三省宰执阻挠破坏,中有一方州长异议反对,下有豪右富家暗中煽摇人心抵制推行经界的困境中,中伤诽谤纷至沓来。②引荐朱熹的赵宋宗室赵不息,临死前不忘上遗奏请"无遣郎官往汀州行经界法",不愿经界实施触动宗室的利益。③朱熹在给黄榦的信中提到宰执们各怀鬼胎:"经界指挥不下,恐复为浮议所摇。(前此留、葛报书皆谓可行,独王不报书。)疑此间受漳浦之赇者或与当路厚善,必实为此谋耳。若果如此,乃漳人之不幸而老守之信。"④王蔺支持"老守"颜师鲁为保护漳浦的豪家大族而反对经界,因而不报书给朱熹。留正为与王蔺争夺相权而阳奉阴违地支持经界,而在打败王蔺后却小心翼翼地回避在自己里党麇集的泉州实施经界。

在这样错综复杂的关系中,朱熹陷入了进退维谷的处境,他看到了"经界闻亦有阳为两可而阴实力沮之者",按劾了弛慢不虔之吏黄岌,但"诸司又不主张,甚或已行取勘而无故自引罢者"。⑤朱熹认识到这些不乐经界的人"所怀虽实私意,而善为说词以惑群听。甚者至以盗贼为词,恐胁上下,务以必济其私。而贤士大夫之喜安静、厌纷扰者,又或不能深察其情而望风沮怯,例为不可行之说以助其势"⑥。后来在本来看来无望的情况下,朝廷又突然下旨令漳州先措置施行经界,委本路陈公亮专一提督。可是所降之旨已经不合时宜,终成一纸具文。朱熹对郑可学说:

① 〔宋〕黎靖德辑:《朱子语类》卷一百八,《朱子全书》,第 3524 页。
② 束景南:《朱子大传》,第 800 页。
③ 〔宋〕叶适:《水心文集》卷二十六《崇国赵公行状》,《叶适集》,第 517 页。
④ 〔宋〕朱熹:《晦庵先生朱文公续集》卷一《答黄直卿》,《朱子全书》,第 4653 页。
⑤ 〔宋〕朱熹:《晦庵先生朱文公文集》卷二十八《与留丞相札子》,《朱子全书》,第 1236 页。
⑥ 〔宋〕朱熹:《晦庵先生朱文公文集》卷二十一《经界申诸司状》,《朱子全书》,第 960—961 页。

"今农务已兴，乃差官措置，岂是行经界之时？去冬好行乃不行，庙堂何不略思？""今日诸公正是如此袞缠过，故做到公卿。如少有所思，则必至触碍，安得身如此之安？若放此心于天地间公平处置，则何事不可为？去年上朝廷文字及后来抗祠请，皆有后时之虑，今日却非避事。"①朱熹失望地感到，即使是庙堂之上的公卿大夫，又何尝心安理得地公平处置事情呢？朱熹在给刘爚的信中失落地说道："经界为邻邦阴沮（指泉州颜师鲁），久已绝望，今日忽得一信，却恐且令此州先行。此是何等处置？庙堂无人，乃使一统之中国有异政，甚可笑也。"②后来朱熹也察觉到泉州的富室可能会联合起来干预漳州经界的实施。在给留正的信中说："熹之所忧，独恐温陵（泉州）富室既多，其间岂无出入门墙之下承眄睐之恩者，必将巧为词说，乘间伺隙，以济其私。"③

    总之，朱熹试图通过实行经界为老百姓谋福利、为国家增添赋税的愿望终成泡影，却目睹了施行制度中的官员们为了私利不顾公共利益的丑恶嘴脸。朱熹认为只有培养出道德高尚的、能够公平公正地维护公共利益的、有着爱民之心的官员才能真正为社会谋福利。他说："今之为县，真有爱民之心者十人，则十人以经界为利；无意于民者十人，则十人以经界为害。"④"有爱民之心者"，才能有公心以经界为利；"无意于民者"，才是私心以经界为害。人心的好坏与否、公私与否是施行制度的首要条件。就是挑选实施制度的人才，也须是立志执着之人。朱熹感叹："某在临漳欲行经界，只寻得善熟者数人任之。大抵立事须要人才，若人才难得，不成便休，须着做去。""立事之人，须要硬担当，死生以之。"⑤这

①　［宋］黎靖德辑：《朱子语类》卷一百六，《朱子全书》，第 3478 页。
②　［宋］朱熹：《晦庵先生朱文公续集》卷四《答刘晦伯》，《朱子全书》，第 4724 页。
③　［宋］朱熹：《晦庵先生朱文公文集》卷二十八《与留丞相书》，《朱子全书》，第 1242—1243 页。
④　［宋］黎靖德辑：《朱子语类》卷一百六，《朱子全书》，第 3478 页。
⑤　［宋］黎靖德辑：《朱子语类》卷一百六，《朱子全书》，第 3479 页。

些都表明,朱熹在反思经界不行的过程中,特别留意到人的身心、道德问题的重要性。

对提出行经界的李椿年,朱熹赞赏有加:"李椿年行经界,先从他家田上量起,今之辅弼能有此心否?"①在朱熹看来,李椿年之所以能有效地推行经界法,就是因为他拥有一颗大公无私的心,能够放弃自身和家族的利益,追求社会的公共利益。朱熹积极推行经界法,终因各个方面的阻挠而宣告失败。反思制度的推行,朱熹认为再好的制度如果没有合适的人来合作实施,最终也只能宣告失败。

二　维持社仓的隐忧

南宋所立社仓,是在北宋以救荒赈济、赈粜为目的的义仓和常平仓的基础上建立起来的,主要设立于乡村,对济助农民起了很大的作用。朱熹所创社仓之制实渊源于王安石的青苗法。② 有学者指出社仓的建立展示出朱熹与同时代人之间极为复杂的联系,在起初阶段,朱熹所扮演的只不过是一个重要的配角。③ 但无论如何不可否认的是,朱熹对社仓制的推行与发展起着非常重要的作用,本篇主要关注朱熹对社仓制推行的担忧。

早在朱熹从事社仓活动的十余年前,他的朋友魏掞之于绍兴二十年(1150)已在建阳成功地建造了一个社仓。南宋孝宗乾道四年(1168),建宁府一带发生严重灾荒。当时住在崇安县开耀乡的朱熹面对着"乡民艰食""盗发浦城"的情况,在吸收前代仓制经验教训的基础上,与地方官绅一起建立社仓,使这一荒政措施得以复生。朱熹毫不讳言所建社仓规模

---

① ［宋］黎靖德辑:《朱子语类》卷一百三十二,《朱子全书》,第 4135 页。
② 梁庚尧:《南宋的农村经济》,新星出版社,2006 年,第 234 页。
③ 〔美〕田浩:《所谓"朱子的社仓"与当代道学社群和政府里的士大夫的关系》,《黄山学院学报》2004 年第 4 期。

大略皆仿魏掞之，"独岁贷收息为小异"。不同在于朱熹用政府资金作为贷本，并收取偿还贷物的利息，而魏则不收利息。后来两人边喝酒边讨论了几日，魏批评朱熹"不当祖荆舒聚敛之余谋"，朱熹则担心魏的社仓之粟"久储速腐，惠既狭而将不久也"，但孰是孰非终未果，仍是各执己见。① 在张栻看来，朱熹所行与王安石青苗法并没有什么不同，暗示朱熹此举实有意气用事之嫌，指出朱熹还应加强修养，以克服血气之偏。② 为了消除众儒产生与青苗法有相似性的联想，1175 年朱熹邀请吕祖谦参观了自己所建的社仓，吕盛赞社仓符合儒家仁政爱民的社会政治理想。朱熹巧妙地利用吕祖谦的身份和地位，使社仓获得了儒家学者的认可。③ 一直到 1185 年，朱熹还坚持认为自己所立社仓与青苗法有很大的不同。朱熹说：

> 凡世俗之所以病乎此者，不过以王氏之青苗为说耳。以予观于前贤之论，而以今日之事验之，则青苗者其立法之本意固未为不善也，但其给之也以金而不以谷，其处之也以县而不以乡，其职之也以官吏而不以乡人士君子，其行之也以聚敛亟疾之意而不以惨怛忠利之心，是以王氏能行于一邑而不能以行于天下。子程子尝极论之，而卒不免于悔其已甚而有激也。④

朱熹从四方面分析了社仓制与青苗法的不同：从借贷方式来说，青苗用现金纸币，而社仓贷谷须还谷；从地域来说，青苗普及在州县，而社

---

① 〔宋〕朱熹：《晦庵先生朱文公文集》卷七十九《建宁府建阳县长滩社仓记》，《朱子全书》，第3779 页。
② 〔宋〕张栻：《新刊南轩先生文集》卷二十《答朱元晦秘书》，第 1072—1073 页。
③ 〔美〕田浩：《行动中的知识分子与官员：中国宋代的书院和社仓》，〔美〕田浩编，杨立华等译：《宋代思想史论》，社会科学文献出版社，2003 年，第 483 页。
④ 〔宋〕朱熹：《晦庵先生朱文公文集》卷七十九《婺州金华县社仓记》，《朱子全书》，第 3777 页。

仓则主要惠及乡村"深山长谷力穑远输之民"①;从主管职事来说,青苗用官吏,社仓则用乡村社会的精英分子;就施用目的来说,青苗以聚敛钱财为主,社仓则主要体现仁爱慈善之心。后来学者们的评论都循着朱熹的比较分析,认为社仓是一项优于青苗法同时又具创造性的举措。现代学者通过比较社仓制与青苗法,也认为朱熹的社仓制在兴办动机上对农民的利益考虑更多,在制度、措施上更完善,在客观效果上更有益于农民的生活和生产,在实际影响上更具有积极意义。②

经过近十四年的实践,朱熹于淳熙八年(1181)十一月,向孝宗奏请推广实行,并将《社仓事目》一并进呈:

> 臣所居建宁府崇安县开耀乡有社仓一所,系昨乾道四年乡民艰食,本府给到常平米六百石,委臣与本乡土居朝奉郎刘如愚同共赈贷。至冬收到元米,次年夏间,本府复令依旧贷与人户,冬间纳还。臣等申府措置,每石量收息米二斗,自后逐年依此敛散。或遇小歉,即蠲其息之半,大饥即尽蠲之。至今十有四年,其支息米造成仓敖三间收贮,已将元米六百石纳还本府。其见管三千一百石,并是累年人户纳到息米,已申本府照会,将来依前敛散,更不收息,每石只收耗米三升。系臣与本乡土居官及士人数人同共掌管,遇敛散时,即申府差县官一员监视出纳。以此之故,一乡四五十里之间,虽遇凶年,人不阙食。窃谓其法可以推广,行之他处,而法令无文,人情难强。妄意欲乞圣慈特依义役体例,行下诸路州军,晓谕人户,有愿依此置立社仓者,州县量支常平米斛,责与本乡出等人户,主执敛散,每石收息二斗,仍差本乡土居或寄居官员、士人有行义者,与本

---

① [宋]朱熹:《晦庵先生朱文公文集》卷七十七《建宁府崇安县五夫社仓记》,《朱子全书》,第3721页。

② 张全明:《社仓制与青苗法比较刍议》,《史学月刊》1994年第1期。

县官同共出纳。收到息米十倍本米之数，即送元米还官，却将息米敛散，每石只收耗米三升。其有富家情愿出米作本者亦从其便，息米及数，亦当拨还。如有乡土风俗不同者，更许随宜立约，申官遵守，实为久远之利。其不愿置立去处，官司不得抑勒，则亦不至搔扰。①

在这份奏札中，朱熹所议社仓最大的特色在于利用政府的谷物作为贷本，但并不需要政府官员来特别管理，而是推选有良好声誉的"本乡土居或寄居官员、士人有行义者"来主事。同时可以做到息米还官，这样并不损害政府利益。而且制度也较灵活，也可以用富家之米作本。朱熹这样描述社仓实施的情况，孝宗从其言后，遍下诸路，仿行其法，任从其便。"其敛散之事，与本乡耆老公共措置，州县并不须干预抑勒。"②由上可知，朱熹着重强调社仓乡村自治的特色。此后，各处建立社仓，皆依朱熹之法设仓于社。

但社仓的具体实施，情况却不容乐观。朱熹在宁宗庆元元年（1195）三月的《常州宜兴县社仓记》中提到："蒙恩召对，辄以上闻，诏施行之，而诸道莫有应者。"③写于1196年正月的《建昌军南城县吴氏社仓记》也说到："淳熙辛丑，熹以使事入奏，因得条上其说，而孝宗皇帝幸不以为不可，即颁其法于四方，且诏民有慕从者听，而官府毋或与焉。德意甚厚，而吏惰不恭，不能奉承以布于下，是以至今几二十年，而江浙近郡，田野之民犹有不与知者，其能慕而从者，仅可以一二数也。"④此书还提到："包君以书来道其语，且遣伦与伸之子振来请记。熹病，力不能文，然嘉其意，不忍拒也，乃为之书其本末……使世之力能为而不肯为者，有所羞

① ［宋］朱熹：《晦庵先生朱文公文集》卷十三《延和奏札四》，《朱子全书》，第649—650页。
② ［宋］朱熹：《晦庵先生朱文公文集》卷九十九《社仓事目》，《朱子全书》，第4602页。
③ ［宋］朱熹：《晦庵先生朱文公文集》卷八十《常州宜兴县社仓记》，《朱子全书》，第3808页。
④ ［宋］朱熹：《晦庵先生朱文公文集》卷八十《建昌军南城县吴氏社仓记》，《朱子全书》，第3814—3815页。

愧,勉慕而兴起焉。"①据朱熹的观察分析,社仓在当时并不为州县的官吏所喜,多数官吏怠惰不喜多事,所以响应社仓者实际上寥寥无几。而儒家士人学者也少能坚定力行者,很少能承担兴起社仓者。总之,社仓"不容易真正办好",主要原因在于官吏阻坏其事与"乡人士君子"缺乏远见。②

民户、社仓仓官与知县之间冲突不断。据叶贺孙录:"因民户计较,沮挠社仓仓官,而知县不恤。"朱熹说:"此事从来是官吏见这些米不归于官吏,所以皆欲沮坏其事。今若不存官仓,数年之间,立便败坏。虽二十来年之功,俱为无益。"③在职的官吏不能从社仓实施中得到实际的利益,便从中阻挠破坏,根本谈不上协助。另外,社仓主事也并不一定能推举到合适的人选。黄榦就曾描述社仓中主事不力的情况:"数年以来,主其事者多非其人,故有乡里大家诡立名字,贷而不输有至数十百石,然细民之贷者则毫发不敢有负。"④由于州县官吏与乡村社仓主事不能很好协调,因而常常出现"支发不时"的情况,实难以惠及细民。⑤马端临曾对社仓实行中的弊端作了概括:"或主者倚公以行私,或官司移用而无可给,或拘纳息米而未尝除免,甚者拘催无异正赋。良法美意,胥此焉失……"⑥实际上这些都表明在制度实施过程中,人的私心杂念侵袭,因而使制度中蕴含的美好理想丧失殆尽。

朱熹一直在追问:为什么先王制度中的良法美意到了后世就会变得面目全非呢?朱熹感叹说:"予读古人之书,观古人之政,其所以施于鳏寡孤独、困穷无告之人者至详悉矣。去古既远,法令徒设而莫与行之,则

① 〔宋〕朱熹:《晦庵先生朱文公文集》卷八十《建昌军南城县吴氏社仓记》,《朱子全书》,第3815页。
② 叶世昌:《中国经济思想简史》,上海人民出版社,1983年,第245—246页。
③ 〔宋〕黎靖德辑:《朱子语类》卷一百一十二,《朱子全书》,第3584—3585页。
④ 〔宋〕黄榦:《勉斋集》卷十八《建宁社仓利病》,《文渊阁四库全书》第1168册,第201页。
⑤ 〔宋〕黎靖德辑:《朱子语类》卷一百七,《朱子全书》,第3506页。
⑥ 〔元〕马端临:《文献通考》卷二十一《市籴考二》,中华书局,2011年,第634页。

为吏者赋敛诛求之外，亦饱食而嬉耳，何暇此之问哉。"①那些为吏者很少去探究古人为学、为政之深意，根本无暇体味详悉的制度内涵，最终造成法令徒设的可悲局面。据包扬所录，朱熹这样概括当时政治社会的弊端："今世有二弊：法弊，时弊。法弊但一切更改之，却甚易；时弊则皆在人，人皆以私心为之，如何变得？嘉祐间法可谓弊矣，王荆公未几尽变之，又别起得许多弊，以人难变故也。"②在朱熹看来，法规制度的弊端较容易革除，振起人心以救时弊的关键仍然在于人。重新改造人、塑造人的思想，要挖掘人心中天理光明的一面，克制私欲，高扬人的主动性，将人性、人心中最理想高尚的一面张扬出来。

朱熹认为无论是《周礼》中的万世之良法，还是汉之常平仅存的法令、簿书、笔钥之法，"盖无人以守之，则法为徒法而不能以自行也"，何况"所谓社仓者，聚可食之物于乡井荒闲之处，而主之不以任职之吏，驭之不以流徙之刑，苟非常得聪明仁爱之令如高君，又得忠信明察之士如今日之数公者，相与并心一力，以谨其出纳而杜其奸欺，则其法之难守，不待异（原作已）日而见之矣"。③ 这是朱熹在庆元元年（1195）对社仓实施不力发出的感慨，如果制度不能由道德高尚的人坚守，那么就会很快被腐败毁坏。因此，重建合理的社会秩序和政治制度必须由具有挺拔坚贞的道德人格的人们来承担。④

朱熹通过观察社仓实施过程中人们的种种行为发现，人们往往为了维护个人的利益、满足自己的私心，而自觉或不自觉地损害公共利益，远

---

① ［宋］朱熹：《晦庵先生朱文公文集》卷八十《邵武军光泽县社仓记》，《朱子全书》，第3799页。
② ［宋］黎靖德辑：《朱子语类》卷一百八，《朱子全书》，第3523页。
③ ［宋］朱熹：《晦庵先生朱文公文集》卷八十《常州宜兴县社仓记》，《朱子全书》，第3809页。
④ 钱锺书曾指出俾斯麦所言"法不良而官吏贤尚可为治；官吏否恶，则良法亦于事无济"的思想与荀子"有治人、无治法"的思想"旷世冥契"。比照此论，我们发现朱熹的思想亦有相近之处。（参见钱锺书：《管锥编》［补订重排本］第一册，生活·读书·新知三联书店，2001年，第42页）

离了公心。朱熹深刻地认识到，整顿社会、实践制度，必须从收拾、改造人心开始。如果不能从整体上改变人特别是身居高位的管理者的道德水平，那么社会终究会是个人凭借推行制度而释放人欲与私欲的场所而已。只有理会身心，加强修养功夫，才能真正执行践履完美的制度。从推行经界、创建社仓等具体的行动中，我们可以看出朱熹并非排斥推行制度的人，而是只要有机遇，就随时准备实践儒家理想的学者。朱熹的《周礼》学思想的形成既是其自身学术思想建构的需要，也是在实际行动中反思社会、政治、教育制度的结果。

第三章 朱熹的《仪礼》学思想

　　上章我们着重分析朱熹的《周礼》学思想,指出正是通过对名物制度之学与道德性命之学的深刻反思,朱熹礼学思想才成为倾向以《仪礼》为基础的修身之学,而非以《周礼》为依归的制度之学。如果说《周礼》是侧重于国家政治层面建设的大经大法,那么,《仪礼》则记录了上古时代个人修身与社会交往层面的细微规范。就《周礼》和《仪礼》的文本而言,《周礼》按吉、凶、宾、军、嘉五礼分类,表达的是一种国家礼制结构,目的是按礼的要求治理国家。《仪礼》冠、昏、丧、祭、射、乡、朝聘的分类,表达的是一种人生礼仪结构,目的是指导人的一生按照礼仪规范来生活。[①]从朱熹注重"身心"学说这一宗旨来看,我们不妨将朱熹对《仪礼》的重视看作是对"身"的关注,而对"心"的探讨则是其《礼记》学思想的主要努力方向。朱熹重新确立《仪礼》作为本经的地位,其在朱熹学术体系中备受关注。朱熹生平第一本著作是《祭仪》,去世前念念不忘《仪礼经传通解》的编撰,可以说朱熹一生的学术都与《仪礼》学有着不可分割的联系。因此,本章主要从朱熹的礼学研究著作《家礼》和《仪礼经传通解》来分析朱

---

① 邹昌林:《中国古代国家宗教研究》,学习出版社,2004年,第417页。

熹《仪礼》学的特色及其与社会、政治生活之间的关联,突出朱熹《仪礼》学思想的特点。

第一节　《家礼》真伪考辨的再思考

只要谈及《家礼》,有一个问题无法避开,那就是《家礼》是否为朱熹所作。问题源起于元代武林应氏作《家礼辨》,而清人王懋竑又力证其伪,以致聚讼纷纭。而明代学者丘濬、清末郭嵩焘,当代学者如钱穆、上山春平、陈来、束景南、高明均力指王氏之非,论证其为朱熹所作。就其中的观点,绪论已涉及,此不赘述。我们也认同《家礼》为真这一观点。《家礼》真伪之争与其说是讨论文本的真假问题,还不如说是反映了不同时代学者对朱熹礼学思想的不同理解,也反映出朱熹《仪礼》学思想本身的矛盾、变化。《家礼》真伪考辨也表明后人在理解朱熹《仪礼》学思想与其整体学术思想之间,其早年思想与晚年思想之间存在一定程度的偏差。受王氏观点影响,学者们往往忽视了从朱熹礼学思想发展的过程本身来探讨这一问题。我们认为,只有回到《家礼》本身的实际撰写情况,才能真正认识到《家礼》是可靠的,是令人信服的朱熹作品。应该指出的是,朱熹不同时期的礼学思想是发展变化的,虽然《家礼》和《仪礼经传通解》同为探讨《仪礼》的作品,但其编撰旨趣不同:《家礼》注重因时制礼,化民成俗,偏重于实际运用;《仪礼经传通解》注重礼学源流,旨在读懂原典,偏重于学术探讨。用《仪礼经传通解》所反映的晚年思想判断《家礼》中的仪节,是产生朱熹《家礼》真伪之辨的主要原因。本节我们先考察王懋竑论《家礼》的思想背景,然后追索《家礼》文本的内容及其撰作过程,并尝试通过比较朱熹中晚年礼学观点的异同来推定《家礼》文本的成书年代以及其中所反映的特点。

一　王懋竑论《家礼》——崇礼思想指导下的考证

从《家礼》的讨论过程来看，王懋竑关于《家礼》的讨论左右了后来学者的视线和思路。王懋竑为什么要力证《家礼》非朱熹所作，《四库总目提要》又为何要采取王懋竑的说法，关于此点很少有人关注。我的疑问在于：王懋竑力证《家礼》之伪，背后是否有个人学术思想倾向的影响？这种学术思想的指向是否会导致表面上看似客观的考证结果在实际上已失之偏颇？

王懋竑一生致力于朱熹研究，尤以考察其学术思想著称。受李绂和会朱陆思想的刺激，王氏议论念念不忘与李氏相反，尊朱抑陆的倾向显而易见，因而对朱熹为学次第及其学术思想发展的脉络非常重视。钱穆感叹，清儒争朱、陆"大率书本文字之考索为主"，并指出"批评点之转移，只足以见其时学风之倾向，不必尽当于昔人之真际"。① 钱穆此论正是针对王懋竑的思想与考证而言，意思是王氏考证深受当时学风倾向的影响，其观点也未必与朱熹思想尽合。在《家礼》问题上也可作如是观。我们的设想是由于过分尊朱，当王氏发现《家礼》中的观点与《仪礼》《书仪》多有不合，而《家礼》又是朱熹殁后始出，《文集》《语类》又没有提及《家礼》时，就判断《家礼》非朱熹所作。

在论证《家礼》非朱熹所作的过程中，王懋竑的偏见十分明显。首先，王懋竑认为《家礼》为伪作，门人弟子必须首担其责。王氏认为朱熹后学没有正确地传播好朱熹的学术，在对待《家礼》的态度上，如"敬之、朱子季子、公晦、勉斋、安卿皆朱子高第弟子，而其言参错不可考据如

---

① 　钱穆：《中国近三百年学术史》，商务印书馆，1997 年，第 327、328 页。

此"①。在王懋竑看来,《家礼》绝非朱熹之书,这是一件意义非常重大的事情。"以《文集》《语录》考之,略无所据,而究其所从来,则沉沦诡秘而无确然可据之实,乃朱门诸公绝不致疑而相率尊而信之,此所谓不待七十子丧而大义已乖者,于他尚可论哉!"②王氏论《家礼》,意在批评朱熹后学,于此可谓一览无余。

其次,王氏由于几十年如一日研究朱熹学术,自认为独得朱熹之深意,对朱熹门人弟子多有谴责,认为他们没有正确理解并传播朱熹学术,才导致后来有和会朱陆之势。以王氏浸染清代礼学、注重考证的眼光看来,《家礼》漏洞百出,怎么会是朱熹之作呢? 实际上根据王氏对朱熹思想的认识,王氏对《家礼》已经有了自己的标准,而一旦发现现存版本与理想中的朱熹思想不一致时,便力证其伪且欣然自得。在《家礼考误》中,王氏这种考证俯拾皆是。如:

> 凡此,于古无所据,而以今推之,又有不可通者。若朱子所著之书,恐必不尔也。
>
> 若立祠堂而遍割族人之田,是万万不可行之事,曾谓朱子所著之书而妄为此虚谈也。
>
> 此两节其为悖谬,显然不特舛误而已也。曾谓朱子所著之书而若是乎?
>
> 朱子《仪礼经传通解》详载两疏语,而于《家礼》乃尽削去之,固知《家礼》必非朱子之言也。
>
> 自祔祭以下始用宗法,此《书仪》之所未及而古今之变不同。《家礼》率以意推之于古,非有所据于今,又难以行,今略为考之,亦

---

① 〔清〕王懋竑:《白田杂著》卷二《家礼考》,《文渊阁四库全书》第 859 册,第 662 页。
② 〔清〕王懋竑:《白田杂著》卷二《家礼后考》,《文渊阁四库全书》第 859 册,第 665 页。

不能一一悉详也。①

　　也就是说，王氏对朱熹的学术应该是怎样，在无形中已有了一个预设。王氏在崇朱思想的支配下，力求廓清朱熹学术，使其纯正，因而不遗余力考证其伪，实际上不免以朱熹《仪礼经传通解》、司马光《书仪》以及《仪礼》作为标准来要求《家礼》，这样实有拘泥之嫌。

　　兹再举一例。乾道六年（1170）朱熹在母亲逝世后"居丧尽礼。既葬，日居墓侧，朔、望则归奠几筵"。王懋竑不满《年谱》所记此条，认为应删去。原因是朱熹居丧，"自用《书仪》，故或朔、望归奠几筵"。但后来朱熹答复陆子寿和叶味道书信中"与《书仪》亦有不同者"，因此王氏认为应该删去。② 笔者认为朱熹居丧，用《书仪》无疑，后来论及丧礼至少已是七年之后的事，观点有所变化，修正礼仪也是情理之中的事。如果以后来的意见否定以前可能的行为，就不免有固执不融通的嫌疑。也难怪钱穆认为王氏"《年谱》用力甚勤，而识解终未豁"③。这点在《家礼》考证上尤为突出。笔者认为王懋竑在《家礼》论证上没有考虑到其书撰写的时代性，忽视了朱熹撰写《家礼》的真实意图。一味用古礼，用自己所识之礼来衡量评判《家礼》，是其论证上的最大缺憾。清儒有通过搜寻经典中是否有某字某句来批驳宋儒论断的嗜好，受此风气的影响，王懋竑先入为主的观念已经形成，后来的考证都朝着"《家礼》非朱子之书"这一方向，而在不知不觉中已经离事实很远了。

　　王懋竑死后四十年的乾隆四十六年（1781），四库馆臣撰写的提要中重申了《家礼》非朱熹所作的观点，认为"其考证最明。又有《家礼后考》十七条引诸说以相印证，《家礼考误》四十六条引古礼以相辨难，其说并

---

① ［清］王懋竑：《白田杂著》卷二《家礼考误》，《文渊阁四库全书》第 859 册，第 666—678 页。
② ［清］王懋竑：《朱子年谱考异》卷一，《朱熹年谱》，中华书局，1998 年，第 312—313 页。
③ 钱穆：《中国近三百年学术史》，第 327 页。

精核有据。懋竑之学笃信朱熹,独于《易本义》九图及是书断断辨论,不肯附合,则是书之不出朱子,可灼然无疑"①。实际上此提要并没有提出新的证据来加强这一观点。他们认为王懋竑笃信朱熹,应该对朱熹的著作推崇备至才是,而王懋竑力证《家礼》之伪,那么《家礼》不出于朱熹就毫无疑问了。这样的推断实难令人信服。但由于当时推崇朱学为正学,而王懋竑又是精研并推崇朱学的权威,他的论断得到肯定也是情势之必然。

抛开纠缠于《家礼》是否为朱熹所作的讨论,我们从王懋竑的考证中还是能得到一些启发的。不可否认的是,朱熹礼学思想的发展存在一些令人困惑的地方,朱熹的礼学观点在早年和晚年有了某些转变,才导致后来人们的质疑。实际上,自从《家礼》面世以来,朱熹后学就有不少困惑。嘉定四年(1211),朱熹门人廖德明最早在广州刊刻五羊本《家礼》后,陈淳发现朱熹家传的《时祭仪》纲目与《家礼》稍有不合,对《家礼》"治葬章"和"题主一节"均有怀疑。② 嘉定九年,赵师恕刊刻了余杭本,陈淳根据自己的亲历亲闻认为应该将《家礼》中的仪节加以修正。他说:

> 五羊本先出,最多讹舛。某尝以语曲江陈宪而识诸编末矣。余杭本再就五羊本为之考订,所谓"时祭"一章,乃取先生家岁时所用之仪入之,准此为定说。并移其诸参神在降神之前。今按余杭本复精加校,至如冬至、立春二仪,向尝亲闻先生语,以为似禘祫而不举。今本先生意删去。至"题主"一节……窃以为此节当移于"反哭入室"之后。行之然后虞祭,乃于礼为有合,而于情为得宜,惜不及面订,此明证耳。其他一二小节,如注酒之或亲不亲,及告筵祝词之未

---

① 〔清〕永瑢等:《四库全书总目》卷二十二,第181页。
② 〔宋〕陈淳:《北溪大全集》卷十四《代陈宪跋家礼》,《文渊阁四库全书》第1168册,第608页。

填，与葬用石灰有乡土所阙，则非通行之制，各等正在人参酌审处。①

可见，最初的五羊本尚在最大程度上保持了原貌，而余杭本实际上已经吸收了陈淳的意见而加以修订，已不再是初本的《家礼》了。这说明在《家礼》复出后的二十年间，陈淳等门人弟子都尝试着修正家礼，试图使其成为确定的仪节。今本《家礼》四时祭、祫祭、忌日、墓祭均"参神"在"降神"之前，而祭初祖、先祖则是"参神"在"降神"之后，可以看到陈淳修改的痕迹。陈淳的意思是：

> 盖既奉主于位，则不可虚视其主，而必拜以肃之。故参神宜居于前，至灌则又所以为将献，而亲飨其神之始也。故降神宜居于后，然始祖先祖之祭，只设虚位而无主，则又当降神而后参，亦不容以是为拘。但彼冬至、立春二仪乃其所未定，及"卜日"一节当并以今不用者为定义。②

因为陈淳依据的是朱熹季子朱在所传的《时祭仪》，言之有据，无伤大体，故被采纳。

其后杨复为此书作附注，淳祐元年（1241）刊于广州。据淳祐五年周复所撰《家礼附录跋》，杨复看到了不断修正《家礼》带来的种种讹舛，"多不满之意"，于是"别出之，以附于书之后，恐其间断文公本书也"，强调应该保存《家礼》的最初形态。因为朱熹撰此书的目的在于简便而易行，故与《仪礼》不同。杨复认为："《仪礼》存乎古，《家礼》通于今，《仪礼》备其详，《家礼》居其要，盖并行不相悖也。"③杨复因为长期致力于完成《仪礼

---

① ［宋］陈淳：《北溪大全集》卷十四《家礼跋》，《文渊阁四库全书》第1168册，第610页。
② ［宋］陈淳：《北溪大全集》卷十四《代陈宪跋家礼》，《文渊阁四库全书》第1168册，第608页。
③ ［宋］周复：《家礼附录跋》，《家礼》，《朱子全书》，第948页。

经传通解》的编撰，对朱熹礼学的思考相当深入，主张不要轻易删改《家礼》中的仪节，应该尽量保持原貌，如果有疑义，应用附注的形式附录其后。他说：

> 于是窃取先生平日去取折衷之言，有以发明《家礼》之意者，若婚礼亲迎用温公，入门以后则从伊川之类是也；有后来议论始定，不必守《家礼》之旧仪者，若《祭礼》祭始祖，初祖而后不祭之类是也；有超然独得于心，不用疏家穿凿之说，而默与郑注本义契合，若"深衣之续衽钩边"是也；有用先儒旧义，与经传不同，未见于后来之考订议论者，若丧服辟领、妇人不杖之类是也。凡若此者，悉附于逐条之下，以待朋友共相考订，庶几粗有以见先生之意云。[1]

从保存著作原貌的角度来看，这些做法是正确的，也是利于学者了解朱熹礼学的。陈淳的动机也是纯正的，但做法却是《家礼》聚讼纷纭的根源所在。今本《家礼》冬至、立春二仪仍保留，"题主"一节也并未删除，这说明保持《家礼》原貌的呼声也一直很高。而通过杨复的努力，今本《家礼》在很大程度上还是保持了原貌。

笔者认为，集中考察朱熹本身的礼学转变才是出路，才能拨云见日，认清《家礼》的真面目。《家礼》的撰作过程到底是怎样的？《家礼》是在《祭仪》《祭说》的基础上推展开来的，有冠婚丧礼，《家礼》正式命名与否，成于何时，可能是讨论的关键。是否可以设想有这样一种情况，如同当时张、吕等一样，朱熹在家中已有《祭仪》等礼仪范本，而且一直在不断修改，冠婚丧礼可能也是因时制礼，修订也一直未断，朱熹殁后始出的《家礼》可能就是其中的一个在内容上比较完整，但在具体仪节上还没有完

---

[1]　［元］马端临：《文献通考》卷一百八十八《经籍考十五》，第 5497 页。

全落实的手抄本。而当时是否就定名为《家礼》都并不一定，很有可能就是内容确实，而书名则未定。在朱熹死后，家人、弟子见到时，从内容上很容易判断为朱熹所作，因为是通行于家中的礼仪，故顺其自然定名为"家礼"。这应该就是《文集》《语类》当中除了一处是指《仪礼经传通解》中的"家礼"之外，再也找不到"家礼"这一书名的原因。还有一种可能，就是《家礼》本为未定本，朱熹肯定有许多踌躇不定之处，提到更多的是已经和学者们商订修改过的《祭仪》，而不提尚未商订修改的《家礼》，以朱熹一贯慎重严谨的作风判断，这样做也不足为奇。我们判断一本书是否为某人的著作，更重要的应该是肯定其内容和精神成果为某人所有，而不应因其尚未定名就判定为伪作。

我们的推测实有据可依。从当时家礼、家范制作的一般情形来判断，我们注意到，吕祖谦的《家范》共有六卷：卷一《宗法》，选收《大传》、张载《礼记解》和《程氏遗书》中有关宗法制度的论述，此后有表说明宗法关系；最后为《宗法条目》，是作者为其家所制定的有关祭祀、婚嫁、生子租赋、家塾、合族、宾客、庆吊、送终和会计的原则。卷二《昏礼》，分陈设、亲迎和妇见尊长三项。卷三《葬仪》主要取材于司马光的《书仪》。卷四《祭礼》，有庙制、祭用仲月、祭日、陈设、三献、祭馔、致斋、同祭、二祀等内容。卷五《学规》。卷六《官箴》。很有意思的是在《吕祖谦年谱》中"淳熙七年庚子条"下，只言"建家庙，修《宗法》及《祭礼》"[①]，并不言著《家范》。而且检吕祖谦文集，也并无提及撰《家范》事。还有同时代的《袁氏世范》，最初也只名《训俗》而已。这不禁让我们遥想当时这些家范、家礼的制作过程和形态。这些在私家实行的规范实际上只是一些文本的组合，求通行于家，重在实用，而并无特别明确的成书意识。例如在吕祖谦逝世前一年，他的研究重点在于宗法和祭礼，而《家范》中的其他几卷实际上已经

①　[宋]吕乔年：《吕祖谦年谱》，《东莱附录》卷一，《文渊阁四库全书》第 1150 册，第 447 页。另见杜海军：《吕祖谦年谱》，中华书局，2007 年，第 312 页。

早就在家实施并不断增订修改,也许连是否题名"家范"二字也未可知。这些文本相叠在一起,甚至还没有正式分卷,只是在后来吕祖谦去世后,家人或门人在收集他们的遗稿著作时才分卷定名。如果我们以上述家礼撰作的情形来推断朱熹对冠婚丧祭的考订过程,就能明白朱熹《家礼》的成书经过。

二　从《祭仪》到《家礼》——内容上的适切性

我们已经注意到,目前已有研究成果注意从思想内容上论证《家礼》的可靠性。安国楼通过分析朱熹的礼仪观及《家礼》,发现两者的风格和基本思想是一致的。朱熹注重家庭礼仪规范的研究和立制,认为家礼要与时俱进,随着时代发展、民俗风情的变化而改变;家礼是自家之事,继承传统,顺和乡俗,应简单易行,不必拘泥于古制。因而认定《家礼》是朱熹未及最终写成的草稿,而非他人著述。[①] 这种将思想观念与文本内涵结合起来的做法无疑有可取之处,但是由于反映朱熹礼仪观的材料大多集中在展现其晚年思想的《朱子语类》中,因此将两者结合起来研究似乎还不够贴合。粟品孝对朱熹的家礼行为进行清理,并与《家礼》文本进行比照,发现其言行相顾,《家礼》的规定基本上在其家庭生活中得到了实现,但由于现实境遇和思想的变化,朱熹的一些行为也与《家礼》的要求明显不合。[②] 这些研究成果都在启发我们,应该从关注朱熹礼学思想与实践发展的角度来深入探讨《家礼》的特点。

下面笔者也试图从《文集》《语类》中搜罗在内容上能够证明与《家礼》成书时间相关的部分,笔者的观点是《家礼》总结并反映了朱熹早期的礼学思想,在精神成果上与朱熹所思所想所论有一致性。这样做

---

① 安国楼:《朱熹的礼仪观与〈朱子家礼〉》,第 143—146 页。
② 粟品孝:《文本与行为:朱熹〈家礼〉与其家礼活动》,第 99—105 页。

的危险在于，如果当时真有伪作者，他不是也可以掇拾朱熹礼学之素
材来制作《家礼》吗？可是这种可行性几乎没有。虽说在朱熹生前就
有其文集在纂辑，可是收集范围小，而且也没有得到朱熹认可。朱熹
殁后，正值庆元党禁，其学生分散各地，如果不是真有《家礼》，亦无赶
葬日献书之理。① 而且在朱熹晚年，传承其礼学的门人弟子主要精力
都在编纂《仪礼经传通解》，断无伪造《家礼》之闲心。而且以《家礼》所
反映的思想内容来看，即使如黄榦、陈淳等高足，亦无此魄力和识见修
撰《家礼》。

（一）《祭仪》和《家礼》之间的关系

《家礼》是如何产生的？《家礼》和《祭仪》之间是怎样的关系？《家
礼》的产生直接建立在朱熹对家祭礼、祭仪的研究和制作上。可以肯定
的是，《祭仪》是朱熹早年家庭礼仪实践的主要内容，也是《家礼》文本的
基础和核心。《祭仪》的修订实际上花费了朱熹相当多的时间和精力。
南宋兴起家庭祭祀礼仪的研究实肇端于朱熹。朱熹尝言：

> 某自十四岁而孤，十六而免丧。是时祭祀，只依家中旧礼，礼文
> 虽未备，却甚齐整。先妣执祭事甚虔。及某年十七八，方考订得诸
> 家礼，礼文稍备。②

由此看来，朱熹十七八岁时，就在着手考订诸家礼，致力于旧仪的刊
削。此后 1155 年，朱熹在同安任上曾申严婚礼。③ 1159 年，曾与刘平

① 钱穆《朱子新学案》第 1349 页："朱子卒及其葬，值党禁方严，谓有人焉，据其跋文，伪造专
　礼，又伪作序文，及朱子之卒献之于家，有是人，有是理乎？"
② ［宋］黎靖德辑：《朱子语类》卷九十，《朱子全书》，第 3052 页。
③ ［宋］朱熹：《晦庵先生朱文公文集》卷二十《申严婚礼状》，《朱子全书》，第 896 页。

甫、许顺之探讨祠堂、影堂以及丧礼事宜。① 1162 年，曾与学者商订婚仪。② 可以毫不夸张地说，朱熹对于冠婚丧祭礼仪在日常生活中的运用始终充满浓厚的兴趣。自 1167 年开始一直到张栻、吕祖谦去世，这一时期形成了讨论祭礼、修改祭仪的热潮。

在这一时期，《祭礼》成为理学家们关注的焦点。朱熹的《祭仪》得到学界的认可，多有学者问询商讨。壬辰、癸巳间(1172—1173 年)，汪应辰问祭礼于朱熹，朱熹癸巳年有答书提到"陈明仲就借古今诸家祭仪"，坚持二程所提出的墓祭不害义理的说法，并说明了《祭仪》不及行的理由：

> 熹又尝因程氏之说草其祭寝之仪，将以行于私家，而连年遭丧，未及尽试，未敢辄以拜呈。少俟其备，当即请教也。③

这里朱熹提到准备行于私家的祭礼，因连年有母、叔母、舅氏之丧而不能很好实施。我们可以注意到的是，这时各家所制作的《祭仪》实际上并没有确定的礼仪，而是具有很大的灵活性，成为理学士大夫家族增强凝聚力的一种手段。而且虽然各家积极制定礼仪，实际上完全施行的也很少，也往往随时就事而制仪。就朱熹当时的指导思想而言，在义理上多承二程之旨而发，但在具体仪文的制作上，多本司马光《书仪》。就这时各家《祭仪》的特点来说，主要有这样几个方面：一是均以北宋时司马光、张载、二程之祭说、祭仪为参考，随时随家制宜；二是各家《祭仪》以实用为目标，都在不断修订中完善，并无满意的定本；三是各家《祭仪》互相参照，各有取舍，主要强调践履实行，而是否合乎古礼倒在其次。1173

---

① ［宋］朱熹：《晦庵先生朱文公文集》卷四十《答刘平甫》，《朱子全书》，第 1795—1796 页；《晦庵先生朱文公文集》卷三十九《答许顺之》，《朱子全书》，第 1735 页。

② ［宋］朱熹：《晦庵先生朱文公别集》卷三《胡籍溪先生》，《朱子全书》，第 4873 页；《晦庵先生朱文公别集》卷三《文叔》，《朱子全书》，第 4874 页。

③ ［宋］朱熹：《晦庵先生朱文公文集》卷三十《答汪尚书论家庙》，《朱子全书》，第 1310 页。

年，朱熹在与陈旦讨论丧祭礼时建议其参考司马光《书仪》及高闶《送终礼》。① 应该指出的是，朱熹在所有关于"祭礼"的论述中，都表明了与学者一起商讨的态度，并不认为自家的《祭仪》就是定本，而主张不断修改。

在制定《祭仪》的同时，朱熹更关心前辈学者关于祭礼仪节的讨论。淳熙元年（1174）五月十三日，朱熹编次《古今家祭礼》成。朱熹的题跋为：

> 右《古今家祭礼》，熹所纂次，凡十有六篇。盖人之生，无不本乎祖者，故报本反始之心，凡有血气者之所不能无也。古之圣王，因其所不能无者制为典礼，所以致其精神，笃其恩爱，有义有数，本末详焉。遭秦灭学，《礼》最先坏。由汉以来，诸儒继出，稍稍缀缉，仅存一二。以古今异便，风俗不同，虽有崇儒重道之君，知经好学之士，亦不得尽由古礼，以复于三代之盛。其因时述作，随事讨论，以为一国一家之制者，固未必皆得先王义起之意。然其存于今者，亦无几矣。惜其散脱残落，将遂泯没于无闻，因窃搜辑叙次，合为一编，以便观览，庶其可传于后。然皆无杂本可参校，往往阙误不可晓知，虽《通典》《唐书》，博士官旧藏版本，亦不足据，则他固可知已。诸家之书，如荀氏、徐畅、孟冯翊、周元阳、孟诜、徐润、孙日用等《仪》，有录而未见者，尚多有之。有能采集附益，并得善本通校而广传之，庶几见闻有所兴起，相与损益折衷，共成礼俗，于以上助圣朝敦化导民之意，顾不美哉！②

在这段话中，朱熹主要阐述了家祭的内涵在于报本反始，尊崇祖先，

---

① ［宋］朱熹：《晦庵先生朱文公文集》卷四十三《答陈明仲别纸》，《朱子全书》，第 1947—1948 页。
② ［宋］朱熹：《晦庵先生朱文公文集》卷八十一《跋古今家祭礼》，《朱子全书》，第 3825—3826 页。

继承精神,笃其恩爱。而朱熹之所以纂次十六家祭礼,目的就在于以此古今家祭礼作为参考,在此基础上损益折衷,以敦化导民,共成礼俗。这与后来体现《家礼》主旨的序文有着一致性:

> 凡礼有本有文,自其施于家者言之,则名分之守、爱敬之实,其本也;冠、昏、丧、祭仪章度数者,其文也。其本者有家日用之常体,固不可以一日而不修,其文又皆所以纪纲人道之终始,虽其行之有时,施之有所,然非讲之素明、习之素熟,则其临事之际,亦无以合宜而应节,是不可以一日而不讲且习焉也。三代之际,《礼经》备矣,然其存于今者,宫庐器服之制、出入起居之节,皆已不宜于世。世之君子虽或酌以古今之变,更为一时之法,然亦或详或略,无所折衷。至或遗其本而务其末,缓于实而急于文,自有志好礼之士,犹或不能举其要,而困于贫窭者,尤患其终不能有以及于礼也。熹之愚盖两病焉,是以尝独观古今之籍,因其大体之不可变者,而少加损益于其间,以为一家之书,大抵谨名分、崇爱敬以为之本。至其施行之际,则又略浮文、敦本实,以窃自附于孔子从先进之遗意。诚愿得与同志之士熟讲而勉行之,庶几古人所以修身齐家之道、谨终追远之心,犹可以复见,而于国家所以敦化导民之意,亦或有小补云。①

只不过《家礼》中的内容更为丰富,由祭礼拓展到冠婚丧之礼,而其最终目的都是利于国家敦化导民。而朱熹之所以孜孜不倦地研究家礼,也是为了在礼的本与文、内涵与形式、思想与行为之间找到一个有效的平衡,能够为当时制定一个兼顾古礼与顺应风俗的恰当范本。1181年,朱熹在给郑伯熊的书信中又提到将原有《古今家祭礼》中的十六家增加

---

① ［宋］朱熹:《晦庵先生朱文公文集》卷七十五《家礼序》,《朱子全书》,第3626—3627页。

至十九家。朱熹说：

> 《家祭礼》三策并上，不知可补入见版本卷中否？若可添入，即
> 孟诜、徐润两家当在贾顼《家荐仪》之后，孟为第七，徐为第八，而递
> 攒以后篇数，至《政和五礼》为第十一，而继以孙日用为第十二，乃以
> 杜公《四时祭享仪》为第十三，而递攒以后，至范氏《祭仪》为第十九。
> 又于《后序》中改"十有六"为"十有九"，仍删去"孟诜、徐润、孙日用"
> 七字（此版须别换）。不然，即存旧序而别作数语附见其后，尤为详
> 实。不审尊意以为如何？更俟诲谕也。但写校须令精审无误，然后
> 刻版，免致将来更改费力为佳。或未刻间，且并写定上版真本寄示，
> 容与诸生详勘，纳上尤便也。①

　　这里需要说明的是，陈来依据《跋古今家祭礼》的写作时间判断此书
为 1174 年所作②，实有误。实际上另有材料证明为 1181 年所作。因为
新增加的三家祭礼得自尤袤，朱熹在答复刘清之时提及此事："《祭礼》及
二小书谩往，幸收之。昨得延之（尤袤）处《祭礼》三家，方属郑丈（伯熊）
补入，而渠已物故，旦夕更属新将也。"③陈振孙后来评价此书说："《古今
家祭礼》二十卷。朱熹集《通典》《会要》所载，以及唐、本朝诸家祭礼皆在
焉。"④朱熹推行家祭礼的本意在于使士人学子研习礼仪，相与折衷损益，
导民成俗，而并非以得一固定之仪节为最终目的。
　　在反映朱熹晚年思想的《朱子语类》中，也有不少地方提到《祭仪》
《祭礼》：

---

① ［宋］朱熹：《晦庵先生朱文公文集》卷三十七《答郑景望》，《朱子全书》，第 1630 页。
② 陈来：《朱子书信编年考证》（增订本），生活·读书·新知三联书店，2007 年，第 122—
　123 页。
③ ［宋］朱熹：《晦庵先生朱文公别集》卷三《刘子澄》，《朱子全书》，第 4891 页。
④ ［宋］陈振孙：《直斋书录解题》卷六，上海古籍出版社，1987 年，第 188 页。

某之《祭礼》不成书，只是将司马公者减却几处。①

温公《仪》人所惮行者，只为闲辞多，长篇浩瀚，令人难读，其实行礼处无多。某尝修《祭仪》，只就中间行礼处分作五六段，甚简易晓。后被人窃去，亡之矣。②

问："旧尝收得先生一本《祭仪》，时祭皆是卜日。今闻却用二至、二分祭，如何？"曰："卜日无定，虑有不虔。温公亦云，只用分、至亦可。"问："如此，则冬至祭始祖，立春祭先祖，季秋祭祢，此三祭如何？"曰："觉得此个礼数太远，似有僭上之意。"又问："祢祭如何？"曰："此却不妨。"③

上条为 1194 年辅广受学于朱熹时所记。朱熹曾撰《祭仪》，这是确定无疑的。虽然朱熹的《祭仪》已亡失，但实际上在当时流布甚广。

在目前所能检到的吕祖谦《家范》一书当中，吕祖谦多处引用并指明来自《朱氏祭仪》。我们翻检《吕祖谦年谱》，也可清晰地看到吕祖谦在逝世前两年实际上一直在致力于《家范》的编撰。④ 1180 年 5 月，吕祖谦着手建家庙，实践朱熹祭仪。11 月 26 日，家庙成，举行时祭。这些情况也反映在吕祖谦给朱熹的书信中：

所谓建家庙，初不能备庙制，但所居影堂在堂之西边，位置不当，又去人太近，不严肃。厅之东隅有隙地，前月下手一间两厦，颇

---

① ［宋］黎靖德辑：《朱子语类》卷九十，《朱子全书》，第 3048 页。
② ［宋］黎靖德辑：《朱子语类》卷九十，《朱子全书》，第 3049 页。
③ ［宋］黎靖德辑：《朱子语类》卷九十，《朱子全书》，第 3049 页。
④ 杜海军：《吕祖谦年谱》，第 256—290 页。

高洁，秋初可断手作主，只依前所示《祭仪》中制度，时祭及朔、望荐新之类，亦随力就其中撙节耳。宗法，春夏间尝令诸弟读《大传》，颇欲略见之行事，其条目未堪传。①

杜海军《吕祖谦年谱》认为吕氏《祭仪》修成于淳熙五年(1178)，即吕祖谦四十二岁时②，实有待商榷。上引文中"前所示《祭仪》"实际上指的是朱熹的《祭仪》而非吕氏的《祭仪》。朱熹实际上是在吕氏去世后的第二年即淳熙九年(1182)二月才见到吕氏《祭仪》，并有题跋云：

> 右吕氏《祭仪》一篇，吾友伯恭父晚所定也。闻之潘叔度，伯恭成此书时已属疾，自力起，奉祭事惟谨。既又病其饮福受胙之礼犹有未备者，将附益之，而不幸遽不起矣。使其未死，意所厘正殆不止此。惜哉！③

文中潘叔度即潘景宪，为吕氏门人、朱熹亲家，重古礼研究，吕祖谦曾多次嘱托其仔细研究丧葬之礼。④ 关于吕祖谦撰写《祭仪》的情形，朱熹从潘景宪处得知。淳熙五年十二月十四日夜，吕祖谦中风，又为庸医所误，此后身体一直欠佳，三年后去世。说《吕氏祭仪》成于此后的两年尚可，而不能直接说就成于中风后的当月。在朱熹看来，即使已经修成的《吕氏祭仪》实际上也还有许多需要厘正修订之处。

在1180—1181年间修成的吕祖谦《家范》卷四《祭礼》中论及朱熹《祭仪》的有：

---

① ［宋］吕祖谦：《东莱别集》卷八《与朱侍讲》，《文渊阁四库全书》第1150册，第253页。
② 杜海军：《吕祖谦年谱》，第240页。
③ ［宋］朱熹：《朱子遗集》卷五《吕氏祭仪跋》，《朱子佚文辑录》，《朱子全书》，第776—777页。
④ ［宋］吕祖谦：《东莱别集》卷十《与潘叔度》，《文渊阁四库全书》第1150册，第287—288页。

陈设

设香案于庙中,置香炉香合于其上,束茅于香案前地上。设酒架于东阶上,别以桌子设酒注一、酒盏盘一、匙一、盘一、匙巾一于其东,对设一桌于西阶上,以置祝版,设火炉、汤瓶、香匙、火匙于阶上。(以上朱氏《祭仪》)

祭馔

果六品,醢酱蔬共六品,馒头、米食、鱼肉、羹饭共六品。(以朱氏《祭仪》参定)①

查检今《家礼》之《祭礼》,与吕氏所引相合。《家礼》载:

前一日,设位陈器

……设香案于堂中,置香炉、香合于其上,束茅聚沙于香案前,及逐位前地上。设酒架于东阶上,别置桌子于其东,设酒注一、酹酒盏一、盘一、受胙盘一、匕一、巾一、茶合、茶筅、茶盏托、盐碟、醋瓶于其上。火炉、汤瓶、香匙、火箸于西阶上,别置桌子于其西,设祝版于其上,设盥盆帨巾各二,于阼阶下之东,其西者有台架,又设陈馔大床于其东。

省牲,涤器,具馔

……每位果六品,菜蔬及脯醢各三品,肉、鱼、馒头、糕各一盘,羹、饭各一碗……②

此条材料曾被陈来作为力证来论述《祭仪》与《家礼》的相关性,

①　[宋]吕祖谦:《东莱别集》卷四《家范四·祭礼》,《文渊阁四库全书》第1150册,第200—201页。
②　[宋]朱熹:《家礼》卷五《祭礼》,《朱子全书》,第937页。

《家礼》中的《祭礼》确实为朱熹所作。① 周必大后来也曾提到："新补
《祭礼》，遂为全书。"②综上所述，我们可以判定朱熹《祭仪》真实可信，
实际上就是《家礼》的一部分，是在好友、门人深入探讨的基础上不断
修订而成的。

　　同为家庭礼仪，《祭仪》和《家礼》是相承的。《祭仪》先，《家礼》后。
《家礼》以《祭礼》《祭仪》的制作为基础和核心。朱熹不可能抛却《祭仪》
部分再重新撰写《家礼》中的祭礼部分。《祭仪》是《家礼》中讨论时间最
长，也是最精华的部分，亦是朱熹用力最多、最为自信的部分。《祭仪》属
实，《家礼》就可靠。从学术继承与发展来说，《家礼》的结构与仪节主要
参考《祭仪》，在具体观点上则兼采二程与张载。从内容上说，《家礼》中
祠堂、深衣制度、墓祭、忌日等仪节均可以在《文集》《语类》中找到佐证，
从而可以为确定《家礼》的撰作时间找到大致的依据。这段时间探讨的
主要内容在《家礼》中均有反映。《家礼》也是朱熹对冠婚丧祭礼仪讨论
的一个总结性文本。

　　1. 墓祭、节祠

　　《家礼》卷五《祭礼》有"墓祭"一节。朱熹早期的《祭仪》也有墓祭的
仪节。淳熙元年（1174），张栻不满朱熹《祭仪》，在给朱熹的书中说："示
以所定《祭礼》……考究精详，甚慰。论议既定，须自今岁冬至行之乃安。
但其间未免有疑，更共酌之。古者不墓祭，非有所略也，盖知鬼神之情状
不可以墓祭也……某谓时节展省，当俯伏拜跪，号哭扫洒省视，而设席陈
馔，以祭后土于墓左可也。此所疑一也……而所谓岁祭节祠者，亦有可
议者乎。若夫其间如中元，则甚无谓也。此端出于释氏之说，何为徇俗

① 陈来：《朱子〈家礼〉真伪考议》，第115—122页。
② ［宋］周必大：《文忠集》卷一百九十三《答朱元晦待制》，《文渊阁四库全书》第1149册，第
　 190页。

至此乎？此所疑二也。"①张栻对朱熹所定《祭仪》大体肯定，但提出两点意见：一是他认为墓祭不合古礼，有"狃于习俗"之嫌，二是张栻认为朱熹增添了许多俗祭、节祠，有"牵于私情"之弊。此两点似有不合理、欠斟酌处。朱熹答其书云：

> 《祭说》辨订精审，尤荷警发。然此二事，初亦致疑，但见二先生皆有随俗墓祭不害义理之说，故不敢轻废。至于节祠，则又有说。盖今之俗节，古所无有，故古人虽不祭，而情亦自安。今人既以此为重，至于是日，必具肴羞相宴乐，而其节物亦各有宜，故世俗之情至于是日不能不思其祖考，而复以其物享之。虽非礼之正，然亦人情之不能已者。但不当专用此而废四时之正礼耳。故前日之意，以为既有正祭，则存此似亦无害。今承诲谕，以为黩而不敬，此诚中其病，然欲遂废之，则恐感时触物，思慕之心又无以自止，殊觉不易处。且古人不祭，则不敢以燕，况今于此俗节既已据经而废祭，而生者则饮食宴乐，随俗自如，殆非事死如事生、事亡如事存之意也。必尽废之然后可，又恐初无害于义理而特然废之，不惟徒骇俗听，亦恐不能行远，则是已废之祭拘于定制，不复能举，而燕饮节物渐于流俗，有时而自如也。此于天理，亦岂得为安乎？
>
> 夫三王制礼，因革不同，皆合乎风气之宜，而不违乎义理之正。正使圣人复起，其于今日之议，亦必有所处矣。愚意时祭之外，各因乡俗之旧，以其所尚之时、所用之物，奉以大槃，陈于庙中，而以告朔之礼奠焉，则庶几合乎隆杀之节，而尽乎委曲之情，可行于久远而无疑矣。至于元日履端之祭，《礼》亦无文，今亦只用此例。又初定仪时祭用分至，则冬至二祭相仍，亦近烦渎。今改用卜日之制，尤见听

---

① ［宋］张栻：《新刊南轩先生文集》卷二十《答朱元晦秘书》，第1064页。

命于神、不敢自专之意。其它如此修订处甚多，大抵多本程氏而参以诸家，故特取二先生说今所承用者，为《祭说》一篇，而《祭仪》《祝文》又各为一篇，比之昨本稍复精密。①

朱熹此时对于《祭仪》的修订，多受二程关于祭之义理的影响，认为只要合于天理，对古礼中无明文，而世俗已经通行的俗节就应该随俗有祭，满足人们过节思祖的情感。后来朱熹针对张栻废俗节之祭，对门人说："端午能不食粽乎？重阳能不饮茱萸酒乎？不祭而自享，于汝安乎？"②以心安理得来裁夺仪制，朱熹似比张栻更为通达近人情。

后来在与张栻探讨后，朱熹致书告诉林择之：

> 敬夫又有书理会祭仪，以墓祭节祠为不可。然二先生皆言墓祭不害义，又节物所尚，古人未有，故止于时祭。今人时节随俗燕饮，各以其物，祖考生存之日盖尝用之，今子孙不废此，而能恝然于祖宗乎？此恐太泥古，不尽如事存之意。方欲相与反复，庶归至当，但旧仪亦甚草草，近再修削，颇可观。一岁只七祭为正祭，自元日以下皆用告朔之礼，以荐节物于隆杀之际，似胜旧仪。③

据陈来考证，此书与上所引答张栻书同时或稍后，疑在乾道四年（1168）。④ 后来张栻也基本认同墓祭这一做法，认为存世俗之礼尚可。⑤ 朱熹在与张栻讨论后对《祭仪》进行了多处修订，其祭礼大体包括《祭说》《祭仪》《祝文》三个部分。此时朱熹的祭礼是以二程思想为纲领的，参酌

---

① ［宋］朱熹：《晦庵先生朱文公文集》卷三十《答张钦夫》，《朱子全书》，第1325—1326页。
② ［宋］黎靖德辑：《朱子语类》卷九十，《朱子全书》，第3057页。
③ ［宋］朱熹：《晦庵先生朱文公文集》卷四十三《答林择之》，《朱子全书》，第1964页。
④ 陈来：《朱子书信编年考证》（增订本），第49页。
⑤ ［宋］张栻：《新刊南轩先生文集》卷四十四《省墓祭文》，第1436—1437页。

诸家礼,并断以己意。但朱熹对这次《祭仪》的修订似乎不太满意,在乾道五年(1169)春夏间给林择之的信中说:"《祭仪》稿本纳呈,未可示人,且烦仔细考究喻及。"①从中可以看出朱熹对所修《祭仪》还有不少顾虑,不敢轻易示人。但是朱熹对于墓祭这种俗礼一直持肯定的态度,在《家礼》中坚持设墓祭一节。

2. 冬至祭始祖,立春祭先祖,季秋祭祢庙

1170 年,朱熹在给吴翌的书信中提到当日学者讨论祭仪的情况②,并对他们当时制定的《祭仪》提出了异议,所疑有二:一是朱熹质疑"庙必东向"的正确性,引《仪礼特牲》《少牢馈食》和《通典》《开元礼释奠仪》为证,认为庙与主的方位实有不同:

> 凡庙皆南向,而主皆东向,惟祫祭之时,群庙之主皆升,合食于太祖之时,则太祖之主仍旧东向,而群昭南向,群穆北向,列于太祖之前。此前代礼官所谓太祖正东向之位者,为祫祭时言也。非祫时,则群庙之主在其庙中无不东向矣,庙则初不东向也。③

"庙必东向"的说法来源于二程:"士大夫必建家庙,庙必东向,其位取地洁不喧处。"④朱熹认为朱公掞所录此条"恐考之未详,或记录之误也",而且与程颐晚年所定《祭仪》主式不同。这一点主要表现了朱熹对伊川祭礼的批驳与修正。此外,朱熹对文叔与诸公所定"冬至祭始祖并

---

① ［宋］朱熹:《晦庵先生朱文公别集》卷六《林择之》,《朱子全书》,第 4943 页。
② 见［宋］朱熹:《晦庵先生朱文公文集》卷四十二《与吴晦叔》,《朱子全书》,第 1906 页。此信中所提"文叔"不知何人。《晦庵先生朱文公文集》卷三十八《答黄文叔》,人为黄度,写于 1195 年;《晦庵先生朱文公文集》卷四十四《答梁文叔》有四书,指梁瑑,前三书作于 1184 年,后一书写于 1191 年;《晦庵先生朱文公文集》卷五十《答潘文叔》四书中"文叔"指潘友文,均写于 1186 年。从书信内容暂不能判断此书中"文叔"是何人,待考。
③ ［宋］朱熹:《晦庵先生朱文公文集》卷四十二《与吴晦叔》,《朱子全书》,第 1906 页。
④ ［宋］程颢、程颐:《河南程氏外书》卷一,《二程集》,第 352 页。

及祧庙之主"之仪很不满意。朱熹认为程颐将"冬至祭始祖，立春祭先祖，季秋祭祢庙"列于时祭之外，是取诸四时、参以天象、得义理之精的表现。而诸公所定冬至祭始祖又及祧庙之主，就根本不能体现祭始祖的含义了。朱熹不无气愤地说："今不能行则已，如其行之而又不尽，更以己意窜易旧文，失先贤义起精微之意，愚意以为殆不若不行之为愈也。"①从这封书信来看，朱熹对二程的祭礼、祭说既有批判也多继承，具体仪节上多有修正，而对其礼义则多有坚持。后来"冬至祭始祖，立春祭先祖，季秋祭祢庙"的做法直接写进了现在我们所能见到的《家礼》，而此三仪节前均以"程子"之言冠首："此厥初生民之祖也。冬至一阳之始，故象其类而祭之。""初祖以下，高祖以上之祖也。立春生物之始，故象其类而祭之。""季秋，成物之始，亦象其类而祭之。"②

关于三祭之礼，朱熹早年言之凿凿的观点后来也有了细微的改变，认为似有"僭上之意"而显不妥。1194年在给蔡季通的信中再次说到："祭法须以宗法参之，古人所谓始祖，亦但谓始爵及别子耳。非如程氏所祭之远，上僭则过于禘，下僭则夺其宗之为未安也……祭法世数，明有等差，未易遽改。古人非不知祖不可忘，而立法如此，恐亦自有精意也。"③1197年在答叶仁父的信中，朱熹说："始祖、先祖之祭，伊川方有此说，固足以尽孝子慈孙之心，然尝疑其礼近于禘袷，非臣民所得用，遂不敢行。"④陈淳也曾提到庆元己未（1199）到考亭精舍拜访朱熹时，朱熹也表示"疑乎冬至之祭似禘，立春之祭似袷，更不敢冒举"。⑤朱熹还有《答蔡季通》一书云：

<hr />

① ［宋］朱熹：《晦庵先生朱文公文集》卷四十二《与吴晦叔》，《朱子全书》，第1906—1907页。
② ［宋］朱熹：《家礼》卷五《祭礼》，《朱子全书》，第941、943页。
③ ［宋］朱熹：《晦庵先生朱文公文集》卷四十四《答蔡季通》，《朱子全书》，第1999—2000页。
④ ［宋］朱熹：《晦庵先生朱文公文集》卷六十三《答叶仁父》，《朱子全书》，第3060—3061页。
⑤ ［宋］陈淳：《北溪大全集》卷十四《代陈宪跋家礼》，《文渊阁四库全书》第1168册，第608页。

　　《祭礼》只是于温公《仪》内少增损之，正欲商订，须俟开春稍暇，乃可为也。程氏冬至、立春二祭，昔尝为之，或者颇以僭上为疑，亦不为无理。亦并俟详议也。①

　　此书所作时间不详，但其提到程氏冬至、立春二祭实亦有不妥之处，对之前推崇这一做法已有修正。束景南根据此书中有《律吕新书》成的事实初步判定为淳熙十五年（1188）正月所作。②《家礼》中仍坚持二程三祭之礼，与晚年观点不同，至少可以说明《家礼》乃是 1188 年之前的作品。

　　3. 配祭

　　乾道壬辰（1172）吕祖谦丧父，欲考订祭礼，问于朱熹、张栻。张栻回书："《祭仪》向来元晦寄本颇详，亦有几事疑，后再改来，往往已正，今录去。但墓祭一段，鄙意终不安。寻常到山间，只是顿颡哭洒扫而已，时祭只用二分二至，有此不同耳。家间方谋建家庙，异时庙成定祭礼，庶几正当伯恭所考，因来却幸见寄也。"③而朱熹复书云：

　　《祭礼》略已成书，欲俟之一两年，徐于其间察所未至。今又遭此期丧，势须卒哭后乃可权宜行礼，考其实而修之，续奉寄求订正也。④

　　在朱熹看来，已经制作成文的《祭仪》还只具备理论上实施的可能，还需要在实践中继续修订，才能推广为士人所习。朱熹委托汪应辰转寄《祭礼》给吕祖谦，另有一书为证："《祭礼》已写纳汪丈处，托以转寄，不知

---

① ［宋］朱熹：《晦庵先生朱文公文集》卷四十四《答蔡季通》，《朱子全书》，第 1997 页。
② 束景南：《朱熹年谱长编》，第 857 页。
③ ［宋］张栻：《新刊南轩先生文集》卷二十五《寄吕伯恭》，第 1135 页。
④ ［宋］朱熹：《晦庵先生朱文公文集》卷三十三《答吕伯恭》，《朱子全书》，第 1436 页。

何为至今未到？然其间有节次修改处，俟旦夕别录呈求订正也。"①吕祖谦在给汪圣锡的书信中发表了对朱熹《祭仪》的看法：

> 元晦《祭仪》配祭一段，其说固有。从来配以元妃而继室别享，固欲省并侑之渎，然奉祀者或继室所出，乃废元妃之配，无乃以私而废公，以卑而废尊乎？不知尝为裁处否？忌日之变两说似轻重未适中，亦须熟议也。②

关于配祭一事，按照吕祖谦的叙述，可能朱熹最初认为对奉祀者或继室所出的子孙而言，元妃与继室均可配享。朱熹的这一观点来自程颐。程颐主张祭祀配享和合葬上有所区别。合葬只以元妃配，而祭祀配享则可以考虑非元妃的生母配。程颐说："凡配，止以正妻一人，如诸侯用元妃是也。或奉祀之人是再娶所生者，即以所生母配。"并加小注云："如葬，亦惟元妃同穴。后世或再取皆同穴而葬，甚渎礼经，但于左右祔葬可也。"③据唐棣所录，程颐确曾强调："合葬用元妃，配享用宗子之所出。"④"合葬须以元妃，配享须以宗子之嫡母，此不易之道。"⑤这是程颐欲兼顾义理与人情的体现。

吕祖谦的主张则与张载相近。张载曾言："祔葬祔祭，极至理而论，只合祔一人。夫妇之道，当其初昏未尝约再配，是夫只合一娶，妇只合一嫁。今妇人夫死而不可再嫁，如天地之大义然，夫岂得而再娶！然以重者计之，养亲承家，祭祀继续，不可无也，故有再娶之理。然其葬其祔，虽为同穴同筵几，然譬之人情，一室中岂容二妻？以义断之，须祔以首娶，

---

①　[宋]朱熹：《晦庵先生朱文公文集》卷三十三《答吕伯恭》，《朱子全书》，第 1446 页。
②　[宋]吕祖谦：《东莱别集》卷七《与汪端明》，《文渊阁四库全书》第 1150 册，第 225 页。
③　[宋]程颢、程颐：《河南程氏遗书》卷十八，《二程集》，第 240—241 页。
④　[宋]程颢、程颐：《河南程氏遗书》卷二十二上，《二程集》，第 278 页。
⑤　[宋]程颢、程颐：《河南程氏外书》卷五，《二程集》，第 376 页。

继室别为一所可也。"①张载倾向于无论是祔葬还是祔祭,只以元妃合葬、祭祀。在给陈旦的书信中朱熹说:"《祭礼》比得书,亦及此数条,各已随事厘正。如配祭只用元妃,继室则为别庙;或有庶母,又为别庙;或妻先亡,又为别庙;弟先亡无后,亦为别庙;与伯叔祖父兄之无后者,凡五等,须各以一室为之,不可杂也。"②此书作于 1173 年,可见朱熹已接受大家的意见并对配祭仪节作出了修正。今检《家礼》,似无专语提及元妃、继室配祭事,可能是编撰《家礼》时已省略。但在《家礼》卷一《通礼》中,正文"旁亲之无后者,以其班祔"下小注为:"伯叔祖父、母,祔于高祖。伯叔父、母,祔于曾祖。妻若兄弟,若兄弟之妻,祔于祖。子侄祔于父。"③此说与上面引文中的两种情况所述是一致的。

1197 年,朱熹在答复叶仁父的书信中提到:"两娶三娶者,伊川则谓庙中只当以元妃配,而继室者祭之他所,恐于人情不安。唐人自有此议,云当并配,其说见于《会要》,可考也。"④朱熹较倾向于元妃与继室并配。又据门人刘砥等录,朱熹说:

> 家庙之制,伊川只以元妃配享。盖古者只是以媵妾继室,故不容与嫡并配。后世继室,乃是以礼聘娶,自得为正。故《唐会要》中载颜鲁公家祭,有并配之仪。

> 古人无再娶之礼,娶时便有一副当人了,嫡庶之分定矣,故继室于正室不可并配。今人虽再娶,然皆以礼聘,皆正室也。祭于别室,恐未安。如伊川云,奉祀之人是再娶所生,则以所生母配。如此,则是嫡母不得祭矣。此尤恐未安。⑤

---

① ［宋］张载:《经学理窟·丧纪》,《张载集》,第 298 页。
② ［宋］朱熹:《晦庵先生朱文公文集》卷四十三《答陈明仲》,《朱子全书》,第 1948—1949 页。
③ ［宋］朱熹:《家礼》卷一《通礼》,《朱子全书》,第 876 页。
④ ［宋］朱熹:《晦庵先生朱文公文集》卷六十三《答叶仁父》,《朱子全书》,第 3060 页。
⑤ ［宋］黎靖德辑:《朱子语类》卷九十,《朱子全书》,第 3056 页。

朱熹对这一问题的思考可能与对当时婚娶状况的思考有关系，如吕祖谦就曾三次娶妻，结合人情考虑，并配享似更妥当。可见关于此问题的思考，朱熹还在孜孜以求其当。而关于配祭问题，《家礼》反映的是其早年的思想。

4. 忌日

《家礼》卷五《祭礼》中有"忌日"仪节条，这是朱熹与同时代学者礼仪讨论的反映。朱熹在给陈旦的信中谈到了对忌日服制的困惑："忌日服制，王彦辅《麈史》载富郑公用垂脚黪纱幞头、黪布衫、脂皮带，如今人禫服之制，此亦未得汪丈报，不知以为如何也。"① 汪应辰在回信中提到："忌日之变，见《吕和叔集》，盖必传之横渠也。"② 《麈史》曾有忌日变服的记载。③ 张载则对忌日之服作出了细致的分别："忌日变服，为曾祖、祖皆布冠而素带麻衣，为曾祖、祖之妣皆素冠布带麻衣，为父布冠带麻衣麻履，为母素冠布带麻衣麻履，为伯叔父皆素冠带麻衣，为伯叔母麻衣素带，为兄麻衣素带，为弟侄易褐不肉，为庶母及嫂亦不肉。"④

慎重对待忌日，是理学家们当时的共同主张，体现在仪节上主要是郑重对待忌日祭祀的对象。张载认为："凡忌日必告庙，为设诸位，不可独享，故迎出庙，设于他次，既出则当告诸位，虽尊者之忌亦迎出。此虽无古，可以意推。荐用酒食，不焚楮币，其子孙食素。"⑤ 程颐主张："忌日，

---

① [宋]朱熹：《晦庵先生朱文公文集》卷四十三《答陈明仲》，《朱子全书》，第 1949 页。
② [宋]汪应辰：《文定集》卷十五《与朱元晦》，《文渊阁四库全书》第 1138 册，第 726 页。
③ "丁晋公三十六事载：某氏女子嫁时之服而箧有襂衣一袭，问其故，曰：'若归夫家遇私忌，服此慰舅姑耳。'今亡此礼，盖晋公时已废不用。余谓妇变服而受慰者其服可知矣。窃讲之而未知所从，在洛时闻富郑公私忌裹垂脚襂纱幞头、襂布衫系蓝铁带，此乃今之释服襂禫服也。余欲行之，余弟光辅曰不可。圣人缘情制礼，盖有隆杀，今岁服襂禫，是未尝从吉也。又在闽，同官李世美，文定之犹子也，问所服云何。世美曰：'冠以帽，衣白纻衫，系黑角带。'访士大夫家鲜有知此者。余以谓传称'君子有终身之忧，忌日之谓也'。是则其服少变，常服为安耳。"（[宋]王得臣：《麈史》卷一，《文渊阁四库全书》第 862 册，第 604 页）
④ [宋]张载：《经学理窟·自道》，《张载集》，第 292 页。
⑤ [宋]张载：《经学理窟·自道》，《张载集》，第 289 页。

必迁主,出祭于正寝,盖庙中尊者所据,又同室难以独享也。"①朱熹也非常重视忌日,参酌上述观点,《家礼》卷五忌日条下关于"主人以下变服"的小注为:"祢则主人兄弟黪纱幞头,黪布衫,布里角带。祖以下则黪纱衫。旁亲则皂纱衫。主妇特髻去饰,白大衣,淡黄帔。余人皆去华盛之服。"②这样的设计既简化了张载仪节的烦琐之处,又体现了变服强调等级的必要性。

在忌日之服的主张和实践上,朱熹也是一以贯之的。1198 年,胡泳曾有书问:"忌日之变,吕氏谓自曾祖以下,变服各有等级。闻先生于讳日亦变服,不知今合如何?"朱熹答曰:"唐人忌日服黪,今不曾制得,只用白生绢衫带黪巾。"③王过曾见朱熹在母亲"讳日祭罢,裹生绢幓巾终日"。④ 关于忌日之服,朱熹"自有吊服,绢衫绢巾,忌日则服之",而且门人所见"先生母夫人忌日,着缥墨布衫,其巾亦然"。⑤

综上所述,我们认为《祭礼》与《家礼》中祭礼在内容上有一致性,基本上可以肯定《家礼》的主要部分祭礼是朱熹早、中年礼仪探讨的重点,也是当时理学家共同关注的话题。

(二) 整合冠婚丧礼——《家礼》的扩展

朱熹死后,门人李方子作《朱子年谱》,于"乾道六年庚寅"下有"家礼成"一条,并说:

乾道五年九月,先生丁母祝令人忧,居丧尽礼,参酌古今,因成

① 〔宋〕程颢、程颐:《河南程氏遗书》卷十八,《二程集》,第 241 页。
② 〔宋〕朱熹:《家礼》卷五《祭礼》,《朱子全书》,第 944—945 页。
③ 〔宋〕朱熹:《晦庵先生朱文公文集》卷六十三《答胡伯量》,《朱子全书》,第 3044—3045 页。
④ 〔宋〕黎靖德辑:《朱子语类》卷九十,《朱子全书》,第 3060 页。
⑤ 〔宋〕黎靖德辑:《朱子语类》卷九十,《朱子全书》,第 3059 页。

丧、葬、祭礼，又推之于冠、昏，共为一编，命曰《家礼》。①

又据真德秀所录李方子《紫阳年谱》："（乾道）六年，先生居丧尽礼。既葬，日居墓侧……自始死至祥、禫，参酌古今，咸尽其变，因成丧、葬、祭礼，又推之于冠、昏，共为一编，命曰《家礼》。"②这已明确说明，1170 年朱熹居母丧为《家礼》撰作的契机。这一判断不无根据。因为当时张栻、吕祖谦、陆九渊等人的礼仪探讨，主要是出于实用的目的，处理家中亲人丧祭时才力求实行合适的礼仪。朱熹十四岁丧父，因而有机会长时间深入探讨祭礼。四十一岁丧母，自此对丧礼有深切的体验也在情理之中。束景南先生指出，"乾道六年"乃总提，言其两年墓侧居丧，非谓其《祭仪》《家礼》即作在乾道六年。以祥、禫祭考之，则其成《丧葬祭礼》已在乾道七年以后；而又用一"又"字，则《家礼》之成更在其后，即已在淳熙二年（1175）以后。后人不知，均误李方子之意，而将《祭仪》《家礼》之成定于乾道六年之下，显误；而王懋竑未见《紫阳年谱》，竟以《家礼》非朱熹作而径删此条，更误甚。③ 我们认为，《家礼》之所以能在内容上有所扩充，朱熹居母丧也是修礼的契机。李方子言"推之冠、昏"，似乎是说有丧、祭礼在先，冠、婚在后，实不尽然。朱熹关于冠、婚、丧礼的讨论，并不存在明显的时间先后顺序。下面选几个典型例子加以说明。

1. 深衣

司马光《书仪》将"深衣"篇放在冠礼下。我们先讨论朱熹对冠礼的态度，再论深衣。朱熹对冠礼非常重视，关注甚早。淳熙三年（1176），张栻选司马、程、张三家之婚、丧、祭礼而作《三家昏丧祭礼》一书，于六月刻于桂林。朱熹甚不满于此书有婚、丧、祭礼而无冠礼，遂以是书为本，乃

---

① ［宋］朱熹：《家礼·附录》，《朱子全书》，第 947 页。
② ［宋］真德秀：《西山读书记》卷三十一，《文渊阁四库全书》第 706 册，第 122 页。
③ 束景南：《朱熹年谱长编》，第 422 页。

再增吕氏一家，并取冠、婚、丧、祭四礼而成《四家礼范》。张栻在答书中接受了朱熹的建议："奉教，以《礼书》中不当去冠礼，事甚当。是时正欲革此间风俗，意中欲其便可奉行，故不觉疏略如此，见已改正。如冠礼乃区区久欲讲者，当时欲留此一段，候将来商议定耳。比者长沙亦略考究为之说，其间因多未安，今谩录呈，愿兄裁定示诲。此乃人道之始，所系甚重，所谓'冠礼废，天下无成人也'。"①《四家礼范》写成印刻大致在淳熙四年下半年间。朱熹晚年还对此事津津乐道，颇有自豪之意：

> 钦夫尝定诸礼可行者，乃除冠礼不载。问之，云："难行。"某答之云："古礼惟冠礼最易行。如昏礼须两家皆好礼，方得行。丧礼临时哀痛中，少有心力及之。祭礼则终献之仪，烦多长久，皆是难行。看冠礼比他礼却最易行。"
>
> 昏礼事属两家，恐未必信礼，恐或难行。若冠礼，是自家屋里事，却易行。向见南轩说冠礼难行。某云，是自家屋里事，关了门，将巾冠与子弟戴，有甚难！②

朱熹通过对比冠礼与婚、丧、祭礼，认为其最简易可行，应该予以重视。

《家礼》卷一《通礼》中的《深衣制度》实指《书仪》中纳于冠礼下的《深衣》。朱熹对冠服制度非常留意，1176年在给刘珙的信中，论及程颢冠服事，探讨不太正式的野服与正式的法服之间的差异，以求人与服之间的和谐统一。③正是出于对冠服制度的热心，朱熹开始着手对日用常服进

---

① ［宋］张栻：《新刊南轩先生文集》卷二十四《答朱元晦》，第1122页。
② ［宋］黎靖德辑：《朱子语类》卷八十九，《朱子全书》，第2997—2998页。
③ ［宋］朱熹：《晦庵先生朱文公文集》卷三十七《与刘共父》，《朱子全书》，第1621页。

行研究。深衣本为诸侯、大夫、士夕时所着之服,庶人以深衣为吉服。①
深衣服于外,衣裳相连,如后世之长袍。司马光曾依《礼记》做深衣、冠
簪、幅巾、缙带,"每出,朝服乘马,用皮匣贮深衣随其后"。② 可见当时士
大夫借深衣以增强对儒家思想的自我认同。

1181 年秋天,朱熹与颜师鲁讨论深衣,作《深衣制度》。③ 有两封书
信为证:

> 熹昨蒙谕及深衣,谨并幅巾大带纳上,皆温公遗制也。但带当
> 结处合有黑纽之组,所未能备。其说见于《书仪》本章,可考而增益
> 也。又有黑履,亦见《书仪》,此不敢纳呈。去古益远,其冠服制度仅
> 存而可考者独有此耳。然远方士子亦所罕见,往往人自为制,诡异
> 不经,近于服妖,甚可叹也。若得当世博闻好礼者表而出之,以广其
> 传,庶几其不泯乎。④

> 蒙谕深衣约纽,正所未晓。向借得者,亦阙此制。但既云"绦似绅
> 而加阔",即与今之圕绦相似,不知其制果如何。又今法服背后垂绥亦
> 是古组绶之遗象,不记其以何物为之,恐亦可参考,却俟订正垂教也。⑤

实际上早在淳熙五年(1178),朱熹在给蔡元定的书信中就提到:
"《祭仪》《深衣》纳去,录毕却示及也。"⑥从这封信中我们可以判断,早在

---

① [唐]孔颖达:《礼记正义》卷五十八,[清]阮元校刻:《十三经注疏》(清嘉庆刊本),第
3611 页。
② [宋]邵伯温:《邵氏闻见录》卷十九,中华书局,1983 年,第 210 页。
③ 陈来:《朱子书信编年考证》(增订本),第 201 页;束景南:《朱熹年谱长编》,第 707 页。
④ [宋]朱熹:《晦庵先生朱文公文集》卷三十七《答颜鲁子》,《朱子全书》,第 1654 页。
⑤ [宋]朱熹:《晦庵先生朱文公文集》卷三十七《答颜鲁子》,《朱子全书》,第 1655 页。
⑥ [宋]朱熹:《晦庵先生朱文公续集》卷二《答蔡季通》,《朱子全书》,第 4673 页;陈来:《朱子
书信编年考证》(增订本),第 161 页。

1178 年前后,朱熹的《深衣》就已经和《祭仪》一起在士人学者中流传。而上两封答颜师鲁的书信,极有可能是颜师鲁就《深衣》中的有关细节问询朱熹,而朱熹不仅有答复,还有幅巾、大带实物寄去以供参考。

目前我们见到的《家礼》卷一《通礼》中的《深衣制度》与《朱文公文集》卷六十八中的《深衣制度》大体相同。不同之处有:《家礼》中改文集《深衣制度》"衣裳皆缘"为"黑缘",小注省略了"其父母以青,大父母以缋";《家礼》中的小注更为细致,标明了衣裳的尺寸;"曲裾"下的小注增加了"但以广头向上,布边向外,左掩其右,交映垂之,如燕尾状"的描述。[①]我们可以想象,当时确有单行的《深衣》篇,而此《深衣》也同时编入了《家礼》,成为目前所看到的《深衣制度》。

《家礼》中的《深衣制度》相较司马光《书仪》卷二《深衣制度》,有较大的变化。《书仪》中的《深衣制度》主要依仿引用《礼记》中的《深衣》篇,在结构语言上大致相同,小注则详细解释了古今释义的不同。正文为:

> 深衣之制用细布,短无见肤,长无被土,续衽钩边。袪尺二寸,衣要三袪,缝齐倍要,袼之高下可以运肘,袂之长短反诎之及肘。裳有十二幅,交解裁缝,袂微圆,交领方。深衣又曰负绳及踝以应直。又曰齐如权衡以应平。缘用黑缯,缘广寸半,袷广二寸。玄冠,玄冠亦名委貌,如今道士冠而漆之。幅巾用黑缯,方幅裂缉其边,大带用白缯,广四寸,夹缝之黑缯饰其绅,纽约用组,广三寸,长与绅齐。黑履白缘,夏用缯,冬用皮。[②]

《家礼》中《深衣制度》正文非常简单,只有五十一字:"裁用细白布,

---

① ［宋］朱熹:《晦庵先生朱文公文集》卷六十八《深衣制度》,《朱子全书》第 3297 页;《家礼》卷一《通礼》,《朱子全书》,第 879—880 页。

② ［宋］司马光:《书仪》卷二,《文渊阁四库全书》第 142 册,第 471—473 页。

度用指尺。衣全四幅，其长过胁，下属于裳。裳交解十二幅，上属于衣，其长及踝。圆袂。方领。曲裾。黑缘。大带。缁冠。幅巾。黑履。"①朱熹不用"续衽钩边"这样的古语，直接用衣、裳、曲裾等广为人知的语言代替，用简洁明了的文字说明了深衣的制作用料及尺寸样式，省却了制作意蕴的内涵解释，摒弃了玄冠的说法，用"缁冠"以代道士冠之说。对于黑履，则不究冬夏用料差异，只求颜色正即可。由于朱熹对《书仪》中《深衣制度》简省较多，才导致了颜师鲁等人的疑惑。

2. 庙见

《家礼》卷三《昏礼》在"亲迎"仪节之后设"庙见"一节。正文为"三日，主人以妇见于祠堂。"小注为："古者三月而庙见，今以其太远，改用三日。"②王懋竑认为《语类》中已明言，所以伪作《家礼》者才特辟专节言之。关于朱熹取三日庙见的原因，据叶贺孙所录：

> 伊川云："婿迎妇既至，即揖入内，次日见舅姑，三月而庙见。"是古礼。司马礼却说，妇入门即拜影堂，这又不是。古人初未成妇，次日方见舅姑。盖先得于夫，方可见舅姑；到两三月得舅姑意了，舅姑方令见祖庙。某思量，今亦不能三月之久，亦须第二日见舅姑，第三日庙见，乃安。③

《书仪》当中认为当日已经庙见，就无须再按古礼三月后庙见。吕祖谦在《家范》中也是采用司马光的做法。虽然我们在朱熹文集当中没有找到其有关三日庙见的论述，但也不能完全否认其在撰《家礼》前早已产生这一想法。

---

① ［宋］朱熹：《家礼》卷一《通礼》，《朱子全书》，第879—880页。
② ［宋］朱熹：《家礼》卷三《昏礼》，《朱子全书》，第900页。
③ ［宋］黎靖德辑：《朱子语类》卷八十九，《朱子全书》，第3000—3001页。

实际上,朱熹一直关注婚礼在社会教化和日用常行中的重要作用,对具体仪节也非常关注。早在 1155 年朱熹任同安主簿时就颁布了《申严昏礼状》。在实际生活中,婚礼也不可回避。1174 年,朱熹操心长子朱塾的婚事,主张按《书仪》行事。① 1182 年,以次女朱兑妻黄榦。② 特别是在 1162 年之前,朱熹向胡宪请教婚礼的一书值得关注:

> 昨日节略礼仪,尚有二节可疑,敢以求教。《书仪》中云:"婿揖妇,降自西阶,至妇轿所立,举帘以俟。"前日见先生云古人用车,不可升阶,乃就阶下置车,故有降自西阶之礼。今既用轿子,不知只就厅上否? 如此则妇人先入轿,然后降自西阶以出矣。又妇既入婿之家,婿导妇以入,不见有举蒙首之礼,未知今如何? 乞批以见教。③

这封书信主要讨论了两个问题:一是朱熹疑惑当时用轿不用车后,如何处理厅、阶方位以便行礼的问题;二是探讨蒙首之礼来源何处,是否有可行性。后来朱熹查了程颐之书,在回复文叔时说:"妇既用轿子,则只就厅上,婿却须就厅前上马。举蒙首之礼,温公不说,少间检《伊川集》,续报去也。""举蒙首之礼,适检《伊川集》有之,乃未就坐饮食时行之。今想已不及矣。"④

值得注意的是,这两封书信实际上都是朱熹在以《书仪》和《伊川集》作为蓝本进行对比考察,上书中"妇人先入轿,然后降自西阶以出矣。又妇既入婿之家,婿导妇以入"化成了《家礼》婚礼"亲迎"中的"姆奉女出中门,婿揖之,降自西阶。主人不降。婿遂出,女从之。婿举轿帘以俟……

① 〔宋〕朱熹:《晦庵先生朱文公文集》卷三十三《答吕伯恭》,《朱子全书》,第 1456—1457 页。
② 〔宋〕朱熹:《晦庵先生朱文公别集》卷三《刘子澄》,《朱子全书》,第 4890 页;《晦庵先生朱文公文集》卷八十五《回黄氏定书》,《朱子全书》,第 4026 页。
③ 〔宋〕朱熹:《晦庵先生朱文公别集》卷三《胡籍溪先生》,《朱子全书》,第 4873 页。
④ 〔宋〕朱熹:《晦庵先生朱文公别集》卷三《文叔》,《朱子全书》,第 4874 页。

女乃登车""婿至家，立于厅事，俟妇下车，揖之，导以入。"①"举蒙首之礼"，在程颐所定婚礼中确有记载，指的是妇迎入男方家沃盥之后、合卺之前的"婿揢笏举妇蒙首"之礼②，也就是通常所见沿习至今的"挑盖头"。上引书信中，朱熹似乎已经否定了这一仪节，今检《家礼》亦无此礼。1187 年，赵师渊娶朱熹三女朱巳，朱熹拟亲迎礼大略，又有"婿为妇举蒙头"之礼，应当是采纳了当时已通行的俗礼。朱熹还"参酌古人合牢之礼"，设置了这样的礼节："从者斟酒，婿揖妇同祭酒，举饮。从者置殽，婿揖妇同祭殽，食毕。又斟，举饮，馔，不祭。三斟亦如之。"③这与《家礼》中此仪略有不同："从者斟酒，设馔，婿妇祭酒举殽。又斟酒，婿揖，妇举饮，不祭，无殽。又取卺分置婿妇之前，斟酒，婿揖，妇举饮，不祭，无殽。"④可见这时朱熹已经开始参考《仪礼》来制定婚仪。据此点的考察而言，《家礼》中婚礼部分当在 1187 年之前就已完成。

既然朱熹已经注意到了程颐和司马光所定婚礼的上述异同，他不可能没有注意到是否有庙见一礼，那么他在《家礼》当中设置庙见一礼就无须大惊小怪了，何况程颐所定《婚礼》中亦有"奠菜"一礼。程颐说迎妇进门后，"三月预祭祀，事舅姑，复三月然后奠菜"⑤。"奠菜"一礼来源于《仪礼·士昏礼》："若舅姑既没，则妇入三月，乃奠菜。"郑玄注："奠菜者，以筐祭菜也。"⑥这是古代婚礼在舅姑终的情况下设置的以筐盛菜、奠而祭的一种简单祭祀，其目的也是体现"事死如事生"的内涵。程颐将此礼单独提出设置成仪节，朱熹可能认为这并不妥，因为这毕竟并非通常情形下需要设置的必要礼节，只不过是特殊情形下的权宜礼节。因此，他将

---

① ［宋］朱熹：《家礼》卷三《昏礼》，《朱子全书》，第 899 页。
② ［宋］程颢、程颐：《河南程氏文集》卷十，《二程集》，第 622 页。
③ ［宋］朱熹：《晦庵先生朱文公文集》卷六十九《赵婿亲迎礼大略》，《朱子全书》，第 3368 页。
④ ［宋］朱熹：《家礼》卷三《昏礼》，《朱子全书》，第 899 页。
⑤ ［宋］程颢、程颐：《河南程氏文集》卷十，《二程集》，第 622 页。
⑥ ［清］阮元校刻：《十三经注疏》（清嘉庆刊本），第 2094 页。

可能性的奠祭舅姑一礼扩及每场婚礼的必要仪节——庙见,强调妇在整个宗庙祭祀当中的重要意义,从而升华了婚礼在社会、家庭、人生中的价值。正如后来《朱子语类》所记载的,朱熹在当日和三月庙见之间采取折衷之法,主张普遍性的"三日庙见"。

3. 丧礼

1159 年,当许顺之开始留意丧礼时,朱熹认为其仪文度数不易知晓,只告诉他须仔细体味张载所说"曲礼乃天地五藏,魂魄心府寓于其事"。① 说明这时朱熹还不甚关注丧礼具体仪节,而主要关注礼仪的形上之内涵。经历母丧后,朱熹对丧礼多有研究。1173 年,与陈旦论丧祭礼甚详。1175 年与程正思详论丧礼,涉及启丧遣奠、祝文、虞祭、卒哭之礼,并鼓励其详择勉行,最好能在州里推广施行。② 1177 年,陆九韶因母丧来询问衬礼,朱熹明确表示曾经因为经历丧祸,所以曾考虑之。1179 年,朱熹感叹"葬事不易",认为"丧礼尽诚,不徇流俗"实难,鼓励周舜弼好好研究丧礼,以终礼制。③ 这些讨论以及朱熹言行在《家礼》中多有体现,兹举两例。

《家礼》卷四《丧礼》中关于卜地之仪,朱熹着墨特多。《仪礼·士丧礼》中有本有"筮宅,冢人营之,掘四隅,外其壤,掘中,南其壤"之仪。④ 司马温公《书仪》宗其说,亦有"卜宅兆葬日"礼,温公并云:"《开元礼》五品以上卜,六品以下筮,今若不晓卜筮,止用杯珓可也。若葬于祖茔,则更不卜筮。"⑤朱熹《家礼》不用卜宅兆葬日,而定"三月而葬,前期择地之可葬者。择日开茔域,祠后土"之仪,朱熹全录《书仪》此仪小注,而且还引用程颐之言立说:

① ［宋］朱熹:《晦庵先生朱文公文集》卷三十九《答许顺之》,《朱子全书》,第 1735 页。
② ［宋］朱熹:《晦庵先生朱文公文集》卷五十《答程正思》,《朱子全书》,第 2321—2322 页。
③ ［宋］朱熹:《晦庵先生朱文公文集》卷五十《答周舜弼》,《朱子全书》,第 2332 页。
④ ［清］阮元校刻:《十三经注疏》(清嘉庆刊本),第 2475 页。
⑤ ［宋］司马光:《书仪》卷七,《文渊阁四库全书》第 142 册,第 500 页。

卜其宅兆，卜其地之美恶也，非阴阳家所谓祸福者也。地之美，则其神灵安，其子孙盛。若培拥其根而枝叶茂，理固然美。地之恶者则反是。然则曷谓地之美者？土色之光润，草木之茂盛，乃其验也。父祖子孙同气，彼安则此安，彼危则此危，亦其理也。而拘忌者惑以择地之方位，决日之凶吉，不亦泥乎？甚者不以奉先为计，而专以利后为虑，尤非孝子安厝之用心也。惟五患者不得不谨，须使它日不为道路，不为城郭，不为沟池，不为贵势所夺，不为耕犁所及也。

最后朱熹认为："古者葬地葬日皆决于卜筮，今人不晓占法，且从俗择之可也。"①足见其对卜地之重视，而且强调从俗加以选择。所谓俗，实际上就是引入风水术择地。

朱熹热衷卜地之说，实为其重视亲情的表现。1169 年 9 月，朱熹母亲逝世。12 月，朱熹往返建阳，请精通风水术的蔡元定为母选择葬地。在与程允夫论及丧葬礼仪时，朱熹说："某家中自先人以来，不用浮屠法，今谨用。但卜地未能免俗，然亦只求一平稳处，尚未有定论，计不出今冬也。"②第二年春正月，葬母于建阳崇泰里后山天湖之阳寒泉坞。朱熹曾责己年幼不更事，卜地不详，1170 年 7 月，迁其父韦斋朱松墓于白水鹅子峰下。③ 1174 年，朱熹又投书福建路转运副使王佐，欲其关照族祖朱弁卜地另葬之事。④ 1176 年 11 月 13 日，其妻刘清四卒，朱熹为刘氏选卜葬地。⑤ 1177 年 4 月，刘氏葬于建阳县唐石大林谷。对于朱熹如此热衷卜地，张栻不免加以提醒：

① ［宋］朱熹：《家礼》卷四《丧礼》，《朱子全书》，第 914—916 页。
② ［宋］朱熹：《晦庵先生朱文公别集》卷三《程允夫》，《朱子全书》，第 4878 页。
③ ［宋］朱熹：《晦庵先生朱文公文集》卷九十四《朱府君迁墓记》，《朱子全书》，第 4342 页。
④ ［宋］朱熹：《晦庵先生朱文公续集》卷五《与王尚书》，《朱子全书》，第 4734 页；陈来：《朱子书信编年考证》（增订本），第 133 页。
⑤ ［宋］朱熹：《晦庵先生朱文公文集》卷三十四《答吕伯恭》，《朱子全书》，第 1472—1473 页；《晦庵先生朱文公别集》卷四《刘共甫》，《朱子全书》，第 4897 页。

尊嫂已遂葬事否？卜其宅兆，固当审处。然古人居是邦即葬是邦，盖无处无可葬之地，似不必越它境，费时月，泛观而广求也。君子举动，人所师仰。近世风俗深泥阴阳家之论，君子固不尔，但恐闻风失实，流弊或滋耳。更幸裁之。①

可朱熹似乎并未接受张栻的建议。1191 年 1 月 24 日，长子朱塾卒，一年后还在因卜地未定而没有下葬。② 直到 1192 年 11 月 15 日，才安葬朱塾于建阳大同山北麓。③ 据《朱子语类》卷八十九描述的朱塾葬仪，朱熹对于丧礼已经了然于胸。

《家礼》卷四《丧礼》主张"卒哭而祔"，卒哭祭后"祝奉主各还故处"，小祥祭后"祝奉神主入于祠堂，徹灵座，断杖弃之屏处，奉迁主埋于墓侧"。④ 这样的仪节乍看起来似乎也没有什么特殊之处，可却是朱熹与陆九韶、陆九渊兄弟思想论争在礼学上的反映。朱熹 1194 年在给叶味道的信中说：

所喻既祔之后主不当复于寝，此恐不然。向见陆子静居母丧时力主此说，其兄子寿疑之，皆以书来见问，因以《仪礼》注中之说告之。渠初乃不曾细看，而率然立论，及闻此说，遂以为只是注说，初非经之本文，不足据信。当时尝痛辟之，考订甚详，且以为未论古礼如何，但今只如此，卒哭之后便除灵席，则孝子之心岂能自安邪？其后子寿书来，乃伏其谬，而有"他日负荆"之语。⑤

---

① ［宋］张栻：《新刊南轩先生文集》卷二十三《答朱元晦》，第 1117—1118 页。
② ［宋］朱熹：《晦庵先生朱文公续集》卷七《答俞寿翁》，《朱子全书》，第 4777 页。
③ ［宋］朱熹：《晦庵先生朱文公文集》卷九十四《亡嗣子圹记》，《朱子全书》，第 4347 页。
④ ［宋］朱熹：《家礼》卷四《丧礼》，《朱子全书》，第 924—928 页。
⑤ ［宋］朱熹：《晦庵先生朱文公文集》卷五十八《答叶味道》，《朱子全书》，第·2780—2781 页。

从此封信可以看出，朱熹对于当时的袷礼之辩是非常自信的，而且提到后来陆九韶转变了态度，而对朱熹钦佩有加，有为鹅湖之争负荆请罪的意思。

1177 年夏，陆氏兄弟来书就有关袷礼之事询问朱熹，朱熹回书有两封。来书今无从查证，从朱熹的回书来看，讨论涉及五个方面：

（1）陆氏认为卒哭而袷之后，不应再将神主反于寝，因为在他们看来，"以为既吉则不可复凶，既神事之则不可复以事生之礼接尔"。而朱熹认为："先王制礼，本缘人情。吉凶之际，其变有渐，故始死全用事生之礼。既卒哭袷庙，然后神之。然犹未忍尽变，故主复于寝而以事生之礼事之。至三年而迁于庙，然后全以神事之也。"这样才可以算是认识到古人吉凶变革之渐，而且能体会到孝子慈孙深爱至痛之情。

（2）陆氏主张"几筵不终丧"，朱熹则据《礼》认为"小敛有席，至虞而后有几筵"，"《周礼》自虞至袷曾不旬日，不应方设而遽彻之如此其速也"。

（3）陆氏认为"终丧彻几筵，不闻有入庙之说"，朱熹则认为，此礼古已有，但今礼文残缺难以考，但不能因为"偶失此文而遽谓无此礼"。

（4）陆氏认为"坏庙则变昭穆之位"，而朱熹认为昭常为昭，穆常为穆，昭穆所定，不能因为新主袷庙而变化，主张"昭主袷庙则二昭递迁，穆主袷庙则二穆递迁"。

（5）陆氏认为"古者每代异庙，故有袷于祖父祖姑之礼。今同一室，则不当专袷于一人"。朱熹认为这不会大害于义理，从以前之旧说也无妨，正可体现孔子存羊爱礼之意。[①]《家礼》卷四"袷"条正文"卒哭之祭既彻，即陈器，具馔"下小注为："唯陈之于祠堂。堂狭，即于厅事随便设亡者祖考姑位于中，南向西上，设亡者位于其东南，西向。"[②]从中可以看出，朱熹还是主张袷于祖姑，而非遍袷三世。

① ［宋］朱熹：《晦庵先生朱文公文集》卷三十六《答陆子寿》，《朱子全书》，第 1557—1560 页。
② ［宋］朱熹：《家礼》卷四《丧礼》，《朱子全书》，第 925 页。

应该指出的是,朱熹这些观点也都是建立在对二程和司马光礼学的继承和批判上的。程颐曾说:

> 丧须三年而祔,若卒哭而祔,则三年都无事。礼卒哭犹存朝夕哭,若祭于殡宫,则哭于何处? 古者君薨三年,丧毕吉禘,然后祔,因其祫,祧主藏于夹室,新主遂自殡宫入于庙。《国语》言日祭月享,礼中岂有日祭之礼? 此正谓在年之中,不彻几筵,故有日祭朝夕之馈,犹定省之礼,如其亲之存也。至于祔祭,须是三年丧终,乃可祔也。①

朱熹肯定程颐的说法甚善,但是认为其考礼文不甚详,混淆了祔与迁的内涵。合乎情理的仪节应是卒哭而祔,三年而迁。《家礼》中祔礼的设计正是与陆氏兄弟探讨后的结果。

以上我们探讨了朱熹关于冠婚丧祭礼的讨论与《家礼》中仪节设计的一致性,我们的结论是:《家礼》是朱熹早年、中年礼学思想的总结与反映,《家礼》在仪节上多简化《书仪》,在义理上多继承程颐礼学,《家礼》的撰作受同时代张栻、吕祖谦等人的影响很大。《家礼》的主要内容大致在1182 年至 1187 年间形成。② 我们还想指出的是,束景南认为朱熹 1175年始作《家礼》。③ 其依据是朱熹给吕祖谦的信中提到:"又欲修《吕氏乡约》《乡仪》,及约冠昏丧祭之仪,削去书过行罚之类,为贫富可通行者。"④ 束氏认为"约冠昏丧祭之仪"即指作《家礼》。实际上此书中所提到的都

① ［宋］卫湜:《礼记集说》卷二十一,《文渊阁四库全书》第 117 册,第 423 页。
② 这与伊沛霞的观点有些差异。她认为《家礼》应该成书于 1170 年至 1180 年间,可能在 1190 年之前遗失。值得质疑的是,如果成书到遗失之间的时间跨度这样大,那么结合当时朱熹的学术地位及其影响来理解,《家礼》必然流传甚广,这与后来《家礼》复出后学术界的反应似不相称。Patricia Buckley Ebrey, *Confucianism and Family Rituals in Imperial China: A Social History of Writing About Rites*, p.109.
③ 束景南:《朱熹年谱长编》,第 543 页。
④ ［宋］朱熹:《晦庵先生朱文公文集》卷三十三《答吕伯恭》,《朱子全书》,第 1458 页。

是朱熹后来《增损吕氏乡约》《乡仪》的内容,而并非指另撰有《家礼》。第
二年,朱熹在给吕祖谦的书信中提到:"礼书亦苦多事,未能就绪。书成,
当不俟脱稿,首以寄呈求是正也。"①此书中的《礼书》,实际上还是指《增
损吕氏乡约》和《乡仪》,并非《家礼》。

三 祠堂与宗法——《家礼》的标志与内涵

南宋士大夫阶层在追崇义理之学的同时,也很明显地表现出对礼仪
践履浓厚的兴趣。与朱熹同时代的学者都在关注家庭礼仪的制作与实
践,他们都在学习流传于学界的古今家祭礼仪,一同探讨礼仪和礼义。
可是只要单独比较吕祖谦的《家范》和朱熹的《家礼》,我们就不难发现
《家礼》实有胜人一筹之处。《家范》致力于学习探讨宗法制度和条目,
《家礼》已经将宗法贯穿于礼仪实施的细微之处;《家范》只讨论了家中建
祠堂一事,而《家礼》则将祠堂之制列在篇首,强化其在所有家庭礼仪实
施中的地位,并贯穿于全篇。②重视祠堂建制和宗法制度,是《家礼》的核
心精神之所在,也是著者的继承与创新之处。《家礼》也并非冠婚丧祭礼
的简单组合,而是有着贯穿其中的思想主线。就当时礼学思想所讨论的
内容和深入程度以及所达到的高度而言,我们完全可以说,《家礼》为朱
熹所作。

(一) 祠堂

朱熹与吕祖谦、汪应辰等关于家庙的讨论,实际上在《家礼》卷一《通
礼》"祠堂"章就有体现。从学术层面上看,朱熹关于"祠堂"的讨论主要

---

① ［宋］朱熹:《晦庵先生朱文公文集》卷三十三《答吕伯恭》,《朱子全书》,第 1466 页。
② 关于《家礼》"祠堂"的意义,可参见杨志刚《〈司马氏书仪〉和〈朱子家礼〉研究》第 110—
111 页。

源自司马光的《书仪》和二程、张载的讨论。二程曾说："嘉礼不野合，野合则秕稗也。故生不野合，则死不墓祭。盖燕飨祭祀，乃宫室中事。后世习俗废礼，有踏青，藉草饮食，故墓亦有祭。如《礼》望墓为坛，并墓人为墓祭之尸，亦有时为之，非经礼也。后世在上者未能制礼，则随俗未免墓祭。既有墓祭，则祠堂之类，亦且为之可也。"①可见在当时设祠堂与墓祭一样都是俗礼，以义理裁之，均可为之。

《祠堂》一节本为《书仪》卷十《影堂杂仪》，朱熹不仅将"影堂"改为"祠堂"，而且将其提到了首篇。其中祠堂和祖先扮演了非常重要的角色，祭祖只是其表现方式之一而已。朱熹希望能在家庭礼仪中培养对祖先"爱敬""崇爱敬"，有"谨终追远之心""报本反始之心"，这些都可说是一种宗教情怀。② 朱熹说：

> 此章本合在《祭礼》篇，今以报本反始之心，尊祖敬宗之意，实有家名分之守，所以开业传世之本也，故特著此冠于篇端，使览者知所以先立乎其大者，而凡后篇所以周旋升降、出入向背之曲折，亦有所据以考焉。然古之庙制不见于经，且今士庶人之贱亦有所不得为者，故特以祠堂名之，而其制度亦多用俗礼云。③

朱熹为什么要将家庙命名为祠堂呢？从上段引文我们可以判断，一方面朱熹看到古代的庙制纷繁复杂，很难运用于今；另一方面，对于一般的士大夫阶层和庶人来说，限于经济条件，也很难真正创建一定规模的专门祭祀之所。因此以祠堂命名之，明确指出祠堂制度多来源于俗礼，与经文可能有较大差异。

---

① 〔宋〕程颢、程颐：《河南程氏遗书》卷一，《二程集》，第 6 页。
② 罗秉祥：《儒礼之宗教意涵——以朱子〈家礼〉为中心》，第 20 页。
③ 〔宋〕朱熹：《家礼》卷一《通礼》，《朱子全书》，第 875 页。

我们应看到，祠堂、家庙、影堂实际上具有共同的含义，都有指家中祭祀场所之意。宋代黄仲元就曾指出："堂以祠名，即古家庙，或曰影堂。"① "家庙"一词在当时应属书面语言，实际上多指称享受较高政治待遇的、按照一定礼制标准建造的用于祭祀先祖的专门场所。"影堂"一名最早来自佛教经典，唐代影堂是纪念及供奉佛教高僧的场所，也供奉具有身份地位之人。宋代影堂内除了摆设画像外，还有牌位的供奉。画像在唐宋社会非常流行，而影堂是放置纪念者画像的场所之一，借由画像的祭祀感念其恩德，其背后具有浓厚的宗教意义。影堂成为供奉祖先的神圣场所，上至达官贵人，下至平民百姓均可以设置影堂，并且成为社会上普遍的现象。

祠堂，旧时祭祀祖宗或贤能有功德者的庙堂。汉代时祠堂具有多重功能，如祭祀先人、感念有德之人，或以祠堂之有无展现其地位，大部分祠堂建在墓旁。魏晋南北朝时期，允许士大夫及庶人在家中祭祀，其名称并不是祠堂，而与唐代家庙的性质相近。唐代祠堂的设立多半是为个人立祠供后人追念，或是为国家祈福的场所，较倾向公共领域的范畴，并非只属于一个家庭或宗族所有。唐代的祠堂与家庙同属祭祀的场所，其差别在前者以个人的祭祀为主，后者是站在家的角度，用祭祀来延续一家一姓的生命。两者在唐代的共同点是均需要政府的认可，不可随意设立。②

在宋代，祠堂的主要功能是作为乡贤名宦教化的公共场所，这可以从宋代众多文人学者所撰的祠堂记中得到证实。就目前所查阅到的资料而言，只有极少数人将家中祭祀场所命名为祠堂。③ 朱熹在《家礼》中

---

① ［宋］黄仲元：《四如集》卷一《族祠思敬堂记》，《文渊阁四库全书》第 1188 册，第 595 页。

② 师琼佩：《朱子〈家礼〉对家的理解——以祠堂为探讨中心》。

③ 已知有北宋的"任氏家祠堂"（［宋］穆修：《河南穆公集》卷三《任氏家祠堂记》，《四部丛刊初编》本）、南宋陆九渊家的"祖祢祠堂"（［宋］罗大经：《鹤林玉露》丙编卷五《陆氏义门》，第324页）、黄仲元家的"族祠思敬堂"（［宋］黄仲元：《四如集》卷一《族祠思敬堂记》，《文渊阁四库全书》第 1188 册，第 595 页）等。

将祠堂的公共功能延伸至家中,祠堂从此成为设置在家中祭祀祖先的场所。这也说明在朱熹看来,先祖具有和先师、先圣、先贤同样崇高的地位。

粟品孝曾撰文认为最受后人重视的《家礼》"祠堂"部分可能并非朱熹所定,理由是《家礼》专以"祠堂"命名家庭的祭祀场所,而我们又从未见朱熹在现实生活和其他作品中如此称呼。① 其实这是没有认识到"祠堂""影堂"同指家庙的事实。早在 1176 年,朱熹给刘玒的信中,就在询问有关程颐祠堂之制的情况,并请他打听是否有实物为证,以及立在何处。② 这里我们无法确知是询问程颐家庙之制,还是关于祭祀程颐的先贤祠堂,但可以肯定的是用"祠堂"名家庙,也并非朱熹一人的主张,而实为朱熹和吕祖谦的共识。

吕祖谦在《家范》"祭礼"中亦将家庙称为"祠堂":"庙制载在经史者,祐垎、户牖、碑礬之属,品节甚众,今皆未能具,谨仿《王制》'士一庙'之义,于所居之左,盖祠堂一间两厦,以为藏主时祀之地,存家庙之名,以名祠堂,使子孙不忘古焉。"③这就明确说明家庙与祠堂同义,但用"祠堂"之名,更能体现慎终追远之意。1182 年朱熹曾为《吕氏祭仪》作跋,"祠堂"一名的采用无疑受到了吕氏的启发。有意思的是,在可查检的吕祖谦给朱熹的书信中,也只说影堂位置不当,另建家庙一间两厦,而不说所建为祠堂。④ 可见在当时,影堂、家庙均为俗称,而吕祖谦和朱熹则在家范、家礼制作中称为"祠堂",实更有深意。只不过在《家礼》复出之前,这一称呼并未产生大的影响。我们可以想象,朱熹就是在撰作《家礼》时,用"祠堂"来代指家庙和影堂,随着后来《文公家礼》的盛行,用祠堂来指称家中祭祀场所才广为流传开来。

---

① 粟品孝:《文本与行为:朱熹〈家礼〉与其家礼活动》,第 99—105 页。
② 〔宋〕朱熹:《晦庵先生朱文公文集》卷三十七《与刘共父》,《朱子全书》,第 1621 页。
③ 〔宋〕吕祖谦:《东莱别集》卷四,《文渊阁四库全书》第 1150 册,第 200 页。
④ 〔宋〕吕祖谦:《东莱别集》卷八《与朱侍讲》,《文渊阁四库全书》第 1150 册,第 253 页。

朱熹、吕祖谦用"祠堂"来代替"家庙"之说，主要考虑到对于士、庶人来说，祭祀祖先的家庙规制难以企及。联系群臣家庙在唐宋的建设情况，我们可以看到当时士人对于这一问题的焦虑。按照周制，适士以上祭于庙，庶士以下祭于寝。唐代原周制，崇尚私庙。后来朱熹指出京城立庙的弊端："唐大臣长安立庙，后世子孙，必其官至大臣，乃得祭其庙，此其法不善也。"①此后依然如此。"五季之乱，礼文大坏，士大夫无袭爵，故不建庙，而四时寓祭室屋。"②"士大夫家庙，至唐以来不复讲。"③北宋庆历元年（1041），南郊赦书，应中外文武官之请并许依旧式立家庙。但在振举家庙制度时规定："凡立庙，听于京师或所居州县；其在京师者，不得于里城及南郊御路之侧。"④后来在别议袭爵之制时，朝廷因难尽推袭爵之恩，家庙制度实际上也并没有推行。司马光描述当时的情形说："士大夫亦以耳目久不际，往往不知庙之可设于家也。"⑤大观二年（1108），当时的议礼局请参酌古今，讨论所有臣庶祭礼。最后根据官品，对家庙的规制以及祭器作出了一些限定：一方面限制"逾度僭礼"的现实状况，一方面也主张"应有私第者，立庙于门内之左，如狭隘，听于私第之侧。力所不及，仍许随宜"。⑥而实际上在整个北宋，关于群臣家庙的建设都不甚健全。

南渡以后，高宗、孝宗等为了增强控制群臣的能力，常通过赏赐建家庙的方式给予官员政治声誉。受其影响，官员也多请赐建家庙。更有甚者，韩侂胄竟以其曾祖北宋名臣韩琦之功自居，请求赐建家庙。这种越来越成为朝廷之恩赏的家庙制度，与其说是彰显慎终追远的怀祖情愫，

①　［宋］黎靖德辑：《朱子语类》卷九十，《朱子全书》，第3037页。
②　［元］脱脱等：《宋史》卷一百九，第2632页。
③　［宋］叶梦得：《石林燕语》卷一，中华书局，1984年，第8页。
④　［元］脱脱等：《宋史》卷一百九，第2632页。
⑤　［宋］司马光：《传家集》卷七十九《潞国公文公先庙碑》，《文渊阁四库全书》第1094册，第722页。
⑥　［元］脱脱等：《宋史》卷一百九，第2632—2633页。

还不如说是在彰显政治特权和谋求政治上的趋进。这对中下层官僚有何影响呢？有学者指出，这样的家庙可能为士族官僚所诟病，于是从心理上更加接受一种私家祭祀的简约方式。①

毋庸置疑，受朝廷的影响，士族对家庙制度日趋关注。杨万里曾提到当时有士人按程颐之书建家庙："自建炎南渡，中原故家崎岖兵乱，多失其序。秘阁（指向瀚）寓湘中，纠合群从，恤孤继绝，始按程氏书建家庙，正神主，严祭祀，事恩泽。"②当时张栻、吕祖谦也在筹划兴建家庙，因而引发了关于祭礼的诸多讨论。而民间大众的情况则是"民庐隘陋，初无堂、寝、陛、户之别，欲行之亦不可得"③。为了兼顾这种内在需求与实际情况之间的差异，朱熹将祭祀的内涵——报本反始、尊祖敬宗提到开业传世的家之本的高度，将祭祀的地点升华，从而有别于确立政治声誉的家庙请赐之风，满足了不论官爵尊卑的士大夫慎终追远、传承儒学的需要，同时也满足了普通民众祭祀祖先的需求。据包扬所录，朱熹曾分析唐代以来大臣立庙制度的不足："唐大臣长安立庙，后世子孙，必其官至大臣，乃得祭其庙，此其法不善也。只假一不理选限官与其子孙，令祭其庙为是。"④

在《家礼》首篇，朱熹将祠堂之制裁定为：

> 君子将营宫室，先立祠堂于正寝之东。（祠堂之制，三间，外为中门，中门外为两阶，皆三级，东曰阼阶，西曰西阶。阶下随地广狭以屋覆之，令可容家众叙立。又为遗书、衣物、祭器库及神厨于其东。缭以周垣，别为外门，常加扃闭。若家贫地狭，则止为一间，不

---

① 赵旭：《唐宋时期私家祖考祭祀礼制考论》，《中国史研究》2008 年第 3 期。
② ［宋］杨万里撰，辛更儒笺校：《杨万里集笺校》卷一三〇《通判吉州向侯墓志铭》，中华书局，2007 年，第 5026 页。
③ ［宋］陆游：《家世旧闻》，中华书局，1993 年，第 203 页。
④ ［宋］黎靖德辑：《朱子语类》卷九十，《朱子全书》，第 3037 页。

立厨库，而东西壁下置立两柜，西藏遗书、衣物，东藏祭器亦可。正寝谓前堂也。地狭，则于厅事之东亦可。凡祠堂所在之宅，宗子世守之，不得分析。凡屋之制，不问何向背，但以前为南、后为北、左为东、右为西，后皆放此。）①

祠堂的位置是立于正寝之东，可能是受程颐"士大夫必建家庙，庙必东向"这一观点的影响。家庙要离人的日常生活非常切近，这一思考贯穿至朱熹晚年。朱熹说："家庙要就人住居。神依人，不可离外做庙。又在外时，妇女遇雨时难出入。"②这一观点也是对张载的修正。张载认为为了体现家庙的神圣性，主张人与庙应该分开。他说："凡人家正厅，似所谓庙也，犹天子之受正朔之殿。人不可常居，以为祭祀吉凶冠婚之事于此行之。"③而朱熹强调家庙、祠堂都是日常生活须臾不可或缺的一部分。

朱熹将家庙的重要性提到了一个新的高度，使祖先神的地位上升到了无以复加的地步。但朱熹晚年对程颐庙制观点提出了质疑，并有所修正。《朱子语类》中记录有：

古命士得立家庙。家庙之制，内立寝庙，中立正庙，外立门，四面墙围之。非命士止祭于堂上，只祭考妣。伊川谓，无贵贱皆祭自高祖而下，但祭有丰杀疏数不同。庙向南，坐皆东向。（自天子以至于士，皆然。）伊川于此不审，乃云"庙皆东向，祖先位面东"，（自厅侧直东入其所，反转面西入庙中。）其制非是。古人所以庙面东向坐者，盖户在东，牖在西，坐于一边乃是奥处也。④

---

① 〔宋〕朱熹：《家礼》卷一·《通礼》，《朱子全书》，第875—876页。
② 〔宋〕黎靖德辑：《朱子语类》卷九十，《朱子全书》，第3039页。
③ 〔宋〕张载：《经学理窟·祭祀》，《张载集》，第295页。
④ 〔宋〕黎靖德辑：《朱子语类》卷九十，《朱子全书》，第3037页。

　　上段话中朱熹认为程颐关于庙制方位的观点有误，是因为没有认清古礼之中堂室结构所致。1198 年，朱熹在答郭叔云的书信中论及"影堂序位"时再次指出程颐之说错误，主张以司马光仪节为准。朱熹说：

　　　　古者一世自为一庙，有门、有堂、有寝，凡屋三重，而墙四周焉。自后汉以来，乃为同堂异室之庙，一世一室，而以西为上，如韩文中《家庙碑》有"祭初室""祭东室"之语。今国家亦只用此制，故士大夫家亦无一世一庙之法，而一世一室之制亦不能备，故温公诸家祭礼皆用以右为尊之说。独文潞公尝立家庙，今温公集中有碑，载其制度颇详，亦是一世一室，而以右为上，自可检看。伊川之说亦误。昭穆之说则又甚长。《中庸或问》中已详言之，更当细考。大抵今士大夫家，只当且以温公之法为定也。①

　　这说明随着朱熹晚年对《仪礼》研究的深入，逐渐对早年所崇信的程颐之说有了批判、修正。而《家礼》所记录的"祠堂"之制多采程颐之说，实为中年的观点。这还可以从朱熹对影堂建制的具体意见加以说明。
　　朱熹用"祠堂"之名代替"影堂"，主要有几种考虑：首先，影堂之名来源于佛教，容易与佛教的祭祀相混淆；其次，也许在朱熹的意识中，祭祀的对象先师先圣与祖先具有同等地位②，用祠堂来命名更能彰显儒家祭礼的整体特征；最后，由于对祭祀祖先的重视，强调要用一个完整而独立的处所来供奉祖先之神灵。"影堂"乃偏隘地狭不得已而为之祭祀的场所，创祠堂之制显郑重之意，又可以容纳家族成员。更重要的是，朱熹认为，影堂中影像、画像的设置可能不合传统儒学礼制的要求。程颐当时

① ［宋］朱熹：《晦庵先生朱文公文集》卷六十三《答郭子从》，《朱子全书》，第 3051 页。
② Hoyt Cleveland Tillman, "Zhu Xi's Prayers to the Spirit of Confucius and Claim to the Transmission of the Way", *Philosophy East and West*, Vol.54, No.4, 2004, pp.500 – 502.

并不反对立影堂，但认为祭祀时不可用影像。① 主要是因为这与传统礼制用主式相冲突，因为主代表的祖先更具抽象性，能承载其主体精神，但用影祭，则很容易变成祭非其人。程颐强调："大凡影不可用祭，若用影祭，须无一毫差方可，若多一茎须，便是别人。"②1159 年，朱熹在答刘玶的书信中详细阐发了影堂中影与主在祭祀时并举可能带来的冲突，主旨还是在发挥程颐之意：

> 熹承询及影堂，按古礼，庙无二主。尝原其意，以为祖考之精神既散，欲其萃聚于此，故不可以二。今有祠版，又有影，是有二主矣。古人宗子承家主祭，仕不出乡，故庙无虚主，而祭必于庙。惟宗子越在他国，则不得祭，而庶子居者代之，祝曰："孝子某（宗子名。）使介子某（庶子名。）执其常事。"然犹不敢入庙，特望墓为坛以祭。盖其尊祖敬宗之严如此。今人主祭者游宦四方，或贵仕于朝，又非古人越在他国之比，则以其田禄修其荐享尤不可阙，不得以身去国而使支子代之也。

> 礼意终始全不相似，泥古则阔于事情，徇俗则无复品节。必欲酌其中制，适古今之宜，则宗子所在，奉二主以从之，于事为宜。盖上不失萃聚祖考精神之义，（二主常相依，则精神不分矣。）下使宗子得以田禄荐享，祖宗宜亦歆之。处礼之变而不失其中，所谓"礼虽先王未之有，可以义起"者盖如此。但支子所得自主之祭，则当留以奉祀，不得随宗子而徙也。所喻留影于家，奉祠版而行，恐精神分散，非鬼神所安。而支子私祭上及高曾，又非所以严大宗之正也。明则

---

① ［宋］程颢、程颐：《河南程氏遗书》卷二十二上，《二程集》，第 286 页。
② ［宋］程颢、程颐：《河南程氏遗书》卷二十二上，《二程集》，第 286 页。另见《河南程氏遗书》卷六："今人以影祭，或画工所传，一髭发不当，则所祭已是别人，大不便。"（《二程集》，第 90 页）

有礼乐,幽则有鬼神,其礼一致。推此思之,则知所处矣。①

朱熹认为,当时的影堂既有祠版,又有影像,是为二主,不合古礼。但为了适古今之宜,朱熹主张宗子奉二主以从之,于事为宜。即使在晚年,朱熹仍然坚持影堂中"主"与祖先之气应该有一一对应的关系,而不可泛滥,或混杂无所指。曾有门人问:"祭先祖,用一分如何?"朱熹回答说:"只是一气。若影堂中各有牌子,则不可。"②《书仪》中曾提到,如"遇水火、盗贼,则先救先公遗文,次祠版,次影,然后救家财"③。在遇到意外时,司马光认为先公遗文首先应予考虑,这是因为相比较而言,画像展现的只不过是外貌而已,"岂若心画手泽之为深切哉"。④ 而《家礼》则这样规定:"或有水火盗贼,则先救祠堂,迁神主、遗书,次及祭器,然后及家财。"⑤通过比较不难发现,相较司马光而言,朱熹认为需要优先考虑祠堂的建筑设施,神主、遗书次之,而影像则要么不陈设于祠堂,要么在危急情况下也不予考虑。对影像的不信任感可能是朱熹以祠堂取代影堂的重要原因。

需要指出的是,虽然在《家礼》中朱熹用"祠堂"指称影堂和家庙,但在朱熹的实际生活中,门人直接称朱熹家中祭祀之地为"影堂"⑥,朱熹在与门人学者交流具体礼制问题时,也还是用"家庙"来谈论家中祭祀之地。在实际生活中,朱熹家的祭祀场所充其量也只能是影堂而已。据门人记录:

---

① ［宋］朱熹:《晦庵先生朱文公文集》卷四十《答刘平甫》,《朱子全书》,第 1795—1796 页。
② ［宋］黎靖德辑:《朱子语类》卷九十,《朱子全书》,第 3056 页。
③ ［宋］司马光:《书仪》卷十,《文渊阁四库全书》第 142 册,第 525 页。
④ ［宋］司马光:《传家集》卷七十一《先公遗文记》,《文渊阁四库全书》第 1094 册,第 648 页。
⑤ ［宋］朱熹:《家礼》卷一《通礼》,《朱子全书》,第 879 页。
⑥ ［宋］黎靖德辑:《朱子语类》卷八十九,《朱子全书》,第 3010 页;《朱子语类》卷一百七,《朱子全书》,第 3505 页。

　　问：“先生家庙，只在厅事之侧。”曰：“便是力不能办。古之家庙甚阔，所谓‘寝不逾庙’是也。”①

　　先生云：“欲立一家庙，小五架屋。以后架作一长龛堂，以板隔截作四龛堂，堂置位牌，堂外用帘子，小小祭祀时，亦可只就其处。大祭祀则请出，或堂或厅上皆可。”②

　　这说明长期以来，朱熹的家庙只不过是在厅室之侧的相当于影堂的偏隘之所。朱熹期望能改善家庙的建置，但只是愿望而已，而没有财力扩充完善。正如《家礼》“祠堂”章中提到设有东西阶，在实际生活中，朱熹也看到“今人家庙亦无所谓两阶者”③。这说明朱熹撰作《家礼》时，实际上考虑的是士大夫阶层所能实施的最完备的家庙建制和仪节设置，而《家礼》同样也强调力所能及，因时制宜。

（二）宗法

　　宋代是一个重视宗法制度的朝代。宗法制度不仅体现在赵宋帝王世系的传承上，而且体现在袭封、宗法、宗族组织以及立后的文献中。④ 两宋政治层面上强化宗法制度创造了历史上一个无宗祸的朝代，受其影响，思想和社会层面对宗法的追求也反映出来。历五代十国的战乱陵替后，宋初礼崩乐坏的状况引起了新兴富裕阶层的不安，要求恢复宗法制度的思潮勃然兴起。当时，“富者之子孙或不能保其地”⑤。即使是高官大族，也可能家世零替、迅速衰败。李觏描述了当时社会的无序状态：“周衰法弛，斯道以

---

① ［宋］黎靖德辑：《朱子语类》卷九十，《朱子全书》，第3038页。
② ［宋］黎靖德辑：《朱子语类》卷九十，《朱子全书》，第3038—3039页。
③ ［宋］黎靖德辑：《朱子语类》卷九十，《朱子全书》，第3039页。
④ 陈戍国：《中国礼制史·宋辽金夏卷》，第13—16页。
⑤ ［宋］苏洵：《嘉祐集》卷五，第878页。

亡,庶匹适者有之矣,幼陵长者有之矣。祖以世断,远则忘之矣;族以服治,疏则薄之矣。骨肉或如行路,尚何有于天下乎?"①张载亦说:"今骤得富贵者,止能为三四十年之计……既死则众子分裂,未几荡尽,则家遂不存。"②程颐曾叹曰:"且如豺獭皆知报本,今士大夫家多忽此,厚于奉养而薄于祖先,甚不可也。""凡物,知母而不知父,走兽是也;知父而不知祖,飞鸟是也。惟人则能知祖,若不严于祭祀,殆与鸟兽无异矣。"③新兴的士族阶层如何能够稳固社会地位和保持长久稳定的发展,成为思想家们探讨的重要命题。《仪礼》注重宗族的传衍和宗族结构中以男权为主的上下关系的宗法文化,满足了士大夫重建社会秩序的愿望,也为他们的思想建构提供了丰富的资源,《书仪》是这一时期的代表作。但受王安石政治经济改革的影响,这一时期能够适应士大夫阶层家庭礼仪与宗法思想结合的著作还未出现。

南渡后,士大夫阶层注重家庭建设成为当时的风尚。如袁采的《袁氏世范》把"财产的积累,正确而节俭的管理及保存的关心"当作"家的存续"的主要目标。④ 陆九韶是一整套家规的制定者,像袁采一样,他强调经济、节俭以及精细的预算,作为保护家庭财产,从而防止家庭解体的方法。⑤ 这些都表明社会世俗在维持、发展家庭方面所做的努力。而在朱熹、张栻、吕祖谦看来,家庭最具凝聚力的部分应该在伦理关系上。这一时期涌现出的大量家规、家训、家范等作品,都试图将宗法制度渗透到家庭礼仪之中,以实现"齐家"的理想。《家礼》正是在这一背景中产生的。

《家礼》重宗法,已是学者们的共识。杨复曾说:"若夫明大宗、小宗之法,以寓爱礼存羊之意,此又《家礼》之大义所系,盖诸书所未暇及,而

① 〔宋〕李觏:《李觏集》卷十五《五宗图序》,第132页。
② 〔宋〕张载:《经学理窟·宗法》,《张载集》,第259页。
③ 〔宋〕程颢、程颐:《河南程氏遗书》卷十八,《二程集》,第241页。
④ 〔美〕韩明士:《陆九渊,书院和乡村社会问题》,〔美〕田浩编,杨立华等译:《宋代思想史论》,第460页。
⑤ 〔美〕韩明士:《陆九渊,书院和乡村社会问题》,〔美〕田浩编,杨立华等译:《宋代思想史论》,第463页。

先生于此尤拳拳也。"①元人黄节曾说："《家礼》以宗法为主。所谓非嫡长
子不敢祭其父，皆是意也。至于冠昏丧祭，莫不以宗法行其间云。"王懋
竑曾言："《家礼》重宗法，此程、张、司马氏所未及，而序中绝不言之，以跋
语所未有也。"②言下之意，作为贯穿《家礼》的核心理念——宗法思想是
二程、张载、司马光家庭礼仪中所没有涉及的，之所以没有在《家礼》序中
言及，是因为《三家礼范跋语》中没有提到。可是因为没有提及，就能否
定《家礼》为伪吗？其实，王氏提到《家礼》重宗法，这是毋庸置疑的，也是
《家礼》非常重要的一个特点。正是通过撰作《家礼》，朱熹将二程、张载
所重申的宗法观念再次体现在了具体的家庭礼仪之中。

　　后来王懋竑在《家礼考误》中继续就有关宗法问题责难《家礼》不合
古礼，有以意推之之嫌，认为以朱熹之洞明，不可作此仪节。王氏常常以
《书仪》为参照，用古礼礼节来衡量《家礼》，以心中之朱熹来判断《家礼》
文本中体现的思想，将后来朱熹的礼学倾向与《家礼》中的礼学思想混同
起来，不断非难《家礼》。我们现在力图论证的是在张栻、吕祖谦去世之
前，朱熹关于宗法思想有哪些理解和心得，这些对于宗法思想的认识与
《家礼》之间是否有着内在的联系。

　　1159 年，朱熹曾与刘平甫讨论宗子、支子之祭的问题。1166 年，朱
熹校定《二程文集》《张载集》，对他们关于宗子法的论述应当有所认识。
1168 年，朱熹开始撰《西铭解》，虽然直到 1188 年为答复林栗等才公布，
但其《西铭解》中注释"大君者，吾父母宗子，其大臣，宗子之家相"给人留
下了深刻的印象："乾父坤母而人在其中，则凡天下之人，皆天地之子矣。
然继承天地，统理人物，则大君而已，故为父母之宗子；辅佐大君，纲纪众
事，则大臣而已，故为宗子之家相。"③朱熹深刻理解张载重建宗法秩序的

① 　［元］马端临：《文献通考》卷一百八十八《经籍考十五》，第 5497 页。
② 　［清］王懋竑：《白田杂著》卷二《家礼考》，《文渊阁四库全书》第 859 册，第 662 页。
③ 　［宋］朱熹：《西铭解》，《朱子全书》，第 142 页。

意图,批评了当时流行的认为《西铭》泛于博爱、兼爱的观点,加强了《西铭》所传达的宗法意识,用理一分殊的观点将宇宙本体和社会人伦浑然融合在一起。

1175 年,朱熹与吕祖谦共同编定《近思录》,其卷二收录《西铭》,卷九《治道》收录了张载、二程关于宗法多条。通过编订《近思录》,吕祖谦和朱熹都认识到宗法制度无论在维护现行秩序的稳定,还是平衡社会经济利益关系,减少家庭财产纷争引起的诉讼方面,都起着不可低估的作用。这也可以从陈淳的一番话中看出实施宗法制度的重要意义:"自白屋至卿相,问其所从来,则莫之识,或识之,每羞道其祖,甚至父母在已析居异籍,兄弟不相顾,一如路人,户未割反互相残贼,亲未尽不复相往来,冠昏死丧不相告,贫穷患难不相恤,故骨月第相告讦而无亲睦之风,族党务相争斗而乏逊顺之习,于是有语及祀典,则祢已附,而高曾忘忽不致享。祭有主而嫡庶相胜,并立庙,或欲叙及宗法。"①

淳熙四年(1177),陆九韶、陆九渊兄弟来信询问有关袝礼事宜,正如后来王懋竑指出的,《家礼》袝礼中体现宗法非常明显。淳熙七年庚子(1180),吕祖谦四十四岁,据其日记,此年三、四、五、六、七、八、十二月都在读《宗法》,十一月读《祭礼》。② 后来吕祖谦所撰《家范》卷一就是《宗法》,足见他们对宗法的重视。1180 年,朱熹听说吕祖谦正在"建家庙,立宗法",急切地表示关于两者,"此正所欲讨论者,便中得以见行条目子细见教为幸"。③ 这一年写的另外一封书信似乎表明朱熹对宗法研究还不够透彻深入。朱熹说:"宗法从来理会不分明,此间又无文字检阅,恐只依郑氏旧说,亦自稳当也。"④从上面材料可知,至少在 1180 年左右,朱熹

① ［宋］陈淳:《北溪大全集》卷十三《宗说》,《文渊阁四库全书》第 1168 册,第 13 页。
② ［宋］吕祖谦:《东莱集》卷十五《庚子辛丑日记》,《文渊阁四库全书》第 1150 册,第 140—160 页。
③ ［宋］朱熹:《晦庵先生朱文公文集》卷三十四《答吕伯恭》,《朱子全书》,第 1505 页。
④ ［宋］朱熹:《晦庵先生朱文公文集》卷四十五《答廖子晦》,《朱子全书》,第 2088 页。

已充分认识到了宗法的重要性，并联想到了其与家庙祭祀之间的密切关系，但似乎没有迹象表明能在冠婚丧祭礼中体现宗法思想。1188 年，朱熹与黄子耕讨论长子与诸子祭祀时应该有所区别，认为"礼文品物亦当少损于长子，或但一献无祝亦可也"。[①] 1189 年在给董叔重的书信中详论大、小宗之别；在《仪礼经传通解》中更是详论大、小宗祭祀的区别。[②] 从关于宗法的讨论我们能推测的是，《家礼》可能成书于 1181 至 1188 年间，而且朱熹强调宗法在家庭礼仪上的体现，很可能只是嫡庶稍有差别。

《家礼》中有一些文字表现了宗法制度在具体礼仪中的实施：

卷一《通礼》正文"为四龛，以奉先世神主"下的小注为："祠堂之内，以近北一架为四龛，每龛内置一桌。大宗及继高祖之小宗，则高祖居西，曾祖次之，祖次之，父次之。继曾祖之小宗，则不敢祭高祖而虚其西龛一。继祖之小宗，则不敢祭曾祖而虚其西龛二。继祢之小宗，则不敢祭祖而虚其西龛三。若大宗世数未满，则亦虚其西龛，如小宗之制……非嫡长子，则不敢祭其父。若与嫡长同居，则死而后其子孙为立祠堂于私室，且随所继世数为龛，俟其出而异居乃备其制。若生而异居，则预于其地立斋以居，如祠堂之制，死则因以为祠堂。"

卷二《冠礼》正文"前期三日，主人告于祠堂"下小注为："……主人，谓冠者之祖父，自为继高祖之宗子者。若非宗子，则必继高祖之宗子主之，有故则命其次宗子。若其父自主之，告礼见《祠堂》章……"

卷四《丧礼》正文"质明，主人以下哭于灵前"下的小注为："主人兄弟皆倚杖于阶下，入哭尽哀止。按此谓继祖宗子之丧，其世嫡当为后者主丧，乃用此礼。若丧主非宗子，则皆以亡者继祖之宗主此祔祭。"

卷五《祭礼》中强调祭初祖，"惟继始祖之宗得祭"；祭先祖，"继始祖、高祖之宗得祭。继始祖之宗，则自初祖而下；继高祖之宗，则自先祖而

---

① ［宋］朱熹：《晦庵先生朱文公文集》卷五十一《与黄子耕》，《朱子全书》，第 2376 页。
② ［宋］朱熹：《仪礼经传通解》卷五，《朱子全书》，第 203 页。

下"；祢祭，"继祢之宗以上皆得祭，惟支子不祭"。①

　　也就是说，宗法制度已经悄悄渗入《家礼》各个仪节之中。朱熹这样的设计是否妥当，我们暂且不论。就当时对宗法的讨论与研究来说，仅有吕祖谦可以与朱熹匹敌。

　　《家礼》内容编撰的过程较漫长，以祠堂之制和宗法制度贯穿起来的做法可能又太匆忙，离奇的丢失与出现，使其面目变得扑朔迷离。但是我们经过细致的考察，认为《家礼》是朱熹的作品。清儒的礼学研究"都是从'立制之初'论其礼意与制度"②，这与《家礼》所反映的因时制宜的目的和用意不同。王懋竑力证其伪的原因，一方面在于有先入为主的观念作梗，导致了偏见；另一方面忽视了《家礼》产生的时代性，没有很好地分析朱熹礼学思想的变化。因此，我们力求从内容上论证《家礼》为朱熹所作。另外要认识到，《家礼》中合编的内容是否定名为《家礼》，也就是说雏形的《家礼》也许只是有《序》和冠婚丧祭的正文，而不一定就有"家礼"二字，这可能就是在朱熹《文集》《语录》中没有找到"家礼"二字的原因。正是因为这是一个未定本，所以也不能按朱熹晚年的思想来衡量。随着朱熹晚年礼学思想的深入，着眼于以《仪礼》为中心的礼学探讨和学习，制作具体礼仪便再没有提到日程上来。

　　正是因为《家礼》是特定时期编辑的一个未定本，所以当后学见此版本时，才定名为《家礼》，而关于《家礼》的成书时间也只能大致推定。由于黄榦、陈淳等在朱熹晚年与其探讨礼学细致而深入，因此他们在刊刻《家礼》时对不同的版本实依据晚年所说作了修订，因此后来学者们见到的《家礼》实际上掺杂了朱熹晚年的礼学观点，因此如果以《仪礼》为标准衡量朱熹的《家礼》，就不免出现某些偏差。

---

① ［宋］朱熹：《家礼》，《朱子全书》，第 876—943 页。
② 张寿安：《十八世纪礼学考证的思想活力——礼教论争与礼秩重省》，台北"中央研究院"近代史研究所，2001 年，第 117 页。

《家礼》的特点是：（1）因时制宜，多用俗礼；（2）结构、内容改编自司马光《书仪》①，主要观点多取二程、张载；（3）《家礼》是多种篇幅文本的合订未定本，反映了一段时间内朱熹礼学的主要关注点；（4）《家礼》为一家之书，主要着眼于能在实践中运用，但其仪节也有理想化的成分，就朱熹而言，家礼的实施也不一定完全符合《家礼》。②

第二节　《仪礼经传通解》的编撰及其
在朱熹学术思想中的地位

《仪礼经传通解》是朱熹仪礼学研究的重要著作。目前关于《通解》的研究多注重编撰过程、参与人物及其著作本身的特点，而对朱熹为什么要撰作《通解》，大家却不甚关注。《通解》为什么会形成目前我们所看到的形态，其间有哪些因素影响了《通解》的编撰，是我们想继续讨论的。目前大家关注《通解》在汉宋之争中的意义，特别是对清代礼学的影响，而对《通解》在朱熹本人学术思想中的地位却了解、阐释得不够，本节试图解决以上问题。

一　《仪礼经传通解》的编撰缘由

（一）学术层面：对宋代礼学研究的反思与纠偏

反思宋代礼学研究，朱熹试图通过编撰《通解》振兴《仪礼》学研究，

---

① 关于《书仪》与《家礼》在仪节上的详尽比较，参看吴万居：《宋代三礼学研究》，台北"国立编译馆"，1999年，第233—272页。

② 例如，伊沛霞怀疑朱熹在《家礼》中关于宗法（the descent-line system）的讨论，并没有付诸实践。Patricia Buckley Ebrey, *Confucianism and Family Rituals in Imperial China: A Social History of Writing About Rites*, p.115.

消除《礼记》学研究出现的种种弊端，为士人学子学习《仪礼》提供指导。

1. 旨在引导学者研习《仪礼》

《仪礼》一书，记载的是上古社会人们交往的仪节规范。由于文义古奥和名物制度难详等原因，到唐代，《仪礼》已鲜有人问津。开元年间国子司业李元瓘奏文中云："今明经所习，务在出身，咸以《礼记》文少，人皆竞读。《周礼》经邦之轨则，《仪礼》庄敬之楷模，《公羊》《穀梁》历代崇习，今两监及州县，以独学无友，四经殆绝。"①可见当时士人学者已多苦《仪礼》难读。韩愈曾叹息："尝苦《仪礼》难读，又且行于今者盖寡，沿袭不同，复之无由。考于今，诚无所用之。"②到宋代，连博通经史的欧阳修也自叹其读书"何尝读《仪礼》"。③ 范祖禹谈到《仪礼》一书时也认为："其文难读，其义难知，自古以来学者罕能潜心，故为之传注者至少。"④纵观宋代经学，相对于其他诸经的研究而言，治《仪礼》者寥若晨星，即使相较《周礼》《礼记》而言，对《仪礼》的关注也是非常之少。不仅如此，《仪礼》学研究还曾遭受官方的致命打击，其标志性事件就是宋神宗熙宁四年（1071）更定科举科目，依王安石之议，认为《仪礼》并非孔子撰述，"请自今经筵毋以进讲，学校毋以设官，贡举毋以取士"，罢《仪礼》而独存《周礼》《礼记》之科。直到哲宗元祐四年（1089），科举改分诗赋、经义两科取士，《仪礼》属经义进士科"中经"。然而"自复诗赋，士多乡习，而专经者十无二三矣"，足见习《仪礼》者之少。⑤ 正如《四库全书》编者所言："宋自熙宁中废罢《仪礼》，学者鲜治是经。"⑥

---

① ［唐］杜佑：《通典》卷十五《选举三》，第 355 页。
② ［唐］韩愈著，刘真伦、岳珍校注：《韩愈文集汇校笺注》卷一《读仪礼》，中华书局，2010 年，第 124 页。
③ 丁传靖：《宋人轶事汇编》卷八，中华书局，2003 年，第 377 页。
④ ［宋］范祖禹：《范太史集》卷二十四《荐陈祥道仪礼解札子》，《文渊阁四库全书》第 1100 册，第 289 页。
⑤ ［明］陈邦瞻：《宋史纪事本末》卷三十八《学校科举之制》，中华书局，2015 年，第 371、378 页。
⑥ ［清］永瑢等：《四库全书总目》卷二十，第 159 页。

朱熹在朝主张"孙为人君，为祖承重"，当时因没有查寻到《仪礼》疏，后来感叹：

> 旧来有明经科，便有人去读这般书，《注》《疏》都读过。自王介甫新经出，废明经学究科，人更不读书。卒有礼文之变，更无人晓得，为害不细。如今秀才，和那本经也有不看底。①

> 祖宗时有开宝通礼科，学究试默义，须是念得《礼》熟，是得礼官用此等人为之。介甫一切罢去，尽令做大义。故今之礼官，不问是甚人皆可做。某尝谓，朝廷须留此等专科，如史科亦当有。②

这就指出了王安石废罢《仪礼》后对南宋礼学产生的重要影响：《仪礼》注疏极少人关注，秀才连本经也很少接触。朱熹在想让朝廷官修礼书的一封奏札中明确指出："熙宁以来，王安石变乱旧制，废罢《仪礼》，而独存《礼记》之科，弃经任传，遗本宗末，其失已甚。而博士诸生又不过诵其虚文以供应举，至于其间亦有因仪法度数之实而立文者，则咸幽冥而莫知其源。一有大议，率用耳学臆断而已。"③这说明朱熹已经充分认识到不习《仪礼》带来的严重后果。朱熹通过编撰《通解》，确立以《仪礼》为经，以《礼记》为传，以《周礼》为纲的体系，正是一个与王安石"废罢《仪礼》"针锋相对的礼学思想体系，目的在于引导士人学子关注《仪礼》，掌握学习《仪礼》的正确方法。

2. 纠正杜撰之风

宋儒治《仪礼》者虽然甚少，但有关撰著对朱熹礼学研究的影响却颇

---

① ［宋］黎靖德辑：《朱子语类》卷八十五，《朱子全书》，第 2906 页。
② ［宋］黎靖德辑：《朱子语类》卷八十四，《朱子全书》，第 2883 页。
③ ［宋］朱熹：《晦庵先生朱文公文集》卷十四《乞修三礼札子》，《朱子全书》，第 687 页。

为深远。① 朱熹常常批评宋儒研究《仪礼》中出现的杜撰之风。朱熹所说的"杜撰",就是自出新意、穿凿附会,指出的是宋代学者在考察礼学时往往习惯脱离仪节,多用义理来揣度礼意所产生的弊端。

朱熹曾批评陆佃礼解"多杜撰"②。在朱熹看来,礼义的发挥应该建立在对礼仪的准确了解上,而不能妄下论断。脱离具体礼仪来谈礼义,无疑是无源之水、无本之木。朱熹说:

> 本朝陆农师之徒,大抵说礼都要先求其义。岂知古人所以讲明其义者,盖缘其仪皆在,其具并存,耳闻目见,无非是礼,所谓"三千三百"者,较然可知,故于此论说其义,皆有据依。若是如今古礼散失,百无一二存者,如何悬空于上面说义! 是说得甚么义? 须是且将散失诸礼错综参考,令节文度数一一着实,方可推明其义。若错综得实,其义亦不待说而自明矣。③

朱熹通过批评陆佃,指出北宋以来《仪礼》学研究的弊病在于悬空说义,不能将礼之"节文度数"一一推实。这样就造成了礼与义之间的断裂,从而远离了礼的真正内涵,因而也就不能说服人。

朱熹也曾批评林栗论礼"都是杜撰"④。朱熹与林栗关于《易》《西铭》上的争执也是南宋学术史上众所周知的公案,而之后引发的伪学之称,也实因学术分歧肇其端。仔细分析两人的争辩关键之所在,与礼学关系甚大。据朱熹所记:

---

① 有关宋代《仪礼》学研究的状况,可参看汪惠敏:《宋代学者之仪礼研究》,《宋代经学之研究》,台湾师大书苑出版社,1989年,第233—240页;吴万居:《宋代之仪礼学》,《宋代三礼学研究》,第197—296页;杨世文、李国玲:《宋儒对仪礼的注解与辨疑》,《四川大学学报》(哲学社会科学版)2004年第4期。
② [宋]黎靖德辑:《朱子语类》卷八十五,《朱子全书》,第2902页。
③ [宋]黎靖德辑:《朱子语类》卷八十四,《朱子全书》,第2877页。
④ [宋]黎靖德辑:《朱子语类》卷八十四,《朱子全书》,第2884页。

　　又论《西铭》，予曰："无可疑处，却是侍郎未晓其文义，所以不免致疑。其余未暇悉辨，只'大君者，吾父母宗子'一句，全错读了，尤为明白。本文之意，盖曰人皆天地之子，而大君乃其嫡长子，所谓宗子，有君道者也。故曰大君者，乃吾父母之宗子尔，非如侍郎所说'既为父母，又降而为子'也。"林曰："宗子如何是嫡长子？"予曰："此正以继祢之宗为喻尔。继祢之宗，兄弟宗之，非父母之嫡长子而何？此事它人容或不晓，侍郎以礼学名家，岂不晓乎？"林乃俯首无说而去，然意象殊不平。①

　　林栗将《西铭》"大君者，吾父母宗子也"中的"父母""宗子"理解成并列的名词，因而迷惑：大君，怎么一时指父母，一时又指宗子呢？因而指责其论"何其亲疏厚薄尊卑之不伦也"，"是其易位乱伦，名教之大贼也"。②朱熹认为应将"父母""宗子"解释为"父母的宗子"这样一个偏正结构的名词词组。而林栗竟不解宗子与嫡长子之间的联系，所以被朱熹讥讽说，你以礼学名家，怎么这点都不知道呢？

　　朱熹对当时礼学研究中盛行的杜撰之风非常担忧，时常提醒学者们引以为戒。辅广所记的一段话可以说明：

　　　　刘原父好古，在长安，偶得一周敦。其中刻云"虡中"，原父遂以为周张仲之器。后又得一枚，刻云"虡伯"，遂以为张伯。曰："《诗》言'张仲孝友'，则仲必有兄矣。"遂作铭述其事。后来赵明诚《金石录》辨之，云"虡"非"张"，乃某字也。今之说礼无所据而杜撰者，此类也。③

----

① ［宋］朱熹：《晦庵先生朱文公文集》卷七十一《记林黄中辨易西铭》，《朱子全书》，第3407—3408页。
② ［宋］朱熹：《晦庵先生朱文公文集》卷七十一《记林黄中辨易西铭》，《朱子全书》，第3409页。
③ ［宋］黎靖德辑：《朱子语类》卷八十四，《朱子全书》，第2885页。

刘原父乃刘敞。朱熹以刘敞为例，实有深意。刘敞曾经见《仪礼》有《士相见礼》，而《礼记》却无《士相见义》，于是模仿古人为文，撰写了《士相见义》。有人曾问朱熹所补"致知"章为何不效仿《礼记》文体，朱熹说效而为之，可是竟不能成。① 朱熹之学也多未脱宋儒改经补传之风气的影响，其以刘敞为例，只不过是五十步笑百步而已。当然，朱熹不同于时儒之处，在于他能迅速而敏锐地对自身学术进行反思、调整。通过分析批评宋代学者《仪礼》研究中的杜撰之习，反省自身礼学思想，朱熹最终明确了礼学研究的基本态度应该就是审慎客观地考据实证。

在评价张载、二程、司马光、吕大临的礼书时，朱熹以是否合《仪礼》作为标准。朱熹认为张载和二程所制礼多为古礼，"多不本诸《仪礼》，有自杜撰处"；司马光礼书多"本诸《仪礼》，最为适古今之宜"②；吕大临"集诸家之说补《仪礼》，以《仪礼》为骨"③。司马光、吕大临论礼因最接近《仪礼》本义而受朱熹推崇。在评价南宋张淳所作的《仪礼》校定工作时，朱熹充分肯定他为《仪礼》研究所作出的贡献，认为其精密仔细，为士人学者研读《仪礼》提供了一个很好的版本。但也指出其"号为精密，然亦不能无舛谬"④，如指出其"于目录中冠礼玄端处便错了"⑤。这说明朱熹开始注重以《仪礼》为本经的考证，力求允当。

朱熹对南宋时期的礼学家王普多有赞誉，谓其"礼学、律历皆极精深。盖其所著，皆据本而言，非出私臆"。⑥ 朱熹曾细考其书，认为其考订精确，信而有征，极不易得，"却不似今人杜撰胡说"。⑦ 朱熹所言王普，实为南渡以来朝廷重要的礼学专家，曾参与南宋许多重大的礼制讨论。陆

---

① ［宋］黎靖德辑：《朱子语类》卷十六，《朱子全书》，第514页。
② ［宋］黎靖德辑：《朱子语类》卷八十四，《朱子全书》，第2883页。
③ ［宋］黎靖德辑：《朱子语类》卷八十四，《朱子全书》，第2884页。
④ ［宋］朱熹：《晦庵先生朱文公文集》卷七十《记永嘉仪礼误字》，《朱子全书》，第3390页。
⑤ ［宋］黎靖德辑：《朱子语类》卷八十五，《朱子全书》，第2900页。
⑥ ［宋］黎靖德辑：《朱子语类》卷八十四，《朱子全书》，第2884页。
⑦ ［宋］黎靖德辑：《朱子语类》卷八十四，《朱子全书》，第2884页。

游曾赞王普"长于礼乐,历代及国朝议礼之书悉能成诵,亦可谓一时之杰"①。据史载,绍兴三年(1133)十二月,常祀天地以少牢,辅臣请复太牢以祭。事既行,王普认为故事只有大享明堂用太牢,于是停用犊。② 绍兴四年五月甲戌,国子监丞王普上奏言明堂典礼未正者十二事。③ 绍兴三十一年九月初,王普巧妙地用元丰礼妥善处理了祀五天帝、五人帝以及五官神位的问题。④ 淳熙元年(1174)六月初,王普继绍兴五年董棻建议,复请正太祖东向之尊。⑤ 清秦蕙田评价董棻、王普所奏"为得经权之宜"。⑥ 从朱熹对王普的评价可知其治《仪礼》的倾向。朱熹评价考礼的标准是不能凭空臆说,应该有经史依据,符合礼仪规定。

从以上评论我们可以看出,朱熹评价儒者礼学是以《仪礼》作为准绳,合《仪礼》者多称颂,不合《仪礼》者多责为凭臆杜撰。总之,朱熹看到了"今士人读《礼记》而不读《仪礼》"所产生的悬空说礼义,因而"不能见其本末"的弊端。⑦ 朱熹撰《仪礼经传通解》,正是为了扭转宋儒论礼多杜撰的风气,主张一定要回到考证本经上来。

3. 对宋代《礼记》学研究的反思

朱熹认为,就典礼的产生、礼仪书本的撰作和礼义的阐发来说,《仪礼》是记录礼典、礼仪的成书,具有"本"的价值、"经"的地位。《礼记》是后代诸儒阐发礼义的篇章结集,只具"末"的价值、"传"的地位。

宋代《礼记》虽列为科举考试科目,但是选考的人却仍然很少。神宗元丰二年(1079),判国子监张璪说:"治《礼》举人比《易》《诗》《书》人数绝

---

① ［宋］陆游：《老学庵笔记》卷六,中华书局,1979 年,第 77 页。
② ［清］毕沅：《续资治通鉴》卷一百十三,第 2997 页。
③ ［清］毕沅：《续资治通鉴》卷一百十三,第 3011 页。
④ ［清］毕沅：《续资治通鉴》卷一百三十四,第 3561 页。
⑤ ［清］毕沅：《续资治通鉴》卷一百四十四,第 3844 页。
⑥ ［清］秦蕙田：《五礼通考》卷九十九,《文渊阁四库全书》第 137 册,第 400 页。
⑦ ［宋］黎靖德辑：《朱子语类》卷八十四,《朱子全书》,第 2888 页。

少,乞自今在京发解礼部进士,《周礼》《礼记》比他经分数倍取。"①政策上对礼学的优待,反衬出治礼者的稀少。哲宗元符元年(1098),又诏"凡太学试,令优取二《礼》(《周礼》《礼记》),许占全额之半,而以其半及他经"②。南宋绍兴二十二年(1152)七月辛酉,司勋员外郎兼权国子司业孙仲鳌这样描述当时的礼学研习情况:"今日习礼之士比之他经,十无一二,以前举言之,天下荐名于礼部者凡二千七百五十余人,而习《礼记》止四十人,习《周礼》止五十人,可谓鲜矣。窃恐礼学寖以无传,此亦扶持斯文者所当深虑也。"③足见当时习《周礼》《礼记》者屈指可数。绍兴二十七年(1157),诏"如治二《礼》(《周礼》《礼记》)文义优长,许侵用诸经分数"④。以上均表明熟习《周礼》《礼记》的人数甚少。

王安石废罢《仪礼》,倡导学习《礼记》,使得新学浸染下《礼记》学著作的影响深远而广泛。当朝廷倡导恢复三《礼》之学时,新学的痕迹还难以一下子消除。魏了翁曾这样描述宋代《礼记》学的研究状况:

> 自《正义》既出,先儒全书泯不复见,自列于科目,博士诸生亦不过习其读,以为利禄计。至金陵王氏又罢《仪礼》取士,而仅存《周官》、戴《记》之科,而士之习于礼者滋鲜。就戴《记》而言,如《檀弓》《丧礼》诸篇既指为凶事,罕所记省,则其所习仅一二十篇耳。苟不得其义,则又诬曰"汉儒之说也",弃不复讲。所谓解说之详,仅有方、马、陈、陆诸家,然而述王氏之说者也。惟关、洛诸大儒,上承洙泗之传,乃仅与门人弟子难疑答问,而未及著为全书。⑤

---

① [宋]李焘:《续资治通鉴长编》卷二百九十九,中华书局,2004年,第7288—7289页。
② [元]脱脱等:《宋史》卷一百五十七,第3662页。
③ [宋]李心传:《建炎以来系年要录》卷一百六十三,《文渊阁四库全书》第327册,第290页。
④ [元]脱脱等:《宋史》卷一百五十六,第3630页。
⑤ [宋]魏了翁:《鹤山集》卷五十四《卫正叔礼记集说序》,《文渊阁四库全书》第1172册,第603—604页。

据卫湜言，王安石也曾解《曲礼》上下、《王制》《月令》《文王世子》《礼运》《礼器》《郊特牲》《内则》《玉藻》《明堂位》《大传》《中庸》《大学》《投壶》十五篇。① 依魏了翁的说法，以是否有《礼记》全书判断，承王安石新学之绪的方悫、马晞孟、陈祥道、陆佃著有成书，且影响很大。而如张载、二程等理学家则没有成书，只据《礼记》中的单篇有解说，影响仅在门人弟子中。

朱熹指出受新学影响的《礼记》学品味格调均不高：

> 今士人读《礼记》而不读《仪礼》，故不能见其本末。场屋中《礼记》义，格调皆凡下。盖《礼记》解行于世者，如方、马之属，源流出于熙、丰。士人作义者多读此，故然。②

"方"指方悫，字性夫，曾撰《礼记解》二十卷，以王安石父子于《礼记》独无解义，于是取其所撰《三经义》及《字说》阐发注解。"马"指马晞孟，字彦醇，曾撰《礼记解》七十卷，亦宗王氏。③ 卫湜评价方氏、马氏的《礼记解》："方氏最详，马氏颇略。"对于陆佃的《礼记解》则评价道："陆氏说多可取，间有穿凿，亦字学之误也。"④朱熹则中肯地指出："方、马二解，合当参考，尽有说好处，不可以其新学而黜之。"并指出陆佃在《礼记》句读方面实有超越前人的地方。⑤ 但是正如前面已经论及的，朱熹认为其礼学最大的缺憾就是凭空说义，多臆造杜撰。因此朱熹极力主张将《礼记》与《仪礼》结合起来学习，才能使悬空的义理找到归宿，将礼义和礼仪结合起来才是出路。

---

① ［清］朱彝尊：《经义考》卷一百四十二，第 750 页。
② ［宋］黎靖德辑：《朱子语类》卷八十四，《朱子全书》，第 2888 页。
③ ［宋］陈振孙：《直斋书录解题》卷二，第 48 页。
④ ［清］朱彝尊：《经义考》卷一百四十一，第 744 页。
⑤ ［宋］黎靖德辑：《朱子语类》卷八十七，《朱子全书》，第 2942—2943 页。

与王安石相似，宋代学者也有虽无成书，但就多篇发挥其义者：邢昺《礼选》二十卷、李格非《礼记精义》十一篇、周谞《礼记解》十七篇。值得注意的是与朱熹同时代的夏休曾有《破礼记》二十篇，尽管被唐仲友讽刺："至于会稽夏休《破礼记》之书，此如子孙不闻前世之事而臆度祖父之传为非是，谓吾独见圣人之心，乃圣人所谓不知而作，非吾所敢同也。"①卫湜亦讥其"断章析句，妄加讥诋，《中庸》《大学》犹且不免，其不知量，甚矣"②。但我们发现，夏休立论旨意似与朱熹有共同之处。夏休认为"《礼记》多汉儒杂记，于义有未安者，乃援《礼经》以破之"③。楼钥、陈傅良非常推崇夏休所著《井田谱》，曾为之刊刻撰序。夏休重视《周礼》，强调制度建设，其用《仪礼》来论《礼记》的尝试可能影响了朱熹。夏休《破礼记》的出现至少说明永嘉学术界当时已经有这样的思想产生。另外，朱熹一直对高闶的《送终礼》非常推崇，认为高氏《送终礼》胜过司马光的《书仪》。④淳熙十六年(1189)，与朱熹交往甚笃的刘清之去世前夕，亦取高氏《送终礼》以授其二子，并告之："自敛至葬，视此从事。"⑤但是朱熹也看到，通《礼》学和《春秋》学、宗程颐之学的高闶，在编撰乡饮酒仪时闹了很大的笑话。朱熹说：

> 明州行乡饮酒礼，其仪乃是高抑崇撰。如何不曾看《仪礼》，只将《礼记·乡饮酒义》做这文字。似乎编入《国史》《实录》，果然是贻笑千古者也！⑥

---

① ［宋］章如愚：《群书考索》续集卷八，《文渊阁四库全书》第936—938册，第110页。
② ［清］朱彝尊：《经义考》卷一百四十二，第747页。
③ ［元］马端临：《文献通考》卷一百八十一《经籍考八》，第5360页。
④ ［宋］黎靖德辑：《朱子语类》卷八十五，《朱子全书》，第2899页。
⑤ ［元］脱脱等：《宋史》卷四百三十七，第12956页。
⑥ ［宋］黎靖德辑：《朱子语类》卷八十七，《朱子全书》，第2989页。

绍兴初，为乡饮酒礼，朝廷行下一仪制极乖陋。此时乃高抑崇为礼官。看他为谨终丧礼，是煞看许多文字，如《仪礼》一齐都考得子细。如何定乡饮酒礼乃如此疏缪？①

在朱熹看来，如果不正确理解《仪礼》和《礼记》的关系，在处理礼学具体问题上就会以《礼记》代替《仪礼》，观念上的错误终将导致具体的谬误。朱熹的《仪礼》观正是在反思当时《礼记》学思想的过程中确立的。

宋代的《礼记》学多单独成篇的作品，如李觏《明堂定制图》、刘敞《投壶义》、司马光《投壶新格》、吕祖谦《少仪外传》、杨简《孔子闲居解》。又因宋儒多注重阐发心性义理之学，追寻道德性命之源，因而《中庸》《大学》两篇释义尤丰富。《中庸》如吕大临《中庸后解》、晁说之《中庸解》、杨时《中庸解》、侯仲良《中庸说》、郭忠孝《中庸说》、张九成《中庸说》、石墪《中庸集解》、刘黻《中庸就正录》、黎立武《中庸指归》和《中庸分章》、王柏《订古中庸》。朱熹亦有《中庸辑略》和《中庸章句》。《大学》则有司马光《大学广义》、程颢《大学定本》、程颐《大学定本》、吕大临《大学解》、萧欲仁《大学篇》、真德秀《大学衍义补》、董槐《大学记》、黎立武《大学本旨》、车若水《大学沿革论》、王柏《大学》等。朱熹亦有《大学章句》。由于《礼记》篇中《中庸》《大学》多心性之理和格物致知之道，故尤其为理学家所尊崇。朱熹将《大学》《论语》《孟子》《中庸》并列而为《四书》，使其成为进阶"六经"的阶梯。

朱熹最初希望能将早期关于《大学》《中庸》等篇的义理探讨所得贯穿于《通解》的编写。王过说："先生编《礼》，欲以《中庸》《大学》《学记》等篇置之卷端为《礼本》。"②后来《通解》虽并未将此三篇置于卷端，以为礼本，但实际上朱熹已经将《中庸》《大学》《学记》中关于礼义的探讨渗入了

---

① ［宋］黎靖德辑：《朱子语类》卷八十七，《朱子全书》，第 2989 页。
② ［宋］黎靖德辑：《朱子语类》卷十九，《朱子全书》，第 663 页。

礼书的纲目之中。朱熹在对待礼的态度上一向主张应优先领会义理。据叶贺孙所录：

> 杨通老问《礼书》。曰："看《礼书》，见古人极有精密处，事无微细，各各有义理。然又须自家工夫到，方看得古人意思出。若自家工夫未到，只见得度数文为之末，如此岂能识得深意？如将一碗干硬底饭来吃，有甚滋味？若白地将自家所见揣摸他本来意思不如此，也不济事。兼自家工夫未到，只去理会这个，下梢溺于器数，一齐都昏倒了。如今度得未可尽晓其意，且要识得大纲。"①

朱熹的意思是，《仪礼》虽然是典礼仪式的记录，但义理精微之处已暗藏其中。因此须将《礼记》中关于礼义的阐释与《仪礼》中的仪节相互参照，才能真正懂得礼学。朱熹所言"自家工夫"一方面是指对天人性命之理的察识，另一方面是通过服膺天理来涵养本原，同时在修身中践履礼仪。有涵养察识作为基础，才能真正理解原初之礼，才能真心诚意践履当下之礼。朱熹严肃地告诉学礼者："礼学是一大事，不可不讲，然亦须看得义理分明，有余力时及之乃佳。不然，徒弊精神，无补于学问之实也。"②如果不能将玄虚的义理找到经典和现实的依据，就只能汲汲于名物器数而不能真正有补于世教。卫湜曾指出当时学习《礼记》的学者往往"穷性理者略度数，推度数者遗性理"③。朱熹的目的正在于将性理的探讨与度数的推明有机地结合起来。总之，《通解》的编修贯穿了朱熹对宋代《礼记》学研究的思考，也是朱熹自身《礼记》学研究的一种调整与提升。

---

① ［宋］黎靖德辑：《朱子语类》卷八十四，《朱子全书》，第 2887 页。
② ［宋］朱熹：《晦庵先生朱文公文集》卷五十九《答陈才卿》，《朱子全书》，第 2848 页。
③ ［清］朱彝尊：《经义考》卷一百四十二，第 748 页。

（二）现实层面：礼制论争屡屡受挫后的学术反思

在现实层面涉及学术、政治的礼学讼争中，朱熹的主张往往因缺乏经典依据、难服众议而屡屡受挫，这促使他下定决心编撰《通解》。

朱熹决心编撰《通解》，实受在朝四十六日时讨论礼学问题难服众议的刺激。庆元三年（1197），朱熹在给原来史院同僚李璧的信中透露：

> 累年欲修《仪礼》一书，厘析章句而附以传记，近方了得十许篇，似颇可观。其余度亦岁前可了。若得前此别无魔障，即自此之后便可块然兀坐，以毕余生，不复有世间念矣。元来典礼淆讹处古人都已说了，只是其书衮作一片，不成段落，使人难看。故人不曾看，便为憸人舞文弄法，迷国误朝。若梳洗得此书头面出来，令人易看，则此辈无所匿其奸矣，于世亦非少助也。（勿广此说，恐召坑焚之祸。）①

朱熹看到了《仪礼》在国家政治生活中的重要作用，舞文弄法的奸佞之徒常常利用礼学之争来嫉贤妒能，致使迷国误朝，损害国家利益。学者如果不通《仪礼》，就不能识破礼学纷争的真面目。学者熟悉精通《仪礼》后，就能及时指出谬误所在，这样试图利用礼学问题来达到不可告人政治目的的小人就难以得逞。上书中的"憸佞之徒"实指胡纮辈而言。胡纮，淳熙进士，绍熙五年以后经京镗推荐迁司农寺主簿秘书郎。韩侂胄执政后，逐朱熹、赵汝愚，不便直接下手，于是擢胡纮为监察御史，以为耳目。胡纮早年未达时，曾在建安拜谒朱熹。朱熹照惯例以脱粟饭招待，胡纮不悦而去，从此有了芥蒂。后来胡纮劾赵汝愚，且诋毁其引用朱熹，实为"伪学"罪首，于是赵汝愚被贬谪永州。赵汝愚刚去国时，搢绅大

---

① ［宋］朱熹：《晦庵先生朱文公文集》卷三十八《答李季章》，《朱子全书》，第1707—1708页。

夫与学校之士都愤悒不平,疏论众多。韩侂胄看到赵汝愚之门及朱熹之徒均多知名之士,不利于己,欲尽去之,又难以一一诬以罪,于是设为伪学之目一并摈之。因而启用何澹、刘德秀为言官,专击"伪学"。然而当时未有诵言攻朱熹者,独胡纮草疏将上,会改太常少卿,未能如愿。沈继祖以追论程颐得为察官,胡纮以稿授之,沈继祖批评朱熹之论,实都出自胡纮之笔。宁宗以孝宗嫡孙行三年服,胡纮言止当服期(即只须服丧一)。诏侍从台谏给舍集议释服,于是徙胡纮太常少卿,使草定其礼,既而亲禬太庙,胡纮既得逞,又入疏力攻理学为伪学,庆元党禁由此开启。

　　下面我们通过讨论朱熹在朝讨论礼制事件来说明其与编撰《通解》之间的联系。

1. 议孝宗山陵

　　绍熙五年(1194),光宗内禅,宁宗即位,朱熹正式拜命,在朝系衔供职。新来乍到,在拜命的同一天,朱熹就上了《孝宗山陵议状》。在此之前,朝官们早在山陵事上各有主张,互相攻讦不已。日官荆大声卜地于思陵之旁,按行使赵彦逾认为土肉浅薄不可,赵汝愚想改卜于中军寨,遭到留正的反对,刘德秀和覆按使谢深甫都附和留正,命荆大声改卜于新穴东。十月九日,覆按使孙逢吉上奏,主张别求"吉兆"。三省、枢密院下令侍从台谏限定三日集议,又遭到荆大声等人的反对而停罢。朱熹在上状中力主广求术士,博访名山,斥去荆大声,另择最吉之处。朱熹向来重视卜地,在此事上,沿袭阴阳风水、龙脉神穴之说的做法,加之对孝宗怀有知遇感恩的深厚感情,朱熹照例想到了精通风水之术的蔡元定,有让其为孝宗另卜新穴之意。元代学者虞集这样评价朱熹此时心意:"君子之于君、亲,盖无二致也。"①十月十二日,景灵宫请僧道做法事,侍从台谏们都往景灵宫行香,朱熹又和同坐的侍从谈起山陵事,大家聚到吏部尚

---

① ［元］虞集:《道园学古录》卷十一《跋晦翁书后》,《文渊阁四库全书》第 1207 册,第 174 页。

书郑侨处，推朱熹作文字，联名再上奏状。朱熹推辞，举起居郎刘光祖执笔，写了联名状上奏，又仍然不报。后来又有朝臣纷纷进奏山陵卜葬赤山、卜葬下宫之说，都被否决。朱熹在经筵留身面陈四事时，也再一次向宁宗面奏易地改卜，仍不被采纳。到十一月二十九日，终于攒孝宗于会稽永阜陵，朱熹此议也告失败。朱熹之前关于丧葬祭礼的讨论一旦进入国家政治层面，也难以发挥重要的影响，这无疑给朱熹学术上的自信以重创。

2. 论嫡孙承重三年丧服

导致朱熹一直耿耿于怀，难消不平之意的事件，正是关于嫡孙承重三年丧服的讨论。在庆元四年（1198）朱熹给李璧的另一封信中，朱熹直言不讳地道出了此中玄机：

> 所以未免惜此余日，正为所编礼传已略见端绪而未能卒就，若更得年余间未死，且与了却，亦可以瞑目矣。其书大要以《仪礼》为本，分章附疏，而以小戴诸义各缀其后。其见于它篇或它书可相发明者，或附于经，或附于义。又其外如《弟子职》《保傅传》之属，又自别为篇，以附其类。其目有家礼、有乡礼、有学礼、有邦国礼、有王朝礼、有丧礼、有祭礼、有大传、有外传。今其大体已具者盖十七八矣。因读此书，乃知汉儒之学有补于世教者不小。如国君承祖父之重，在经虽无明文，而康成与其门人答问，盖已及之，具于贾疏，其义甚备，若已预知后世当有此事者。今吾党亦未之讲，而憸佞之徒又饰邪说以蔽害之，甚可叹也。①

朱熹在此书中感慨，汉儒注重考证礼学，推行礼教，有利于国家社会之风教。礼学在上为典章制度，在下为风俗教化，乃是治国安邦、立政宣

---

① ［宋］朱熹：《晦庵先生朱文公文集》卷三十八《答李季章》，《朱子全书》，第 1709 页。

教、教学化民的要事。朱熹言"吾党未之讲",是为往日忽视《仪礼》之学而惋惜。朱熹提到的关于"国君承祖父之重"的丧服讨论正是朱熹反思自身礼学的一个关键性事件。

绍熙五年(1194)秋,光宗内禅,宁宗即位,召朱熹赴行在。冬十月,朱熹奏乞讨论嫡孙承重之服。朱熹《乞讨论丧服札子》文曰:

> 臣闻三年之丧,齐疏之服、饘粥之食,自天子达于庶人,无贵贱之殊。而《礼经》敕令子为父、嫡孙承重为祖父,皆斩衰三年,盖嫡子当为父后,以承大宗之重,而不能袭位以执丧,则嫡孙继统而代之执丧,义当然也。然自汉文短丧之后,历代因之,天子遂无三年之丧。为父且然,则嫡孙承重从可知已。人纪废坏,三纲不明,千有余年莫能厘正。及我大行至尊寿皇圣帝,至性自天,孝诚内发,易月之外,犹执通丧,朝衣朝冠,皆以大布,超越千古拘挛牵制之弊,革去百王衰陋卑薄之风,甚盛德也。所宜著在方册,为世法程,子孙守之,永永无斁。而间者遗诰初颁,太上皇帝偶违康豫,不能躬就丧次,陛下实以世嫡之重仰承大统,则所谓承重之服,著在礼律,所宜一遵寿皇已行之法,易月之外,且以布衣布冠视朝听政,以代太上皇帝躬执三年之丧。而一时仓卒,不及详议,遂用漆纱浅黄之服,不唯上违礼律,无以风示天下,且将使寿皇已革之弊去而复留,已行之礼举而复坠。臣愚不肖,诚窃痛之。然既往之失,不及追改,唯有将来启殡发引,礼当复用初丧之服。则其变除之节尚有可议。欲望陛下仰体寿皇圣孝成法,明诏礼官稽考礼律,预行指定。其官吏军民男女方丧之礼,亦宜稍为之制,勿使过为华靡。布告郡国,咸使闻知。庶几渐复古制,而四海之众有以著于君臣之义,实天下万世之幸。①

---

① ［宋］朱熹:《晦庵先生朱文公文集》卷十四《乞讨论丧服札子》,《朱子全书》,第685—686页。

同卷《书奏稿后》云：

> 准五服年月格，斩衰三年，嫡孙为祖，（谓承重者。）法意甚明。而《礼经》无文，但传云"父没而为祖后者服斩"，然而不见本经，未详何据。但《小记》云"祖父没而为祖母后者三年"，可以旁照。至"为祖后者"条下，疏中所引《郑志》，乃有"诸侯父有废疾，不任国政，不任丧事"之问，而郑答以"天子诸侯之服皆斩"之文，方见父在而承国于祖之服。向来入此文字时，无文字可检，又无朋友可问，故大约且以礼律言之。亦有疑父在不当承重者，时无明白证验，但以礼律人情大意答之，心常不安。归来稽考，始见此说，方得无疑。乃知学之不讲，其害如此，而《礼经》之文诚有阙略，不无待于后人。向使无郑康成，则此事终未有决断。不可直谓古经定制一字不可增损也。①

朱熹力争宁宗当为孝宗以嫡孙承重服三年丧，而当时没有找到经文明据。在修礼书的过程中才发现郑玄早有此说，与朱熹当初立论若合符节。在给黄灏的信中，朱熹说："《仪礼·丧服传》'为君之祖父母、父母'条下疏中赵商问答极详，分明是画出今日事。往时妄论，亦未见此，归乃得之，始知学之不可不博如此，非细事也。"②这件事使朱熹深受震动，义理要想说服人，在国家礼制层面上的讨论还必须要寻找经典依据。朱熹不禁反思自己学术存在的问题以及需要调整弥补的地方。在门人弟子的记录中，我们可以看到朱熹对此事的重视：

> 在讲筵时，论嫡孙承重之服，当时不曾带得文字行。旋借得《仪

① ［宋］朱熹：《晦庵先生朱文公文集》卷十四《乞讨论丧服札子》，《朱子全书》，第686—687页。
② ［宋］朱熹：《晦庵先生朱文公文集》卷四十六《答黄商伯》，《朱子全书》，第2127页。

礼》看，又不能得分晓，不免以礼律为证。后来归家检注疏看，分明说"嗣君有废疾不任国事者，嫡孙承重"。当时若写此文字出去，谁人敢争，此亦讲学不熟之咎。①

因言："孙为人君，为祖承重。顷在朝，检此条不见。后归家检《仪礼》疏，说得甚详，正与今日之事一般。乃知书多看不办。旧来有明经科，便有人去读这般书，注、疏都读过。自王介甫新经出，废明经学究科，人更不读书。卒有礼文之变，更无人晓得，为害不细。如今秀才，和那本经也有不看底。朝廷更要将经义、赋、论、策颁行印下教人在。"②

"某前日在上前说及三年之丧，亦自感动，次日即付出与礼官集议，意甚好。不知后来如何忽又住了，却对宰相说：'也似咤异。'不知寿皇既已行了，又有甚咤异？只是亦无人助成此事。"因检《仪礼》注疏说："嫡孙承重甚详。君之丧服，士庶亦可聚哭，但不可设位。某在潭州时，亦多有民众欲入衙来哭，某初不知，外面被门子止约了。待两三日方知，遂出榜告示，亦有来哭者。"③

第一条为万人杰所录，从语气揣测，朱熹可能在懊悔当初应该早重视《仪礼》之学。朱熹明确指出这是讲学不熟所致，需要加以改进。第二条为沈僩所录，朱熹慨叹之所以无人留心《仪礼》，更无人读注疏，乃是废罢明经科之故。朱熹此时真正认识到《仪礼》本经及注疏的重要性。后来朱熹对郑可学说："若《疏》中有说制度处，亦当采取以益之。"④正是此

① ［宋］黎靖德辑：《朱子语类》卷一百七，《朱子全书》，第3489页。
② ［宋］黎靖德辑：《朱子语类》卷八十五，《朱子全书》，第2906页。
③ ［宋］黎靖德辑：《朱子语类》卷八十九，《朱子全书》，第3004页。
④ ［宋］黎靖德辑：《朱子语类》卷八十四，《朱子全书》，第2888页。

事引发出的经验之谈。第三条为叶贺孙所录，朱熹用亲身经历来说明懂礼明礼者少，所以无相助之人。礼之教化，上至皇帝，下至士庶，既须明经，还须践履。还有一条材料也详叙了此事始末：

> 高宗之丧，孝宗为三年服。及孝宗之丧，有司请于易月之外，用漆沙浅黄之制，盖循绍兴以前之旧制。朱文公后入，不以为然，奏言："今已往之失，不及追改，惟有将来启殡发引，礼当复用初丧之服，则其变除之节，尚有可议。望明诏礼官稽考礼律，豫行指定。其官吏军民方丧之服，亦宜稍为之制，勿使肆为华靡。"其后，诏中外百官皆以凉衫视事，盖用此也。方文公上议时，门人有疑之者，文公未有以折之。后读《礼记正义·丧服小记》"为祖后者"条，见所引郑《志》有"诸侯父有废疾，不任国政，不任丧事"之问，而郑答以"天子诸侯之服皆斩"之文，乃知经文有所未备，而待于传注者如此，因自识于本议之后云。①

朱熹正是在编修礼书的过程中发现了《礼记》和《仪礼》必须相互补充、相互参照的现实依据，经文要通，传注也不可忽视，总之是要熟悉精通礼学，才能参与国家礼制的讨论，才能提供正确的意见，使学术更好地为政治服务。朱熹言"得成此书，所系甚大"②，意蕴正在于此。

3. 议祧庙

在讨论丧服后，绍熙五年(1194)闰十月七日，朱熹上了《祧庙议状》。本来皇家宗庙祭祀就是非常复杂的问题，赵宋一朝在学术与政治双重较量下，对太庙之制有着旷日持久的讨论。众所周知，周礼的规定是天子

---

① ［宋］李心传：《建炎以来朝野杂记》乙集卷四《朱文公论三年服》，中华书局，2000 年，第571—572 页。
② ［宋］黎靖德辑：《朱子语类》卷八十四，《朱子全书》，第 2889 页。

七庙,亲五庙,祧庙二。唐代长安太庙凡九庙,已与古制相左。宋袭唐礼,太宗时分五世五室祭祀太祖赵匡胤、僖祖赵朓、顺祖赵珽、翼祖赵敬、宣祖赵弘殷。后来随着岁月的流逝、人君的代谢,太庙设室自然增多,徽宗赵佶时就立九庙了。南渡后的政治形势变化较大,在北宋由太宗一系继承下来的皇位,因高宗无子嗣而最终由太祖之子秦王德芳的六世孙赵昚继承。加之宋代有三次兄终弟及的王位传承(太祖和太宗、哲宗和徽宗、钦宗和高宗),也多有非直系父子关系的传承,这使得在确立太庙昭穆制度上增加了许多分歧点。在孝宗死后,谁为始祖,如何祧迁祖先牌位,如何安排庙室昭穆实行禘祫之礼,就成为一个涉及礼制和政治的敏感话题。

孝宗祔庙重新引发了关于太庙之制的讨论,在朝臣中间掀起了纷争。早在九月,太常少卿曾三复首先请祧宣祖,就正太祖东向之位。闰十月三日,吏部尚书郑侨等奏请祧僖祖,主张:"太宗为昭,真宗为穆,自是而下以至孝宗,四昭四穆与太祖之庙而九。上参古礼,而不废崇宁九庙之制,于义为允。"关于四祖庙,他建议:"僖祖当用唐兴圣之制,立为别庙,顺祖、翼祖、宣祖之主皆祔藏焉。"①接着吏部侍郎孙逢吉、礼部侍郎许及之、曾三复等一连上奏,请迁僖、宣,奏太祖居第一室。六日,宁宗有诏令侍从、两省、台谏、礼官们集议,陈傅良遍考经书中关于太庙、禘祫的记载以及郑玄、王肃释经之异,以为"本朝世次弗彰,今当以太祖之所推尊为定,以僖祖为始祖之庙,与太祖之庙皆世世享,推广孝思,崇长恩厚"②。楼钥则从制度上对北宋以来太祖未正东向之位作了概括说明:"嘉祐中,固已建议,徒以亲犹未尽,故虚东向之末,以待太祖,而太祖尚居昭穆之间。治平末年,僖祖亲尽而祧。至熙宁,大臣王安石不顾公论,不稽礼典,直以私意臆决,紊宗庙之大经。当年名臣,与夫绍兴之初董棻、王普、

① ［元］脱脱等:《宋史》卷一百七,第 2587 页。
② ［宋］陈傅良:《止斋集》卷二十八《僖祖太祖庙议》,《文渊阁四库全书》第 1150 册,第 732 页。

朱震等建议，淳熙初元赵粹中尽集前后论议，奏陈尤切，一时以蒙采录，皆以偏辞曲说，阻抑至今。"并在贴黄中对崇宁九庙之制采取了认可的态度，也赞同郑侨立别庙之说。① 以上观点虽略有分歧，但基本上都主张祧迁僖、宣二祖，目的在于让太祖居第一室，正东向之位。这些观点得到宰相赵汝愚的支持，占了绝对优势。宁宗特为此事宣引朱熹进宫入对。朱熹则主张僖祖为始祖，不当祧迁。奏陈一番后，宁宗被说服，让朱熹当即撰述，批出施行。朱熹本恨内批独断专行的作风，认为此事义理明白，令群臣集议后必有定论。可是之后朱熹的札子迟迟未降出，得到的消息却是赵汝愚自作主张下令撤毁僖庙，另立别庙祀僖、顺、翼、宣四祖。朱熹议祧庙失败，后黯然去国。

朱熹以义理优先，一反众说，对僖、顺等四祖祧藏之所提出四点质疑，同时批评郑侨之说实际上没有达到尊敬祖先的目的，也不利于祫享祭祀。朱熹说："如曰别立一庙以奉四祖，则不唯丧事即远，有毁无立，而所立之庙必在偏位，其栋宇仪物亦必不能如太庙之盛，是乃名为尊祖而实卑之。又当祫之时，群庙之主祫于太庙，四祖之主祫于别庙，亦不可谓之合食。"朱熹认为如依郑侨之说，"实无益于太祖之尊，而徒使僖祖、太祖两庙威灵常若相与争校强弱于冥冥之中，而使四祖之神疑于受摈，彷徨踯躅，不知所归，令人伤痛不能自已"。又上推设想当年太祖追尊四祖之心，相比于今日群臣之议："尊太祖以东向者，义也；奉僖祖以东向者，恩也。义者，天下臣子今日之愿也；恩者，太祖皇帝当日之心也。与其伸义黜恩以快天下臣子之愿，孰若诎义伸恩以慰太祖皇帝之心乎？"②实际上朱熹均是在以理义、人心论礼制。其过程，朱熹自己还有追述：

① ［宋］楼钥：《攻媿集》卷二十四《议祧迁正太祖皇帝东向之位》，《文渊阁四库全书》第1152册，第530页。
② ［宋］朱熹：《晦庵先生朱文公文集》卷十五《祧庙议状并图》，《朱子全书》，第721—723页。

顷在朝，因僖祖之祧，与诸公争辩，几至喧忿。后来因是去国，不然，亦必为人论逐。当时全不曾商议，只见刘智夫（崇之，时为太常卿。）来言，欲祧僖祖。某问："欲祧之何所？"刘曰："正未有以处，因此方诏集议。"某论卒不合……某当时之论，正用介甫之意……赵丞相一向不从，当时如楼大防、陈君举、谢深甫力主其说，而彭子寿、孙从之之徒又从而和之。或云："太祖取天下，何与僖祖事？"某应之曰："诸公身自取富贵，致位通显，然则何用封赠父祖耶？"又许及之上疏云："太祖皇帝开基，而不得正东向之位，虽三尺之童亦为之不平！"其鄙陋如此。后来集议，某度议必不合，遂不曾与议，却上一疏论其事，赵丞相又执之不下。某数问之，亦不从。后来归家，亦数写书去问之："何故不降出？"亦不从。后已南迁，而事定矣。[1]

这段话表明，朱熹议祧庙是其去国的主要原因。朱熹立论主要针对的是当时朝廷中的功利主义倾向。南宋高宗无嗣，选太祖后裔孝宗承继大统，这就导致当时朝廷上下开始重新理解并试图复兴太祖开创的以"祖宗家法"为核心的政治制度。在祧庙议中众儒主张正太祖东向之位，无疑也就具有了鲜明的政治意义。朱熹却认为，不能以功业来论庙制，如果现在正太祖东向之位，虽然暂时达到了政治目的，但这无形中却否认了自太宗以来的政治脉络，会导致"一旦并迁僖、宣二祖，析太祖、太宗为二之失"[2]，这对于国家的长治久安是无益的。

另外，朱熹认为如果要从功业来说，僖祖繁衍、培育了优秀的子孙后代，这就是功业。在上引"祧庙议状"后所附的"小贴子"中，他援引程颐之说："本朝推僖祖为始，已上不可得而推也。或难以僖祖无功业，亦当祧。以是言之，则英雄以得天下自己力为之，并不得与祖德。或谓灵芝

---

[1]　[宋]黎靖德辑：《朱子语类》卷九十，《朱子全书》，第3039—3040页。
[2]　[宋]黄榦：《勉斋集》卷三十六《朱先生行状》，《文渊阁四库全书》第1168册，第421页。

无根，醴泉无源，物岂有无本而生者？今日天下基本盖出于此人，安得为无功业？故朝廷复立僖祖庙为得礼，介甫所见，终是高于世俗之儒。"①朱熹之意非常明显，承认僖祖是始祖，是太祖、太宗两脉共同的祖先，不要用功业去衡量僖祖与太祖，有利于各派政治力量的团结，增强统治内部的凝聚力。由于朱熹采用的是程颐之说，而程颐在此事上又认同王安石之见，这与赵汝愚在编《名臣奏议》时就不采王安石之说意见相左。赵汝愚本为太宗后裔，如果他采纳朱熹的意见，势必会被人指责为有不尊太祖之嫌，这正是赵汝愚迅速毁庙，在不理睬朱熹意见基础上迅速采取行动的真正原因。马端临曾批评朱熹："独以伊川曾是介甫之说，而犹欲力主僖祖之议，则几于胶柱鼓瑟而不适于时，党同伐异而不当于理。"②朱熹想以理服人，却招致以理说礼的惨败。

在具体的祧庙方案设计中，朱熹力主以僖祖为始祖，其祭法不用汉儒之说，而远溯六经周公孔孟遗则，反对毁庙。③ 我们将熙宁以来旧制与郑侨之说对照就会发现，除始祖不同外，二者在遵循太庙的昭穆制度上是非常一致的，而且都严格遵守兄弟一世的规定。相比之下，朱熹的主张看起来差异过大。首先是确定世室，已列的太祖、太宗、仁宗以及待六世亲尽的高宗，将突破崇宁九庙之制而使庙数再次增加；其次，迁祧真宗、英宗，与时人观念差别太大；最后，虽以太祖、太宗为一世，同为穆庙，但哲宗、徽宗、钦宗、高宗皆是兄弟，却昭穆不同，前后标准歧异，自然难以服人。④ 朱熹后来也提到："当日议状、奏札出于匆匆，不曾分别始祖、世室、亲庙三者之异，故其为说易致混乱。"⑤这说明朱熹也意识到在考察

① ［宋］朱熹：《晦庵先生朱文公文集》卷十五《祧庙议状并图》，《朱子全书》，第 724 页。
② ［元］马端临：《文献通考》卷九十四《宗庙考四》，第 2880 页。
③ ［明］王夫之：《宋论》卷十三，第 228 页。
④ 张焕君：《宋代太庙中的始祖之争——以绍熙五年为中心》，《中国文化研究》2006 年第 2 期。
⑤ ［宋］朱熹：《晦庵先生朱文公文集》卷六十九《别定庙议图记》，《朱子全书》，第 3347 页。

具体礼制时也应注意礼本身的制度沿革，义理优先的前提是应该充分认识到礼中所蕴含的理。如果不注意承袭原有的礼制规范，就容易导致混乱。这些反思都不同程度地体现在了编撰《通解》所制定的体例中。后来朱熹在编撰礼书的过程中多提醒学者留意有关庙制、禘祫、郊社等问题，在讨论中多次提及关于祧庙的主张，足见此事对朱熹编修礼书的影响。①

综上所述，我们不难看出朱熹编撰《仪礼经传通解》是建立在对整个宋代礼学研究状况的了解和批评之上的。朱熹痛感王安石废罢《仪礼》产生的严重后果，旨在引导学者研习《仪礼》，反思当时《仪礼》研究的不足，力图纠正礼学研究中出现的杜撰之风，同时也考虑平衡《礼记》与《仪礼》之间的关系，重新确立《礼记》和《仪礼》的地位。同时，受现实政治中礼制主张难服众议的刺激，朱熹意识到《仪礼》在国家政治生活中的重要性，为弥补过去自身学术研究上的不足，决心编礼学礼。后来《通解》按照家、乡、学、邦国、王朝礼的顺序编撰，特别是朱熹对天子之礼的关注②，都与朱熹在朝廷短暂的任职有着密切的联系。

二　《仪礼经传通解》的编撰过程

《仪礼经传通解》是朱熹晚年的一项学术大工程，召集参与的门人弟子众多。清代夏炘在《述朱质疑》中有《跋仪礼经传通解》一文，已考得助朱熹编礼十五余人。另据白寿彝、钱穆考证，先后参与协助朱熹编修礼书者，有刘贵溪、赵致道、黄榦、吕祖俭、吴伯丰、李宝之、刘履之、刘用之、应仁仲、赵恭父、廖子晦、潘恭叔、杨复、"浙中朋友""明州诸人""四明永

---

① 参见〔宋〕朱熹：《朱文公续集》卷一《答黄直卿》，《朱子全书》，第 4649 页；《晦庵先生朱文公文集》卷五十二《答吴伯丰》，《朱子全书》，第 2457 页；《晦庵先生朱文公文集》卷五十九《答李宝之》，《朱子全书》，第 2830 页。

② 〔宋〕朱熹：《晦庵先生朱文公文集》卷六十九《天子之礼》，《朱子全书》，第 3364—3366 页。

嘉诸人""江右朋友"等。① 束景南在此基础上更详细地考证先后参加编修礼书者有吕祖俭、路德章、潘友恭、余正父、黄榦、蔡元定、吴必大、李如圭、刘砥、刘砺、赵师夏、赵师恭、应恕、詹体仁、叶贺孙、杨楫、廖德明、杨方、杨简、刘光祖、刘起晦、孙枝、杨复等。闽中以建阳为中心，由黄榦、刘砥、刘砺兄弟负责；江西以庐陵为中心，由吴必大、李如圭负责；浙中又分四路：金华由吕祖俭负责，四明由孙枝负责，永嘉由叶贺孙负责，黄岩由赵师夏负责。②《仪礼经传通解》的编撰从酝酿到正式编修经历了很长时间。朱熹首次编修礼书，约于乙未、丙申间（1175—1176），第二次于乙巳、丁未间（1185—1186），至年谱所录丙辰（1196）落职罢祠，正式启动编撰礼书，乃是三度修礼矣。③ 从计划雏形到最终成稿，过程曲折而漫长。在前辈学者考证的基础上，我们认为可以从两个阶段来探讨《通解》的编撰过程。

（一）《通解》的准备和试编阶段

1175 年之后，吕祖谦逝世前，朱熹曾有书问其关于编撰《仪礼》和《礼记》的篇次问题，具体计划如下：

> 《仪礼附记》上篇：
>
> 《士冠礼》（《冠义》附）、《士婚礼》（《昏义》附）、《士相见礼》、《乡饮酒礼》（《乡饮酒义》附）、《乡射礼》（《射义》附）、《燕礼》（《燕义》附）、《大射礼》、《聘礼》（《聘义》附）、《公食大夫礼》、《觐礼》。
>
> 《仪礼附记》下篇：

---

① 白寿彝：《〈仪礼经传通解〉考证》；钱穆：《朱子新学案》，第 1343—1344 页。
② 束景南：《朱熹年谱长编》，第 1253 页。
③ 戴君仁：《朱子〈仪礼经传通解〉与修门人及修书年岁考》，第 1—24 页；钱穆：《朱子新学案》，第 1342—1350 页。钱穆受《晦庵先生朱文公文集》卷六十三《答余正甫》书五的影响，将"吕芸阁"也列作编撰人，实误。因为吕芸阁是指北宋吕大临。

《丧服》(《丧服小记》《大传》《月服问》《间传》附)、《士丧礼》、《既夕礼》、《士虞礼》(《丧大记》《奔丧》《问丧》《曾子问》《檀弓》附)、《特牲馈食礼》、《少牢馈食礼》、《有司》(《祭义》《祭统》附)。

《礼记》篇次：

《曲礼》《内则》《玉藻》《少仪》《投壶》《深衣》(六篇为一类)；

《王制》《月令》《祭法》(三篇为一类)；

《文王世子》《礼运》《礼器》《郊特牲》《明堂位》《大传》(与《丧小记》错误处多，当厘正)、《乐记》(七篇为一类)；

《经解》《哀公问》《仲尼燕居》《坊记》《儒行》(六［当为"五"］篇为一类)；

《学记》《中庸》《表记》《缁衣》《大学》(五篇为一类)。①

此文应该作于 1175 年至 1182 年之间。1175 年朱熹给吕祖谦的一封信中提到"近看《周》《仪》二礼，颇有意思。但心力短，过眼即复惘然，又似枉费工夫耳"②，说明从这时起，朱熹开始系统学习并研究二《礼》，但此时并无太多心得。他提出《仪礼》《礼记》篇次的问题无疑是在此后。值得注意的是，《礼记》中的《杂记》《孔子闲居》《三年问》和《丧服四制》不知为何没有列入，而且与篇题相关的《周礼》内容也并未涵盖。附《仪礼》后剩下的《礼记》诸篇分作五类："第一类皆上下大小通用之礼，第二类即国家之大制度，第三类乃礼乐之说，第四类皆论学之精语，第五类论学之粗者也。"③朱熹认为这种分法是先儒不曾有的独创，求正于吕祖谦。可以肯定的是，这时以《仪礼》为经，《礼记》为传的观念开始形成，以《礼记》

---

① ［宋］朱熹：《晦庵先生朱文公文集》卷七十四《问吕伯恭三礼篇次》，《朱子全书》，第 3579—3581 页。
② ［宋］朱熹：《晦庵先生朱文公文集》卷三十三《答吕伯恭》，《朱子全书》，第 1461 页。
③ ［宋］朱熹：《晦庵先生朱文公文集》卷五十《答潘恭叔》，《朱子全书》，第 2314 页。

作为附记有助于学习《仪礼》的方法开始探讨。①

后来，在吕祖谦逝世后的第四年即 1186 年，朱熹拟定篇目，鼓励弟子潘友恭编撰礼书。《朱子语类》中还有一段余大雅记录的话可以印证此时朱熹对待礼书的态度：

> "《礼经》要须编成门类，如冠、昏、丧、祭，及他杂碎礼数，皆须分门类编出，考其异同，而订其当否，方见得。然今精力已不逮矣，姑存与后人。"赵几道又问："《礼》合如何修？"曰："《礼》非全书，而《礼记》尤杂。今合取《仪礼》为正，然后取《礼记》诸书之说，以类相从，更取诸儒剖击之说各附其下，庶便搜阅。"②

朱熹解释说，限于精力，本无意修礼书。"取《仪礼》为正，然后取《礼记》诸书之说，以类相从，更取诸儒剖击之说各附其下"，都还在计划中，并未实施。

钱穆推测，编修古礼，其事似由吕祖谦发其端，朱熹继其后。③ 此判断实有据。因为据朱熹言，最早是吕祖谦令门人修撰，最早的《仪礼附记》的两个样篇是由路德章拿出的。1185 年朱熹收到路德章编的《仪礼》后，颇为叹服，称"此间朋友未有能办此者"。④ 于是鼓动同为浙江金华籍的潘友恭继续完成此事：

> 近年读书，颇觉平稳不费注解处意味深长。修得《大学》《中庸》《语》《孟》诸书，颇胜旧本。《礼记》须与《仪礼》相参通，修作一书乃

---

① ［宋］朱熹：《晦庵先生朱文公文集》卷七十一《偶读漫记》，《朱子全书》，第 3412 页。
② ［宋］黎靖德辑：《朱子语类》卷八十三，《朱子全书》，第 2870 页。
③ 钱穆：《朱子新学案》，第 1326—1327 页。
④ ［宋］朱熹：《晦庵先生朱文公文集》卷五十四《答路德章》，《朱子全书》，第 2561 页。

可观。中间伯恭欲令门人为之，近见路德章编得两篇，颇有次第。然渠辈又苦尽力于此，反身都无自得处，亦觉枉费功夫。熹则精力已衰，决不敢自下功夫矣。恭叔暇日能为成之，亦一段有利益事。但地远，不得相聚评订为恨。如欲为之，可见报，当写样子去也。今有篇目，先录去，此又是一例，与德章者不同也。①

在给潘友恭的哥哥潘友端的信中也是如此说。② 后来潘友恭愿意成就此书，同意继续编写。上文提到路德章修礼书的感受，他感到修礼书似乎与日用常行、涵养用力不能很好地协调，认为反身无自得，觉枉费功夫。因此朱熹托人送去《仪礼》，嘱托潘友恭"此等功夫，度有余力乃可为，不可使胜却涵养省察之实也"③。在朱熹看来，编修礼书应该与涵养省察的内敛功夫并重。朱熹写给潘友恭的篇目与路德章有所不同，已经扩大了礼书涵盖的内容。1186 年，朱熹听说吕祖俭教学者读《仪礼》，认为甚善。但朱熹认为《礼》文在当时只凭注疏，都尊郑玄一家之说，应更合商量，才能究礼乐之源。④ 这也正基于扩大礼书囊括内容的考虑。同时我们也不难看出，朱熹编撰礼书受婺学影响无疑。

1187 年，朱熹收到潘友恭的礼书样篇，指导反馈如下：

《礼记》如此编甚好，但去取太深，文字虽少而功力实多，恐难得就，又有担负耳……昨夕方了得一篇，今别录去……《仪礼附记》，似合只依德章本子，盖免得拆碎《记》文本篇。如要逐段参照，即于章

① ［宋］朱熹：《晦庵先生朱文公文集》卷五十《答潘恭叔》，《朱子全书》，第 2307 页。
② ［宋］朱熹：《晦庵先生朱文公文集》卷五十《答潘端叔》，《朱子全书》，第 2292—2293 页。
③ ［宋］朱熹：《晦庵先生朱文公文集》卷五十《答潘恭叔》，《朱子全书》，第 2308 页。
④ ［宋］朱熹：《晦庵先生朱文公文集》卷四十八《答吕子约》，《朱子全书》，第 2209 页。此书陈来认为作于 1186 年（陈来：《朱子书信编年考证》［增订本］，第 251 页），束景南认为作于 1187 年（束景南：《朱熹年谱长编》，第 874 页）。我们根据书信内容，采纳陈来的观点。

末结云："右第几章。"《仪礼》即云："《记》某篇第几章当附此。"（不必载其全文，只如此亦自便于检阅。）《礼记》即云："当附《仪礼》某篇几章。"又如此《大戴礼》亦合收入，可附《仪礼》者附之，不可者分入五类。如《管子·弟子职》篇，亦合附入《曲礼》类，其他经传类书说礼文者并合编集，别为一书。《周礼》即以祭礼、宾客、师田、丧纪之属事别为门，自为一书。如此，即礼书大备。但功力不少，须得数人分手乃可成耳……若作集注，即诸家说可附入……若只用注疏，即不必然。①

从此文我们可以看出，此时编写《通解》的体例开始成形，礼书的内容也大大扩展，不仅包含了《周礼》、大戴辑《礼记》、《管子·弟子职》等篇，而且也准备涵盖其他经传类书中的礼文篇目。后来潘友恭、赵师夏的礼编，连同 1190 年朱熹在临漳刊刻的吕大临《礼记解》，多为朱熹《仪礼经传通解》所取。② 在这一阶段，朱熹意犹未决，认为精力已不逮，欲存与后人。③

绍熙三年（1192），朱熹自漳州任归来，开始召集门人弟子讨论编撰礼书。据《黄文肃公年谱》："绍熙三年，初文公编集《仪礼经传通解》，先生分掌丧、祭二礼。是秋，始与朋友共讨论之。"黄榦分掌丧、祭二礼，"朋友"则指余正父、郑可学、叶贺孙等。为建考亭新居，朱熹向赵彦肃请教询问堂序制度，赵寄来《礼图》，黄榦作《殿屋厦屋说》《明堂说》，朱熹在两者之间权衡比较。④ 这一时期，朱熹对吕祖俭送来的礼书提出了不少修

---

① ［宋］朱熹：《晦庵先生朱文公文集》卷五十《答潘恭叔》，《朱子全书》，第 2313—2314 页。
② ［宋］朱熹：《晦庵先生朱文公文集》卷六十三《答余正甫》，《朱子全书》，第 3081 页。
③ ［宋］黎靖德辑：《朱子语类》卷八十三，《朱子全书》，第 2870 页。
④ 陈来认为《晦庵先生朱文公文集》卷五十六《答赵子钦》的第四、五、七封书信作于 1189 年（陈来：《朱子书信编年考证》［增订本］，第 304 页），束景南则认为作于 1192 年（束景南：《朱熹年谱长编》，第 1079 页）。我们根据书信内容，取束景南的意见。

改意见:

> 《礼书》已领,但《丧礼》合在《祭礼》之前乃是。只恐不欲改动本
> 书卷帙,则且如此亦不妨也。但士、庶人祭礼都无一字,岂脱漏邪?
> 若其本无,则亦太草草矣。乡人欲者甚多,便欲送书坊镂版,以有此
> 疑,更俟一报,幸早示及也。恰写至此,忽报已有农簿之命,此亦可
> 喜,但不知不蹉却对班否? 又恐释奠祭器等文字又因循也……子钦
> 恨未识面,寄得礼图来,甚精,未暇细考,此却好一员礼官也,但说
> 《易》亦多琐碎穿穴耳。①

陈来据《宋史》吕祖俭传曾有农簿之除判断此书作于 1188 年 11 月
27 日。② 束景南认为根据赵彦肃寄《礼图》一事,此书当作于 1192 年 11
月 27 日。③ 陈来在考证《答赵咏道》书时又判断吕祖俭为司农簿当在绍
熙三年壬子(1192)前后。④ 我们根据以上考证结果,判断此书写于 1192
年。根据信中内容,在之前朱熹就曾嘱托吕祖俭编订礼书无疑。另外值
得注意的是,朱熹对当时士、庶人的礼仪需求非常关注,希望编订的礼书
能满足乡人的需求。

后来朱熹想全面召集人员修订礼编,但未果。他曾提到:"《礼》编,
才到长沙,即欲招诸公来同理会。后见彼事丛,且不为久留计,遂止。后
至都下,庶几事体稍定,做个规模,尽唤天下识礼者修书,如余正父诸人,
皆教来。今日休矣!"⑤朱熹赴潭州任是在 1194 年 4 月,在长沙时因时间
短促,并未召集诸位学者商讨礼仪,徒有心意而已。后来朱熹临朝时,拟

① [宋] 朱熹:《晦庵先生朱文公文集》卷四十八《答吕子约》,《朱子全书》,第 2211—2212 页。
② 陈来:《朱子书信编年考证》(增订本),第 282 页。
③ 束景南:《朱熹年谱长编》,第 1078 页。
④ 陈来:《朱子书信编年考证》(增订本),第 359 页。
⑤ [宋] 黎靖德辑:《朱子语类》卷八十四,《朱子全书》,第 2894 页。

《乞修三礼札子》，内容如下：

> 臣闻之，《六经》之道同归，而《礼》《乐》之用为急。遭秦灭学，
> 《礼》《乐》先坏。汉晋以来，诸儒补缉，竟无全书。其颇存者，三《礼》
> 而已。《周官》一书，固为礼之纲领，至其仪法度数，则《仪礼》乃其本
> 经，而《礼记·郊特牲》《冠义》等篇乃其义说耳。前此尤有三《礼》、
> 通礼、学究诸科，礼虽不行，而士犹得以诵习而知其说。熙宁以来，
> 王安石变乱旧制，废罢《仪礼》，而独存《礼记》之科，弃经任传，遗本
> 宗末，其失已甚。而博士诸生又不过诵其虚文以供应举，至于其间
> 亦有因仪法度数之实而立文者，则咸幽冥而莫知其源。一有大议，
> 率用耳学臆断而已。若乃乐之为教，则又绝无师授，律尺短长，声音
> 清浊，学士大夫莫有知其说者，而不知其为阙也。故臣顷在山林，尝
> 与一二学者考订其说，欲以《仪礼》为经，而取《礼记》及诸经史杂书
> 所载有及于礼者，皆以附于本经之下，具列注疏诸儒之说，略有端
> 绪。而私家无书检阅、无人抄写，久之未成。会蒙除用，学徒分散，
> 遂不能就。而钟律之制，则士友间亦有得其遗意者。窃欲更加参
> 考，别为一书，以补六艺之阙，而亦未能具也。欲望圣明特诏有司，
> 许臣就秘书省、太常寺关借礼乐诸书，自行招致旧日学徒十余人，踏
> 逐空闲官屋数间，与之居处，令其编类。①

此文概述了编纂礼书的目的所在，陈述了前期努力和成果，并申呈
目前遇到的困难。朱熹试图奏请朝廷，希望朝廷能够提供检阅的书籍、
修书的场地以及适当的人员，由朱熹领导召集旧日学徒来编撰以《仪礼》
为本经的礼书。此书中提到乐教之阙，而强调乐书的修撰也值得注意。

_____

① ［宋］朱熹：《晦庵先生朱文公文集》卷十四，《朱子全书》，第687—688页。

在朝时，朱熹曾致书蔡元定，招其来都下，但蔡不知为何并没有赴京。①
蔡元定精通乐书，而朱熹也通乐律，此书旨在强调朱熹有能力承担三
《礼》编修的任务而已。但此札因为朱熹在朝日短，未能奏上。正如朱熹
所言："向在长沙、临安，皆尝有意欲藉官司之力为之，亦未及开口而
罢。"②"顷在朝，欲奏乞专创一局，召四方朋友习礼者数人编修。俟书成
将上，然后乞朝廷命之以官，以酬其劳，亦以少助朝廷搜用遗才之意。事
未及举，而某去国矣。"③朱熹试图建议官方编修礼书的愿望落空了。

（二）《通解》正式全面编修阶段

　　庆元二年（1196）夏中，朱熹分委门人弟子等正式修撰《通解》。在整
个编纂过程中，从制订纲目，到编订、调整内容、附录注疏，到审订书稿，
黄榦起着重要的作用。据《黄文肃公年谱》："丙辰，自建安归三山……时
文公被旨，落职罢祠闲居，分畀门人编辑礼书。先生实为分经类传，文公
删修笔削，条例皆与议焉。初，文公虽以丧、祭二礼分畀先生，其实全帙
自冠昏、家乡、邦国、王朝等类，皆与先生平章之。"④朱熹与其商讨礼书的
书信最多，也正说明黄榦不仅仅是助修者，而且是主要的编撰人。

　　下面我们按时间先后顺序排比有关资料，对照礼书目录，了解礼书
的成书过程。今天我们看到的礼书目录如下：

　　　《仪礼经传通解》：

　　　　家礼：士冠礼、冠义、士昏礼、昏义、内则、内治、五宗、亲属记。

　　　　乡礼：士相见礼、士相见义、投壶、乡饮酒礼、乡饮酒义、乡射礼、

---

① ［宋］朱熹：《晦庵先生朱文公文集》卷四十四《答蔡季通》，《朱子全书》，第1999页；束景南：
　　《朱熹年谱长编》，第1146页。
② ［宋］朱熹：《晦庵先生朱文公文集》卷五十四《答应仁仲》，《朱子全书》，第2551页。
③ ［宋］黎靖德辑：《朱子语类》卷八十四，《朱子全书》，第2894页。
④ 束景南：《朱熹年谱长编》，第1249页。

乡射义。

学礼：学制、学义、弟子职、少仪、曲礼、臣礼、钟律、钟律义、诗乐、礼乐记、书数、学记、大学、中庸、保傅传、践阼、五学。

邦国礼：燕礼、燕义、大射仪、大射义、聘礼、聘义、公食大夫礼、公食大夫义、诸侯相朝礼、诸侯相朝义。

《仪礼集传集注》：

王朝礼：觐礼、朝事义、历数、卜筮（阙）、夏小正、月令、乐制、乐记、王制（甲分土、乙制国、丙王礼、丁王事、戊设官、己建侯、庚名器上、辛名器下、壬师田、癸刑辟）。

《仪礼经传通解续》：

丧服、士丧礼（上、下）、士虞礼、丧大记（上、下）、卒哭祔练祥禫记（吉祭忌日附）、补服、丧服变除、丧服制度、丧服义、丧通礼、丧变礼、吊礼、丧礼义、丧服图式目录。

特牲馈食礼、少牢馈食礼、有司彻、诸侯迁庙、诸侯衅庙、祭法、天神、地示、百神、宗庙、因事之祭、祭统、祭物、祭义。[①]

朱熹季子朱在跋《仪礼经传通解目录》中说：

先君所著《家礼》五卷、《乡礼》三卷、《学礼》十一卷、《邦国礼》四卷、《王朝礼》十四卷，今刊于南康道院，其曰《经传通解》者，凡二十三卷；盖先君晚岁之所亲定，是为绝笔之书。次第具见于目录，惟《书数》一篇，缺而未补；而《大射礼》《聘礼》《公食大夫礼》《诸侯相朝礼》八篇，则犹未脱稿也。其曰《集传集注》者，此书之旧名也，凡十四卷。为《王朝礼》，而《卜筮篇》亦缺。余则先君所草定，而未暇删

---

① ［宋］朱熹：《仪礼经传通解》目录，《朱子全书》，第11—23页。

改者也。今皆不敢有所增益,悉从其稿。至于丧、祭二礼,则尝以规
摹次第,属之门人黄榦,俾之类次,他日书成,亦当相从于此,庶几此
书始末具备。①

1196—1197 年间,朱熹与门人商订好礼书纲目,分派下任务。有两
封书信可以反映这一情况。"礼书近方略成纲目,但疏义、杂书中功夫尚
多。"②"礼书已略定,但惜无人录得,亦有在黄直卿处者……然此间后来
又有续修处,及更欲附以《释文》《正义》,卒未得便断手耳。"③可以看出,
最初的安排是先将《仪礼》分章定句,然后分发附以注疏。

1197 年初,《王朝礼》纲目已经出来,朱熹想请吕祖俭和黄榦作《冠
礼》附疏的样稿,以便学者参考模仿。朱熹给黄榦的信中提及:

> 礼书如何? 此已了得《王朝礼》,通前几三十卷矣。但欲将《冠
> 礼》一篇附疏,以为诸篇之式,分与四明、永嘉并吕子约与刘用之诸
> 人,依式附之,庶几易了。适已报与子约,或就令编此一篇,或直卿
> 自为编定此一篇,并以见寄,当择其精者用之。此本已定,即伯丰、
> 宝之辈皆可分委也。④

后来,吕祖俭作《冠义》附疏成。朱熹自理《觐礼》,将家、乡、邦、国四
类以及丧、祭分配下去,主要是附疏义。朱熹告知黄榦:

> 《仪礼疏义》已附得《冠义》一篇,今附去看。家、乡、邦、国四类
> 已付明州诸人,依此编入。其丧、祭礼可便依此抄节写入。只《觐

---

① ［清］朱彝尊:《经义考》卷一百三十二,第 700 页。
② ［宋］朱熹:《晦庵先生朱文公文集》卷六十一《答严时亨》,《朱子全书》,第 2962 页。
③ ［宋］朱熹:《晦庵先生朱文公文集》卷六十一《答曾景建》,《朱子全书》,第 2977 页。
④ ［宋］朱熹:《晦庵先生朱文公续集》卷一《答黄直卿》,《朱子全书》,第 4652—4653 页。

礼》一篇在此，须自理会。《祭礼》亦草编得数纸，不知所编如何？今并附去，可更斟酌。如已别有规摹，则亦不须用此也。①

朱熹告知应恕礼书编纂的分配情况："礼书方了得《聘礼》已前，已送致道，令与四明一二朋友抄节疏义附入，计必转呈。有未安者，幸早见教，尚及改也。《觐礼》以后，黄婿携去庐陵，与江右一二朋友成之，尚未送来，计亦就草稿矣。"②后来应恕对编礼发表了一些意见，但朱熹以"太移动本文"为由没有采纳其建议。③

此年春夏间，蔡元定想讨礼书学习，朱熹回信说："礼书附疏未到，已与一哥说，不若俟断手后抄之。今只写得一截，无疏，尤不济事也。"④赵师夏先作出一篇附注疏的文字，似已作为范本供编礼者参考学习。"《仪礼》文字却好，致道一篇已入注疏，他时诸篇皆当放此，或所附之文有难晓者，亦当附以注疏也。"⑤后来，《家礼》四卷已分章厘句，已附疏者一卷疑为赵师夏所编。朱熹就赵氏在编纂《祭义》《乡饮酒义》《燕义》《内则》《少仪》等的过程中遇到的问题予以解答指导。⑥ 朱熹托人给蔡元定送去《家礼》四卷和已附疏者一卷。⑦

1197 年夏天，朱熹致书黄榦，指出其丧、祭礼编修的不足之处：

> 所编甚详，想多费心力。但以王侯之礼杂于士礼之中，不相干涉，此为大病。又所分篇目颇多，亦是一病。今已拆去大夫以上，别为《丧大记》一篇。其间有未及填写处，可一面令人补足，更照别纸

---

① ［宋］朱熹：《晦庵先生朱文公续集》卷一《答黄直卿》，《朱子全书》，第 4651—4652 页。
② ［宋］朱熹：《晦庵先生朱文公文集》卷五十四《答应仁仲》，《朱子全书》，第 2550 页。
③ ［宋］朱熹：《晦庵先生朱文公文集》卷五十四《答应仁仲》，《朱子全书》，第 2551 页。
④ ［宋］朱熹：《晦庵先生朱文公续集》卷三《答蔡季通》，《朱子全书》，第 4706 页。
⑤ ［宋］朱熹：《晦庵先生朱文公文集》卷五十九《答赵恭父》，《朱子全书》，第 2855 页。
⑥ ［宋］朱熹：《晦庵先生朱文公文集》卷五十九《答赵恭父》，《朱子全书》，第 2857—2860 页。
⑦ ［宋］朱熹：《晦庵先生朱文公续集》卷三《答蔡季通》，《朱子全书》，第 4708 页。

条目整顿诸篇,务令简洁而无漏落,乃为佳耳。修定之后,可旋寄来看过,仍一面附入音疏,速于岁前了却,亦是一事。①

　　家、乡、邦国礼附疏速度较快,朱熹将《王朝礼》附疏任务也交由吕祖俭。② 再次建议黄榦邀吴必大和李如圭加入编修礼书的行列,并继续指导祭礼编修:

　　　　明州书来,亦说前数卷已一面附疏。《王朝礼》初欲自整顿,今无心力看得,已送子约,托其□定,仍令一面附疏。彼中更有《祭礼》,工夫想亦不多。若伯丰、宝之能便下手,亦只须数月可也。但《仪礼》只有士大夫祭法,不可更以王侯之礼杂于其中。须如前来所定门目,别作《庙制》《九献》及《郊社》诸篇,乃为尽善。(已再条具寄之矣。)幸亦时为促之,并得岁前了当为佳。③

　　现在许多学者讨论《仪礼经传通解》时,只关注朱熹手定部分。实际上,朱熹对丧、祭二礼的指导详细而深入,应该予以重视。在给吴必大的书信中,朱熹也提到了当时黄榦编丧、祭礼的不足,并指出引以为戒的是应及早送来样本,不要等到全部修完后再呈送,并附上《祭礼》编修纲目:

　　　　《祭礼》
　　　　《庙制》一(以《王制》《祭法》等篇为首,说庙制处,凡若此类者皆附之,自为一篇,以补经文之阙。)
　　　　《特牲》二(依《冠》《昏礼》附《记》及它书亲切可证者。)

---

① ［宋］朱熹:《晦庵先生朱文公续集》卷一《答黄直卿》,《朱子全书》,第 4649—4650 页。
② 吕祖俭死后,《王朝礼》还是交由黄榦修。参见［宋］黄榦《勉斋集》卷五《与李敬子司直书》(《文渊阁四库全书》第 1168 册,第 61 页):已和黄伯新"相约编礼书《王朝礼》十篇"。
③ ［宋］朱熹:《晦庵先生朱文公续集》卷一《答黄直卿》,《朱子全书》,第 4650 页。

《少牢》三（同上。）

《有司》四（同上。）

《祭义》五（以本篇言士大夫之祭者为主，诸篇似此者皆附之。本篇中间有言天子、诸侯礼处，却移入《祭统》。）

《九献》六（以《大宗伯》篇首掌先王之目为主，而以《礼运》“礼之大成”一章附之。《周礼》及《礼记》中如此类者，皆附其后，如《周礼·笾人》《醴人》《司尊彝》之属，正与《礼运》相表里。《礼运》篇已写去，在直卿处，可更考之，依此编定。如禘祫之义，则《春秋纂例》中赵伯循说亦当收载。）

《郊社》七（以《大宗伯》祀天神、祭地祇之目为主，凡诸篇中言此类者，皆附之。如《皇王大纪》中论郊社处，亦当收入注疏后。）

《祭统》八（以本篇言诸侯、天子之禘者为主，凡诸篇言郊庙祀飨之义者，皆附其后。篇内言士大夫之礼处，却移在《祭义》篇内。）

或别立《祭祀》一篇，凡统言祭礼，如《王制》篇内一段，《周礼·大宗伯》祀天神、祭地祇、享人鬼之目，及今《礼记·祭法》篇，（但除去篇目数句入《祭统》。）凡似此类者，冠于《庙制》之前，不注，而逐篇本文再出者乃附注疏，如何？

《王制》乃通有夏、商之法，当为首。《周礼》次之，《礼记》燔柴以下又次之。此为总括祭祀之礼，而《庙制》以下各随事为篇，由贱以及贵，前数类皆然也。①

　　前引最终成书的目录已与此纲目有一定差异，朱熹所定纲目更注重庙制，注重禘祫、郊社等国家层面的典礼，特别强调吸收诸儒、诸书中的观点，这也印证了我们上面所分析缘由中的观点。朱熹后来又指出应该

---

① ［宋］朱熹：《晦庵先生朱文公文集》卷五十二《答吴伯丰》，《朱子全书》，第 2457—2458 页。

补充《郊社》篇中的一条材料，并说明缘由：

> 熹前日奉书说《祭礼》篇目，内《郊社》篇中当附见《逸礼·中霤》一条。此文散在《月令》注疏中，今已拆开，不见本文次序。然以《中霤》名篇，必是以此章为首。今亦当以此为首，而户灶门行以次继之，皆以《注》中所引为经而《疏》为注，其首章即以《逸礼·中霤》冠之，庶几后人见得古有此书、书有此篇，亦存羊之意也。《疏》中有其篇名，必是唐初其书尚在，今遂不复见，甚可叹也。[①]

此足见朱熹细密的用心和慎重对待编撰《祭礼》的态度。后来朱熹对吴必大、李如圭所修《祭礼》不满意，令其重修。有书云：

> 礼书想已有次第，吴伯丰已寄得《祭礼》来。渠以职事，无暇及此，只是李宝之编集，又不能尽依此中写去条例。其甚者如《祭法》《祭义》等篇，已送还令其重修，《特牲》等篇，亦有未入例处。旦夕更取《家乡礼》参校令归一，却附去，烦看过。《王朝礼》已送与子约，令附音疏。但恐渠亦难得人写，不能得耳。[②]

> 《祭礼》略看，已甚可观。但《特牲》第一条准前篇例，合入《祭义》耳。其他更俟详考，续奉报。唯《祭法》及《宗庙》两篇附诸篇后，不见祭祀纲领，恐须依向写去者移在诸篇之前，为《祭礼》之首。但旧作两篇太细碎，今可只通作《祭法》一篇，（如此则《王制》一段，《周礼》事鬼神示之目及《祭法》本文，皆可全载，不必拆开矣。《祭法》禘郊祖宗，更考《国语》去取，又郑注恐不可用。）次《特牲》，次《少牢》，

---

① ［宋］朱熹：《晦庵先生朱文公文集》卷五十二《答吴伯丰》《朱子全书》，第 2459 页。
② ［宋］朱熹：《晦庵先生朱文公续集》卷一《答黄直卿》，《朱子全书》，第 4646 页。

次《有司》，次《诸侯衅庙》，次《诸侯迁庙》，次《祼献》，（易名甚当，但前篇之例依《仪礼》本文皆自下而上，故其序当如此。）次《祭义内事》，（此如来示，合《祭义》《祭统》为之，通言上下祭先之义，故又加"内事"二字，以别后篇。）次《中霤》，次《郊社》，次《祭义外事》，（此为《中霤》《郊社》两篇之义，其蜡祭等说亦附此。）此《祭礼》篇目也。其他《大传》《外传》向已附去者，可并为之。只此目中《祭义》（内外二篇）及《中霤》《郊社》二篇亦未编定，幸并留念也。禘郊祖宗之说，《公》《榖》《国语》《家语》、赵氏《春秋纂例》、《中说》、横渠《礼说》，皆当考也。《祭法》《祭义》及《迁庙》附记三篇，今附还，可照前说重定为佳。《中霤》《郊社》二篇可并编定，其《祭义内、外事》两篇，并处诸篇之后亦佳。《祭法内》"郊之祭也"一章，当入《外事》篇，他皆放此。①

经过调整后的篇目才接近后来成编的目录。《宋史·礼志》云："（朱熹）尝欲取《仪礼》《周官》《二戴记》为本，编次朝廷公卿大夫士民之礼，尽取汉、晋而下及唐诸儒之说，考订辨正，以为当代之典，未及成书而没。"②钱穆注意到，今本《仪礼经传通解》仅附注疏，并无尽取汉、晋而下及唐诸儒之说而加以考订辨正之事。③此言实有待商榷。实际上《通解》引用了宋代诸多学者如刘敞、张载、林之奇、程颐、吕大钧、吕大临、陈祥道、陆佃的观点。④考订辨正虽不多，但取舍之意还是颇为鲜明。而我们注意到，朱熹在祭礼编撰中特别要求体现这一思想。实际上，朱熹还告诉廖德明编丧、祭礼，《通典》也须看。⑤后来黄榦在编修丧礼时不忘师训，斟酌考虑诸儒之说：

① [宋] 朱熹：《晦庵先生朱文公文集》卷五十九《答李宝之》，《朱子全书》，第 2830—2831 页。
② [元] 脱脱等：《宋史》卷九十八，第 2424 页。
③ 钱穆：《朱子新学案》，第 1335 页。
④ 孙致文：《朱熹〈仪礼经传通解〉研究》，第 63—69 页。
⑤ [宋] 黎靖德辑：《朱子语类》卷一百一十三，《朱子全书》，第 3589 页。

类礼日夜在念,此两日方得下手,《丧大记》及《士丧礼》已看过,只是多令互见而注疏只出一处,如此亦不甚繁,更旬日亦可下手抄写。但如《孟子》答滕文公段子之类亦合入,但未有顿放处,更容尽抄出诸经如《顾命》之类,皆抄入乃佳。《荀子》《左氏传》之类却别作外传也,更得从者早来相与诘难。庶有至当之论也。①

因此从整体来看,《宋史·礼志》概括的特点还是可以成立的。

《祭礼》中遇到的棘手问题令学者们疾首蹙额,这也是丧、祭礼没有在朱熹生前完成的主要原因。《语类》记载:

因问:"祭礼附《祭义》,如说孝许多,如何来得?"曰:"便是祭礼难附。兼《祭义》前所说多是天子礼,若《仪礼》所存,唯《少牢馈食》《特牲馈食》礼是诸侯大夫礼。兼又只是有馈食。若天子祭,便合有初间祭腥等事,如所谓'建设朝事,燔燎膻芗'。若附《仪礼》,此等皆无入头处。意间欲将《周礼》中天子祭礼逐项作一总脑,却以《礼记》附。如《疏》中有说天子处,皆编出。"②

同样是祭礼,要处理好三《礼》中各部分内容之间的协调,还要分成天子、诸侯、大夫之礼,工作难度很大。

1198年,礼书渐可脱稿,需要将四散的篇章收拢,并召人会聚修订。③《通解》部分编稿已经收拾出大体,而《集传集注》部分则尚未编妥。"礼书前卷已有次第,但收拾未聚。后卷则尽欠功夫,未知能守等得见此

① ［宋］黄榦:《勉斋集》卷九《与郑成叔书》,《文渊阁四库全书》第1168册,第97页。
② ［宋］黎靖德辑:《朱子语类》卷八十四,《朱子全书》,第2889页。
③ ［宋］朱熹:《晦庵先生朱文公文集》卷五十六《答詹子厚》,《朱子全书》,第2647页;《晦庵先生朱文公文集》卷五十三《答刘季章》,《朱子全书》,第2502页。

定本全编否耶。"①《通解》部分的《公食礼》可能是最晚送回来的。②

　　1199年，《通解》部分大体已校订完。"礼书入疏者，此间已校定得《聘礼》以前二十余篇。"③朱熹编订好的部分又分给黄榦和刘用之、刘履之誊写校订④，并热切盼望黄榦和刘用之前来校订礼书。有书云：

　　　　病日益衰，甚望贤者之来，了却礼书。前书所说且从闽宰借人，先送定本及诸书来，如可，用之岁前能上否？渠送得《冠礼》来，因得再看一过，其间有合修处尚多，已略改定，（如前书入《名器篇》者，却移不得。）及重编得《冠义》一篇颇稳当。然病衰，精力少，又日短，穷日之力，只看得三五段。如此若非攒促功夫，未来了绝也。以此急欲直卿与用之上来，庶可并力，此外无他说也。⑤

　　黄榦对《冠礼》《冠义》部分提出了不少修改意见，朱熹都一一答复。后来黄榦和刘用之均前往朱熹处协助校定。⑥

　　1200年，朱熹继续编撰礼书，《集传集注》部分终成未定稿。二月既望，朱熹有书与黄商伯云：

　　　　伯量依旧在门馆否？礼书近得黄直卿与长乐一朋友在此，方得下手整顿。但疾病昏倦时多，又为人事书尺妨废，不能得就绪。直卿又许了乡人馆，未知如何。若不能留，尤觉失助。甚恨乡时不曾留得伯量相与协力。若渠今年不作书会，则烦为道意，得其一来为

---

① 〔宋〕朱熹：《晦庵先生朱文公续集》卷三《答蔡季通》，《朱子全书》，第4710页。
② 〔宋〕朱熹：《晦庵先生朱文公文集》卷六十《答潘子善》，《朱子全书》，第2920页。
③ 〔宋〕朱熹：《晦庵先生朱文公文集》卷四十五《答廖子晦》，《朱子全书》，第2110页。
④ 〔宋〕朱熹：《晦庵先生朱文公文集》卷五十九《答陈才卿》，《朱子全书》，第2848页。
⑤ 〔宋〕朱熹：《晦庵先生朱文公续集》卷一《答黄直卿》，《朱子全书》，第4667页。
⑥ 〔宋〕朱熹：《晦庵先生朱文公文集》卷五十九《答陈才卿》，《朱子全书》，第2849页。

数月留,千万幸也!①

朱熹急切地想完成礼书,欲召集更多的学者如胡泳等前来校订。闰二月二十七日给杨方书中提到还在编修《集传集注》部分的"王朝礼":

> 《夏小正》文已编入礼书,但所见数本率多舛误,所示未暇参考,少俟功夫,子细校毕,即纳还也。《四民月令》,亦见当时风俗及其治家齐整,即以严致平之意推寻也,亦俟抄了并纳还。②

主要任务还有誊抄已经整顿好的礼书,并分发给各地编书的学者。在给王元石的信中,朱熹说:"昨日所喻抄礼书,欲俟向后整顿有序,即发去莆中。但不知彼中分付何人点检、指授,幸留数字于此,详道所以然者,容并寄去为幸。或有余力,得为别抄一本见寄,尤幸也。"③

朱熹还曾告知胡泳此年黄榦编《丧礼》的情况:"所定《礼》编,恨未之见。此间所编《丧礼》一门,福州尚未送来。将来若得贤者持彼成书,复来参订,庶几详审,不至差互。但恐相去之远,难遂此期耳。"④福州,指黄榦。三月八日,梦奠之前夕朱熹嘱托黄榦:

> 礼书今为用之、履之不来,亦不济事,无人商量耳。可使报之,且就直卿处折衷。如向来《丧礼》,详略皆已得中矣。《臣礼》一篇兼旧本,今先附案,一面整理。其他并望参考条例,以次修成。就诸处借来,可校作两样本,行道大小并附去,并纸各千番可收也。⑤

---

① [宋]黎靖德辑:《朱子语类》卷八十四,《朱子全书》,第 2895 页。
② [宋]朱熹:《晦庵先生朱文公文集》卷四十五《答杨子直》,《朱子全书》,第 2075 页。
③ [宋]朱熹:《晦庵先生朱文公文集》卷六十三《与王元石》,《朱子全书》,第 3061 页。
④ [宋]黎靖德辑:《朱子语类》卷八十四,《朱子全书》,第 2894—2895 页。
⑤ [宋]朱熹:《晦庵先生朱文公文集》卷二十九《与黄直卿》,《朱子全书》,第 1286 页。

又蔡沈《梦奠记》云："初八日癸亥，精舍诸生来问病……诸生退，先生作范伯崇念德书，托写礼书，且为冡孙择配。又作黄直卿幹书，令收礼书底本，补葺成之。又作敬之在书，令早归收拾文字。"①这说明朱熹临终前有两书都在嘱托礼书之事，礼书终成未定本，实乃朱熹一生最大的恨事。

综观《仪礼经传通解》的编撰过程，艰难而曲折，但主旨还是非常明晰的。朱熹如同一位统帅，引领了整个礼书编撰的进程，付出了巨大的心血。

三　编撰《仪礼经传通解》的困难及其挑战

朱熹晚岁以拳拳之心编修礼书，遇到的种种困难是常人难以想象的，也许甚至超过了朱熹在《乞修三礼札子》中所预见的。当时正值庆元党禁，朱熹被灾蒙祸，顶"伪学"之名，很难借到校订编写所用的书籍，而且由于资金不足，人手不够，学徒分散，有通礼者也畏于学禁而难相聚，礼书进展缓慢，导致后来在朱熹易箦之前也未成全篇。即使编好的礼书，也唯恐遭受没收焚毁的厄运。对于这样一件难若登天之事，朱熹有多封书信谈到：

> 礼书此数日来方得下手，已整顿得十余篇，但无人抄写为挠。盖可借人处皆畏"伪学"之污染而不肯借，其力可以相助者，又皆在远而不副近急，不免雇人写，但资用不饶，无以奉此费耳。②

> 此间礼书渐可脱稿，若得二公一来订之尤佳，然不可语人，恐速

---

① ［清］王懋竑：《朱熹年谱》卷四，第267—268页。
② ［宋］朱熹：《晦庵先生朱文公文集》卷五十三《答刘季章》，《朱子全书》，第2502页。

煨烬之灾也。①

　　《仪礼》此间所编已略定，便遽，未暇详报，亦恨贤者未能勇于自拔，不能一来共加刊订耳。②

　　后来黄榦完成礼书时，多体会到朱熹当日修书的艰难，并直言"最苦是无朋友商榷，其次是无钱可雇人抄写及供朋友检阅，甚以为挠"。③

　　朱熹自己年老体弱，精力日衰，加之病痛缠身，实际上很难胜任强度这样大的编修工程。礼书的编纂是前所未有的创新之举，虽然此举激发了许多学者学习《仪礼》的热情和兴趣，但实际上能够得力完成编修任务的屈指可数。④ 得力如吕祖俭、蔡元定、吴必大又都卒于朱熹之前，这使编修工程雪上加霜。学者们一方面有畏难情绪，认为考礼枯燥无味，另一方面由于礼经和礼制史知识的缺乏，不能将经史结合的方法熟练地运用于礼书编撰。

　　德明问："编丧、祭礼当依先生指授，以《仪礼》为经，《戴记》为传，《周礼》作旁证。"曰："和《通典》也须看，就中却又议论更革处。"语毕却云："子晦正合且做切己工夫，只管就外边文字上走，支离杂扰，不济事。"⑤

　　又云："须培拥根本，令丰壮。以此去理会学，三代以下书，古今世变治乱存亡，皆当理会。今只看此数书，又半上落下。且如编礼

---

① ［宋］朱熹：《晦庵先生朱文公文集》卷五十六《答詹子厚》，《朱子全书》，第 2647 页。
② ［宋］朱熹：《晦庵先生朱文公文集》卷五十九《答杨子顺》，《朱子全书》，第 2829 页。
③ ［宋］黄榦：《勉斋集》卷五《与李敬子司直书》，《文渊阁四库全书》第 1168 册，第 63—64 页。
④ ［宋］朱熹：《晦庵先生朱文公文集》卷五十九《答陈才卿》，《朱子全书》，第 2848 页。
⑤ ［宋］黎靖德辑：《朱子语类》卷一百一十三，《朱子全书》，第 3589 页。

书不能就，亦是此心不壮，须是培养令丰硕。"①

泳居丧时，尝编次《丧礼》，自始死以至终丧，各立门目。尝以门目呈先生。临归，教以"编礼亦不可中辍"。泳曰："考礼无味，故且放下。"先生曰："横渠教人学礼，吕与叔言如嚼木札。今以半日看义理文字，半日类礼书，亦不妨。"②

知看《仪礼》有绪，甚善。此书虽难读，然却多是重复，伦类若通，则其先后彼此展转参照，足以互相发明，久之自通贯也。③

礼书入疏者，此间已校定得《聘礼》以前二十余篇，今录其目附去。彼中所编，早得为佳……因此得看《礼》疏一番，亦非小补。不然，此等如嚼木札，定无功夫看得也。④

礼书得直卿、刘用之在此，渐可整顿。然亦多费功夫，甚恨相去之远，不得贤者之助也。所示《仪礼》所疑，此等处难卒说，但看时随手札记，向后因读他处，邂逅或有发明，自不费力。⑤

前三条材料引自《朱子语类》，主要反映了朱熹指导廖德明和胡泳编修礼书时的言论。朱熹认为，编修礼书应该经史结合，应将文字功夫与义理探讨以及切己功夫结合起来。后三条材料反映了朱熹指导学者们学习《仪礼》的方法。

----

① ［宋］黎靖德辑：《朱子语类》卷一百一十三，《朱子全书》，第3590页。
② ［宋］黎靖德辑：《朱子语类》卷八十四，《朱子全书》，第2894页。
③ ［宋］朱熹：《晦庵先生朱文公文集》卷五十九《答陈才卿》，《朱子全书》，第2848页。
④ ［宋］朱熹：《晦庵先生朱文公文集》卷四十五《答廖子晦》，《朱子全书》，第2110页。
⑤ ［宋］朱熹：《晦庵先生朱文公文集》卷五十九《答陈才卿》，《朱子全书》，第2849页。

在礼书编修中,朱熹还受到了礼学专家余正父的挑战。余正父,亦作正甫,名、里不详,一般认为是朱熹门人。余正父对制度之学研究颇深。黄榦在与朱熹谈论赈灾救济制度时,提到余正父"说时煞说得好,虽有智者为之计,亦不出于此",说明余正父在制度讨论上实有过人之处。[①] 朱熹门人詹体仁好《周礼》学,在见了余正父所编礼书纲目后,"甚叹伏,极欲一见"。[②] 吴必大曾在书信中将余正父与永嘉诸公相提并论,似表明其学术成就在当时应与永嘉学派有相当之处。[③] 朱熹最初对余正父是欣赏而佩服的。1194 年朱熹赴潭州任时,就曾想叫余正父一同来编修礼书,并有书致余正父,足见朱熹对余氏的重视。[④] 余正父甚至能影响朱熹的穿着。据王过所录:

先生见正甫所衣之衫只用白练圆领,领用皂。问:"此衣甚制度?"曰:"是唐衫。"先生不复说,后遂易之。[⑤]

余正父不但精通礼制,而且能在生活中践履实行,朱熹钦服他也正基于此。在对待《大学》《中庸》的问题上,朱熹最初欲以《中庸》《大学》《学记》等篇置之卷端为《礼本》,但余正父并不认同这一观点。[⑥] 从最终成稿的《通解》目录来看,朱熹实采纳了余正父的意见,并没有将上述诸篇作为礼本放在卷端。

据叶贺孙所录,在士大夫是否能祭始祖的问题上,朱熹与余正父起初未能达成一致:

---

① ［宋］黎靖德辑:《朱子语类》卷一百一十一,《朱子全书》,第 3560 页。
② ［宋］朱熹:《晦庵先生朱文公文集》卷六十三《答余正甫》,《朱子全书》,第 3080 页。
③ ［宋］朱熹:《晦庵先生朱文公文集》卷五十二《答吴伯丰》,《朱子全书》,第 2448 页。
④ ［宋］朱熹:《晦庵先生朱文公文集》卷五十二《答吴伯丰》,《朱子全书》,第 2440 页。
⑤ ［宋］黎靖德辑:《朱子语类》卷一百三十八,《朱子全书》,第 4285 页。
⑥ ［宋］黎靖德辑:《朱子语类》卷十九,《朱子全书》,第 663 页。

余正父谓："士大夫不得祭始祖，此天子诸侯之礼。若士大夫当祭，则自古无明文。"又云："大夫自无太祖。"先生因举《春秋》如单氏、尹氏，王朝之大夫，自上世至后世，皆不变其初来姓号，则必有太祖。又如季氏之徒，世世不改其号，则亦必有太祖。余正父谓："此春秋时，自是世卿不由天子，都没理会。"先生云："非独是春秋时，如《诗》里说'南仲太祖，太师皇父'，南仲是文王时人，到宣王时为太祖。不知古者世禄不世官之说如何？又如周公之后，伯禽已受封于鲁，而周家世有周公，如《春秋》云'宰周公'，这般所在，自晓未得。"①

很有意思的是，在此问题上，朱熹无疑也受了余正父观点的影响。《大学衍义补》中丘濬曰："程子谓冬至祭始祖，立春祭先祖。朱子既立为二祭，载于《家礼》时祭之后，其门人杨复乃谓朱熹初年亦尝行之，后觉其似僭，不敢祭，然冬至之祭不祭可也，而立春之祭似亦可行。"②《家礼》章曾论及此祭礼的变化，原来朱熹观点有所改变，实为余正父影响所致。

后来两人在编修礼书过程中因意见不统一而矛盾不少，最终分道扬镳，各自成编。朱熹落职罢祠后，告诉余正父礼书进展情况："礼书后来区别章句，附以传记，颇有条理。王朝数篇亦颇该备。只丧、祭两门，已令黄婿携去，依例编纂次第，非久寄来，首尾便略具矣。但其间微细尚有漏落，传写讹舛未能尽正，更须费少功夫。而附入疏义一事，用力尤多。亦一面料理，分付浙中朋友分手为之，度须年岁间方得断手也。"③后来余正父示喻所编纲目，对朱熹影响和冲击很大。余正父将丧、祭二礼别作两门，居邦国、王朝之后的主张，为朱熹后来所采纳。④ 对余所编纲目，朱

---

① ［宋］黎靖德辑：《朱子语类》卷九十，《朱子全书》，第3055页。
② ［明］丘濬：《大学衍义补》卷五十二，《文渊阁四库全书》第712册，第620页。
③ ［宋］朱熹：《晦庵先生朱文公文集》卷六十三《答余正甫》，《朱子全书》，第3078页。
④ ［清］陆陇其：《读礼志疑》卷三，《文渊阁四库全书》第129册，第522页："愚按观此则勉斋所辑，其凡例仍定于朱熹。"实际上朱熹所定，还是受余正父的启发。

熹在致黄榦的信中评价说："其长处是词语严简近古，其短处是粗率不精致，无分别也。"①朱熹认为其不足之处在于没有精择材料和不附注疏异义。有书为证：

> 恐所取太杂，其间杂有伪书，如《孔丛子》之类。又如《国语》《家语》虽非伪书，然其词繁冗，恐反为正书之累。又如不附《周礼》，如授田、地政等目，若不取《周礼》而杂取何休等说，恐无纲领，是乃名尊《周礼》而实贬之。设使便仿《朝事》篇，亦恐在后而非其序，此为大矛盾处，更告详之。又如不附注疏异义，如嫡孙为祖之类，云欲以俟学者以三隅反，如此则何用更编此书，任其纵观而自得可也。此亦一大节目，当试思之。其他些小，俟草杪成徐议未晚。此二大节，却须先定，将来剪贴费力，又是一番功夫也。②

朱熹对余正父在选择材料上一直不满，认为《国语》等书根本无法与《周礼》相提并论。朱熹在多处言及此：

> 熹窃以为唯《周礼》为周道盛时圣贤制作之书，若此类者（《国语》等书），皆衰周末流文字，正子贡所谓"不贤者识其小者"。其间又自杂有一时僭窃之礼，益以秉笔者脂粉涂泽之谬词，是所以使周道日以下衰，不能振起之所由也。至如《小戴》《祭法》首尾皆出《鲁语》，以为禘郊祖宗皆以其有功于民而祀之，展转支蔓，殊无义理，凡此之类，弃之若可惜，而存之又不足为训。故《小戴》殊别其文，不使相近，读者犹不甚觉，岂亦有所病于其言欤？③

---

① ［宋］朱熹：《晦庵先生朱文公续集》卷一《答黄直卿》，《朱子全书》，第 4669 页。
② ［宋］朱熹：《晦庵先生朱文公文集》卷六十三《答余正甫》，《朱子全书》，第 3079 页。
③ ［宋］朱熹：《晦庵先生朱文公文集》卷六十三《答余正甫》，《朱子全书》，第 3080 页。

　　余正父欲用《国语》而不用《周礼》，然《周礼》岂可不入！《国语》
辞多理寡，乃衰世之书，支离蔓衍，大不及《左传》。看此时文章若
此，如何会兴起国家！①

　　那么如何处理《国语》中的礼仪材料呢？朱熹说："窃意一种繁冗破
碎，(如《国语》等及《贾子》篇之类。)假托不真，(如《孔丛》之类。)今都且
写入类，将来却别作一外书以收之，庶几稍有甄别，不至混乱。或今写净
本时，此等可疑者便与别编，却依正篇次序排次，使足相照，亦自省
力。"② 这一建议并未为余氏所取。

　　后来朱熹读余正父修成的《礼书》：

　　　　《礼书》，此书异时必有两本。其据《周礼》、分经传，不多取《国
　　　语》、杂书迂僻蔓衍之说，吾书也。其黜《周礼》，使事无统纪，合经
　　　传，使书无间别，多取《国语》、杂记之言，使传者疑而习者蔽，非吾
　　　书也。③

　　这说明在选材用料上的区别成为朱、余二人礼书标志性的差异。余
正父的礼书先成，一方面与其为礼学专家，对材料较熟悉有关，另一方面
可能与其采用的编写方式有关。因为余氏采用的是买书以备剪贴成书，
而此方法为朱熹所不取，朱熹认为：

　　　　所喻买书亦备剪贴，恐亦不济事。盖尝试为之，大小高下既不
　　　齐等，不免又写一番，不如只就正本签记起止，直授笔吏写成之为快

---

① ［宋］黎靖德辑：《朱子语类》卷八十四，《朱子全书》，第 2889 页。
② ［宋］朱熹：《晦庵先生朱文公文集》卷六十三《答余正甫》，《朱子全书》，第 3080 页。
③ ［宋］朱熹：《晦庵先生朱文公文集》卷七十一《偶读漫记》，《朱子全书》，第 3423 页。

也。又修书之式，只可作草卷，疏行大字，（欲可添注。）每段空纸一行，（以备剪贴。）只似公案折叠成沓，逐卷各以纸索穿其腰背，（史院修书例如此，取其便于改易也。）此其大略也。①

还有就是朱熹采用的是众人分散纂辑的方式，受种种条件的限制，多有差互，往往嘱托之人难以按期完成任务，即使完成了，朱熹也多不满意，如此反复，时间上、精力上多耗费，终未成全编。朱熹遗憾不已，并感叹"向使只如余正父所为，则已绝笔久矣"。② 但余正父礼书能得以完成，实多赖朱熹之助。朱熹不仅馈赠了吕大临、潘友恭、赵致道所编礼书，而且还送去许多余氏所需剪贴之书。③ 余正父别出机杼，独自成篇，没有与朱熹合作，朱熹虽大失所望，但对其的评价还是中肯的。他在给冯椅的信中说：

　　余正父博学强志，亦不易得。礼书中间商量多未合处，近方见其成编，比旧无甚改易。所谓独至无助者，诚然。然渠亦岂容它人之助也？ 此间所集诸家杂说，未能如彼之好，然《仪礼》正经段落注疏却差明白。但功力颇多而衰病耗昏，朋友星散，不能得了耳。④

朱熹以余氏礼书作为参照，应对其挑战，敦促门人弟子早日完成礼书。

余正父对朱熹的挑战还不仅仅是在编修礼书上，也表现在其促进了朱熹对许多礼制问题的探讨。据门人所录，两人的口头争辩，除了上引关于士大夫祭始祖条外，还有如下：

---

① ［宋］朱熹：《晦庵先生朱文公文集》卷六十三《答余正甫》，《朱子全书》，第 3079 页。
② ［宋］朱熹：《晦庵先生朱文公续集》卷一《答黄直卿》，《朱子全书》，第 4666—4667 页。
③ ［宋］朱熹：《晦庵先生朱文公文集》卷六十三《答余正甫》，《朱子全书》，第 3079 页。
④ ［宋］朱熹：《晦庵先生朱文公续集》卷八《答冯奇之》，《朱子全书》，第 4788 页。另朱熹答冯仪之的书信内容与之同（见《晦庵先生朱文公别集》卷六《冯仪之》，《朱子全书》，第 4968 页）。据陈荣捷《朱子门人》，奇之、仪之均为冯椅字。（参见陈荣捷：《朱子门人》，台北学生书局，1982 年，第 252 页）

余正甫前日坚说一国一宗。某云："一家有大宗，有小宗，如何一国却一人？"渠高声抗争。某检本与之看，方得口合。①

此条为叶贺孙所录，余正父当时在朱熹门下似有因识礼而骄横之态，但讨论的结果最终以文本所论为准。

关于魏徵加服问题，余正父认为魏徵以兄弟之子妇同于众子妇，为倒置人伦者，朱熹不同意余的意见，认为魏徵所论未为大失：

观当时所加，曾祖之服仍为齐衰，而加至五月，非降为小功也。今五服格仍遵用之。虽于古为有加，然恐亦未为不可也。徵奏云："众子妇旧服小功，今请与兄弟之子妇同服大功。"其加众子妇之小功，与兄弟之子妇同为大功，按《仪礼》自无兄弟子妇之文，不知何据，乃为大功而重于庶妇。窃谓徵意必以众子与兄弟之子皆期，而其妇之亲疏倒置如此，使同为一等之服耳，亦未见其倒置人伦之罪也。嫂叔之服，先儒固谓虽制服亦可，然则徵议未为大失。但以理论，外祖父母止服小功，则姨与舅自合同为缌麻，徵反加舅之服以同于姨，则为失耳。抑此增损服制若果非是，亦自只合坐以轻变礼经之罪，恐与失节事仇自不相须也。盖人之资禀见识不同，或明于此而暗于彼，或得于彼而失于此，当取节焉，不可株连蔓引，而累罪并赃也。②

清代陆陇其评论朱熹"如此论事最公"③。但余正父认为："《礼经》大抵严嫡，故重，众子妇不得亢嫡，故杀之。世父母、叔父母与兄弟之子服

_____

① ［宋］黎靖德辑：《朱子语类》卷九十，《朱子全书》，第 3042 页。
② ［宋］朱熹：《晦庵先生朱文公文集》卷六十三《与余正甫》，《朱子全书》，第 3072—3073 页。
③ ［清］陆陇其：《读礼志疑》卷三，《文渊阁四库全书》第 129 册，第 521 页。

均于期，则为旁尊而报服，是不当混于众子子妇也。"朱熹则说：

> 《礼经》严嫡，故《仪礼》嫡妇大功，庶妇小功，此固无可疑者，但兄弟子之妇则正经无文，而旧制为之大功，乃更重于众子之妇，虽以报服使然，然于亲疏轻重之间，亦可谓不伦矣。故魏公因太宗之问而正之，然不敢易其报服大功之重，而但升嫡妇为期，乃正得严嫡之义，升庶妇为大功，亦未害于降杀之差也。前此来喻，乃深讥其以兄弟子妇而同于众子妇为倒置人伦，而不察其实乃以众子妇而同于兄弟子之妇也。①

朱熹认为只要体现降杀之等的区别即可，不必太拘泥，并指出余的错误在于将"众子妇同于兄弟子之妇"。清代汪绂也认为："自唐制而嫂叔小功，然诸父兄弟世母叔母皆期，而叔嫂只小功，虽曰加之以有服，实降之以轻服也。"②意思是表面是加服，相形之下，实际上是降服。由此可见，朱熹所论略胜一筹。

朱熹与余正父在许多问题上意见相左。例如，朱熹关于出母、嫁母有无服制的问题，实针对余正父"不养出母"论而发。朱熹说：

> 余观余正父之所辨贡士之妾母，虽非父卒子幼而更嫁，然无七出之罪，而其去也有故，则其实乃嫁母，而非出也。乐平令尹所论之失，正坐以嫁母为出母，谓有服为无服，而正父之辨之也，亦唯此二者之为急耳。今乃独有"是嫁母也"之一言，而不论其所以不为出而犹有服者，顾反题其篇端曰"不养出母"，又但论其与古之出母者不

---

① ［宋］朱熹：《晦庵先生朱文公文集》卷六十三《与余正甫》，《朱子全书》，第 3077 页。
② ［清］汪绂：《参读礼志疑》卷上，《文渊阁四库全书》第 129 册，第 622 页。

同，而不可从于不丧之文，则亦自相矛盾，而反以证成令尹之误说矣。①

黄震概括朱熹此篇主旨说："《不养出母议》，嫁母非出也，不可无服，养之则筑室于外。"②明代邵宝评价说："父死母嫁子从焉，而不父之祭，非子也。子不从而不母之养，亦非子也。朱熹之议可谓曲尽礼之变矣。"③这一评价说明了朱熹讨论礼学精微细致的一面。

在考察神主方位上，两人亦有分歧。据万人杰所录：

> 问："祫祭考妣之位如何？"曰："太祖东向，则昭、穆之南向北向者，当以西方为上；则昭之位次，高祖西而妣东，祖西而妣东，是祖母与孙并列，于体为顺。若余正父之说，则欲高祖东而妣西，祖东而妣西，则是祖与孙妇并列，于体为不顺。彼盖据《汉仪》中有高祖南向，吕后少西，更不取证于经文；而独取传注中之一二，执以为是，断不可回耳。"④

朱熹批评余氏引以为据的史料存在问题，并求证于经文，得出与余正父相反的结论。这也可以作为朱熹与永嘉学者在礼学分歧上的一个典型例子。朱熹还有书信详论：

> 汉仪后主在帝之右，不知见于何处？若只是《后汉志》注中所引《汉旧仪》，则与史之正文不同，恐不足为据。（《史记》禘祫处皆云：

---

① ［宋］朱熹：《晦庵先生朱文公文集》卷第八十四《题不养出母议后》，《朱子全书》，第3980页。
② ［宋］黄震：《黄氏日抄》卷三十六，《文渊阁四库全书》第708册，第87页。
③ ［明］邵宝：《学史》卷十二，《文渊阁四库全书》第688册，第435页。
④ ［宋］黎靖德辑：《朱子语类》卷九十，《朱子全书》，第3038页。

太祖东向,昭南向,穆北向。而《旧仪》独云:"高皇帝南向,高后右坐,昭西向,穆东向。"恐是妄说。)若别有据,则又未可知也。但《礼》云:"席南向、北向,以西方为上,东向、西向,以南方为上。"则是东向、南向之席皆上右,西向、北向之席皆上左也。今祭礼考妣同席南向,则考西妣东自合礼意。《开元释奠礼》先圣东向,先师南向,亦以右为尊,与其所定府君、夫人配位又不相似,不知何也。大率古者以右为尊,如《周礼》云"享右祭祀",《诗》云"既右烈考,亦右文母",汉人亦言"无能出其右者",是皆以右为尊也。又若今祭礼,一堂之上祖西考东,而一席之上考东妣西,则舅妇常联坐矣,此似未便也。①

古人设席,夫妇同几,恐不当引后汉各为帐坐之礼为证。况其所注自与正史本文不同耶!又如下条"席南向、北向,以西方为上,东向、西向,以南方为上",郑氏既以上为席端,则考坐在席端,妣坐在席末,于礼为顺。今室中东向之位,配位在正位之北,亦自有明文也。②

以上均为朱熹与余正父论礼的种种不同之处。我们不禁要追问,为何有此种种不同呢?其实早在 1194 年,两人的分歧就已经初见端倪,而这种观念上的不同最终导致许多观点出现差异。朱熹给余正父的书信可以帮助我们理清两人分歧的根本所在:

然尝窃谓,天下之理万殊,然其归则一而已矣,不容有二三也。知所谓一,则言行之间虽有不同,不害其为一。不知其一而强同之,犹不免于二三,况遂以二三者为理之固然而不必同,则其为千里之

---

① [宋]朱熹:《晦庵先生朱文公文集》卷六十三《与余正甫》,《朱子全书》,第 3073—3074 页。
② [宋]朱熹:《晦庵先生朱文公文集》卷六十三《答余正甫》,《朱子全书》,第 3078 页。

谬，将不俟举足而已迷错于庭户间矣。故明道先生有言："解经有不同处不妨，但紧要处不可不同耳。"此言有味也。所示《中庸》《大学》诸论，固足以见用力之勤者，然足下不以仆为愚，方且千里移书以开讲学之端，而先有以胁之曰：是不可同，同即且为荆舒以祸天下，则仆尚何言哉！①

从朱熹的答书分析，余正父的来书肯定强调说，自己的《中庸》《大学》诸论与朱熹所论不同，请朱熹不要强求同一。余正父认为一旦雷同，就会像王安石、蔡京一样祸乱天下。而朱熹引程颢所言，认为解经应该求紧要处、大本处同，以趋于理一的高度。可以说，朱熹与余正父编撰礼书走的正是本同末异的道路。从现代学术自由的观点来看，余正父并非携手接武、亦步亦趋之人，实为坚持精神独立、思想自由的学者。他与朱熹礼学讨论之间形成的张力，刺激了朱熹对礼学的思考，客观上促进了《仪礼经传通解》的编撰。

四　《仪礼经传通解》的编撰旨趣及其在朱熹学术思想中的地位

（一）编撰旨趣

《仪礼经传通解》对后世《仪礼》学研究影响很大。朱熹之后，援用此法以研治《仪礼》的著作很多。如元代吴澄《三礼考注》、敖继公《仪礼集说》，清代盛世佐《仪礼集编》、秦蕙田《五礼通考》、江永《礼书纲目》、吴廷华《仪礼章句》，都循朱熹《通解》之例将经文分章。此礼书遭受的非议也不少。清人姚际恒于《仪礼通论》卷前的《仪礼论旨》，对《通解》体例提出

---

① ［宋］朱熹：《晦庵先生朱文公文集》卷六十三《答余正甫》，《朱子全书》，第3070页。

严厉的批评,他说:"《仪礼经传通解》一书,经传颠倒,前已言之。然吾实不解作者意指,以为尊《仪礼》耶?全录《注》《疏》,毫无发明,一抄书吏可为也,尊之之义安在?以裁割《礼记》《周礼》、史传等书附益之之为能耶?检摘事迹可相类者,合于一处,不别是非同异,一粗识文字童子亦可为也,又何以为能?其于无可合者,则分家、乡、学、邦国、王朝等名,凭臆变乱,牵强填塞,此全属纂辑类书伎俩。使经义破碎支离,何益于学?何益于治?"①利用姚氏的批评,我们正好可以逐条分析《仪礼经传通解》的性质、特点以及撰者的旨趣所在。

首先,《仪礼经传通解》并非考礼、议礼之书。朱熹曾说:"礼学多不可考,盖其为书不全,考来考去,考得更没下梢,故学礼者多迂阔。一缘读书不广,兼亦无书可读。"②这说明朱熹对考礼的态度是有所保留的。我们在《文集》《语类》中所见的诸多论礼的材料,实际上都是朱熹格物穷理的体现,朱熹最终关心的是礼文中体现的天人性命之理。徐复观说:"朱元晦已经知道有考据学,但他不走这一条路,不仅因为他要在伦理上落脚,即在知性活动上,他是要在事事物物上求出事事物物之理,这是清代考据家乃至新汉学家所根本没有的观念。求事事物物之理,在时代限制上,他主要不能不落在书本上,但他之落在书本上,是要钻到文字训诂的后面去找他所追求之理。"③与清代考据家们追索考究礼仪之真实面貌不同,朱熹解礼时,所注重的仍然是仪节背后圣人制作的义理。朱熹深知"古礼于今实难行。尝谓后世有大圣人者作,与他整理一番,令人苏醒,必不一一尽如古人之繁,但放古之大意"④。"古之大意"正是礼中之精义,朱熹认为只有在掌握了礼意的基础上才能对当时的礼仪进行斟酌损益。此论在朱熹脑中已是根深蒂固,可以看出受程颐思想影响的痕

---

① ［清］姚际恒:《仪礼通论·仪礼论旨》,中国社会科学出版社,1998 年,第 8—9 页。
② ［宋］黎靖德辑:《朱子语类》卷八十四,《朱子全书》,第 2876 页。
③ 徐复观:《象山学述》,《中国思想史论集》,上海书店出版社,2004 年,第 23 页。
④ ［宋］黎靖德辑:《朱子语类》卷八十四,《朱子全书》,第 2877 页。

迹。程颐曾说："学礼者考文，必求先王之意，得意乃可以沿革。"①因此在不影响掌握礼义时，对于一时难以考知的名物制度，朱熹并不拘执强解。在《通解》中，录注疏，列《礼记》《周礼》、史传等书附益之，并不辨是非同异，正是朱熹欲陈设古今说法，以供识礼者酌古今之宜，而并非以考证、辨析为旨趣。朱熹强调："今所集礼书，也只是略存古之制度，使后人自去减杀，求其可行者而已。"②知源流，存制度，供人增损，这正是朱熹编撰礼书的目的所在，也正是我们认为《通解》一书并非"考礼""议礼"之作的原因之一。

其次，《仪礼经传通解》并非强调要人践履古礼，而是重在让学者识礼。叶贺孙曾问："所编礼，今可一一遵行否？"朱熹回答说："人不可不知此源流，岂能一一尽行？"③了解礼仪的起源和发展，才能更好地履礼。不知礼的源流，就容易凭空臆说，难以使礼之情文相称。朱熹言："周礼忒煞繁细，亦自难行。今所编礼书，只欲使人知之而已。"④"只欲使人知之而已"，这就明确了《通解》的性质是以学习研究《仪礼》为中心的材料汇编，而非可以直接用来践履的礼仪规范。这也是《通解》在学术层面对后来研究礼学产生深远影响的重要原因。

最后，朱熹遵循"非天子不议礼，不制度，不考文"的古训，认识到自己亦非得时得位的宰相，因而认为《通解》的精神主旨应该着眼于"定大纲"，最终目的在于能使礼治之功夫和义理适得其所，达到安邦定国的大治境界。朱熹早年任同安主簿时曾发出感慨："礼不难行于上，而欲其行于下者难也。"⑤可是，在朝四十六日的经历却使朱熹感到礼行于上实际上也很难。朱熹与叶贺孙关于礼书的讨论可以展现朱熹对这一问题的

---

① ［宋］程颢、程颐：《河南程氏遗书》卷二上，《二程集》，第 23 页。
② ［宋］黎靖德辑：《朱子语类》卷八十四，《朱子全书》，第 2886 页。
③ ［宋］黎靖德辑：《朱子语类》卷八十四，《朱子全书》，第 2886 页。
④ ［宋］黎靖德辑：《朱子语类》卷二十三，《朱子全书》，第 821 页。
⑤ ［宋］朱熹：《晦庵先生朱文公文集》卷六十九《民臣礼议》，《朱子全书》，第 3352 页。

思考：

　　问贺孙所编礼书。曰："某尝说，使有圣王复兴，为今日礼，怕必不能悉如古制。今且要得大纲是，若其小处亦难尽用。且如丧礼冠服斩衰如此，而吉服全不相似，却到遭丧时方做一副当如此着，也是咤异。"贺孙问："今齐斩尚存此意，而齐衰期便太轻，大功小功以下又轻，且无降杀。今若得斟酌古今之仪制为一式，庶几行之无碍，方始立得住。"曰："上面既如此，下面如何尽整顿得！这须是一齐都整顿过，方好。未说其他琐细处，且如冠，便须于祭祀当用如何底，于军旅当用如何底，于平居当用如何底，于见长上当用如何底，于朝廷治事当用如何底，天子之制当如何，卿大夫之制当如何，士当如何，庶人当如何，这是许多冠都定了。更须理会衣服等差，须用上衣下裳。若佩玉之类，只于大朝会大祭祀用之。五服亦各用上衣下裳。齐斩用粗布，期功以下又各为降杀。如上纽衫一等纰缪鄙陋服色都除了，如此便得大纲正。今若只去零零碎碎理会，些小不济事。如今若考究《礼经》，须是一一自着考究教定。"①

　　问："前日承教，喻以五服之制，乃上有制作之君，其等差如此。今在下有志之士，欲依古礼行之既不可，若一向徇俗之鄙陋，又觉大不经，于心极不安，如何？"曰："'非天子不议礼，不制度，不考文。'这事要整顿，便着从头整顿，吉凶皆相称。今吉服既不如古，独于丧服欲如古，也不可。古礼也须一一考究着所在在这里，却始酌今之宜而损益之。若今便要理会一二项小小去处，不济事，须大看世间都得其宜方好。"②

① ［宋］黎靖德辑：《朱子语类》卷八十四，《朱子全书》，第2886—2887页。
② ［宋］黎靖德辑：《朱子语类》卷八十四，《朱子全书》，第2889—2890页。

朱熹之意是，礼治秩序的重建必须是上下沟通协调的，能体现等级差异的，斟酌古今之仪制，这就需要上下一齐整顿过才好。若斤斤计较于一二小处，对社会风教所起作用甚小，影响也甚微。因此应该从大纲大本处着手，将各层级的礼仪一一考定，使之都得其宜。朱熹所定之大纲，就是按照家、乡、邦国、王朝的社会组织顺序重新编排《仪礼》，将丧、祭二礼的人生秩序另作安排，将古代士人学子孜孜以求的"学礼"补充纳入人生生命顺序与社会等级秩序中。这种将礼、学、政紧密结合的创新设计，正是朱熹多年以来研习《大学》《中庸》《学记》的心得所在，是朱熹毕生学问思想为现实政治寻求理想秩序的体现。夏炘这样理解朱熹所编礼书的用意："非欲作此书以夸博洽之名，实欲隐寓《大学》齐、治、均、平之旨。"①不可否认，这也是朱熹圣人情结的体现。朱熹尝说："圣人贤于尧、舜处，却在于收拾累代圣人之典章、礼乐、制度、义理，以垂于世。"②《仪礼经传通解》正是朱熹向往圣人之道，融义理与礼乐为一炉，力求经史结合的经世致用之作。

（二）《仪礼经传通解》在朱熹学术思想中的地位

朱熹将《仪礼经传通解》的编撰看作是与诸同志共相勉励的"大业"。③ 朱熹常常担心不能生前了却此事，唯恐凝聚自身心血的礼书因"伪学"之禁而遭焚毁。礼书最终没有全部完成，竟成为未了的公案，而朱熹也只能牵肠挂肚地带着无限遗恨离开人世。朱熹对礼书编撰的热忱可能仅有《四书章句集注》堪与可比。王启发曾这样总结《仪礼经传通解》所表现出来的特点：在篇章设计上，《通解》并没有按照当时流行的"吉、凶、宾、军、嘉"的"五礼"模式进行编排，而是以家礼、乡礼、学礼、邦

---

① ［清］夏炘：《述朱质疑》卷七，《续修四库全书》第 952 册，第 74 页。
② ［宋］黎靖德辑：《朱子语类》卷三十六，《朱子全书》，第 1335 页。
③ ［宋］朱熹：《晦庵先生朱文公续集》卷一，《朱子全书》，第 4658 页。

国礼、王朝礼、丧礼、祭礼的模式进行篇章编排的；在内容编排上，《通解》各篇大多以"经""传"（或"记"）、"注"三方面的内容成篇；在编撰形式上，就是对于《仪礼》所记录的各种程式仪节，《通解》进一步有所条理化。此外，不拘于《仪礼》十七篇篇目的内容，突破经、传的界限分别，贯通三《礼》，融会诸子史书，扩大古礼文献资料和解说材料的选取范围，从而以经补经、以传补经、以经补传、以子书补经、以史补传，成为《通解》一书最突出的特点。而且，在注文上也同样广泛吸收当世礼家的见解以为补充。① 我们认为《通解》在朱熹学术和思想中的地位目前还为学界关注不够，值得再深入探讨。

　　1.《仪礼经传通解》是朱熹毕生礼学思想的总结与展现

　　《通解》涵盖了朱熹一生关于礼的探讨的全部内容。从《通解》目录中我们可以看到从家、乡、学、邦国各个层面其对"治道"的探索与追求，可以看到朱熹经世致用的旨趣。

　　家礼。在《家礼》八篇中，《士冠礼》第一、《冠义》第二、《士昏礼》第三、《昏义》第四后，朱熹将《内则》编在第五，并下按语说"此必古者学校教民之书，宜以次于《昏礼》，故取以补经而附以传记之说云"。接下来将《内治》排第六，并指出："古无此篇，今取小戴《昏义》《哀公问》《文王世子》《内则》篇及《周礼》《大戴礼》、《春秋》内外传、《孟子》《书大传》《新序》《列女传》《前汉书》、贾谊《新书》、《孔丛子》之言人君内治之法者，创为此记，以补经阙。"将《五宗》编排在第七，并说明："古无此篇，今取《小戴·丧服小记》《大传》《曾子问》《内则》《文王世子》《檀弓》《曲礼》篇及此经《丧服传》、《春秋》内外传、《家语》《白虎通义》《书大传》《孔丛子》之言宗子之法以治族人者，创为此篇。"将《亲属记》排第八，强调人伦名分中正确称谓的重要性。② 围绕家的主题，朱熹不仅将家中之礼仪与礼义相结

---

① 王启发：《朱熹〈仪礼经传通解〉的编纂及其礼学价值》，《炎黄文化研究》2005 年第 3 期。
② ［宋］朱熹：《仪礼经传通解·篇第目录》，《朱子全书》，第 30—33 页。

合，而且从教化的角度引申归纳整理"人君内治之法"和治理家族的"宗子之法"，这样的治家之礼与法的结合正是朱熹理想的家庭模式的体现。朱熹从十七八岁时考订诸家祭礼，修订《祭仪》，刊刻《四家礼范》，到增订十九家《祭礼》，对冠、婚、丧、祭礼的重视贯穿一生。最后《通解》将"家礼"放在首篇，也不是偶然的，这表明了朱熹对"家"的重视。"家国同构"的政治格局在朱熹思想中正式形成，并在《通解》中得到体现。

这里应该指出的是，《仪礼经传通解》中"家礼"与朱熹《家礼》的取向是有所不同的，《通解》中的冠、婚、丧、祭重点在于能为礼义找到坚实的礼仪文本基础，而朱熹《家礼》则主要是以北宋诸子特别是司马光、二程、张载的礼仪设计为蓝本进行的增损。朱熹《家礼》是着眼于社会层面的士大夫修身齐家的需要，《通解》则是满足国家政治层面关于礼仪的探讨与损益。但是《通解》与《家礼》之间也有密切的联系，可以说，《通解》是为更好地实现《家礼》中的仪节规范服务的，如果我们设想朱熹能再长寿一些，他肯定会通过分析比较《通解》中的诸多观点来增损实践《家礼》。《家礼》的撰作为后来《通解》的编撰奠定了良好的基础，士大夫阶层无论是出于修身的需求还是社会教化的目的，乃至政治地位的获得，都必须具备足够的礼仪知识和礼学修养。《家礼》要得到更好的推广，不仅需要理学家群体的推动，还需要获得更大的社会认同，寻找经典依据，回归到《仪礼》本身，因此《通解》的编撰在朱熹看来是势在必行。

为什么是先有《家礼》后有《仪礼经传通解》而不是相反呢？不同时代的学者总是一出生就受着时代思潮的影响，在南宋当时的历史条件下，朱熹时代必然是新学与理学影响的时代，朱熹欲彰显理学，排斥新学，而理学是新的儒学，是更切近日用常行生活的儒学，那么礼就是伴随一个人始终、不能拒绝也不能逃避的社会形态。《家礼》既是朱熹个人的，也是当时理学家群体智慧的体现，也是理学家继承孔孟之道、创立新生活的蓝本。《家礼》在社会生活层面上的展开在当时来说实际上构成了对旧的社会生活形态的挑战，理学的反对者和坚持者必然要在礼学领域形成激烈的交锋，事实证明也是如此，这样，《通解》的产生也是当时学术政治交锋下的产物，是历史情势的必然，也是朱熹礼学力图进一步完善的体现。

乡礼。朱熹所辟的"乡礼"包含：《士相见礼》第九、《士相见义》第十、《投壶礼》第十一、《乡饮酒礼》第十二、《乡饮酒义》第十三、《乡射礼》第十四、《乡射义》第十五。这一章的设立在研究者看来具有非同寻常的意义。韩明士认为，"乡"这一层次，是一种介于家庭与政府机构最底层的影响范围之间的"中间层次"，按照朱熹所处时代的标准，相当于政府的最低一等，即州和县这一等级。对于朱熹而言，家庭，尽管是最基本的伦理关系所在，如果不朝着有利于更大的乡里，和最终是整个社会的方向超越，就可能变成个人利益的集中点。① 乡村社会，是一个自我表达和互相交流的培养人际交往的恰当环境，是士人明人道之大端，"使人重其身而毋迕于辱"，"使人审其交而无迕于祸"的重要场所②，也是明长幼之序，观德行之立的重要空间，还是朱熹构建理想型社会以观政教之本的重要层次。下联家、上达国的乡，既是每个士人成长的家之乡，也是其发展完善的必经之所。

淳熙二年(1175)四月十三日，朱熹曾考订《乡约》《乡仪》作者乃吕大钧，并为作跋。③ 这是吕祖谦来寒泉与朱熹论学共定《近思录》时所作。当初，朱熹和张栻等人都担心恐难流行，但又觉得这是前辈"所以教人善俗者而知自修之目"的有补风教的好书，所以决定好好学习修整一番。④后在此基础上作《增损吕氏乡约》，"及约冠昏丧祭之仪，削去书过行罚之

---

① 〔美〕韩明士：《陆九渊，书院与乡村社会问题》，〔美〕田浩编，杨立华等译：《宋代思想史论》，第456—467页。
② 〔宋〕刘敞：《公是集》卷三十七《士相见义》，《文渊阁四库全书》第1095册，第718页。
③ 〔宋〕朱熹：《朱子遗集》卷五《蓝田吕氏乡约跋》《蓝田吕氏乡仪跋》，《朱子佚文辑录》，《朱子全书》，第773—774页。
④ 〔宋〕朱熹：《晦庵先生朱文公文集》卷三十一《答张敬夫》，《朱子全书》，第1350页。

类，为贫富可通行者"。①

朱熹关于乡饮酒礼、义的研究主要针对的是以高闶、楼钥等为代表
的明州礼学家。前面已经提到，朱熹不满高闶所定乡饮酒仪。高闶是四
明地区洛学最重要的传人，也是南宋初期对抗王安石新学的重要人物。②
高闶致力于礼学研究，在礼部侍郎任上，曾患近世礼学不明，凶礼尤甚，
著有《厚终礼》《乡饮酒仪》，并修订司马光的冠礼，《丧礼》为朱熹纳入《家
礼》中。绍兴七年(1137)仇悆守明州，受《乡饮酒仪》的启发，在重建州学
后举行此礼，甚至买田充作举行典礼的基金，这是南宋建立后首次举行
乡饮酒礼。此后乡人林保参照此制，制定了乡饮仪制，宋廷于绍兴十三
年由时任国子监祭酒的高闶加以修定损益，定名为《乡饮酒矩范仪制》上
奏朝廷，由礼部颁行。明州也在同年刊行，这是南宋推动乡饮酒礼之

① ［宋］朱熹：《晦庵先生朱文公文集》卷三十三《答吕伯恭》，《朱子全书》，第 1458 页。将朱熹
《增损吕氏乡约》与《吕氏乡约》进行对比我们就可以发现朱熹增加了以下内容：(1)卷首增
加了概括《乡约》内容的前言，并规定了负责管理乡约的主事人员及管理办法和实施流程。
"凡乡之约四。一曰德业相劝，二曰过失相规，三曰礼俗相交，四曰患难相恤。众推有齿德
者一人为都约正，有学行者二人副之。约中月轮一人为直月，(都副正不与。)置三籍，凡愿
入约者书于一籍，德业可劝者书于一籍，过失可规者书于一籍。直月掌之，月终则以告于约
正，而授于其次。"(2)在"德业相劝"条下增加了"能导人为善"，删去了"凡有一善为众所推
者，皆书于籍，以为善行"。在"营家济物"后增加了"畏法令，谨租赋"。在此条尾增加了"右
件德业，同约之人，各自进修，互相劝勉。会集之日，相与推举其能者书于籍，以警励其不能
者"。(3)"过失相规"条，在"意在害人"后增加"诬赖争诉，得已不已者"。条尾将吕氏"已
上不修之过，每犯皆书于籍，三犯则行罚"改为"右件过失，同约之人，各自省察，互相规戒。
小则密规之，大则众戒之。不听则会集之日，直月以告于约正，约正以义理诲谕之。谢过请
改，则书于籍以俟。其争辩不服，与终不能改者，皆听其出识"。值得注意的事，此条是采纳
张栻的建议而修订的。张栻曾言："《乡约》细思之，若在乡里，愿入约者只得纳之，难于拣
择。若不择，而或有甚败度者，则又害事；择之，则便生议论，难于持久。兼所谓罚者可行
否？更须详论。精处若闲居行得，诚善俗之方也。"(4)"礼俗相交"条首删去"凡行婚姻丧
葬祭祀之礼，《礼经》具载，亦当讲求。如未能遵行，且从家传旧仪。甚不经者，当渐去之"，
"凡遇乡人相接，及往还书问，当众议一法共行之。"增加了"礼俗之交，一曰尊幼辈行，二曰
造请拜揖，三曰请召送迎，四曰庆吊赠遗"。接下来详列了以上四类礼俗交往的条目和礼仪
规范。末尾删去了"罚式""聚会""主事"条，增添了"集会读约之礼"。翻检《吕氏乡仪》我们
发现，朱熹的《增损吕氏乡约》将《吕氏乡仪》的内容增损后穿插放进了《乡约》，使《乡约》《乡
仪》融合为一。参见［宋］朱熹：《晦庵先生朱文公文集》卷七十四《增损吕氏乡约》，《朱子全
书》，第 3594—3603 页；［宋］吕大均：《吕氏乡约》，陈俊民：《蓝田吕氏遗著辑校》，第 563—
567 页；［宋］张栻：《新刊南轩先生文集》卷二十二《答朱元晦》，第 1104 页。
② 黄宽重：《宋代家族与社会》，第 82 页。

源。① 乾道五年(1169)，明州再次恢复乡饮酒礼。当时知明州的张津拨官田二百六十亩及山地二百四十九亩给州学，作为行乡饮酒礼的经费，并责由州学教授率当地父老主持。淳熙十三年(1186)，岳甫和周粹中同谋改建州学。州学落成后，汪大猷更进一步恢复乡饮酒礼，并主持仪式。楼钥说："冬至岁旦，序拜有规，主盟斯事，少长以礼，推年长者为学宾，遇释菜则为祭酒，自编为布韦之间，以为一乡矜式。"② 此后，乡饮酒礼成为明州地区持续举行的文化特色活动之一。③ 朱熹认为四明地区所行乡饮酒仪多谬误，认为应该以《仪礼》为标准来行礼。这是朱熹在《通解》中着力乡礼仪制的主要用意所在。

学礼。《通解》中《学礼》章的内容非常丰富，既讲学的制度，学的礼节，又将学的方法，学的内容，等等。《弟子职》第十八"言童子入学受业事师之法"，《少仪》第十九"言少者事长之节"，《曲礼》第二十"言委曲礼仪之事"，《学记》第二十七兼大小学而言"古者学校教人传道授业之次序与其得失兴废之所由"，《大学》第二十八专言"古者大学教人之次第"，《中庸》第二十九大抵与《大学》相发明。还有诸多新创之篇：

> 《学制》第十六：古无此篇。此类今以家塾党庠遂序皆为乡学，则其礼之次宜有以见其设教导民之法，故集诸经传创立此篇，以为此类之首。
>
> 《学义》第十七：此篇亦古所无，今集诸经传凡言教法之意者补之，以释上篇之义。
>
> 《臣礼》第二十一：古无此篇。今案：事亲事长、隆师亲友、治家居室之法各有成篇，独臣事君三纲之大，其法尤严，乃独无所聚而散

---

① ［宋］李心传：《建炎以来朝野杂记》甲集卷十三《乡饮酒》，第 282 页。
② ［宋］楼钥：《攻媿集》卷八十八《汪大猷行状》，《文渊阁四库全书》第 1153 册，第 367 页。
③ 黄宽重：《宋代家族与社会》，第 163 页。

出于诸书，学者无所考焉。今掇其语，创为此篇。

《钟律》第二十二：古无此篇。今以六艺次之，凡礼之通行者，已略见上诸篇矣。此后当继以乐，而《乐经》久已亡逸，故取《周礼》郑注、太史公、《淮南子》、前后《汉志》、杜佑《通典》之言律吕相生、长短均调之法，创为此篇，以补其阙。

《钟律义》第二十三：古无此篇。今取（阙）……

《诗乐》第二十四：古亦无此篇。而大乐遗声，其绝久矣。今取世传唐开元十二诗谱补之，以粗见其仿佛，然亦未知其果有以合于古之遗声否也。

《礼乐记》第二十五：古无此篇，今取诸《记》中通论礼乐大指者合为此篇，以通释礼乐之义。

《书数》第二十六（今阙）：古无此篇。今案：六艺之射已略见上《乡射》及下《大射》篇，御法则废不可考矣。唯书数日用所须，不可不讲，故取许氏《说文解字序》说及《九章算经》为此篇，以补其阙，然亦不能详也。①

通过礼书的编撰，朱熹展现了作为大教育家的风采，不仅总揽了三代以来有关学礼的精华篇章，从学习的内容方面重视礼、乐、书、数在人全面发展中的重要性，礼仪方面纵贯个人从小学到大学的生命历程，也涉及为学者、为人子、为人臣的社会角色意识的培养。朱熹设立的《学礼》篇展现了他对礼在个人生命发展中重要性的认识：学做人。正如杜维明所说："学做人就此意义而言，可以理解为礼仪化的过程，包括服从常规仪式，遵从阅历丰富的长者，效法公认的典范，找到与别人交往的最

---

① ［宋］朱熹：《仪礼经传通解·篇第目录》，《朱子全书》，第36—39页。

合适的方式。"①

　　对《学礼》中纲领性的部分,朱熹对《大学》《中庸》倾注的心血已为世人共睹。实际上值得一提的还有朱熹对《小学》《弟子职》和乐律的关注。朱熹曾反复强调,古时学者于小学学"事"、大学学"理"。② 朱熹所讨论的"礼",是由缺一不可的两部分相辅而成:其一是《小学书》所学的日常的、经验性的"洒扫应对进退"等行为举止,可视为精微之"事"的"礼";其二是推究事务缘由、以《大学》的格物穷理为前提的、作为形而上学之"理"的"礼"。朱熹构想了首先熟习作为"事"的"礼",然后以此为基础,再学习作为"理"的"礼"这一前进途径。他还以《论语·宪问》篇中孔子的"下学上达"之语来比喻这一过程。③ 最为重要的是,在《仪礼经传通解》之中,上述"礼"的两个侧面最终得以统合、扬弃。前者乃后天形成的人为之"礼",具有因时而变的可能;后者则是天赋的、先天性不易之"礼",由所谓的"三纲五常"所代表。④

　　在《通解》中《小学》没有另辟成一章,这是因为《小学》的内容本来就是从《曲礼》《少仪》《内则》《弟子职》中搜集的。用朱熹的话来说,这些篇目都为"小学之支流余裔"⑤。早年朱熹将《礼记》中关于礼义部分的阐释集中在《大学》《中庸》篇中,将礼仪部分集中于《小学》一书中。如果说朱熹《家礼》从社会基本组织的形态上为社会成员制定了可行的礼仪规范,那么,《小学》的编撰则对个人的为己之学设定了顺序次第:先是"小学",后是"大学"。"小学"基本上是指日常礼仪,"大学"则指在体现人类感受

---

① 〔美〕杜维明著,钱文忠、盛勤译:《古典儒学中的道、学、政》,《道、学、政:论儒家知识分子》,上海人民出版社,2000 年,第 7 页。
② 〔宋〕黎靖德辑:《朱子语类》卷七,《朱子全书》,第 269 页。
③ 〔宋〕黎靖德辑:《朱子语类》卷四十四,《朱子全书》,第 1568 页。
④ 〔日〕伊东贵之:《从"气质变化论"到"礼教"——中国近世儒教社会"秩序"形成的视点》,〔日〕沟口雄三、小岛毅主编,孙歌等译:《中国的思维世界》,江苏人民出版社,2006 年,第 537—538 页。
⑤ 〔宋〕朱熹:《晦庵先生朱文公文集》卷七十六《大学章句序》,《朱子全书》,第 3672 页。

的一切层面上的修身。① 在朱熹看来，当时的学者之所以为学没有据守，造成"许多浅陋玄空、上下走作之弊"，就在于没有做好小学功夫。② 朱熹对陈亮就曾提出这样的忠告："收拾身心，从事于古人所谓小学者，以补前日粗疏脱略之咎。"③针对当时许多学者热心讨论格物致知之理，而缺少涵养本原之功的现状，朱熹不断重申：大学格物致知之理都是以小学功夫为基础的。小学之成功，以著大学之明法。小学在先，格物致知在后。"盖古人由小学而进于大学，其于洒扫应对进退之间，持守坚定，涵养纯熟，固已久矣。是以大学之序，特因小学已成之功，而以格物致知为始。今人未尝一日从事于小学，而曰必先致其知，然后敬有所施，则未知其以何为主而格物以致其知也。"④朱熹旨在强调，以日用常行礼仪为主的小学功夫不能缺失，一旦丧失，所有的义理讨论都无从谈起。涵盖了礼仪训练与培养的小学持养功夫应习于诚敬，养其德性，收其放心，这是格物致知的前提和内容。

淳熙十年(1183)七月，朱熹邀刘清之一道始编《小学》之书。淳熙十四年三月一日，《小学》书成。李方子《紫阳年谱》："（淳熙）十四年，编次《小学》书成。初，先生既发挥《大学》，以开悟学者；又惧其失序无本，而不足以有进也，乃辑此书，以训蒙士，使培其根，以达其支云。"⑤朱熹题辞为：

　　　古者小学教人以洒扫、应对、进退之节，爱亲、敬长、隆师、亲友之道，皆所以为修身、齐家、治国、平天下之本。而必使其讲而习之

---

① 杜维明此论旨在讨论孔子的为己之学，而论者以为，实际上到朱熹才明确地将大学、小学的顺序次第分别开来。参见〔美〕杜维明著，钱文忠、盛勤译：《儒家圣人：为己之学的典范》，《道、学、政：论儒家知识分子》，第30—45页。
② ［宋］朱熹：《晦庵先生朱文公文集》卷三十三《答吕伯恭》，《朱子全书》，第1442—1443页。
③ ［宋］朱熹：《晦庵先生朱文公文集》卷三十六《答陈同甫》，《朱子全书》，第1593—1594页。
④ ［宋］朱熹：《晦庵先生朱文公文集》卷四十二《答胡广仲》，《朱子全书》，第1894—1895页。
⑤ ［宋］真德秀：《西山读书记》卷三十一，《文渊阁四库全书》第706册，第123页。

幼稚之时，欲其习与知长，化与心成，而无扞格不胜之患也。今其全书虽不可见，而杂出于传记者亦多，读者往往直以古今异宜而莫之行，殊不知其无古今之异者，固未始不可行也。今颇搜辑以为此书，受之童蒙，资其讲习，庶几有补于风化之万一云尔。①

《郡斋读书志·读书附志》介绍评价此书："《小学》之书四卷。右朱文公先生所编也。有内篇，有外篇。其宏纲有三：曰立教，曰明伦，曰敬身。明伦则有父子、君臣、夫妇、长幼、朋友之品，敬身则有心术、威仪、衣服、饮食之目。又采摭古今经传书史之所纪载，曰稽古，曰嘉言，曰善行，以广其教而实其事。小学之工程，大学之门户也。"②朱熹在《小学》上花费了巨大的精力讨论，将其奠定为《大学》的基础。③后来《小学》还和《大学章句》《近思录》《家仪》《乡仪》《献寿仪》等一道刊刻于临漳学宫。

关于为学者作为特殊的社会角色的礼仪，朱熹也非常关注。淳熙元年(1174)朱熹四十五岁时，编订《弟子职》《女诫》，印刻于建安。在此前后，与学者多交流讨论并修订。④《弟子职》内容包括学则、早作、受业待客、馈馈、乃食、洒扫、执烛、请衽、退习。朱熹门人弟子众多，《弟子职》是师生交往中非常重要的仪节，其社会教化和普及程度应该相当高。因受《温公家仪》的影响，《女诫》作为重要的女子教育教材在当时也刊刻不

---

① ［宋］朱熹：《晦庵先生朱文公文集》卷七十六《题小学》，《朱子全书》，第3671页。
② ［宋］晁公武撰，孙猛校证：《郡斋读书志校证·读书附志》，第1228页。
③ ［宋］朱熹：《晦庵先生朱文公文集》卷三十五《答刘子澄》《与刘子澄》，《朱子全书》，第1540、1543、1545、1546、1548、1552页；《晦庵先生朱文公续集》卷二《答蔡季通》，《朱子全书》，第4685、4702页；《晦庵先生朱文公文集》卷二十六《与陈丞相别纸》，《朱子全书》，第1181页。
④ ［宋］朱熹：《晦庵先生朱文公文集》卷三十三《答吕伯恭》，《朱子全书》，第1450页；《晦庵先生朱文公文集》卷三十五《与刘子澄》，《朱子全书》，第1553页；《晦庵先生朱文公别集》卷三《刘子澄》，《朱子全书》，第4891页；［宋］吕祖谦：《东莱别集》卷八《与朱侍讲》，《文渊阁四库全书》第1150册，第244页；《晦庵先生朱文公文集》卷二十五《与建宁傅守札子》，《朱子全书》，第1121页。

少,影响不断扩大。

关于礼乐之说,朱熹相当重视,曾作《琴律说》《声律说》等。① 在朱熹当时的学术圈中,还有不少人论琴律,为了能与大家讨论,朱熹还曾向蔡渊借过琴谱。② 朱熹的琴律说多求正于蔡元定。③ 淳熙十四年(1187)正月初一,蔡元定《律吕新书》成,为作序。④

邦国、王朝礼。朱熹尝感慨"自汉以来,凡天子之礼,皆是将士礼来增加为之",为天子诸侯礼的丧失惋惜不已。⑤ 朱熹所纂邦国礼包括《燕礼》《燕义》《大射仪》《大射义》《聘礼》《聘义》《公食大夫礼》《公食大夫义》《诸侯相朝礼》《诸侯相朝义》。王朝礼包括《觐礼》《朝事义》《历数》《卜筮(阙)》《夏小正》《月令》《乐制》《乐记》《王制》。在编修礼书的过程中,朱熹撰写天子之礼数段,本来准备入礼书,后又觉得《通解》本为编纂之作,并非自己著书,因此除去不用。⑥

总之,《通解》篇章的设立均与朱熹的学术思想及其参与的政治生活有着密切的联系,是朱熹礼学思想乃至自身学术思想的总结。

2.《仪礼经传通解》是朱熹应对永嘉、永康学术挑战的反省与综合之作

朱熹晚年,与批判陆学不好读书、只求本心、静坐顿悟相较而言,对浙东事功学派的批判更加尖锐猛烈。因为在朱熹看来,浙学的影响直接深入政治和社会,适应着统治者的现实政治需要,不可小觑其学术进展与变化,值得认真对待。他说:"江西之学只是禅,浙学却专是功利。禅

---

① ［宋］朱熹:《晦庵先生朱文公文集》卷六十六《琴律说》,《朱子全书》,第 3240—3246 页;《晦庵先生朱文公文集》卷七十二《声律辨》,《朱子全书》,第 3442—3444 页。
② ［宋］朱熹:《晦庵先生朱文公续集》卷三《答蔡季通》,《朱子全书》,第 4706 页。
③ ［宋］朱熹:《晦庵先生朱文公续集》卷三《答蔡季通》,《朱子全书》,第 4707 页。
④ ［宋］朱熹:《晦庵先生朱文公文集》卷七十六《律吕新书序》,《朱子全书》,第 3668—3670 页;《晦庵先生朱文公文集》卷四十四《答蔡季通》,《朱子全书》,第 1997 页。
⑤ ［宋］黎靖德辑:《朱子语类》卷八十五,《朱子全书》,第 2898 页。
⑥ ［宋］朱熹:《晦庵先生朱文公文集》卷六十九《天子之礼》,《朱子全书》,第 3364—3366 页。

学后来学者摸索一上,无可摸索,自会转去。若功利,则学者习之,便可见效,此意甚可忧。"①浙东事功学派以永嘉学、永康学为代表。永嘉学在薛季宣、郑伯熊死后由陈傅良发扬光大,使其以新的面目发展壮大。特别是淳熙末年陈傅良入湘赴任,影响了湖湘学派的发展,将湘中弟子都网罗到永嘉的阵营中来了。永康学在陈亮学术的引导下,陆氏、吕氏门人弟子多追随归化。朱熹感叹:"陈同父学已行到江西,浙人信向已多。家家谈王伯,不说萧何、张良,只说王猛;不说孔孟,只说文中子,可畏!可畏!"②对于这两股巨大的浙学势力,朱熹不能等闲视之。1184 年,朱熹在给吕祖俭的信中批评陈亮"舍却圣贤经指,而求理于史传"的学术方法,朱熹认为如果陈亮能"看得圣贤说礼乐处有味,决定不作此见"。③ 在朱熹看来,"缘人情而制礼,依人性而作仪"的关键不是要了解礼仪发展变化的过程来为现实礼仪制作服务,而是应该理解礼仪背后深蕴的圣人人心、人性、人情之义理。只有把握了经中之旨,才能更好地为现实礼仪讨论提供依据。

绍熙二年(1191),朱熹在漳州任上就向来问学的永嘉学子徐寓、在永嘉任过官的弟子滕璘等人详细了解了陈傅良的思想。后来陈傅良的高足曹叔远来考亭问学时,朱熹借机对永嘉学注重名物制度研究的经制之学提出了批评。据叶贺孙录:

> 问器远所学来历。曰:"自年二十从陈先生,其教人读书,但令事事理会,如读《周礼》,便理会三百六十官如何安顿;读《书》,便理会二帝三王所以区处天下之事;读《春秋》,便理会所以待伯者予夺之义。至论身己上工夫,说道:'形而上者谓之道,形而下者谓之器。

---

① ［宋］黎靖德辑:《朱子语类》卷第一百二十三,《朱子全书》,第 3873 页。
② ［宋］黎靖德辑:《朱子语类》卷第一百二十三,《朱子全书》,第 3872 页。
③ ［宋］朱熹:《晦庵先生朱文公文集》卷四十七《答吕子约》,《朱子全书》,第 2194—2195 页。

器便有道，不是两样，须是识礼乐法度皆是道理。'"曰："礼乐法度，
古人不是不理会。只是古人都是见成物事，到合用时便将来使。如
告颜渊'行夏之时，乘殷之辂'，只是见成物事。如学字一般，从小儿
便自晓得，后来只习教熟。如今礼乐法度都一齐散乱，不可稽考，若
着心费力在上面，少间弄得都困了。"①

陈傅良认为，古代的礼乐法度都是道理，就"事上理会"便具体表现
为就名物制度求理。黄宗羲曾这样评价陈傅良之学："教人就事上理会，
步步着实，言之必使可行，足以开物成务。"②而朱熹批评说，在古代，礼乐
法度和蕴含其中的道理是合一的，而今人的礼乐法度与其中的道理则可
能是分离的。如今礼乐制度一齐散乱，难以稽考，于制度名物上求理，就
有可能得非所求，得不偿失。因此最好的办法是即物穷理，到经中直探
其理。这与永嘉学"重史轻经"的观点形成对立。

曹器远还告诉朱熹，陈傅良教导他："若只管去理会道理，少间恐流
于空虚。"朱熹则当着曹叔远的面说：

向见伯恭亦有此意，却以《语》《孟》为虚着。《语》《孟》开陈许多
大本原，多少的实可行，反以为恐流于空虚，却把《左传》做实，要人
看。殊不知少间自都无主张，只见许多神头鬼面，一场没理会，此乃
是大不实也。又只管教人看史书，后来诸生都衰了。③

在朱熹看来，永嘉学和吕氏婺学都强调读史，主张从史中探理，说史
不免穿凿附会，故弄玄虚。朱熹主张理在经中，认为《论语》和《孟子》论

---

① ［宋］黎靖德辑：《朱子语类》卷一百二十，《朱子全书》，第 3785 页。
② ［明］黄宗羲、全祖望：《宋元学案》卷五十二《艮斋学案》，第 1696 页。
③ ［宋］黎靖德辑：《朱子语类》卷一百二十，《朱子全书》，第 3785 页。

述了许多礼乐制度的大本大原问题,因此应该在方法和功夫上以"从自家身心理会"代替"就事上理会",以直接即物求道代替就名物制度求理,强调经中求道的优先性,指出不从礼乐根本问题上着手,终究会导致学派的衰落。朱熹批评主张"学问之道不在于己而在于书,不在于经而在于史"的学者。[①] 朱熹认为看史如同看人相打,是没什么好看的。他说陈亮"一生被史坏了",黄榦亦言吕祖谦"教学者看史,亦被史坏"[②],陈亮"废经而治史,略王道而尊霸术,极论古今兴亡之变,而不察此心存亡之端。若只如此读书,则又不若不读之为愈也"[③]。在朱熹看来,从身心出发体会天人性命之道理,具有第一位的优先性,历史只不过是道在不同时期的演绎变化而已,因此治经必须优先于治史。从经、史的角度来看待礼学和礼制,反映出的学术倾向是不同的。朱熹主张回归代表周文郁郁的《仪礼》,而永嘉学者可能更倾向于考察礼制史。

　　朱熹在朝四十六日的礼仪讨论表明,在现实的政治和学术较量中,朱熹的礼学实践多不敌永嘉学派。朱熹从朝廷落职罢祠后,在编撰礼书的过程中逐渐认识到博考经史也是必须的。在给门人的信中朱熹说:"然《大学》所言格物致知,只是说得个题目,若欲从事于其实,须更博考经史,参稽事变,使吾胸中廓然无毫发之疑,方到知止有定地位。不然,只是想象个无所不通底意象,其实未必通也。近日因修礼书,见得此意颇分明。"[④]这表明朱熹在编撰《通解》的过程中认识到了永嘉之学的优越性,并试图将经史结合起来。实际上,《仪礼经传通解》的编撰,最初的体例设计、样篇的整理,均是在吕祖谦及其门人弟子的帮助下进行的。正式启动礼书编撰,参与编修的人员有近一半为受浙学浸染的浙江人,不少任务都交给有学习礼仪传统的明州、四明、江右朋友。朱熹在编修礼

---

① ［宋］朱熹:《晦庵先生朱文公文集》卷四十七《答吕子约》,《朱子全书》,第 2196 页。
② ［宋］黎靖德辑:《朱子语类》卷一百二十三,《朱子全书》,第 3871 页。
③ ［宋］朱熹:《晦庵先生朱文公文集》卷五十三《答沈叔晦》,《朱子全书》,第 2529 页。
④ ［宋］朱熹:《晦庵先生朱文公文集》卷六十三《答孙敬甫》,《朱子全书》,第 3065 页。

书中也主张要将经史结合起来看，这样才能看到经礼、变礼之间的发展变化。总之，《仪礼经传通解》吸收了浙学重史重经制的精华，成为朱熹完善自身学术的重要著作。

第四章　朱熹的《礼记》学思想

　　蔡方鹿曾论及,朱熹《仪礼》为经,《礼记》为传,经传相分又相合的思想,体现了其经学思想的基本特征,而与其理学思想有所出入。因为就其经学的逻辑而言,是以《仪礼》为经,为本,为事,以《礼记》为传,为末,为理,经传的本末、事理之分,是其经学的内在逻辑。而就朱熹理学的逻辑而言,其理本论哲学不允许把理置于末和从属于事的位置,理作为宇宙的本体,是包括礼在内的一切事物存在的根据,故就其理本论讲,理不依赖事物而存在,由此与其经学《礼记》之理安顿在《仪礼》之事的思想有所出入。[1] 蔡先生明确了朱熹礼学思想的经学特征和理学特点,但这两方面的特点是否真有出入呢? 或者说这两者是怎样有机地统一在朱熹思想中的?

　　实际上不妨用经学特征和理学特点来概括朱熹《礼记》学思想发展的两个阶段,虽然两者密不可分,但从朱熹学术发展的整体历程来看,其礼学理学化的追求在先,回归礼经的经学诉求在后。朱熹看待礼学经典的本末关系与礼理关系的本末是不同的,就《仪礼》《礼记》的产生而言,

---

[1]　蔡方鹿:《朱熹经学与中国经学》,第458页。

也是先有《仪礼》，后有《礼记》，《仪礼》为本经，《礼记》为传是要确立两者在礼学学习和研究中的地位。而从《礼记》中推衍的"理"，已经成为一个独立的宇宙本体论概念，它的具体表现形式则在《仪礼》《礼记》细小委曲的礼仪中。两者并不矛盾，这也正是朱熹礼学、理学的特色。朱熹借助《礼记》中的《大学》《中庸》《乐记》等篇，对北宋以来关于礼义的探讨进行了综合与发展，并延及《论语》《孟子》等，使礼具备了宇宙本体的本源特性和精致完备的心性基础，有了更为完备的践履功夫。

第一节　朱熹对《礼记》的态度

《礼记》有大戴辑《礼记》和小戴辑《礼记》。晋代陈邵《周礼论序》云："戴德删古《礼》二百十四篇为八十五篇，谓之大戴《礼》；戴圣删大戴《礼》为四十九篇，是为小戴《礼》。"①朱熹受此影响，说："大戴《礼》冗杂，其好处已被小戴采摘来做《礼记》了，然尚有零碎好处在。"②朱熹于此明确认为小戴《礼》的选材来自大戴《礼》。但是，朱熹又怀疑："大戴《礼》无头，其篇目阙处，皆是元无，非小戴所去取。"③大戴《礼》到唐代就佚失了四十多篇，其中第一篇至第三十八篇已全部亡佚。朱熹认为大戴《礼记》所缺的部分本来就没有，并非小戴所删，这与朱熹所说小戴《礼》的选材来自大《戴》礼相矛盾。关于其中篇目，陈淳曾询问："大戴《保傅》篇多与贾谊策同，如何？"朱熹回答说："《保傅》中说'秦无道之暴'，此等语必非古书，乃后人采贾谊策为之，亦有孝昭冠辞。"④关于大戴《礼》的成书，朱熹认为

---

① ［清］盛世佐：《仪礼集编》卷首上，《文渊阁四库全书》第110册，第24页。
② ［宋］黎靖德辑：《朱子语类》卷八十八，《朱子全书》，第2995页。
③ ［宋］黎靖德辑：《朱子语类》卷八十八，《朱子全书》，第2995页。
④ ［宋］黎靖德辑：《朱子语类》卷八十八，《朱子全书》，第2996页。

如《保傅》篇等为汉代作品。总的来说，朱熹对《大戴礼记》持保留的态度。[1] 他关于《大戴礼记》的讨论只有寥寥数语，以下如无特殊说明，主要讨论的是朱熹对小戴辑《礼记》的态度。

一　朱熹对《礼记》成书的看法

《礼记》四十九篇，内容十分丰富、驳杂，其中有对《仪礼》内涵的诠释，也有对孔子及其弟子言行的记录，更多的是对礼义的发挥与探讨。今有学者认为："经过学者们长期研究，较普遍地认为这些篇章大多数写就于春秋战国时代，文中反映的基本内容多系先秦古制，其中录有一些孔子言论或其弟子对孔子思想真谛的发挥，即使有个别篇章是秦汉儒生所撰，但其基本内容也都是对先秦古制的追记。"[2] 就先秦文献和目前出土简帛反映的情况来看，这样的判断是比较准确的。宋儒受疑经风气的影响，对《礼记》多持疑义。欧阳修、刘敞、李觏、晁说之、苏轼、程颢、程颐等都对《礼记》中一些篇目表示怀疑。如欧阳修认为"《礼记》杂乱之书"[3]。刘敞认为《王制》出于汉儒之手，他说："今之《礼》非醇经也。周道衰，孔子没，圣人之徒合百说而杂编之，至汉而始备，其间多六国秦汉之制，离文断句，统一不明，惟《曾子问》一篇最详，而又不信其问曰：'君葬而世子生，则如之何？'对曰：'三月而告于祢。'吾疑非仲尼之言也。"[4] 李觏怀疑"礼不下庶人"的说法实乃"述《曲礼》者之妄也"[5]。程颐认为"《礼记》之文多谬误者"[6]。"《礼记》之文，亦删定未了，盖其中有圣人格言，亦

---

①　孙显军：《朱熹的〈大戴礼记〉研究》，《苏州大学学报》（哲学社会科学版）2009 年第 1 期。

②　詹子庆：《〈礼记〉的史学价值》，《光明日报》2001 年 4 月 10 日。

③　［宋］欧阳修：《欧阳修全集》卷一百五十《与姚编礼》，第 2482 页。

④　［宋］刘敞：《公是集》卷四十六《疑礼》，《文渊阁四库全书》第 1095 册，第 807 页。

⑤　［宋］李觏：《李觏集》卷二《礼论七篇》，第 20 页。

⑥　［宋］程颢、程颐：《河南程氏粹言》卷一《论书篇》，《二程集》，第 1201 页。

有俗儒乖谬之说。"①"《礼记·儒行》《经解》，全不是……《祭法》如夏后氏郊鲧一片，皆未可据。"②这些言论都不同程度影响了朱熹对《礼记》一书的看法。

朱熹认为《礼记》是一部庞杂之书，不可全信："《礼》非全书，而《礼记》尤杂。"③"今只有《周礼》《仪礼》可全信，《礼记》有信不得处。"④"大抵说制度之书，惟《周礼》《仪礼》可信，《礼记》便不可深信。"⑤朱熹不仅从整体上怀疑《礼记》，还对《礼记》中的具体内容提出疑义，如："《王制》'特禴，祫禘，祫尝，祫烝'之说，此没理会，不知汉儒何处得此说来。礼家之说，大抵自相矛盾。"⑥"礼书大概差舛不可晓。如《祭法》一篇，即《国语》柳下惠说祀爰居一段，但文有先后。如祀稷、祀契之类，只是祭祖宗耳。末又说有功则祀之，若然，则祖宗无功不祀乎？"⑦"《表记》言'仁有数，义有长短大小'，此亦有未安处。今且只得如注说。"⑧朱熹对《礼记》的这种怀疑态度影响了学者们对其礼学思想的判断。

周予同说："朱熹之于三礼，以《周礼》为周制，《仪礼》为未备，而于《礼记》加以贬抑。"⑨朱熹对《礼记》多怀疑是否就表明其对《礼记》多贬抑呢？"贬抑"的论断一方面可能是看到朱熹对《礼记》多怀疑，另一方面则可能是注意到朱熹一直在强调《仪礼》为经，《礼记》为传。我觉得朱熹对《礼记》的怀疑并不表示其有贬抑的态度，这是因为明确《礼记》为传，也只是从礼学经典产生的先后顺序以及特点上面说明这样一个事实而已。

---

① 〔宋〕程颢、程颐：《河南程氏遗书》卷十八，《二程集》，第 240 页。
② 〔宋〕程颢、程颐：《河南程氏遗书》卷十九，《二程集》，第 254 页。
③ 〔宋〕黎靖德辑：《朱子语类》卷八十三，《朱子全书》，第 2870 页。
④ 〔宋〕黎靖德辑：《朱子语类》卷八十六，《朱子全书》，第 2911 页。
⑤ 〔宋〕黎靖德辑：《朱子语类》卷八十六，《朱子全书》，第 2912 页。
⑥ 〔宋〕黎靖德辑：《朱子语类》卷八十七，《朱子全书》，第 2954 页。
⑦ 〔宋〕黎靖德辑：《朱子语类》卷八十七，《朱子全书》，第 2977 页。
⑧ 〔宋〕黎靖德辑：《朱子语类》卷八十七，《朱子全书》，第 2987 页。
⑨ 周予同：《朱熹》，周予同著，邓秉元编：《中国经学史论著选编》，复旦大学出版社，2015 年，第 89 页。

《礼记》结合《仪礼》来进行探讨,实际上夯实而并非动摇了《礼记》学的基础。虽然朱熹认为《礼记》为《仪礼》之传,有庞杂不可信之处,但这并不表示朱熹就否认了《礼记》的价值。实际上,理学的核心概念如心、性、理、气来源、得益于《礼记》最多,而朱熹对《大学》《中庸》《乐记》《学记》等的研究与阐释也证明其在整体上认同《礼记》。

关于《礼记》的作者,《隋书·经籍志》认为是"仲尼弟子及后学者所记"①;赵匡认为是"孔门之后末流弟子所撰,或是汉初诸儒私撰之"②;朱熹认为是儒者传古礼而作。他说:"然古礼非必有经,盖先王之世,上自朝廷,下达闾巷,其仪品有章,动作有节,所谓礼之实者,皆践而履之矣。故曰'礼仪三百,威仪三千,待其人而后行',则岂必简策而后传哉!其后礼废,儒者惜之,乃始论著为书,以传于世,今《礼记》四十九篇,则其遗说。"③朱熹明确指出《仪礼》和《礼记》的产生过程,认为《礼记》是为阐释《仪礼》而产生的:"《礼记》乃秦、汉上下诸儒解释《仪礼》之书,又有他说附益于其间。"④朱熹认为《礼记》中的大部分作品为孔门后学之作。

有门人许顺之陈述当时人的普遍看法,认为《礼记》是汉儒之说。朱熹否定了这一观点,反驳说:"汉儒最纯者莫如董仲舒,仲舒之文最纯者莫如三策,何尝有《礼记》中说话来!如《乐记》所谓'天高地下,万物散殊,而礼制行矣;流而不息,合同而化,而乐兴焉'。仲舒如何说得到这里?想必是古来流传得此个文字如此。""以是知《礼记》亦出于孔门之徒无疑。"⑤朱熹猜测《乐记》《曲礼》《玉藻》《儒行》《檀弓》等成书较早:"若《曲礼》《玉藻》诸篇,皆战国士人及汉儒所裒集……《乐记》文章颇粹,怕

---

① [唐]魏徵、令狐德棻:《隋书》卷三十二,中华书局,1973年,第925页。
② [唐]陆淳:《春秋集传纂例》卷二,《文渊阁四库全书》第146册,第399页。
③ [宋]朱熹:《晦庵先生朱文公文集》卷七十四《讲礼记序说》,《朱子全书》,第3585—3586页。
④ [宋]黎靖德辑:《朱子语类》卷八十四,《朱子全书》,第2888页。
⑤ [宋]黎靖德辑:《朱子语类》卷八十七,《朱子全书》,第2941页。

不是汉儒做。"①《儒行》《乐记》非圣人之书，乃战国贤士为之。"②《檀弓》出于汉儒之杂记，恐未必得其真也。"③《檀弓》恐是子游门人作，其间多推尊子游。"④朱熹怀疑《礼运》为子游所作。有人问："《礼运》似与《老子》同？"朱熹回答："不是圣人书。胡明仲云：'《礼运》是子游作，《乐记》是子贡作。'计子游亦不至如此之浅。"⑤从这些略带怀疑的论述可以看出，朱熹在尝试着从《礼记》中寻找合乎《仪礼》与圣人之言行的篇章。

二　朱熹对《礼记》各篇关系的论述

朱熹不断地从《礼记》中寻找资源，确定《礼记》多为圣门后学之作。上节提及的《乐记》《曲礼》《玉藻》《檀弓》《礼运》等篇，朱熹认为多出于战国之时。

另外，一般认为"朱熹疑其他诸篇、贬低为'汉儒之作'与推崇《大学》《中庸》恰好成为一个问题的两个方面，是在疑他篇中提升了《大学》和《中庸》地位"⑥。其实，朱熹推崇《大学》《中庸》本是无须争辩的事实，是无须通过贬低其他诸篇来提升其地位的。这是因为，一方面，《大学》《中庸》是宋初统治者开始把它们从《礼记》中凸现出来，作为有特殊意义的专经，并不是到后来由理学家把它们取出来作为儒家的专经。⑦《大学》《中庸》早在北宋初年就在士大夫与佛门高僧的交流中得到高度重视，后

---

① ［宋］黎靖德辑：《朱子语类》卷八十四，《朱子全书》，第 2888 页。
② ［宋］黎靖德辑：《朱子语类》卷八十七，《朱子全书》，第 2941 页。
③ ［宋］黎靖德辑：《朱子语类》卷八十七，《朱子全书》，第 2949 页。
④ ［宋］黎靖德辑：《朱子语类》卷八十七，《朱子全书》，第 2947 页。
⑤ ［宋］黎靖德辑：《朱子语类》卷八十七，《朱子全书》，第 2958 页。
⑥ 杨新勋：《宋代疑经研究》，中华书局，2007 年，第 211 页。另外潘斌《朱熹〈礼记〉学述论》也认为朱熹在对《礼记》其他诸篇的贬低中提升了《大学》和《中庸》的地位，载四川大学古籍整理研究所、四川大学宋代文化研究中心编：《宋代文化研究》第十五辑，四川大学出版社，2008 年，第 587 页。
⑦ 束景南、王晓华：《四书升格运动与宋代四书学的兴起——汉学向宋学转型的经典诠释历程》，《历史研究》2007 年第 5 期，第 85 页。

来通过皇帝的推崇，借助科举制度的广泛传播，一直到南宋都是儒家学
者学习研究的热点。"道学家并不是在遍读《六经》、仔细权衡的基础上
决定将《大学》《中庸》选出来作为基本文献"，朱熹的研究承二程之绪，直
接介入《大学》《中庸》篇，也并非"返之六经而后得之"。① 因此从朱熹的
本意来说，并非希望厚此薄彼。

另一方面，《礼记》中的其他诸篇同样成为朱熹理解三代之治、圣贤
之学的重要篇目。譬如朱熹特别重视《学记》，他在《仪礼经传通解·篇
第目录》中论《学记》时说，此篇"言古者学校教人传道授业之序与其得失
兴废之所由，盖兼大小学而言之。旧注多失其指，今考横渠张氏之说，并
附己意，以补其注云"②。这里"横渠张氏之说"，主要指张载佚书《礼记
说》对《学记》诸篇的解说。清儒陈澧说："今人但知朱子有《大学、中庸章
句》，罕知朱子有《学记补注》者矣。"③这表明并非只有《大学》《中庸》受到
了朱熹的推崇与重视。在《大学章句序》中，朱熹将《大学》篇与《曲礼》
《少仪》《内则》等篇联系起来，整个《大学》的理解、诠释都建立在这些篇
目的基础上。因此，在我们看来，朱熹并非将《大学》《中庸》脱离了《礼
记》，相反，朱熹综合了二程和张载关于《礼记》的讨论，深化了对《礼记》
各篇的研究，并加强了各篇之间的内在联系。

应该说，朱熹从《礼记》各篇中获得的礼学思想资源是相当丰厚的。
早在绍兴二十四年(1154)朱熹任同安主簿时，就曾请直学柯翰为诸生讲
《礼记》，并作《讲礼记叙说》：

　　熹闻之，学者博学乎先王六艺之文，诵焉以识其辞，讲焉以通其

---

① 　余英时：《朱熹的历史世界：宋代士大夫政治文化的研究》，第 93 页；张国刚：《道学起源的
历史视野——读余英时〈朱熹的历史世界：宋代士大夫政治文化研究〉》，《博览群书》2005
年第 1 期。
② 　[宋]朱熹：《仪礼经传通解》，《朱子全书》，第 38 页。
③ 　[清]陈澧：《东塾读书记》，生活·读书·新知三联书店，1998 年，第 170 页。

意，而无以约之，则非学也。故曰："博学而详说之，将以反说约也。"
何谓约？礼是也。礼者，履也，谓昔之诵而说者，至是可践而履也。
故夫子曰："君子博学于文，约之以礼。"颜子称夫子，亦曰："博我以
文，约我以礼。"礼之为义，不其大哉！然古礼非必有经，盖先王之
世，上自朝廷，下达闾巷，其仪品有章，动作有节，所谓礼之实者，皆
践而履之矣。故曰："礼仪三百，威仪三千，待其人而后行。"则岂必
简策而后传哉！其后礼废，儒者惜之，乃始论著为书，以传于世。今
《礼记》四十九篇，则其遗说。已学而求所以约之者，不可以莫之习
也。今柯君直学，将为诸君诵其说而讲明之，诸君其听之毋忽。
《易》曰："知崇礼卑。"礼以极卑为事，故自饮食居处、洒扫欬唾之间，
皆有仪节，闻之若可厌，行之若琐碎而不纲。然唯愈卑，故愈约，与
所谓极崇之智，殆未可以差殊观也。夫如是，故成性存存，而道义出
矣。此造约之极功也，诸君其听之毋忽。[①]

此篇一方面从礼学传统的角度强调了约礼的重要性，另一方面从学
者成人的角度讲明了学礼习礼的重要性。同时强调礼卑之事不可忽，认
为通过烦琐细微的礼仪学习可以"成性存存而道义出"。朱熹由衷地发
出"礼之为义，不其大哉"的感慨。南渡以来，《礼》学的败落废弃超过他
经，其中《周礼》《礼记》几乎无人问津，朝廷不得不在绍兴二十二年
（1152）下令各州郡招延深明二《礼》的儒士入学讲授，对成绩优秀的学员
"优加诱进"。[②] 朱熹在县学大力推行礼学教育、重视《礼记》的学习就是
秉承朝廷的这一意旨。

1190 年，朱熹在临漳任上刊刻吕大临的《礼记解》，试图以理学家阐

---

① ［宋］朱熹：《晦庵先生朱文公文集》卷七十四《讲礼记序说》，《朱子全书》，第 3585—
3586 页。
② ［元］脱脱等：《宋史》卷一五六《选举二》，第 3630 页。

发的《礼记》义取而代之,意在为《仪礼经传通解》的编修准备素材。《直斋书录解题》云:"《芸阁礼记解》十六卷。秘书省正字京兆吕大临与叔撰。按《馆阁书目》作一卷,止有《表记》《冠》《昏》《乡》《射》《燕》《聘义》《丧服四制》凡八篇,今又有《曲礼》上下、《中庸》《缁衣》《大学》《儒行》《深衣》《投壶》八篇。此晦庵朱氏所传本,刻之临漳射垛,书坊称《芸阁吕氏解》者,即其书也。《续书目》始别载之。"① 卫湜也说:"蓝田吕与叔《礼记解》,《中兴馆阁书目》止一卷,今书坊所刊十卷,有《礼记》上下、《孔子闲居》《中庸》《缁衣》《深衣》《儒行》《大学》八篇。"② 盖《礼记解》一卷为朱熹所编,而与吕大临《芸阁礼记解》十六卷有异,故《中兴馆阁续书目》别载之。《宋史·艺文志》著录吕氏《礼记传》十六卷,张萱以为:"吕氏《礼记传》十六卷,今阙第三卷,宋淳熙(按:应为绍熙)中晦庵刻之临漳学宫。"束景南曾辨正张萱此论不当。因为临漳所刊《礼记解》八篇实为朱熹采吕氏之说而成,而后为坊贾冒称为《芸阁吕氏解》者。③ 因为朱熹看到吕大临实能兼二程和张载学术之长,为学能将礼文的制作与礼义的探讨并重,而且早就在做集诸儒之说补《仪礼》的工作。朱熹推崇程朱理学一脉能将《礼记》与《仪礼》相参的学者,为自己编修礼书奠定基础。

朱熹曾将《礼记》篇目大体分成三类:一类如《王制》《月令》,属制度之书;一类如《大学》《中庸》,为说理之书;而《玉藻》《内则》《曲礼》《少仪》等则为切近日用常行的礼仪之书。④ 这种分类反映了朱熹晚年对《礼记》的看法。这与清末曹元弼所言"二戴记之说礼,大类有三,曰礼、曰学、曰政",实有共通之处。⑤ 在稍早些与吕祖谦商量的分类中,朱熹将《礼记》分为五类:

① [宋]陈振孙:《直斋书录解题》卷二,第 47 页。
② [清]朱彝尊:《经义考》卷一百四十一,第 744 页。
③ 束景南:《朱熹年谱长编》,第 1009 页。
④ [宋]黎靖德辑:《朱子语类》卷八十七,《朱子全书》,第 2940—2941 页。
⑤ 沈文倬:《略论礼典的实行和〈仪礼〉书本的撰作》,《宗周礼乐文明考论》,浙江大学出版社,1999 年,第 35 页。

上下大小通用之礼，国家之大制度，礼乐之说，论学之精语，论学之粗者。①
1188 年，朱熹在给蔡元定的信中："《礼记》纳去，归来未暇子细再看。恐可
抄出，逐段空行剪开，以类相从。盖所取之类不一故也。四十九篇昨来分
成七类，（《曲礼》《冠义》《王制》《礼运》《大学》《经解》《丧大记》。）试用推排
喻及，以参得失如何？"②这说明朱熹有将《礼记》分七类的想法。

　　以上几种分类虽略有差异，但精神主旨还是相同的。关于制度之
书，朱熹主张不应优先关注，这一点《周礼》章我们已经深入讨论。朱熹
对于《礼记》的理解主要朝向两个方面。一方面，朱熹非常重视描述细小
威仪的篇章。朱熹说："若欲观礼，须将《礼记》节出切于日用常行者看，
节出《玉藻》《内则》《曲礼》《少仪》看。"③这与朱熹强调日用功夫的理学修
养论有着密切的联系，也成为夯实修养功夫的主要资源。另一方面，朱
熹在《大学》《中庸》上着力很多，从心性论、格物致知论上为探讨礼之义
理做出了巨大的努力，也获得了丰硕的成果。

　　总之，从朱熹总体对《礼记》各篇的态度而言，并非有厚此薄彼之嫌。
朱熹加强了《礼记》各篇的内在联系，主要将重义理阐释的篇章与强调细
小威仪的篇目紧密地结合起来。

三　朱熹关于《大学》《中庸》的研究

　　对于《礼记》单篇，朱熹认为《大学》《中庸》为圣贤所作。他将《大学》
分为经和传两部分，"经"为孔子作，"传"为曾子作。对于《大学》，他说：
"盖'致知格物'者，尧舜所谓'精''一'也；'正心诚意'者，尧舜所谓'执

---

① ［宋］朱熹：《晦庵先生朱文公文集》卷七十四《问吕伯恭三礼篇次》，《朱子全书》，第 3579—
　3581 页。
② ［宋］朱熹：《晦庵先生朱文公续集》卷二《答蔡季通》，《朱子全书》，第 4697 页。
③ ［宋］黎靖德辑：《朱子语类》卷八十七，《朱子全书》，第 2940 页。

中'也。自古圣人口授心传而见于行事者,惟此而已。至于孔子,集厥大成,然进而不得其位以施之天下,故退而笔之以为六经,以示后世之为天下国家者。于其间语其本末终始先后之序尤详且明者,则见于戴氏之记,所谓《大学》篇者是也。"①这里朱熹指出《大学》之经为孔子思想的集中反映,还指出曾参作了《大学》传义。他又说:"三千之徒,盖莫不闻其说,而曾氏之传,独得其宗,于是作为传义,以发其意。"②朱熹认为《中庸》为子思所作。朱熹说:"子思惧夫愈久而愈失其真也,于是推本尧舜以来相传之意,质以平日所闻父师之言,更互演绎,作为此书,以诏后之学者。"③

朱熹对《大学》《中庸》的关注也是探赜索隐、贯之一生。自十五岁始,《大学》《中庸》开始进入朱熹的研读范围。青少年时期的朱熹从中所受的启发则重在立志成人。朱熹后来回忆说:

格物之说,程子论之详矣……盖自十五六时知读是书,而不晓格物之义,往来于心,余三十年。④

某年十五六时,读《中庸》'人一己百,人十己千'一章,因见吕与叔解得此段痛快,读之未尝不悚然警厉奋发。⑤

臣闻《中庸》有言:"人一能之,己百之;人十能之,己千之。果能此道,虽愚必明,虽柔必强。"而元祐馆职吕大临为之说曰:"君子所以学者,为能变化气质而已。德胜气质,则愚者可以进于明,柔者可以进于强。不能胜之,则虽有志于学,亦愚不能明,柔不能强而已

① [宋] 朱熹:《晦庵先生朱文公文集》卷十一《壬午应诏封事》,《朱子全书》,第 572 页。
② [宋] 朱熹:《晦庵先生朱文公文集》卷七十六《大学章句序》,《朱子全书》,第 3672—3673 页。
③ [宋] 朱熹:《晦庵先生朱文公文集》卷七十六《中庸章句序》,《朱子全书》,第 3674 页。
④ [宋] 朱熹:《晦庵先生朱文公文集》卷四十四《答江德功》,《朱子全书》,第 2037 页。
⑤ [宋] 黎靖德辑:《朱子语类》卷四,《朱子全书》,第 194—195 页。

矣……今以卤莽灭裂之学，或作或辍，以求变其不美之质，及不能
变，则曰：天质不美，非学所能变。是果于自弃，其为不仁甚矣。"臣
少时读书，偶于此语深有省焉，奋厉感慨，不能自已。自此为学，方
有寸进。①

　　第一条材料告诉我们，朱熹对从《大学》中凸显出来的"格物"之说保
持着长期的兴趣，而经年累月对格物之义的寻求使朱熹确立了毕生学术
思想的方向。第二、第三条材料则向我们展示了这时朱熹吸取《中庸》的
营养竟然是在"人一能之，己百之；人百能之，己千之"一句上。朱熹年少
失怙，寄人篱下，托人教养，为了能真正成为一个顶天立地的大写的人，
朱熹只有"警厉奋发"，认为只有通过不断超越自己，勤能补拙地积累能
量，才能由愚渐明，从柔变强。同时我们也可看出由张载到吕大临的关
学一脉提出的修养能够"变化气质"的理论，不断用克己功夫的磨炼使自
己拂去杂糅之气质，回复本然之性，这给了朱熹巨大的精神力量。吕大
临关于此句的解释，朱熹后来亦收在《中庸集注》中。总的来说，这一阶
段的学习，特别是《大学》《中庸》的学习，使朱熹立下了不断追求生命价
值和理想的宏志，也初涉格物致知的思想主旨。而下苦功夫读书就成为
朱熹实现人生价值与理想的精神诉求。朱熹自言："某是自十六七时下
工夫读书，彼时四畔皆无津涯，只自恁地硬着力去做。至今日虽不足道，
但当时也是吃了多少辛苦，读了书。"②"某年十七八时，读《中庸》《大学》，
每早起须诵十遍。"③《中庸》《大学》的意义对青少年时期的朱熹而言，与
其说是知识的积累与学习，不如说是内在精神力量的扩充。
　　朱熹早期师从李侗时就开始撰写《中庸集说》，乾道二年（1166）即已

①　［宋］朱熹：《晦庵先生朱文公文集》卷十四《乞追德札子》，《朱子全书》，第675—676页。
②　［宋］黎靖德辑：《朱子语类》卷一百四，《朱子全书》，第3429页。
③　［宋］黎靖德辑：《朱子语类》卷十六，《朱子全书》，第506页。

成书，主要辑集诸家之说，但由于选择不精，未能超越章句训诂之学。乾道五年，他反复穷究《中庸》首章。乾道六年春，全面修订《中庸集说》的旧稿，定名为《中庸集解》，又名《中庸详说》，寄给吕祖谦商讨。二人在这一年里就书中问题反复论辩。乾道八年秋，朱熹写出了《中庸章句》初稿。同年石𡐈编成《中庸集解》，朱熹于乾道九年九月写成《中庸集解序》，完成了道统的建立。朱熹初编《大学集解》是在绍兴年间，该书曾以抄本流传。乾道二年，朱熹对该书进行全面修订。乾道七年，他去取诸家之说定《大学章句》初稿。淳熙元年（1174），朱熹重定《大学》和《中庸》，开始了向《四书章句集注》体系的迈进。这一年，朱熹印刻了新定本《大学》《中庸》。其中的《大学》始分经别传，并寄给张栻和吕祖谦。在淳熙二年鹅湖之会后，因意识到生平学问有"支离"之病，朱熹又对二稿进行修订，十二月完成了《学庸章句》的修改，其文得到了张栻的肯定。淳熙四年，他序定《学庸章句》。淳熙九年，朱熹在浙东提举任上合刻四书于婺州，经学史上的"四书"之名第一次出现了。① 今本《大学章句序》和《中庸章句序》为淳熙十六年所作。绍熙元年（1190），朱熹知福建漳州，再次用官帑刊刻了《易》《诗》《书》《春秋》四经，及《大学》《论语》《孟子》《中庸》四书。章句之外，还有《辑略》《或问》。关于撰作《大学或问》和《中庸或问》的来由，四库馆臣指出："朱子既作《四书章句集注》，复以诸家之说纷错不一，因设为问答，明所以去取之意，以成此书……其书非一时所著，《中庸或问》原与《辑略》俱附《章句》之末，《论语》《孟子》则各自为书。其合为一帙，盖后来坊贾所并也。中间《大学或问》用力最久。"② 这表明，在《四书章句集注》和《四书或问》中，朱熹着力甚多的还是《大学》《中庸》。

最后我们不禁要问：朱熹关于《大学》《中庸》的诠释到底是四书学

---

① 束景南：《朱熹年谱长编》，第 731 页。
② ［清］永瑢等：《四库全书总目》卷三十五，第 294 页。

的，还是《礼记》学的？如果我们将《大学章句》和《中庸章句》从朱熹精心架构的四书学体系中分离出来，探讨他的《礼记》学思想是否得当？

　　要回答这一问题，首先需要明确《礼记》中的《大学》《中庸》和四书当中的《大学》《中庸》有何关系。《四库全书总目》将《大学》《中庸》的相关训释并入"四书类"，原因是："训释《大学》《中庸》者，《千顷堂书目》仍入礼类，今并移入四书。以所解者四书之《大学》《中庸》，非《礼记》之《大学》《中庸》。学问各有渊源，不必强合也。"①这说明从学术发展的脉络来看，四书之《大学》《中庸》与《礼记》之《大学》《中庸》确有不同之处。有学者认为：《礼记》之《大学》《中庸》属经学范畴，四书之《大学》《中庸》属理学范畴，分属不同的思想体系，有其各自的渊源。② 但是我们也应该看到，直至南宋，《大学》《中庸》依然归于礼类，陈振孙《直斋书录解题》将经部分为《礼》《语孟》。虽然黎靖德所编《朱子语类》已经将《大学》《中庸》从礼类中分离出来，但实际上《大学》《中庸》从《礼记》中分出，与《论语》《孟子》结合，是到清初才最后完成的。③ 这表明在理学阵容中，最先认可《大学》《中庸》在四书学中的地位，但关于《大学》《中庸》的诠释划入四书学体系并得到学界的承认，则经历了一个漫长的过程。

　　无疑，朱熹在《大学》《中庸》的归属问题上跨出了划时代的第一步，用钱穆的话来说："朱子融会理学于经学，又确定伊洛为上承孔孟之道统，厥功之伟，端在其定四子书，而又为之作集注与章句……并退六经于四书之后，必使学者先四书后六经，更为于中国学术史上有旋乾转坤之大力。"④但我们应该注意，朱熹的《大学章句》《中庸章句》也曾全文收录在《仪礼经传通解》的《学礼》篇中。至少在朱熹看来，《大学》《中庸》既是

---

① ［清］永瑢等：《四库全书总目》卷二十一，第 176 页。
② 曾军：《"四书之〈大学〉〈中庸〉，非〈礼记〉之〈大学〉〈中庸〉"考释》，《重庆邮电大学学报》（社会科学版）2008 年第 3 期。
③ 曾军：《"四书之〈大学〉〈中庸〉，非〈礼记〉之〈大学〉〈中庸〉"考释》，第 95—96 页。
④ 钱穆：《朱子新学案》，第 1386 页。

属于四书体系的,也是五经体系中的;既是经学的,也是理学的。不过我们也得承认,朱熹的《大学章句》《中庸章句》在阐释礼义方面已经摆脱了传统经学诠释的藩篱,在性命道德等问题上打上了鲜明的理学烙印,成为新儒学思想体系建构的重要著作。

第二节　朱熹对礼义的讨论

《礼记》主要探讨"礼之所以为礼"的礼义问题,或者说就是礼之形而上的理论问题。在宋代,理学家多谈性命道德,探索能够对抗佛学精致细密思维体系的儒学重建之路,试图为国家政治、伦理道德理论建设服务,《礼记》成为他们可资利用的资源。程颐曾这样评论《礼记》:"盖其说也,粗在应对进退之间,而精在道德性命之要;始于童幼之习,而终于圣人之归。惟达于道者,然后能知其言;能知其言,然后能得于礼。然则礼之所以为礼,其则不远矣。"[①]吕大临认为:"《仪礼》所载,谓之礼者,礼之经也。《礼记》所载,谓之义者,训其经之义也。先王制礼,其本出于君臣、父子、尊卑、长幼之间,其详见于仪章、度数、周旋、曲折之际,皆义理之所当然。故礼之所尊,尊其义也……知其义,则虽先王未之有,可以义起也。"[②]朱熹的《礼记》学思想正是在继承程学的基础上展开的:一方面朱熹关注洒扫应对进退之间的细小威仪,一方面为礼学建构了精致完备的理学思想体系,设计规范了"始于童幼之习"的小学之用,引申发挥了

---

①　[宋]程颢、程颐:《河南程氏文集遗文·礼序》,《二程集》,第668页。束景南认为此《礼序》应为朱熹所作,理由是程颐生平未尝作有《礼》学之书,而朱熹又曾编《礼记解》,因此认为此文是朱熹《礼记解》的序文。(见《朱子遗集》,《朱子全书》,第769页)但据《河南程氏遗书》卷十八,程颐曾两次提到自己曾修六礼(见《二程集》,第239—240页),因此我们一仍其旧,视为程颐所作。
②　[宋]吕大临等撰,陈俊民辑校:《蓝田吕氏遗著辑校·礼记解》,第382页。

"终于圣人之归"的大学之法。朱熹集大成的思想成就正是在于以《礼记》中的《大学》《中庸》《乐记》等篇为基础，回应了"礼之所以为礼"，礼治、礼教何以可能的时代命题，完成了儒家"道德性命"系统建构的学术使命，使礼学得以理学化，实现了礼理合一。

《大学》的"格物致知""诚意正心""修身齐家治国平天下"被认为是儒者实行孔门内圣外王之道基本践履的条目与次序；《中庸》的"慎独""致中和"也为儒者讨论礼的践履及其境界所常言；《乐记》中提出的礼和理、天理和人欲等命题在朱熹礼学思想中得到了细致深入的阐发。本节也将主要围绕这几个主题展开，但是在运用材料上必须首先声明的是，为了全面展现朱熹对礼义的探讨，可能在个别论述上会超出《礼记》的范围，比如"克己复礼"一词就来源于《论语》。我们认为，《论语》《孟子》虽然不属于《礼记》中的篇章，但是朱熹四书学体系中的《论语集注》和《孟子集注》，实际上可以看作广泛意义上的宋儒对礼义的发挥，是属于宋代特色的礼论，因而也可以看作广义的《礼记》学思想在新儒学体系中的延伸。这样的处理也正贴合朱熹礼学思想本身的特点。

一　秩序重建和内圣之道——朱熹论礼、理关系

（一）宋代以天理论礼思想的兴起

"汉儒多言礼，宋儒多言理。"[1]这是皮锡瑞对经学史上汉、宋学术特点的总概括。借用"礼""理"二字，我们来分析朱熹的礼学思想，就不难发现一些值得重视的问题：朱熹多言理，而少论礼吗？朱熹是怎样认识对待礼、理关系的？朱熹是在怎样的学术思想背景下论述礼、理关系的？

首先我们需要关注的是宋代关于礼、理关系的论述与先秦及汉代已

---

[1]　［清］皮锡瑞：《经学通论·三礼》，第25页。

有何不同。

在先秦及汉代的文献中，一般用"理"来指明礼中蕴含的条理、义理、等分之意，用"理"来强调礼存在的必要性和重要性。"理"既为礼之所以为礼的本质属性和内涵，也指外在可分别的制度和节文。《管子·心术上》这样论及："因人之情，缘义之理，而为之节文者也。故礼者，谓有理也。理也者，明分以谕义之意也。"①这里的"理"用来说明礼的"条理""等分""义理"。荀子也以理释礼。不过在荀子的论述中，理实际上是指礼中可以曲尽人情的文理和威仪，如《荀子·礼论》："礼之理诚深矣，'坚白''异同'之察入焉而溺；其理诚大矣，擅作典制辟陋之说入焉而丧；其理诚高矣，暴慢、恣睢、轻俗以为高之属入焉而坠……礼者，人道之极也。"②此句中的"理"是指可以曲尽人情可以密察的文理。理还指礼重视等分、分别的合宜的性质。《荀子·乐论》："乐也者，和之不可变者也；礼也者，理之不可易者也。"③

《礼记》中的所谓"理"，充盈着丰富的内涵，为后来学术的发展提供了充足的资源。首先，"理"是指分别等级的条理。《丧服四制》："知者可以观其理焉。"其次是指与情相对的人事，如《乐记》中的"礼也者，理之不可易者也"。郑注："理犹事也。"还指人伦间的情谊，如《乐记》中"乐者，通伦理者也"。还指天赋予人的本性，如《乐记》"好恶无节于内，知诱于外，不能反躬，天理灭矣"。郑注："理犹性也。"礼、理互训也出现在《礼记》中。如《仲尼燕居》"礼也者，理也；乐也者，节也"，《乐记》"乐也者，情之不可变者也；礼也者，理之不可易者也"的论述。郑玄认为："礼者，体也，履也。统之于心曰体，践而行之曰履。"这里的"体"具有"知"的意思，"履"有"行"的内蕴，暗示着一种用"知行"来释礼的趋向。孔颖达这样解

---

① ［清］黎翔凤：《管子校注》卷十三，中华书局，2004年，第770页。
② ［清］王先谦：《荀子集解》卷十三，中华书局，1988年，第356页。
③ ［清］王先谦：《荀子集解》卷十四，第382页。

释《礼记》中的上两句："理，谓道理。言礼者，使万事合于道理也。""理，事也。言事之不可改易也……礼在于貌，故云理也。"这说明汉、唐诸儒已用"道理""事"来阐释"理"的内涵，虽然还不是宋儒所论的天理的内涵，但在用理阐释礼的含义上，无疑增添了新的内容和延伸解释的可能性。

值得注意的是，在《礼记》中，对礼的本质、起源、功能和作用的阐释是非常突出的，关于"礼"的论述俯拾皆是，如："礼也者，义之实也。""礼也者，合于天时，设于地财，顺于鬼神，合于人心，理万物者也。""礼也者，犹体也。""礼也者，反本修古，不忘其初者也。""礼也者，物之致也。""礼也者，反其所自生。""礼也者，报也。""故乐也者，动于内者也；礼也者，动于外者也。"①以"理"释"礼"只不过是众多释礼性质及其特点中的一种而已。

在唐君毅看来，《礼记》中的"理"的含义既包含了统贯总持义，又包含了分别义。唐先生更推广开去，认为后来宋、明儒言理，多是就人对其他人物的活动而言。至于清人如颜元、戴震、焦循，与诸多经学家史学家，则注重考证各种分殊的礼文之事的分理。②唐先生不免套用"理一分殊"之论来分析宋学、朴学的差异，而实际上从礼的角度来看，宋学着重发挥的是心性义理，而朴学则注重考察礼文制度的本来面目，或者说是所谓条理。

汉、唐《礼记》注疏用"性""事""道"来释理，但宋学意义上的"理"已经迥异于汉、唐之"理"。程颢曾言："吾学虽有所受，天理二字却是自家体贴出来。"③这表明，天理论是具有独创性的本体概念和范畴，"天理"所具备的内涵已经具有独特而鲜明的特性。的确，二程提出的天理论，将

<hr>

① ［清］阮元校刻：《十三经注疏》（清嘉庆刊本），第 3682、3332、3313、3314、3502、2659、3504、3089、3098、3108、3118、3120、3347 页。
② 唐君毅：《中国哲学原论·导论篇》，中国社会科学出版社，2005 年，第 14—16 页。
③ ［宋］程颢、程颐：《河南程氏外书》卷十二，《二程集》，第 424 页。

天地间一切常理均赋予道德上的意义,将人的性理与天理结合在一起,使具有伦理性格之天理统摄伦理、物理、事理和性理等,是贯通天人的儒者之学。天理论是二程思想的核心,也是整个理学形成与发展的最重要的范畴。二程天理论的提出具有重大的文化意义:一方面将宇宙主宰的"天"与人文法则的"理"统一起来,另一方面则是将超越存在的天理与个人内在的人性统一起来,从而确立了儒家人文之道的形上依据,实现了儒家人文信仰的重建。①

　　天理论的提出虽然不是横空出世、空穴来风,但是要想这一具有独特内涵的理论征服出入佛老、泛诸六经的宋儒,就需要精密的阐释和论证。二程从先秦典籍中体贴出来的天理是如何重新涵盖、统摄传统儒学中的一些主要范畴和概念呢? 二程关于天理的论证从三个维度展开:一是"天即理",二是"性即理",三是"礼即理"。首先,"天即理"命题的提出,最终的目标是要将先秦以来传统儒学关于"天"的论述重新整合在"理"的范畴中,具有人格主宰含义的"天"要让崇仰理性主宰的"理"代替,强调理存在的必然性、绝对性、普遍性,并赋予天理所特有的伦理特质。其次,"性即理"命题的展开,将对人性的认识上升至理的高度,通过界定"性"的内涵和性质,强调人应该服从理性规律,坚守道德伦理价值。最后,"礼即理"这一命题,则将天人整合起来。礼从某种意义上说是一种秩序,一种人际交往的规范,一种适度的、宜人的、和谐的交流。

　　为什么要强调这三个维度? 如果说"天即理""性即理"的阐释是在哲学层面的理论沟通,表现的是天人关系"虚"的一面,那么"礼即理"的命题则是在社会层面的实践提升,表现的是天人关系、实践中情感与理性"实"的一面。虚实的结合,使社会秩序再一次在理论上得以重建,并延续和沟通了理想中的三代之治与现实政治之间的关系。以往的哲学

---

① 朱汉民:《二程天理论的文化意义》,《湖南大学学报》(社会科学版)2001 年第 4 期。

史或理学史往往注重"天即理"和"性即理"的命题，而忽视了"礼即理"这一命题。实际上"礼即理"这一命题的提出具有特别的背景和意义，这是在唐宋思想转型中"由礼转理""以礼合理"的理论成果，是宋儒渴望将社会秩序建立在理性与人文基础上的根本精神的体现。① 这一命题的提出既是对李觏、王安石从制度层面寻求礼学建构的反思，也是理学家从道德哲学层面对礼学的提升，还是理学家修身以礼功夫论的体现。李泽厚曾在《宋明理学片论》中提出一个他认为很值得研究的问题：宋明理学由宇宙论转向伦理学的这种逻辑结构的现实历史依据何在？② 我们认为理学的宇宙论来源于对现实社会、政治秩序重建的焦虑，其宇宙论建构亦为其伦理思想服务，是从下而上的理论建构，而并非从上而下的理论铺设。

在古代社会，所谓秩序就是指礼治秩序。宋代是一个渴望重建秩序的朝代。经历唐末五代，国家礼制遭到严重的破坏，佛教的重新兴起使儒家的礼治秩序面临深重的危机。如何从理论上重新构建、论证儒家伦理为现实政治秩序服务，成为士大夫面临的一个艰巨课题。欧阳修曾目睹佛教兴盛带来的儒家价值观的涣散和缺失，其所撰写的《本论》认为，重视、恢复儒家礼仪确为儒家修身齐家治国之本。李觏提出"礼是总名"的观点，尝试重新定位"礼"。他强调礼的重要性，并将其提到了国家最高制度层面。李觏认为礼在社会政治生活中是第一位的："夫礼，人道之准，世教之主也。圣人之所以治天下国家，修身正心，无他，一于礼而已矣。"③他认为礼既是人间秩序的准则，又是政治教化的根本。不仅如此，李觏还认为人生的物用及社会交往就是礼之本，而礼也一统乐、政、刑和仁、义、智、信。④ 李觏的这一用礼统合诸范畴的观点将礼提升到了前所

① 何俊：《由礼转理抑或以礼合理——唐宋思想转型的一个视角》，第36页。
② 李泽厚：《新版中国古代思想史论》，天津社会科学院出版社，2008年，第183页。
③ ［宋］李觏：《李觏集》卷二《礼论七篇》，第5页。
④ ［宋］李觏：《李觏集》卷二《礼论七篇》，第5—6页。

未有的高度,而其目的则是为了突出礼的重要性。

李觏提出"礼是总名"的思想,主张用礼进行制度化建设,表现出了超出众人的睿智。他看到社会发展需要有相应的制度提供保障,看到刑、政等具体措施必须受到制度的约束,看到仁、义、智、信等人文规范也必须受到制度的约束,才能够更好地发挥作用,所以从传统概念中提挈出"礼"来,作为制度化形式的表征,达到了在创新中将师古与用今结合起来的思想高度。李觏将礼从仁、义、智、信和乐、刑、政的层面擢升出来,有利于当时的统治者认识礼的作用,明确礼治的重要性和必要性,为庆历新政奠定了一个统一的思想基础。同时,"礼是总名"的思想也有助于学者认清为学的路径。诚如李觏所言:"并列之使人记其条目,用之而不遗,先儒之事也;论而为一,使人知其本根,学之而不失,予之志也。"①可以说,响亮地提出"以礼为治""以礼为学"的主张在当时具有重要的意义。

可是我们也不难看出李觏这一思想的薄弱和不足之处。李觏曾明确表示自己对性善性恶等问题没有兴趣,这样他对礼的思考就不可能更加深入,就不可能将礼进行哲学思辨的考察,也就不免流于传统固有概念的重新组合。例如其认为礼是仁、义、智、信和乐、刑、政的首领,只解释说明了仁、义、智、信,乐、刑、政与礼外在共同的一面,却没有分析出七者为何在本质上隶属于礼,有强行拉入的嫌疑。此外李觏的论证比较肤浅。例如在论证乐、刑、政统于礼时说:"虽统于礼,盖以圣人既别异其名,世传已久,止言礼,则人不知乐、刑、政,故并列之,使人得以兼用。然首之以礼,而乐、刑、政次之,意者谓乐、刑、政咸统于礼欤!"②这样的论证也是很难使人信服的。1046 年前后,章望之批评李觏,认为其礼论强调从外在的秩序和制度来约束人,而忽略了真正的道德秩序必须建立在内

---

① ［宋］李觏:《李觏集》卷二《礼论七篇》,第 16 页。
② ［宋］李觏:《李觏集》卷二《礼论七篇》,第 14 页。

心和伦理的基础上。李觏辩解说："夫有诸内者必出于外，有诸外者必由于内。孰谓礼、乐、刑、政之大，不发于心而伪饰云乎？"①在李觏看来，礼发源于人心，与人的性情有着必然的联系，"夫礼之初，顺人之性欲而为之节文者也"，这是无须多论的。② 从上可以看出，在当时佛教精密的理论体系面前，李觏的礼论没有对人性本质等问题进行形而上的思辨论证，因而难以回应佛教的挑战，其礼学思想的局限性也就显而易见。

王安石提出"知礼者贵乎知礼之意"，"礼始于天而成于人"③，这说明如何沟通天人关系来重新认识礼义成为儒者们需要认真回应的问题。王安石在训释《礼记》时使用了"先王"一词，并明显地体现出尊崇周公和《周礼》的倾向。④ 这些均是他寻求经世致用的政治改革的礼学理论基础和倾向。实际上，北宋社会道德沦丧，社会风气每况愈下，不仅是制度层面激发的矛盾，也与在佛、道盛行下失去传统的道德约束力有着紧密联系。王安石就曾慨叹："呜呼，礼乐之意不传久矣！天下之言养生修性者，归于浮屠、老子而已。浮屠、老子之说行，而天下为礼乐者独以顺流俗而已。"⑤释老注重心性修养理论的建设对儒家礼乐之教形成了巨大的冲击，理学家注重心性理论的阐释和架构正是为了直接服务于现实礼治秩序的重建。因此理学学者认为要求治，首先必须端正统治者的身心，运用道德力量对统治阶层进行教化。历史证明，在当时的历史条件下，从政治和制度层面上进行的礼学资源的整合与挖掘没有出路，反而激发了国内的党争与矛盾，将国家推向了破裂的境地。如何能使人服膺天理的要求，如何能推行正心诚意修身齐家治国平天下的儒家理想，沟通最高本体的天理与人间秩序的礼就成为理论建构的必然要求。二程所体

---

① ［宋］李觏：《李觏集》卷二《礼论七篇》，第 24 页。
② ［宋］李觏：《李觏集》卷二《礼论七篇》，第 6 页。
③ ［宋］王安石：《王文公文集》卷二十九《礼论》，第 337 页。
④ 潘斌：《王安石〈礼记〉学探论》，《社会科学辑刊》2008 年第 1 期。
⑤ ［宋］王安石：《王文公文集》卷二十九《礼乐论》，第 335—336 页。

贴出来的"天理"正是这时的产物。

　　礼与理在北宋的初步沟通源自周敦颐。他在《通书·诚几德第三》中将礼和理并举互解，说："德：爱曰仁，宜曰义，理曰礼，通曰智，守曰信。"①"礼，理也；乐，和也。礼，阴也；乐，阳也。阴阳理而后和，君君、臣臣、父父、子子、兄兄、弟弟、夫夫、妇妇，万物各得其理，然后和。故礼先而乐后。"②在这里，周敦颐明白地告诉我们：礼毫无疑问属于"德"的范畴；"理"是礼的特性；在礼乐制度中，礼具有先导的作用。周敦颐在《通书·礼乐第十三》中进一步强调，礼就是理。不过他所说的"理"，还并不完全等同于程朱所说的"理"或"天理"，而是指"阴阳理"，即"君君臣臣，父父子子、兄兄弟弟、夫夫妇妇，万物各得其理"。这就是说，理就是条理、伦理，理有似于治，乐就是和。"阴阳理而后和"，"万物各得其理，然后和"，所以要先讲礼，然后讲乐，有礼才有乐，"故礼先而乐后"，就是说要先有社会秩序，才能达到社会内部的和谐一致。

　　二程和张载同样也重视礼，尝试将周敦颐所阐释的礼、理之间模糊的关系明确勾勒出来，将礼纳入其哲学体系中，使其对礼的认同上升至天理的高度，从而使礼具有天然的合理性。二程在谈到礼的重要性时，认为礼是人之所以为人的体现，也是国家兴衰治乱的标准，说："人者，位乎天地之间，立乎万物之上；天地与吾同体，万物与吾同气，尊卑分类，不设而彰。圣人循此，制为冠、昏、丧、祭、朝、聘、射、飨之礼，以行君臣、父子、兄弟、夫妇、朋友之义。其形而下者，具于饮食器服之用；其形而上者，极于无声无臭之微；众人勉之，贤人行之，圣人由之。故所以行其身与其家与其国与其天下，礼治则治，礼乱则乱，礼存则存，礼亡则亡。上自古始，下逮五季，质文不同，罔不由是。"③这里，也将礼的产生归于对天

① ［宋］周敦颐：《周敦颐集》卷二，中华书局，1990 年，第 16 页。
② ［宋］周敦颐：《周敦颐集》卷二《通书·礼乐第十三》，第 25 页。
③ ［宋］程颢、程颐：《河南程氏文集遗文·礼序》，《二程集》，第 668—669 页。

地万物的模仿与遵从，礼上可达天道之微，下可具人欲之实，因而从古至今，礼都是关系国家安危存亡的大事。

张载论述了理解天秩天序是行礼的先决条件。《正蒙·动物篇》："生有先后，所以为天序；小大、高下相并而相形焉，是谓天秩。天之生物也有序，物之既形也有秩。知序然后经正，知秩然后礼行。"①张载将礼与宇宙秩序、天之本性联系起来，将人道归结为天之道。礼本来源自天之自然，是不必依赖人而存在的天地自然秩序的体现。张载说："大虚（太虚）即礼之大一（太一）也。大者，大之一也，极之谓也。礼非出于人，虽无人，礼固自然而有，何假于人？今天之生万物，其尊卑小大，自有礼之象，人顺之而已，此所以为礼。或者专以礼出于人，而不知礼本天之自然。"②在张载的哲学体系中，太虚为最高本体，相当于二程的天理范畴。在张载看来，礼是和最高本体"太虚"结合在一起的。他认为："礼亦有不须变者，如天叙天秩，如何可变！礼不必皆出于人，至如无人，天地之礼自然而有，何假于人？天之生物便有尊卑大小之象，人顺之而已，此所以为礼也。"③这里，他将礼的产生归结为天地自然的秩序和人心的内在必然，也可以说，"礼即天地之德也"，礼原本就是天地之德、天道的体现，因此"礼者圣人之成法也，除了礼天下更无道矣"。④ 既然礼是天地自然的秩序，人就应该认识到礼并不是一种礼仪条文的约束，它本身即来之于人的天德、天性，守礼就是顺应自然的表现，知礼达礼就能保持、存养完美的人性。张载言："礼所以持性，盖本出于性，持性，反本也。凡未成性，须礼以持之，能守礼已不畔道矣。"⑤在这里，张载还进一步地谈到持礼、守礼才能不违道，才能达道。

---

① ［宋］张载：《张载集》，第 19 页。
② ［宋］卫湜：《礼记集说》卷五十八，《文渊阁四库全书》第 118 册，第 216 页。
③ ［宋］张载：《经学理窟·礼乐》，《张载集》，第 264 页。
④ ［宋］张载：《经学理窟·礼乐》，《张载集》，第 264 页。
⑤ ［宋］张载：《经学理窟·礼乐》，《张载集》，第 264 页。

　　张载还认为:"盖礼者理也,须是学穷理,礼则所以行其义,知理则能制礼,然则礼出于理之后。"①他明确指出,就礼与理的关系而言,理先礼后,理上礼下,礼是理的法则,知理懂理义才能制礼。张载还说:"不闻性与天道而能制礼作乐者末矣。"②这就明确提出要先讨论性与天道,才能论礼。正如李泽厚所指出的:"人性是联结、沟通'天''人'的枢纽,是从宇宙论到伦理学的关键。不是宇宙论、认识论而是人性论才是宋明理学的体系核心。"③从中我们不难看出,理学人性论的现实基础依然来自对礼的关注。

　　总之,理学家致力于论证的"礼即理"是整个北宋儒学在现实秩序与理论构建中有效结合起来的一个成功而响亮的命题。正如有学者指出的,对儒家所主张的伦理制度道德规范的永恒性、合理性及其实践过程中应有充分自觉性的论证,是理学最根本的、最终的理论目标,理学的全部论题都直接或间接地支撑着这一目标,然而直接显示此目标的命题却是——"礼即理",直接阐释论证此命题的理论观念却是——理之必然、当然、所以然。④ 但是值得注意的是,即使在二程和张载之间,虽然对沟通天理和人间秩序的手段与目的基本思路大致相同,但是对礼、理的强调却有轻重之别。程颢强调礼的理论化倾向和现实的制度节文应该并重,他这样说:"礼者,理也,文也。理者,实也,本也。文者,华也,末也。"⑤在程颢看来,礼的内涵,既具有天理之"实"与"本"的属性,又具有"华"与"末"的性质,是天理与文饰完美结合的产物。这一解释基本上搭建了朱熹后来定义礼的框架。但是在解释"克己复礼"一句时,程颢认

---

① 〔宋〕张载:《张子语录·语录下》,《张载集》,第 326—327 页。
② 〔宋〕张载:《正蒙·神化篇第四》,《张载集》,第 18 页。
③ 李泽厚:《新版中国古代思想史论》,第 178 页。
④ 崔大华:《儒学引论》,人民出版社,2001 年,第 602 页。
⑤ 〔宋〕程颢、程颐:《河南程氏遗书》卷十一,《二程集》,第 125 页。

为：“克己则私心去，自然能复礼，虽不学文，而礼意已得。”①这就表现出重视克己内胜功夫而忽略复礼之节文的倾向。

在张载看来，涵养之则在礼，可是礼却是需要随时措宜的，那么遵循、选择什么样具体的礼就成为一个难题。解决这个难题首先需要挖掘礼中蕴含的义理，使这种放之四海而皆准的道德原则，用以衡量种种礼仪的缺失优劣，参酌古今之礼才能制定出新的礼仪规范。穷理具有优先性，得理才能参校礼文：

> 盖礼者理也，须是学穷理，礼则所以行其义，知理则能制礼，然则礼出于理之后。今在上者未能穷，则在后者乌能尽！今礼文残缺，须是先求得礼之意然后观礼，合此理者即是圣人之制，不合者即是诸儒添入，可以去取。今学者所以宜先观礼者类聚一处，他日得理，以意参校。②

在张载看来，理具有主宰、裁夺礼文的属性。林乐昌分析张载礼、理关系论认为：“礼是理之固有秩序或规则在社会生活中的体现；换言之，礼是理在社会生活中的制度性或操作性的要求。”③但由于张载虽然强调穷理的重要性，但并未对天理进行特别完善的论证，因此在沟通礼、理关系上更偏重于对现实礼文的学习与研讨。程颐就曾批评“关中学礼者有役文之弊”④。这说明就礼、理关系而言，张载较注重礼文，虽然他有理一分殊的思想，但还没有在理一上进行精细的论证。

程颐在礼、理关系的探讨上虽然也注重礼文，但其主要的思想倾向

---

① ［宋］程颢、程颐：《河南程氏遗书》卷二，《二程集》，第18页。
② ［宋］张载：《张子语录·语录下》，《张载集》，第326—327页。
③ 林乐昌：《张载礼学论纲》，《哲学研究》2007年第12期。
④ ［宋］朱熹：《晦庵先生朱文公文集》卷三十六《答陆子寿》，《朱子全书》，第1559页。

在于强调理的优先性。程颐曾言："视听言动，非理不为，即是礼，礼即是理也。不是天理，便是私欲。"①视听言动，合乎理，才是礼。理是高于礼的一个范畴，礼是理的体现。程颐解《乾》卦《文言》"亨者嘉之会也"之"（君子）嘉会足以合体"云："得会通之嘉，乃合于礼也。不合礼则非理，岂得为嘉？非理安有亨乎？"②这就导致后来程门后学出现以理易礼的倾向。程颐的这一解释，后来遭到清代学者的批评，只是他们将矛头指向的是朱熹，而不是程颐，批错了对象。程颐在"礼即理"的阐释中明显以理言礼，强调万礼统合于一理的思想，倾向于通过对礼的阐释强调理一的重要性。这是在天理论提出不久后的思想主导使然。

　　应该说，就程颐个人而言，他是强调一理与万礼并重的。由于天理论建构的需要，需要将一切人伦事物统摄在天理的范畴下，有一种现象就可能出现：过分强调对理一的认识、体验和提升，从而忽略了天理的现实基础——以各种节文制度出现的礼。后来程颐比程颢和张载长寿，加之门徒众多，使得他有机会不断整合理学思想，程颐的弟子们都不同程度发挥对天理的认识、阐释与强调，出现了重理一轻分殊之礼的倾向和悬空说理的势头。朱熹曾指出："程门高弟如谢上蔡、游定夫、杨龟山辈，下梢皆入禅学去。必是程先生当初说得高了，他们只睟见上一截，少下面着实工夫，故流弊至此。"③朱熹之师李侗作为程颐的三传弟子，讲理一分殊时，认为理不患不一而患分殊，当就分殊处体会理。朱熹后来的治学方向均致力于如何贯通理一分殊。如何克服只有高明而无下学、有理而无礼的弊端，成为理学从北宋到南宋一以贯之的根本主题，可以说南宋朱熹所做的工作正是对这一问题的回应。④

①　［宋］程颢、程颐：《河南程氏遗书》卷十五，《二程集》，第 144 页。
②　［宋］程颢、程颐：《周易程氏传》卷一，《二程集》，第 699 页。
③　［宋］黎靖德辑：《朱子语类》卷一百一，《朱子全书》，第 3358 页。
④　牟坚：《朱子对"克己复礼"的诠释与辨析——论朱子对"以理易礼"说的批评》，《中国哲学史》2009 年第 1 期。

（二）朱熹礼理双彰的思想

朱熹在梳理天理论的基础上对儒家传统的概念、范畴进行整合，在理论上为礼的践履建构了完善的思想体系。传统意义上认为，孔孟思想的精髓在于通过挖掘仁的内涵来超越现实的礼，从而强调了人的主体性。宋代二程天理观的提出，在论证上有一系列问题必然要面对：仁的内涵以及礼的价值和本质到底是什么？天理又是如何超越或统摄仁、礼的内涵的？人性为何是天理？人心、人情与人性之间有着怎样的关系？这些如何与天理沟通？这都需要重新解释和论证。这些问题的解决才是理学能够真正确立起来的关键。朱熹的礼、理学思想的最大特色在于既重视高明的形上学理论建构，又强调形而下学功夫的践履，既重视理的本体理论综合，又重视礼的功夫论，是礼、理双彰的思想，这正是朱熹思想极高明而道中庸的体现，也是其思想能够深远影响中国以及东亚政治和社会的根本原因。朱熹关于礼、理关系的论述综合了先秦和宋代诸儒的意见，在继承和批评的基础上形成了礼、理双彰的思想。

1. 朱熹对礼的理解——以理事、体用释礼

朱熹对礼的理解，最终可以用"天理之节文，人事之仪则"来概括，此两句出自《论语·学而》"礼之用，和为贵"一章朱熹的注解。① "节文"一词见于《礼记·坊记》："礼者，因人之情而为之节文，以为民坊者也。"《礼记·檀弓下》也说："辟踊，哀之至也；有筹，为之节文也。"孔颖达将"节文"解作"准节文章"②，也就是"调节与文饰"之意。"节文"二字，又见于《孟子·离娄上》。孟子曰："仁之实，事亲是也；义之实，从兄是也；智之实，知斯二者弗去是也；礼之实，节文斯二者是也；乐之实，乐斯二者，乐则生矣。"朱熹在《集注》中将"节文"解释为"品节文章"③。

---

① ［宋］朱熹：《论语集注》卷一，《朱子全书》，第 72 页。
② ［清］阮元校刻：《十三经注疏》（清嘉庆刊本），第 3511、2818 页。
③ ［宋］朱熹：《孟子集注》卷七，《朱子全书》，第 350 页。

在其他一些注释中，朱熹主要倾向于以"节文"定义礼，"礼，节文也"①。在释《中庸》"亲亲之杀，尊贤之等，礼所生也"时，认为礼是亲亲尊贤的节文，礼是节文仁义的体现。② 在释"非天子不议礼"时认为，"礼，亲疏贵贱相接之体也"③。释《论语·为政篇》中"道之以德，齐之以礼，有耻且格"时，朱熹认为"礼，谓制度品节也"④。释"生，事之以礼；死，葬之以礼，祭之以礼"时，认为"礼，即理之节文也"⑤。释"庄以莅之，动之不以礼"时说"礼，谓义理之节文"⑥。总的来说，朱熹倾向于用内蕴天理的"制度""节文"来释礼。

曾祖道曾这样理解"礼者，天理之节文，人事之仪则"，谓"礼即理也，但谓之理，则疑若未有形迹之可言；制而为礼，则有品节文章之可见矣。人事如五者，固皆可见其大概之所宜，然到礼上方见其威仪法则之详也。节文仪则，是曰事宜"。曾祖道侧重挖掘礼为文、为事的内涵，朱熹则提醒他"更就天人上看"⑦。这说明在朱熹的理解中，礼正是沟通天人的有效手段和体现天人合一的现实载体。

关于此句，陈淳的解释似乎最为得师意，他以体用先后关系来分析礼的内涵：

　　文公曰："礼者，天理之节文，而人事之仪则。"以两句对言之，何也？盖天理只是人事中之理，而具于心者也。天理在中而著见于事，人事在外而根于中，天理其体而人事其用也。"仪"谓容仪而形见于外者，有粲然可象底意，与"文"字相应。"则"谓法则、准则，是

① ［宋］朱熹：《论语集注》卷一，《朱子全书》，第72页。
② ［宋］朱熹：《中庸章句》，《朱子全书》，第45页。
③ ［宋］朱熹：《中庸章句》，《朱子全书》，第54页。
④ ［宋］朱熹：《论语集注》卷一，《朱子全书》，第75页。
⑤ ［宋］朱熹：《论语集注》卷一，《朱子全书》，第76页。
⑥ ［宋］朱熹：《论语集注》卷八，《朱子全书》，第209页。
⑦ ［宋］朱熹：《晦庵先生朱文公文集》卷六十《答曾择之》，《朱子全书》，第2893、2894页。

个骨子，所以存于中者，乃确然不易之意，与"节"字相应。文而后仪，节而后则，必有天理之节文，而后有人事之仪则。言须尽此二者，意乃圆备。①

首先，陈淳指出天理与人事之间的关联。天理只是人事中的理，天理是人事的中心，天理在内，人事在外，天理为礼之体，人事为礼之用。这样从天人、理事的角度理解了礼。接着陈淳指出"仪""文"同有外在显现之容制，"则""节"共为内在确定不易之准则。最后此两句之间是有着先后顺序的，"天理之节文"是"人事之仪则"的条件，这样强调礼之内在精义的优先性。经过陈淳的阐释，朱熹关于礼的内涵似乎已经很完备了，可是用体用、先后关系来论礼，符合朱熹的原意吗？

的确，朱熹早年曾用"体"来说礼。后来换用"天理之节文，人事之仪则"来论礼，这期间有什么微妙的变化吗？我们再来看一段朱熹与弟子们关于此句的讨论：

> 问："先生昔曰：'礼是体。'今乃曰：'礼者，天理之节文，人事之仪则。'似非体而是用。"曰："公江西有般乡谈，才见分段子，便说道是用，不是体。如说尺时，无寸底是体，有寸底不是体，便是用；如秤，无星底是体，有星底不是体，便是用。且如扇子有柄，有骨子，用纸糊，此便是体；人摇之，便是用。"杨至之问体，曰："合当底是体。"②

此处朱熹虽然没有直接回答礼是体还是用的问题，但根据朱熹对体用的认识，他的主旨还是很明确的，那就是礼兼备体用。礼无疑是"体"，

---

① ［宋］陈淳：《北溪字义》卷上，中华书局，1983 年，第 20 页。
② ［宋］黎靖德辑：《朱子语类》卷六，《朱子全书》，第 239—240 页。

"当然之理,人合恁地底,便是体,故仁义礼智为体"①;礼同时兼具体用两
面,"如尺与秤相似,上有分寸星铢,则体也;将去秤量物事,则用也"②;礼
是道理与用处的结合,"体是这个道理,用是他用处"③。在朱熹看来,礼
既是应该如此的道理,又是可以权衡、践履的标准和功夫。"礼者,道体
之节文,必其人之有德,然后乃能行之也。"④礼既是形而上的,也是形而
下的。朱熹曾说:"学者学夫人事,形而下者也;而其事之理,则固天之理
也,形而上者也。"⑤从这些讨论来看,在早年,朱熹多强调礼为体的一面,
因而给学者们留下了深刻的印象。后来朱熹则强调礼兼备体用,沟通天
人,是形上道理和形下人事的有机结合。

朱熹认为礼同时具备理和文两方面属性。他说:"所因之礼,是天做
底,万世不可易;所损益之礼,是人做底,故随时更变。"⑥礼中蕴含的君为
臣纲、父为子纲、夫为妻纲以及仁、义、礼、智、信都是不变的天理,是礼相
因袭而不能轻易变更的根据,而礼文制度则是损益变化的已然之迹。朱
熹说:"三纲五常,礼之大体,三代相继,皆因之而不能变。其所损益,不
过文章制度小过不及之间,而其已然之迹,今皆可见。则自今以往,或有
继周而王者,虽百世之远,所因所革,亦不过此,岂但十世已乎!"⑦但从偏
正结构"天理之节文"的描述来看,朱熹似又更强调礼作为"节文"的
属性。

朱熹认为所谓文章就是"德之见乎外者,威仪、文辞皆是也"⑧,"道之
显者谓之文,盖礼乐制度之谓"⑨。朱熹也肯定陈淳所言"文"大要就是

①　[宋]黎靖德辑:《朱子语类》卷一百一,《朱子全书》,第 3400 页。
②　[宋]黎靖德辑:《朱子语类》卷六,《朱子全书》,第 240 页。
③　[宋]黎靖德辑:《朱子语类》卷六,《朱子全书》,第 239 页。
④　[宋]朱熹:《中庸或问》,《朱子全书》,第 600—601 页。
⑤　[宋]朱熹:《论语或问》卷十四,《朱子全书》,第 839 页。
⑥　[宋]黎靖德辑:《朱子语类》卷二十四,《朱子全书》,第 865 页。
⑦　[宋]朱熹:《论语集注》卷一,《朱子全书》,第 81 页。
⑧　[宋]朱熹:《论语集注》卷三,《朱子全书》,第 103 页。
⑨　[宋]朱熹:《论语集注》卷五,《朱子全书》,第 140 页。

"文理可观之谓"①。朱熹重视礼文，认为动容周旋的礼文就是礼之实体，就是礼的体现。"五声十二律，不可谓乐之末，犹揖逊周旋，不可谓礼之末。若不是揖逊周旋，又如何见得礼在那里?"②在秩序亟待重建的南宋社会，朱熹认为重视礼文也是对礼之本的追求。朱熹认为孔子答林放问礼之本："然俭戚亦只是礼之本而已。及其用也，有当文时，不可一向以俭戚为是。"③正如颜炳罡所指出的："朱子直接挑战孔子，似乎处处与孔子相反。孔子时代，礼乐的危机主要是形式化的危机，礼乐还存在，朱熹的时代，礼乐不再是形式化的危机，而是没有几人精通古礼了，所以他要求重建礼乐的形式——揖逊周旋。"④朱熹在解说《论语·子罕》中颜渊所说的"博我以文，约我以礼"一句时说："圣门教人，只此两事。博文工夫固多，约礼只是这些子。如此是天理，如此是人欲。不入人欲，则是天理。礼者，天理之节文。节谓等差，文谓文采。等差不同，必有文以行之。《乡党》一篇，乃圣人动容周旋皆中礼处。"⑤总的来说，朱熹既重视礼的内涵，又强调礼的形式。

　　为什么朱熹会用理事关系来论礼呢? 这里有必要结合理学思想的发展来解释。为了反对二氏哲学中"体用殊绝"，程颐在继承张载学说的基础上特别指出："至微者理也，至著者象也。体用一源，显微无间。"⑥这一论述是指《周易》深奥的义理蕴含于错综复杂的卦象之中，理与象不能分割，同出一源。程颐所说的体，是指事物内藏而不彰显的原理和根源，用是指各种现象。后来程颐进一步拓展此思想，说："至显者莫如事，至微者莫如理，而事理一致，微显一源。古之君子所谓善学者，以其能通于

① ［宋］朱熹：《晦庵先生朱文公文集》卷五十七《答陈安卿》，《朱子全书》，第 2726 页。
② ［宋］黎靖德辑：《朱子语类》卷三十五，《朱子全书》，第 1301 页。
③ ［宋］黎靖德辑：《朱子语类》卷二十五，《朱子全书》，第 885 页。
④ 颜炳罡：《依仁以成礼，还是设礼以显仁——从儒家的仁礼观看儒学发展的两种方式》，《文史哲》2002 年第 3 期。
⑤ ［宋］黎靖德辑：《朱子语类》卷三十六，《朱子全书》，第 1340 页。
⑥ ［宋］程颢、程颐：《河南程氏文集》卷八，《二程集》，第 582 页。

此而已。"①这说明在程颐看来,理是事物的本质,事物是理的表现,两者不能截然分开,而是相互统一的。程颐以理为事物内部深奥而微妙的原理,把事物看作理的表征,以理为体,以事为用,认为体用是统一的,强调本体和现实的密切联系。后来朱熹、陈淳用理事和体用论礼都受这一哲学思想的影响。

朱熹进一步发挥了程颐关于理事体用一源的思想。他说:"'体用一源'者,自理而观,则理为体、象为用,而理中有象,是一源也;'显微无间'者,自象而观,则象为显、理为微,而象中有理,是无间也。"②同时朱熹将"理在事先"和"理在事上"这一思想明确化,讨论了理、事的先后问题。这就是说,在一切事物尚未产生时,事物的规律、原理、法则就已经存在,理不因事物存在、出现与否而有所改变。如果要探寻永恒存在的理,就必须通由事才能得到。同样,朱熹关于礼的定义就受到这一思想的影响和制约。不可否认的是,朱熹以"天理之节文,人事之仪则"来名礼,也的确抓住了礼有礼义精微、礼制彰显的两面,为新儒学的礼教体系提供了可以依循的制度仪则,引发了儒者对礼的内涵的重视与探讨。

这里还有必要讨论一下的是清儒对朱熹用理、事论礼的批评。清代以凌廷堪为代表的经史学家,特标举"以礼代理"的旗帜反攻理学。他们认为以"理"来名学就缺乏合理性,根本不是正统儒家学术的表述。凌廷堪说:"考《论语》及《大学》皆未尝有'理'字,徒因释氏以理事为法界,遂援之而成此新义。是以宋儒论学,往往理事并称……无端于经文所未有者,尽援释氏以立帜……故鄙儒遂误以理学为圣学也。"③凌氏意在指责理学乃是借用佛学之余绪,而非圣学。所言"宋儒论学,往往理事并称",实际上是在讽刺朱熹言礼为"天理之节文,人事之仪则"。虽然学者们早

---

① ［宋］程颢、程颐:《河南程氏遗书》卷二十五,《二程集》,第 323 页。
② ［宋］朱熹:《晦庵先生朱文公文集》卷四十《答何叔京》,《朱子全书》,第 1841 页。
③ ［清］凌廷堪:《校礼堂文集》卷十六《好恶说下》,第 142 页。

就有结论,程朱理学受华严宗的影响很深①,但是我们应该看到的是,理
学家正是在借用佛教思想体系和范畴的过程中通过反思儒学,同时在批
判佛、道的基础上才确立起新儒学精致的哲学思想体系。他们的立场仍
然是坚定不移的儒学立场。因此,虽然清儒对朱熹有诸多批判,但也遮
蔽不了我们真实了解学术思想史发展演进的目光。

2. 以"理"释礼

"礼者,理也"这一观念,实为二程、张载以来理学家的共识。② 朱熹
也以理来释礼。他说:"礼只是理,只是看合当恁地。"③礼是理应然的体
现。对《离娄章句下》中"非礼之礼,非义之义,大人弗为",朱熹这样解
释:"察理不精,故有二者之蔽。大人则随事而顺理,因时而处宜,岂为是
哉?"④理在朱熹的哲学体系中,早已成为一个涵盖一切自然、社会、人生、
事物规律、法则的本体概念,它统摄仁、义、礼、智、信五常,彰显君臣、父
子、夫妇、兄弟、朋友之间的伦理关系。朱熹说:"须知天理只是仁、义、
礼、智之总名,仁、义、礼、智便是天理之件数。"⑤礼无疑就是天理、天道中
的一件,天理是礼文制度中的礼义精髓。"道即理也,以人所共由而言则
谓之道,以其各有条理而言则谓之理。其目则不出乎君臣、父子、兄弟、
夫妇、朋友之间,而其实无二物也。"⑥朱熹还指出:"《六经》是三代以上之
书,曾经圣人手,全是天理。"⑦也就是说,礼经、乐经也同样是天理的体现
与承载。

再者,朱熹认为礼是天理之自然。以"节文""仪则"来释礼,给人的

---

① 侯外庐、邱汉生、张岂之主编:《宋明理学史》,人民出版社,1997 年,第 139 页。
② [宋]吕祖谦:《东莱外集》卷六,《文渊阁四库全书》第 1150 册,第 431 页:"礼者,理也。理
　 无物而不备,故礼亦无时而不足。"[宋]张栻:《新刊南轩先生文集》卷二十六《答吕季克》,
　 第 1163 页:"所谓礼者天之理也,以其有序而不可过,故谓之礼。"
③ [宋]黎靖德辑:《朱子语类》卷三十五,《朱子全书》,第 1273 页。
④ [宋]朱熹:《孟子集注》卷八,《朱子全书》,第 355 页。
⑤ [宋]朱熹:《晦庵先生朱文公文集》卷四十《答何叔京》,《朱子全书》,第 1838 页。
⑥ [宋]朱熹:《晦庵先生朱文公文集》卷四十九《答王子合》,《朱子全书》,第 2257 页。
⑦ [宋]黎靖德辑:《朱子语类》卷十一,《朱子全书》,第 347 页。

感觉是强调礼的约束、规范意义，朱熹也的确注意到礼中严格的等级差异，礼数、礼容、礼器等各方面都表现出严毅不可侵犯之处。朱熹说："礼是严敬之意。"①甚至说："礼如此之严，分明是分毫不可犯。"②可是这样的论述怎样才能与理学家所宣扬的人主动对礼的服膺联系起来呢？黄榦曾说："观《玉藻》《乡党》所载，则臣之事君，礼亦严矣。"③朱熹赶紧强调严与和都应统一在礼中："至严之中，便是至和处，不可分做两截去看。"④"礼之为体虽严，而皆出于自然之理。"⑤也就是说，礼是天理的自然流露，没有丝毫强人之处。

但朱熹并不同意以"天经地义"的观念来阐释"礼"。《左传》昭公二十四年记载子产之言："夫礼，天之经也，地之义也，民之行也。"子太叔又继而阐发子产此义："礼，上下之纪，天地之经纬也，民之所以生也，是以先王尚之。故人之能自曲直以赴礼者，谓之成人。"⑥在朱熹看来，将"礼"看作是"天经地义"的准则，而要人委屈自己的情感以求合于"礼"，是将人的情感与礼截然二分。如子产、子太叔所言，"礼"是外在于人且毋庸置疑的准则。朱熹对《左传》所载这段议论提出异议，他认为子产、子太叔所言"只是说人做这个去合那天之度数"，"都是做这个去合那天，都无那自然之理"。⑦"自然之理"，即所谓"理""天理"。"礼乐者，皆天理之自然。节文也是天理自然有底，和乐也是天理自然有底……所谓礼乐，只要合得天理之自然，则无不可行也。"⑧这里的"自然"之意仍然是强调礼乃对宇宙秩序的模仿，人的个体性情和社会名分都是天秩、天序的条理

---

① ［宋］黎靖德辑：《朱子语类》卷二十二，《朱子全书》，第 762 页。
② ［宋］黎靖德辑：《朱子语类》卷二十二，《朱子全书》，第 761 页。
③ ［宋］黎靖德辑：《朱子语类》卷二十二，《朱子全书》，第 759—760 页。
④ ［宋］黎靖德辑：《朱子语类》卷二十二，《朱子全书》，第 760 页。
⑤ ［宋］朱熹：《论语集注》卷一，《朱子全书》，第 72 页。
⑥ ［清］阮元校刻：《十三经注疏》（清嘉庆刊本），第 4576、4579 页。
⑦ ［宋］黎靖德辑：《朱子语类》卷八十七，《朱子全书》，第 2975 页。
⑧ ［宋］黎靖德辑：《朱子语类》卷八十七，《朱子全书》，第 2973 页。

的展现，因此礼的本源就是自然。朱熹说：

> 盖圣人制礼，无一节是强人，皆是合如此……尝谓吕与叔说得
> 数句好，云："自斩至缌，衣服异等，九族之情无所憾；自王公至皂隶，
> 仪章异制，上下之分莫敢争。皆出于性之所有，循而行之，无不中节
> 也。"此言礼之出于自然，无一节强人。须要知得此理，则自然和。①

因为礼是圣人综合考虑天、人的特点及其关系所制定出来的，量身
定制的礼怎么会是强迫人的呢？天理的自然本来就是差序等级的体现，
万物参差不齐，各得其所，人间秩序也是如此。人知得此礼，内心充满恭
敬，同时行得此礼，自然和乐。

"礼"之合于天理，即是说"礼"必须是人性的自然发用，也即是"心之
所安"。《论语·阳货》所载孔子回答宰我对"三年之丧"的质问时说："女
安，则为之！"②这一回答最可说明"礼"必须是在与本心相应的情况下，才
能显现其价值。朱熹也是从人内心的真情实感来谈"礼"的意义。《语
类》中记载：

> 或问："哀慕之情，易得间断，如何？"曰："此如何问得人？ 孝子
> 丧亲，哀慕之情自是心有所不能已，岂待抑勒，亦岂待问人？ 只是时
> 时思慕，自哀感。所以说'祭思敬，丧思哀'。只是思着自是敬，自是
> 哀。若是不哀，别人如何抑勒得他？"因举"宰我问三年之丧"云云，
> 曰："'女安，则为之！'圣人也只得如此说，不当抑勒他，教他须用哀。
> 只是从心上说，教他自感悟。"③

---

① ［宋］黎靖德辑：《朱子语类》卷二十二，《朱子全书》，第 759 页。
② ［宋］朱熹：《论语集注》卷九，《朱子全书》，第 225 页。
③ ［宋］黎靖德辑：《朱子语类》卷八十九，《朱子全书》，第 3007 页。

如果只是依从别人的指挥，而没有真切的情感，则礼的意义也就不存在了。换言之，"礼"的真实意义，即在于外在举止与内心情感的充分和谐。

在朱熹看来，礼作为天理之自然，本身就是表里如一、内外交流的自然状态。朱熹说："礼是恭敬底物事，尔心中自不恭敬，外面空做许多般模样；乐是和乐底物事，尔心中自不和乐，外面强做和乐，也不得。心里不恁地，外面强做，终是有差失。纵饶做得不差失，也只表里不相应，也不是礼乐。"①而人们认识到礼是天理之自然，才能知行合一，内外交融。又说："若人而不仁，空有那周旋百拜，铿锵鼓舞，许多劳攘，当不得那礼乐。"②总之，朱熹都在强调礼文繁密丰富，需要学者操存持守、笃实践履的地方很多，但是如果能尽心知性，存心养性，就能达到与天理自然合一的境界，而根本不知规矩、规范为何物。朱熹说："所谓礼者，正以礼文而言，其所以为操存持守之地者密矣。若曰'循理而天，自然合理'，则又何规矩之可言哉？"③朱熹论礼为天理之自然，表面上看来在论证礼的属性，而最终目的都是在强调人必须通过修养心性而主动践履礼仪的必要性。

朱熹以理释礼的最终目的仍然是追求礼治秩序的重建，他对秩序的认识仍然是承袭张载、二程的观点。程颐说："《书》言天叙、天秩。天有是理，圣人循而行之，所谓道也。圣人本天，释氏本心。"④朱熹在此基础上继续阐发说：

　　因其生而第之以其所当处者，谓之叙；因其叙而与之以其所当得者，谓之秩。'天叙'便是自然底次序，君便教他居君之位，臣便教他居臣之位，父便教他居父之位，子便教他居子之位。天秩，便是那

① ［宋］黎靖德辑：《朱子语类》卷二十五，《朱子全书》，第881页。
② ［宋］黎靖德辑：《朱子语类》卷二十五，《朱子全书》，第880页。
③ ［宋］朱熹：《论语或问》卷十二，《朱子全书》，第801页。
④ ［宋］程颢、程颐：《河南程氏遗书》卷二十一下，《二程集》，第274页。

　　天叙里面物事，如天子祭天地，诸侯祭山川，大夫祭五祀，士庶人祭
　　其先；天子八，诸侯六，大夫四。皆是有这个叙，便是他这个自然
　　之秩。①

　　朱熹通过阐释天叙、天秩都是自然的次序，具有恒久的稳定性和不
可抗逆的属性，从而强调人伦关系和礼制等级的天然性。在人间社会实
行的典礼，都产生于天叙、天秩之下，但凡礼文、礼制、礼乐都不是圣人自
出机杼制作的，而是天定的。朱熹说：

　　"天叙有典，敕我五典五惇哉！天秩有礼，自我五礼有庸哉！"许
　　多典礼，都是"天叙""天秩"下了，圣人只是因而敕正之，因而用出去
　　而已。凡其所谓冠、昏、丧、祭之礼，与夫典章制度、文物礼乐、车舆
　　衣服，无一件是圣人自做底，都是天做下了，圣人只是依傍他天理行
　　将去。如推个车子，本自转将去，我这里只是略扶助之而已。②

　　朱熹这一思想与荀子不依据天道观念以建立人道的思想，把礼乐视
为人道而非天道的思想不同。荀子在吸收批判老庄思想的基础上认为，
自然之天与人为各有不同的功能和作用，不能借崇拜自然来反对人为，
同样也不能以自然的无为来反对礼乐。在荀子的思想中，既然天是无可
取法的，又不能示人以典范，那么修身齐家治国平天下的礼义法度，就只
有仰赖君子与圣人来发明创造。荀子说："故圣人化性起伪，伪起而生礼
义，礼义而制法度。然则礼义法度者，是圣人之所生也。"③荀子认为是圣
人所立礼义法度来制约、适应后天社会环境对人的影响，并非来自先天

①　[宋]黎靖德辑：《朱子语类》卷七十八，《朱子全书》，第 2675—2676 页。
②　[宋]黎靖德辑：《朱子语类》卷七十八，《朱子全书》，第 2676 页。
③　[清]王先谦：《荀子集解》卷十七，第 438 页。

的自然性。"圣人积思虑,习伪,故以生礼义而起法度。然则礼义法度者,是生于圣人之伪,非固生于人之性也。"①这些思想是与其性伪之分、天人之分的观点相应的。朱熹则继承二程、张载天人合一的主张,认为人性善,性即理,天道与人道有着一致性。

3. 不以理易礼

朱熹用天理来阐释礼,既是对人间礼制秩序形而上的提升,也是基于用宇宙本体论来统括指导礼治社会。这是理学家孜孜以求的建构儒学本体论的需要,也是理学心性理论发展的最终目标,沟通天道与人道的关系,从而重建社会秩序。但同时我们也应注意到,朱熹也有不用天理说礼处。在朱熹看来,礼虽隶属、表现天理,但礼、理并非可以相互替代。朱熹强调不能以理易礼主要表现在解释"克己复礼归仁"和"约之以礼"两句上。朱熹说:

> "克己复礼",不可将"理"字来训"礼"字。克去己私,固即能复天理。不成克己后,便都没事。惟是克去己私了,到这里恰好着精细底工夫,故必又复礼,方是仁。圣人却不只说克己为仁,须说"克己复礼为仁"。见得礼,便事事有个自然底规矩准则。②

> "约之以礼","礼"字便作"理"字看不得,正是持守有节文处。③

之所以不能用"理"来代替"礼",关键在于说"复理""约理"就会脱离现实精细的践履功夫,会导致学者们学无持守。"复礼""约礼",才能在实践中认识到事事有个自然的规矩准则,才能依照确定的规范礼仪行事

① ［清］王先谦:《荀子集解》卷十七,第 437 页。
② ［宋］黎靖德辑:《朱子语类》卷四十一,《朱子全书》,第 1451 页。
③ ［宋］朱熹:《晦庵先生朱文公文集》卷五十八《答张仁叔》,《朱子全书》,第 2750 页。

持守。有门人问朱熹："所以唤做礼，而不谓之理者，莫是礼便是实了，有准则，有着实处？"朱熹回答说："只说理，却空去了。这个礼，是那天理节文，教人有准则处。"①朱熹认为，光说理而不复礼，会少一节践履功夫。而此点正是儒家与佛教区别开来的重要标志。在朱熹看来，儒、佛都讲克己，但强调"复礼"的教化却是儒家显著的特征之一。他说：

> 若是佛家，尽有能克己者，虽谓之无己私可也，然却不曾复得礼也。圣人之教，所以以复礼为主。若但知克己，则下梢必堕於空寂，如释氏之为矣。②

> 然而世间却有能克己而不能复礼者，佛、老是也。佛、老不可谓之有私欲。只是他元无这礼，克己私了，却空荡荡地。他是见得这理元不是当。克己了，无归着处。③

> 释氏之学，只是克己，更无复礼工夫，所以不中节文……吾儒克己便复礼，见得工夫精粗。④

佛家克己而不能复礼，因此容易陷入空虚寂寥之处，而无所依归。儒家既克己又复礼，个人对私欲的抑制与对礼仪的践履成为修身的基本功夫，着眼点还是寻求在现实社会人生中寻求安顿。

早在《克斋记》中朱熹就指出："予惟'克''复'之云，虽若各为一事，其实天理人欲，相为消长，故克己者，乃所以复礼，而非克己之外别有复

---

① ［宋］黎靖德辑：《朱子语类》卷四十一，《朱子全书》，第 1454 页。
② ［宋］黎靖德辑：《朱子语类》卷四十一，《朱子全书》，第 1451 页。
③ ［宋］黎靖德辑：《朱子语类》卷四十一，《朱子全书》，第 1454 页。
④ ［宋］黎靖德辑：《朱子语类》卷四十一，《朱子全书》，第 1452 页。

礼之功也。"①为了能将这一思想更加明确,朱熹索性用复礼来论克己,说:

> 礼是自家本有底,所以说个"复",不是待克了己,方去复礼。克得那一分人欲去,便复得这一分天理来;克得那二分己去,便复得这二分礼来。且如箕踞非礼,自家克去箕踞,稍稍端坐,虽未能如尸,便复得这些个来。②

> 且如坐当如尸,立当如齐,此礼也。坐而倨傲,立而跛倚,此己私也。克去己私,则不容倨傲而跛倚;然必使之如尸如齐,方合礼也。③

朱熹强调礼是内在于人本身的秩序和准则,克己和复礼并非有明确的先后顺序,而是同时进行的。"克己便是复礼,不是克己了,方待复礼,不是做两截工夫。"④克己复礼本属一项功夫,不得分作两项说。"克己,则礼自复;闲邪,则诚自存。非克己外别有复礼,闲邪外别有存诚。"⑤所谓克己,实际上只不过是天理战胜人欲,克去非礼自然就能复礼。《论语集注》:"私胜,则动容周旋无不中礼,而日用之间莫非天理之流行矣。"⑥

依据朱熹是否用"理"释"礼",我们可以看出朱熹在对待礼、理关系上的两层考虑。首先,朱熹认为"礼是那天地自然之理",此理可以贯通"礼仪三百,威仪三千"所代表的繁文缛节,千条万绪的曲礼、威仪都是天

---

① [宋] 朱熹:《晦庵先生朱文公文集》卷七十七《克斋记》,《朱子全书》,第 3710 页。
② [宋] 黎靖德辑:《朱子语类》卷四十一,《朱子全书》,第 1454 页。
③ [宋] 黎靖德辑:《朱子语类》卷四十一,《朱子全书》,第 1452 页。
④ [宋] 黎靖德辑:《朱子语类》卷四十一,《朱子全书》,第 1456 页。
⑤ [宋] 黎靖德辑:《朱子语类》卷四十一,《朱子全书》,第 1448 页。
⑥ [宋] 朱熹:《论语集注》卷六,《朱子全书》,第 167 页。

理的体现。① 这是体察到了礼的形而上层面。其次，朱熹不以"理"训"礼"，在于强调礼是"归宿处"，是持守用力节文处。② 这是强调礼所具备的形而下的践履功夫层面。朱熹对礼、理关系的认识正可以这样概括，既要认识到礼所具有的天理、心性的内涵，又要能在实践中忠实履行。当有人问"这'礼'字怎地重看"时，朱熹回答说：

> 只是这个道理，有说得开朗底，有说得细密底。"复礼"之"礼"，说得较细密。"博文、约礼"，"知崇、礼卑"，"礼"字都说得细密。知崇是见得开朗，礼卑是要确守得底。③

用理来释礼，就是说得"开朗处"。不用理来训礼，是因为认识到礼有"细密"的节文，最终目的是要践履确守。用朱熹自己的话来说，就是"要得个正当道理而有所归宿尔"④。

朱熹关于礼、理关系的两重论述是否正如清儒所说，存在中、晚年礼学思想转型的问题呢？阮元认为："朱子中年讲理，固已精实，晚年讲礼，尤耐繁难，诚有见乎理必出于礼也……故理必附乎礼以行，空言理，则可彼可此之邪说起矣。"⑤除去清儒张扬礼学的一般成见外，阮元指出了这样一个事实：朱熹讲礼、理关系存在一定的变化。翻检有关资料，我们也能发现一些材料说明此点。1170 年，朱熹在给林用中的信中说：

> 程子言敬，必以整齐严肃、正衣冠、尊瞻视为先，又言未有箕踞

---

① ［宋］黎靖德辑：《朱子语类》卷四十一，《朱子全书》，第 1456 页。
② ［宋］黎靖德辑：《朱子语类》卷三十三，《朱子全书》，第 1174 页。
③ ［宋］黎靖德辑：《朱子语类》卷四十一，《朱子全书》，第 1456 页。
④ ［宋］黎靖德辑：《朱子语类》卷三十三，《朱子全书》，第 1174 页。
⑤ ［清］阮元：《揅经室集》续集卷三《书东莞陈氏学蔀通辨后》，第 1062 页。

而心不慢者,如此乃是至论。而先圣说克己复礼,寻常讲说,于"礼"字每不快意,必训作"理"字然后已,今乃知其精微缜密,非常情所及耳。①

这说明朱熹在四十岁左右认识到的"克己复礼"之说,是服膺程颐以理训礼的,主张复礼就是复天理。1192 年,赵致道给朱熹的信中提到"不曰理而曰礼者,盖言理则隐而无形,言礼则实而有据。礼者,理之显设而有节文者也,言礼则理在其中矣"②。朱熹对此论表示肯定。"礼便是节文,升降、揖逊是也。但这个'礼'字又说得阔,凡事物之常理皆是。"③这说明朱熹确实有从理回归到礼的趋向。前面《语类》中的晚年之论,也是主张不能以理训礼,这种变化的原因何在呢?

实际上,朱熹之所以强调不能以理训礼,主要是针对陆九渊心学,意在纠正二程及后学的礼、理观。这些批评直接集中在对"克己复礼归仁"一句的解释上。譬如陆九渊在论"克己复礼"时就认为"不但只是欲克去那利欲忿懥之私",而且"只是有一念要做圣贤"就不可。朱熹认为"此等议论恰如小儿则剧一般,只管要高去,圣门何尝有这般说话"④。在朱熹看来,二程及其后学同陆学一样,在不同程度上都出现了悬空说理的势头,重克己之说,轻复礼之实,远离了儒学平易、踏实的践履功夫,必须从理论上予以扭转。

程颢自从体贴出天理来之后,与其弟子论学都不免以"天理""天道"来重新解释儒家的一般概念范畴。比如以"道"解"仁",认为克己就是得道。他与弟子韩持国有一番讨论:

---

① [宋]朱熹:《晦庵先生朱文公文集》卷四十三《答林择之》,《朱子全书》,第 1969 页。
② [宋]朱熹:《晦庵先生朱文公文集》卷五十九《答赵致道》,《朱子全书》,第 2865 页。
③ [宋]黎靖德辑:《朱子语类》卷七十五,《朱子全书》,第 2545 页。
④ [宋]黎靖德辑:《朱子语类》一百四,《朱子全书》,第 3437 页。

　　明道尝论克己复礼，韩持国曰："道上更有甚克，莫错否？"曰：
"如公所言，只是说道也。克己复礼，乃所以为道也。"

　　又韩持国尝论克己复礼，以谓克却不是道，先生言克便是克之
道。持国又言道则不须克，先生言道则不消克，却不是持国事，在圣
人则无事可克，今日持国须克得己，然后复礼。又曰："非礼勿视，非
礼勿听，非礼勿言，非礼勿动，积习尽有功，礼在何处？"又曰："非礼
勿视，非礼勿听，非礼勿言，非礼勿动，一于礼之谓仁，仁之于礼，非
有异也。"又曰："克己则私心去，自能复礼，虽不学文，而礼意
已得。"①

　　在韩持国看来，道既然是无所不在，也内在于人的本性之中，应该是
自足而无欠缺的，也就无须"克"来修持体验道。如果以在事上克己，也
就不能称其为道了。程颢指出韩持国在论道时应该顾及为道之方的层
面。《论语》中的主题"为仁之方"，在程颢理学的诠释框架中已经悄然地
被"为道之方"所替代。程颢指出道不是可以自然而然就能获得的，必须
通过"修道之谓教"的修养功夫。但是程颢在解释"四勿"时，又不免将仁
与礼混为一谈，不自觉中又偏向强调"克己"的内在面。钱穆曾指出，朱
熹偶有将克己复礼分作两项说的时候，乃"依违于明道之说而未达十分
之定见"②。但朱熹最终还是认为程颢所论"克己则私心去，自能复礼；虽
不学礼文，而礼意已得"，认为这个"说得不相似"。在朱熹看来，克己、复
礼"是合掌说底"③，不能执于一偏。

　　程颢以道释仁，范祖禹则以理代礼。范祖禹这样解释"克己复礼"：

---

① ［宋］朱熹：《论语精义》卷六下，《朱子全书》，第 410、411 页。
② 钱穆：《朱子新学案》，第 600 页。
③ ［宋］黎靖德辑：《朱子语类》卷四十一，《朱子全书》，第 1456 页。

克己，自胜其私也，胜己之私，则至于理。礼者，理也，至于理，则能复礼矣。有不善未尝不知，知之未尝复行，克己也。不迁怒，不贰过，复礼也。夫正与是出于理，不正不是则非理也。视听言动，无非礼者，正心而已矣。为仁由己，在内故也。克己复礼，时天下之善皆在于此矣。天下之善在己，则行之一日，可使天下之仁归焉。夫不勉而中，不思而得，则非颜子所及。而尧、舜修身以治天下，亦惟视听言动无非礼而已矣。①

在此段中，范祖禹虽然认识到尧、舜修身治天下皆本于礼，可谓认识到了礼的重要性，但是他认为"至于理，则能复礼"，未免说得过于轻松随意。而且他以知行、是非是否合理来论礼，认为正心即可复礼，说得笼统轻巧，没有切实的下手功夫。难怪朱熹一针见血地指出："范氏之说，则其疏甚矣。"②

吕大临本是张载门人，张载死后往来于程门。他受程颢的影响，用"一体"解仁，提出克己是求仁的功夫。吕大临说：

仁者以天下为一体，天秩天序，莫不具存。人之所以不仁，己自己，物自物，不以为同体。胜一己之私，以反乎天秩天序，则物我兼体，虽天下之大，皆归于吾仁术之中。一日有是心，则一日有是德。

有己则丧其为仁，天下非吾体。忘己则反得吾仁，天下为一人。故克己复礼，昔之所丧，今复得之，非天下归仁者与？安仁者，以天下为一人而已。

凡厥有生，均气同体。胡为不仁，我则有己。立己与物，私为町畦。胜心横生，扰扰不齐。大人存诚，心见帝则。初无吝骄，作我蟊

---

① ［宋］朱熹：《论语精义》卷六下，《朱子全书》，第412—413页。
② ［宋］朱熹：《论语或问》卷十二，《朱子全书》，第801页。

贼。志以为帅,气为卒徒。奉辞于天,孰敢侮予?且战且徠,胜私窒
欲。昔焉寇仇,今则臣仆。方其未克,窘我室庐。妇姑勃蹊,安取厥
余?亦既克之,皇皇四达。洞然八荒,皆在我阓。孰曰天下,不归吾
仁?痒苛疾痛,举切吾身。一日至之,莫非吾事。颜何人哉?希之
则是。①

吕大临强调,只有克尽一己之私,返于天理,才能达到物我同体、物
我兼体的仁者境界。那么能否有效克己仍旧成为仁与不仁的关键。上
面第三条材料为吕大临的《克己复礼赞》,可以看出他对克己功夫的强
调。应该说他的仁说融合了张载气学和程颢理学的思想,在"求仁"功夫
方面突出了"克己"的意义,对朱熹的仁说影响亦复不小。② 但是朱熹仍
然基于既重克己又重复礼的立场对吕大临提出了批评:"吕氏专以同体
为言,而谓天下归仁,为归吾仁术之中,又为之赞以极言之,则不免过高
而失圣人之旨。抑果如此,则夫所谓克己复礼而天下归仁者,乃特在于
想象恍惚之中,而非有修为效验之实矣。"③首先,朱熹认为吕大临以同体
论仁,将仁与仁术混为一谈,不妥当;其次,朱熹指出他的《克己复礼赞》
所论过高,从而失去了圣人所强调的平实切用之旨趣。总的来说,朱熹
认为吕大临的仁说有悬空于"想象恍惚"中的特点,而缺乏"修为效验之
实"。用简单一点的话说,就是吕大临重克己的理论,而轻复礼的实践。

谢良佐同样继承和发展了程颢的仁说思想,以知觉言仁。他强调礼
的重要性,但认为遵循天理就可以上达而天,下学至礼,整体上强调天理
以及合理的优先性:

---

① [宋]朱熹:《论语精义》卷六下,《朱子全书》,第 413 页。
② 陈来:《朱熹的〈仁说〉与宋代道学话语的演变》,陈来主编:《早期道学话语的形成与演变》,
安徽教育出版社,2007 年,第 198 页。
③ [宋]朱熹:《论语或问》卷十二,《朱子全书》,第 801 页。

谢曰："礼者，摄心之规矩。循理而天，则动作语默无非天也。内外如一，则视听言动无非我矣。"或问："言动非礼，则可以正，视听如何得合礼？"曰："四者皆不可易，易则多非礼，故仁者先难而后获。所谓难者，以我视，以我听，以我言，以我动也。仰面贪看鸟，回头错应人，视听不以我，胥失之矣。"或问："视听言动合理，而与礼文不相合，如何？"曰："言动犹可以礼，视听有甚礼文？以斯视，以斯听，自然合理，合理便合礼文，循理便是复礼。"或问："求仁如何下工夫？"曰："如颜子视听言动上做亦得，如曾子颜色容貌上做亦得。出辞气者，犹佛所谓从此心中流出。今人唱一喏，若不从心中出，便是不识痛痒。古人曰：'心不在焉，视而不见，听而不闻，食而不知其味。'不见不闻不知味，便是不仁，死汉不识痛痒了。又如仲弓出门如见大宾，使民如承大祭，但存得如见大宾如承大祭底心在，便长识痛痒。"又曰："一日克己复礼，天下归仁焉，只就性上看。"又曰："克己须从性偏难克处克将去。克己之私，则心虚见理矣。"①

谢良佐认为礼是制约和统摄"心"的规矩。但谢良佐却着重发挥论述了心的作用和功能：心可以领悟到天理，在克尽一己性之偏私后能够"心虚见理"；心可以管摄视听言动，循心而可以体验到仁；以我心去视听言动，就能自然合理、复礼。朱熹称赞谢良佐对礼的定义和认识，认为"善矣"。但朱熹紧接着批评：

然必以理易礼，而又有"循理而天，自然合礼"之说焉，亦未免失之过高，而无可持循之实。盖圣人所谓礼者，正以礼文而言，其所以为操存持守之地者密矣。若曰"循理而天，自然合理"，则又何规矩

_____

① ［宋］朱熹：《论语精义》卷六下，《朱子全书》，第413—414页。

之可言哉？其言克己之效，则又但曰"克己之私，则心虚见理"，则是其所以用力于此者，不以为修身践履之当然，特以求夫知之而已也。①

　　朱熹认为谢良佐礼、理说的最大弊病还是在于"以理易礼"：重视天理之体验，忽视礼文之规矩；重视知克己之理，忽视行复礼之实。朱熹认为谢良佐和吕大临一样，都是"所论失之过高，而无可持循之实"。

　　游酢为二程高弟，同样主张万物一体为仁。游酢强调心之本体就是仁，明确提出仁是本心，仁为心之本体的思想，主张人能反其本心，便能达到万物一体的仁之境界。游酢说：

　　　　孟子曰："仁，人心也。"则仁之为言，得其本心而已。心之本体，则喜怒哀乐之未发者是也。惟其徇己之私，则汨于忿欲，而人道熄矣。诚能胜人心之私，以还道心之公，则将视人如己，视物如人，而心之本体见矣。自此而亲亲，自此而仁民，自此而爱物，皆其本心随物而见者然也。故曰："克己复礼为仁。"礼者，性之中也。且心之本体，一而已矣，非事事而为之，物物而爱之，又非积日累月而后可至也。一日反本复常，则万物一体，无适而非仁矣。故曰："一日克己复礼，天下归仁焉。"天下归仁，取足于身而已，非有借于外也。故曰："为仁由己，而由人乎哉？"颜渊请事斯语，至于非礼勿动，则不离于中，其诚不息，而可久矣，故能三月不违仁。虽然，三月不违者，其心犹有所操也。至于中心安仁，则纵目之所视，更无乱色，纵耳之所听，更无奸声，无思也，无为也，寂然不动，感而遂通天下之故，则发育万物，弥纶天地，而何克己复礼、三月不违之足言哉！此圣人之能

―――――――――――――

① ［宋］朱熹：《论语或问》卷十二，《朱子全书》，第801页。

事,而对时育万物者,所以博施济众也。仁至于此,则仲尼所不敢居,而且罕言也。然则仁与圣乌乎辨? 曰:仁,人心也,操之则为贤,纵之则为圣。苟未至于纵心,则于博施济众,未能无数数然也。①

游酢认为礼本来体现的就是人性中和的一面,不必日积月累于事事、物物中求之,只要修持心性就能达到仁。游酢此论心性比吕大临、谢良佐更为直截简易,因而招致朱熹的严厉批评:

> 游氏之说,以为视人如己视物如人,则其失近于吕氏,而无天秩天序之本,且谓人与物等,则其害于分殊之义为尤甚。以为非必积日累月而后可至,一日反本复常,则万物一体,无适而非仁者,则又陷于释氏顿悟之说,以启后学侥幸躐等之心。以为安仁则纵目所视而无乱色,纵耳所听而无奸声,则又生于庄周、列御寇荒唐之论。②

朱熹认为高妙与落实是分辨异端与儒学的关键。朱熹之所以痛切批评吕、游之说,就是因为他认识到儒者如果一味说得高妙,就容易与异端如佛、道、墨、法等家同流而失却根基。在朱熹看来,游酢所论“视人如己视物如人”,就是只认识到理一的合同之处,而没有认识到儒家所论别异分殊之处,将合同的亲亲原则与别异的尊尊原则没有明确辨析,就失去了对天秩天序下分殊之理的认识。朱熹还指出游酢释“非礼勿动”,只不过将“中”“诚”等好字拼凑总聚,表现出种种晦涩之处。③ 朱熹认识到这些都是悬空说理或义理所带来的流弊,因此力求回到礼的节文形态,主张将儒学“复礼”说得着实明白。

---

① 〔宋〕朱熹:《论语精义》卷六下,《朱子全书》,第 414—415 页。
② 〔宋〕朱熹:《论语或问》卷十二,《朱子全书》,第 801 页。
③ 〔宋〕黎靖德辑:《朱子语类》卷四十一,《朱子全书》,第 1475 页。

　　程门高弟中，杨时因独邀耆寿而对南宋理学有着深远的影响。比起其他程门学者来说，杨时更为注重"求仁之学"。杨时注重孟子"仁者人也"的说法，主张于静中体验求仁之方，此论对朱熹的老师李侗影响很深。杨时所论"克己复礼为仁说"为：

> 仁，人心也。学问之道，求其放心而已。放而不知求，则人欲肆而天理灭矣。杨子曰：'胜己之私之谓克。'克己所以胜私欲而求放心也。虽收放心，闲之为艰，复礼所以闲之也。能常操而存者，天下与吾一体耳，孰非吾仁乎？颜渊其复不远，庶乎仁者也，故告之如此。若夫动容周旋中礼，则无事乎复矣。①

　　杨时强调克己求放心的求仁功夫，认为收放心即可，复礼实际上是"无事"的闲功夫。朱熹认为复礼正是儒学精微、切实的下学功夫，因而批评杨时"以为先克己，而后复礼以闲之，则其违圣人之意远矣"②。针对杨时所论："道非礼，则荡而无止；礼非道，则梏于仪章器数之末"，朱熹说：

> 盖道者自然之路，德者人之所得。故礼者道体之节文，必其人之有德，然后乃能行之也。今乃以礼为德，而欲以凝夫道，则既误矣。而又曰："道非礼，则荡而无止；礼非道，则梏于仪章器数之末，而有所不行。"则是所谓道者，乃为虚无恍惚元无准则之物，所谓德者，又不足以凝道，而反有所待于道也，其诸老氏之言乎？误益甚矣。③

---

① ［宋］朱熹：《论语精义》卷六下，《朱子全书》，第415页。
② ［宋］朱熹：《论语或问》卷十二，《朱子全书》，第801页。
③ ［宋］朱熹：《中庸或问》，《朱子全书》，第600—601页。

　　杨时原意也是欲沟通道与礼,强调两者相互影响、依赖的关系,在朱熹看来:"杨氏以为先克己,而后复礼以闲之,则其违圣人之意远矣。"①杨时认为克己、复礼两分为先后顺序,朱熹认为此言有将道与礼割裂的趋势,言道则为"虚无恍惚,元无准则",言礼、德则有待于道才能成,又有流于道家的危险,因而需要加以批判。杨时门下的张九成也祖述程颐的礼、理观念,其论"克己复礼"云:"己者,何也? 人欲也。礼者,何也? 天理也。灭天理,穷人欲,何由而得仁? 灭人欲,尽天理,于是乃为仁。"②朱熹认为这是杜撰学问、脱空狂妄之论,只以念虑论礼,而没有强调"居处恭,执事敬","坐如尸,立如齐"等具体应该履行的礼,实际上就不是礼,也就不能真正理解礼的内涵和作用。③ 总之,朱熹敏感地意识到如果不能厘清礼、理关系,就有可能不自觉地流入释、老。只有强调平实亲切的以礼文为依托的日用常行功夫,才能真正掌握儒学发展的命脉。

　　尹焞在论述礼、理关系时表现出谨遵师说之处:

　　　　弟子问仁者多矣,唯对颜子为尽。问何以至于仁? 曰复礼则仁矣。礼者,理也,去私欲则复天理,复天理者仁也。礼不可以徒复,唯能克己,所以复也。又问克己之目,语以视听言动者,夫然,则为仁在内,何事于外乎? 盖难胜莫如己私,由乎中而应乎外,制其外所以养其中,视听言动必以礼,而其心不正者,未之有也,是之谓复天理。颜子事斯言,而进乎圣人,它弟子所不能及也。④

　　朱熹认同尹焞所论"由乎中而应乎外,制其外所以养其中,视听言动

---

①　[宋]朱熹:《论语或问》卷十二,《朱子全书》,第801页。

②　[宋]张九成:《横浦集》卷十九《因与石月先生论仁遂作克己复礼为仁说》,《文渊阁四库全书》第1138册,第426页。

③　[宋]黎靖德辑:《朱子语类》卷五十八,《朱子全书》,第1857—1858页。

④　[宋]朱熹:《论语精义》卷六下,《朱子全书》,第415—416页。

必以礼,而其心不正者,未之有也"。但是朱熹认为这也是"庶几近之",主要的毛病还是表现在"以理易礼",特别是"以复礼为仁"之说,"亦失程子之意矣"。① 有门人曾问及朱熹在编《集注》时为何没有取尹焞之说,朱熹回答说:"不欲其只说复理而不说'礼'字。盖说复礼,即说得着实;若说作理,则悬空,是个甚物事?"②这说明朱熹已经严格地将礼、理关系进行了界定,并以此为标准对二程及其后学进行了深入细致的剖析与批评。

应该指出的是,程门弟子对"克己复礼归仁"说作出的种种诠释都是天理论建构下的理学思想,均致力于以天理来重新整合儒学传统中的概念、范畴,目的都是形成宋代特色的新儒学体系。他们强调克己的内圣功夫,注重对天理的体悟,这都是理学倾向"内在"发展的必然趋势,也是新儒学特色之所在。虽然他们做出的种种努力在不同程度上影响了朱熹,但朱熹站在学术思想发展的新起点上,出于健全理学体系的需要,才尽心剖析于"浅深疏密,毫厘之间"。③

在礼、理关系上,朱熹最终还是服膺于程颐之说。一方面,朱熹替程颐"礼即是理也"的说法进行辩护,认为程颐的本义是"礼之属乎天理,以对己之属乎人欲,非以礼训理,而谓真可以此易彼也"④。朱熹的意思是程颐强调"礼即理",并非"以理易礼",后学直接论"复礼"为"复天理",撇开复礼环节,只重视克己,灭人欲存天理,实际上是误解了程颐之意。另一方面,朱熹在编撰《集注》时全文抄录程颐之说,强调克己复礼的践履功夫:

　　程子曰:"颜渊问克己复礼之目,子曰:'非礼勿视,非礼勿听,非

---

① 〔宋〕朱熹:《论语或问》卷十二,《朱子全书》,第 801 页。
② 〔宋〕黎靖德辑:《朱子语类》卷四十一,《朱子全书》,第 1475 页。
③ 〔宋〕朱熹:《论孟精义自序》,《朱子全书》,第 12 页。
④ 〔宋〕朱熹:《论语或问》卷十二,《朱子全书》,第 800 页。

礼勿言,非礼勿动。'四者,身之用也。由乎中而应乎外,制于外所以养其中也。颜渊事斯语,所以进于圣人。后之学圣人者,宜服膺而勿失也,因箴以自警。其《视箴》曰:'心兮本虚,应物无迹。操之有要,视为之则。蔽交于前,其中则迁。制之于外,以安其内。克己复礼,久而诚矣。'其《听箴》曰:'人有秉彝,本乎天性。知诱物化,遂亡其正。卓彼先觉,知止有定。闲邪存诚,非礼勿听。'其《言箴》曰:'人心之动,因言以宣。发禁躁妄,内斯静专。矧是枢机,兴戎出好。吉凶荣辱,惟其所召。伤易则诞,伤烦则支。己肆物忤,出悖来违。非法不道,钦哉训辞!'其《动箴》曰:'哲人知几,诚之于思。志士励行,守之于为。顺理则裕,从欲惟危。造次克念,战兢自持。习与性成,圣贤同归。'"①

程颐为礼、理关系的发展奠定了基本的格局,礼是天理体现于人间的秩序,克己是胜己之私,消除内心的蔽障和偏失的欲望才能体会到天理。同时礼并不完全是外在的束缚,而是发自内在本性的应对事物的中和行为。视、听、言、动正是克己复礼的下手之处。程颐的《四箴》正是体现了既克己又复礼的切实可循的下学功夫。强调克己是持久的不能间断的功夫,也是需要大毅力、大勇气去恪守的道德规范。《四箴》中"由乎中而应乎外,制于外所以养其中",正是这种内外交相发用、反身存诚、习与性成的修养功夫。克己只有用礼作为衡量标准时,才能真正达到仁的境界。程颐强调:"凡人须是克尽己私,只有礼时,方始是仁处。"朱熹在阅读程颐此论时特亲笔注明:"克己复礼为仁,言克尽己私,皆归于礼,是乃仁也。"②朱熹看到了程颐不仅很好地沟通了礼、仁、理三者的关系,同时又提供了具体可以操作的克己复礼的修养条目,体现了儒学所着力的

① [宋]朱熹:《论语集注》卷六,《朱子全书》,第167—168页。
② [宋]朱熹:《论语精义》卷六下,《朱子全书》,第412页。

根本所在。朱熹对程门后学"以理易礼"说的批评正基于他们或多或少偏离了程学精义，强烈的文化担当意识使得他在这一问题上的确做到了采众人之长，折流俗之谬，明圣传之统。

二　礼的实现——求仁功夫与主敬涵养

如果说孔子以仁释礼，实现了中国古代思想史上的一个大突破，那么朱熹以天理释仁，则为中国古代文化一以贯之的礼乐传统奠定了更加深厚的知识与信仰的根基。如果说关于礼、理关系的探讨还只是从命题上表明朱熹强调礼是一种形而上的天理和形而下的功夫，是对秩序的追求，是对儒学思想精义的理解与振作；那么朱熹的仁学思想，特别是《仁说》，则是朱熹完成礼学思想理学化的内在知识建构的体现。美国学者赫伯特·芬格莱特曾深入讨论了孔子关于"仁""礼"关系的论述，认为"礼"指符合其社会身份的特定行为，这种行为是恒常准则的榜样；"仁"则指表达个人取向的行为，表示他对于"礼"所规定的行为的服膺。[①] 或者简单地说，"仁"其实就是一个人决定遵从"礼"。[②] 借用这一论述来思考朱熹的礼学思想，我们可以发现朱熹实际上充分开掘并论证了人可以通过对仁的认识与涵养，实现主动地在礼中塑造自我。如果说上一篇探讨的是朱熹关于社会、个人为什么要遵守、服膺礼的思考，那么这一篇我们将探讨朱熹是怎样论证人能够服膺礼的。

（一）求仁功夫的强调

众所周知，以孔子为代表的儒家既不会脱离社会实践空谈道德，也

---

① 〔美〕赫伯特·芬格莱特著，彭国翔、张华译：《孔子：即凡而圣》，江苏人民出版社，2002年，第37页。
② 〔美〕赫伯特·芬格莱特著，彭国翔、张华译：《孔子：即凡而圣》，第44页。

不会致力于寻求一种与主体道德无关的社会理想。孔子关于道德品质的最高理想当然是"仁",而其政治理想则集中体现为其对礼制社会的极大向往与不懈追求。在孔子的思想中,"仁"与"礼"是内在统一的。"仁"的道德精神的贯彻、落实,即是向着礼制的社会理想;对礼制社会的追求,亦须本着"仁"的精神。同孔子一样,朱熹哲学的最终归宿仍是一种道德实践哲学。朱熹在用天理整合传统儒学的诸多概念和范畴的基础上,仍然坚守仁礼合一、仁礼双彰的思想,其求仁功夫依然以礼作为归宿。①

第一,朱熹认为仁是天理之统体,礼是天理之节文。1174 年,连嵩卿来信谈及他以天理论仁、礼关系的看法:

> 颜渊问仁,孔子告知以仁与礼。仁与礼果异乎? 窃谓五常百行,理无不贯。仁者,人此者也;义者,宜此;礼者,履此。仁之与礼,其命名虽不同,各有所当,皆天理也。人之所以灭天理者,以为人欲所胜耳。人能克去己私,则天理自复,动容周旋中礼,仁孰大焉!②

朱熹赞同此说,并强调"仁其统体,而礼其节文耳",仁和礼都是天理统摄的范畴,均是天理的体现。同时受张载"天体物而不遗,犹仁体事而无不在"这一思想的影响,朱熹认为理、仁均是事物存在、生发的内在根据,礼必须以仁为基骨,依托仁才可行。朱熹说:"理者物之体,仁者事之体。事事物物,皆具天理,皆是仁做得出来。仁者,事之体。体物,犹言

---

① 钱穆:《朱子新学案》,第 237—250、386—414 页;陈荣捷:《论朱子之仁说》,《朱学论集》,第 25—45 页;牟宗三:《心体与性体》(三),台北正中书局,1993 年,第 229—351 页;〔美〕田浩:《朱熹的思维世界》,第 76—90 页;陈来:《中国近世思想史研究》,商务印书馆,2003 年,第 52—109 页;金春峰:《朱熹〈仁说〉剖析》,《求索》1995 年第 4 期。
② 〔宋〕朱熹:《晦庵先生朱文公文集》卷四十一《答连嵩卿》,《朱子全书》,第 1857 页。

干事，事之干也。'礼仪三百，威仪三千'，非仁则不可行。"①这就是说，虽然仁、理都有作为事物本质的特点，但却不能脱离事事物物来论仁，仁必须落实到礼事上才能显出其价值。同样，礼仪的施行也离不开仁。

第二，朱熹认为仁包含四德，当然也包括礼。朱熹这一思想继承程颐的说法，直接与李觏《礼论》中所言礼包含四德相应，表现出强调内在道德性的特点。朱熹在玉山讲演时说：

> 仁，固仁之本体也；义，则仁之断制也；礼，则仁之节文也；智，则仁之分别也。正如春之生气，贯彻四时，春则生之生也，夏则生之长也，秋则生之收也，冬则生之藏也。故程子谓四德之元犹五常之仁，偏言则一事，专言则包四者，正谓此也。孔子只言仁，以其专言者言之也，故但言仁，而仁义礼智皆在其中；孟子兼言义，以其偏言者言之也，然亦不是于孔子所言之外，添入一个义字，但于一理之中，分别出来耳。②

程朱之所以这样将"仁义礼智"四德统合在仁的范畴中，其实与理统合四德是一致的，试图论证程颐所说"仁即理"的命题。同样，朱熹用理一分殊之论来统合孔孟所言仁义，这也是受杨时"知其理一，所以为仁；知其分殊，所以为义"③的影响。这是从外在的联系来论证仁的重要性，但仁为什么能够包含四者呢？有什么内在的依据吗？朱熹阐发孟子仁说，认为人只是这一个心，心包含恻隐、辞逊、羞恶、是非四端，而这四端都本之恻隐，因为恻隐是一个"动底醒底"心，就如同推动自然界中春夏

---

① ［宋］黎靖德辑：《朱子语类》卷九十八，《朱子全书》，第 3300 页。
② ［宋］朱熹：《晦庵先生朱文公文集》卷七十四《玉山讲义》，《朱子全书》，第 3589 页。
③ ［宋］杨时：《龟山集》卷十一，《文渊阁四库全书》第 1125 册，第 214 页。

秋冬不断循环的"发生之气"一般。① 朱熹还言:"得此生意以有生,然后有礼智义信。以先后言之,则仁为先;以大小言之,则仁为大。"②这样,朱熹就将天地生物之仁与人心之仁紧密地结合起来了,最终是为了强调仁"为先、为大"的地位。王安石曾言:"先王之道德,出于性命之理,而性命之理,出于人心。"③可以说,朱熹《仁说》中关于"人心"的诠释正与王安石新学遥相呼应,从性命道德的角度将仁、礼及与心的关系界说清楚,也从根本上清算了南宋新学的影响,为理学建构了坚实的心性论基础。

第三,朱熹认为体仁虽然很重要,但履礼却是功夫之本。正如陈来指出的:"朱子所运思的方向,显然更注重仁说的道德实践意义,即功夫意义,而不是仁说的境界意义。"④从程颐开始,就有试图将孔孟言仁之处聚拢琢磨体会的意向,后来张栻纂辑"洙泗言仁"编体仁,朱熹却是一直持反对态度。弟子们对此一直觉得奇怪,因为实际上朱熹常常有此癖好来研究经典中的概念、范畴。《朱子语类》记载:

> 王壬问:"南轩类聚言仁处,先生何故不欲其如此?"曰:"便是工夫不可恁地。如此,则气象促迫,不好。圣人说仁处固是紧要,不成不说仁处皆无用! 亦须是从近看将去,优柔玩味,久之,自有一个会处,方是工夫。如'博学、审问、谨思、明辨、笃行',圣人须说'博学',如何不教人便从谨独处做? 须是说'礼仪三百,威仪三千',始得。"⑤

朱熹认为张栻类聚言仁的不当之处在于,一方面这是一种使"学者厌烦就简,避迂求捷"的学风,如果只将注意力放在圣人说仁处,而没有

① [宋]黎靖德辑:《朱子语类》卷九十五,《朱子全书》,第 3179—3180 页。
② [宋]黎靖德辑:《朱子语类》卷六,《朱子全书》,第 244 页。
③ [宋]王安石:《王文公文集》卷三十四《虔州学记》,第 402 页。
④ 陈来:《中国代世思想史研究》,第 97 页。
⑤ [宋]黎靖德辑:《朱子语类》卷一百三,《朱子全书》,第 3420 页。

意识到仁有更为普遍的意义，就可能造成以偏概全的弊端；另一方面容易滋长学者"计获欲速之心，方寸愈见促迫纷扰，而反陷于不仁"的境地。[①] 朱熹主张正如强调"博文约礼"一样，言仁就必须要言礼，要强调涵养功夫。朱熹提出"主敬致知，交相为助"办法以救此弊，他说：

> 类聚孔孟言仁处，以求夫仁之说，程子为人之意，可谓深切。然专一如此用功，却恐不免长欲速好径之心、滋入耳出口之弊，亦不可不察也。大抵二先生之前，学者全不知有仁字，凡圣贤说仁处，不过只作爱字看了。自二先生以来，学者始知理会仁字，不敢只作爱说。然其流复不免有弊者。盖专务说仁，而于操存涵泳之功，不免有所忽略，故无复优柔厌饫之味、克己复礼之实，不但其蔽也愚而已；而又一向离了爱字，悬空揣摸，既无真实见处，故其为说恍惚惊怪，弊病百端，殆反不若全不知有仁字而只作爱字看却之为愈也。

> 熹窃尝谓若实欲求仁，固莫若力行之近。但不学以明之，则有摛埴冥行之患，故其蔽愚。若主敬致知交相为助，则自无此蔽矣。若且欲晓得仁之名义，则又不若且将爱字推求。若见得仁之所以爱，而爱之所以不能尽仁，则仁之名义意思了然在目矣，初不必求之于恍惚有无之间也。[②]

从致知层面上说，朱熹所论《仁说》正是从"学以明理"的角度来拯救当时言仁之弊端。《论语·阳货》篇中孔子说"好仁不好学，其蔽也愚"。孔子对子路所言"六言六蔽"，其目的也许是针对子路的个性而提出的好学主张，但从孔子一以贯之的自信好学的态度来说，强调"好学"对以仁为首的六德的指导作用应该具有价值追求的普遍意义。在孔子时代，学

---

①　[宋] 朱熹：《晦庵先生朱文公文集》卷三十一《答张敬夫书》，《朱子全书》，第 1340 页。
②　[宋] 朱熹：《晦庵先生朱文公文集》卷三十一《答张敬夫书》，《朱子全书》，第 1335—1336 页。

的主要内容应该是以礼为中心的制度、节文、规范,以及关于为何要行礼的思考,但由于孔子罕言"性与天道",对于为什么要这样做,缺乏深入的理论分析,而是直接强调道德践履。在朱熹时代,礼文阙失,在重新收拾儒学、重振礼乐文明上,朱熹同样着眼于人,同苏格拉底所说"未经理性审思辨明的人生是不值得过的人生"一样,朱熹对道德知识的形成、发展始终充满着浓厚的兴趣。他始终认为,如果没有丰富充分的道德知识,很难有理性的道德践履。也就是说,朱熹对学以明理始终抱着崇高的信仰。朱熹在《集注》中这样解释:"六言皆美德,然徒好之而不学以明其理,则各有所蔽。"①针对当时出现的异说横生、莫衷一是的各家仁说,朱熹提出以爱、以理、以心言仁,目的都是从"学"的层面让学者们对仁字有一个明晰的认识,为更好地践履求仁打下坚实的知识论基础,这与朱熹"知先行后"的思想也是一致的。

就涵养功夫而言,在朱熹看来,仁虽然是可以言说讨论的,但是儒学的精义在于不能悬空谈论仁,只有将其与现实的礼仪规范、礼文制度联系起来,成为落实的功夫,才是体仁、得仁。这正是朱熹对孔子思想的继承。《论语·泰伯》篇中孔子说:"恭而无礼则劳,慎而无礼则葸,勇而无礼则乱,直而无礼则绞。"②这表明,一切仁德都必须以礼文制度作为衡量标准或者依托,否则就会滋生弊端。一切仁德如果失去礼的规范和控制,将丧失其本质。礼是德的决定者和引导者,将德的确立和实践限定在礼的框架里。朱熹也认为言仁实不得已,而最终的目的仍然是更好地克己复礼,恭敬存养。在给吕祖谦的信中朱熹反复申明:

　　　　《仁说》近再改定,比旧稍分明详密,已复录呈矣。此说固太浅,少含蓄,然窃意此等名义,古人之教,自其小学之时已有白直分明训

---

① ［宋］朱熹:《论语集注》卷九,《朱子全书》,第221页。
② ［宋］朱熹:《论语集注》卷四,第131页。

说，而未有后世许多浅陋玄空、上下走作之弊，故其学者亦晓然知得如此名字，但是如此道理，不可不着实践履。所以圣门学者皆以求仁为务，盖皆以略晓其名义，而求实造其地位也。若似今人茫然理会不得，则其所汲汲以求者，乃其平生所不识之物，复何所向望爱说而知所以用其力邪？故今日之言，比之古人诚为浅露，然有所不得已者。其实亦只是祖述伊川仁、性、爱、情之说，但剔得名义稍分，界分脉络有条理，免得学者枉费心神、胡乱揣摸，唤东作西尔。若不实下恭敬存养、克己复礼之功，则此说虽精，亦与彼有何干涉耶？①

　　朱熹认为自己写作的《仁说》实际上是不得已而为之的事。如果不及时对儒家的仁说进行梳理，就有可能导致儒家知识群体人心的涣散，削弱儒家经世致用、内圣外王经典资源的说服力，因此朱熹认为："大抵仁之为义，须以一意一理求得，方就上面说得无不通贯底道理。如其不然，即是所谓"优佪真如、颠顶佛性"，而'仁'之一字遂无下落矣。向来鄙论之所以作，正为如此。"②

　　而实际上论仁、求仁，探讨仁的内涵，最终目的还是为力行服务。因此朱熹强调："仁，学者所求，非不说，但不可常常把来口里说。"③朱熹认为自己破解的仁字实际上也是不能该括尽仁意的，而要为仁、识仁，最终还是要躬行实践，克己内私，在日用常行之中践履力行，才是为仁之方，因此朱熹极力主张就个体自家身上体究为仁之方：

　　　大抵向来之说，皆是苦心极力要识"仁"字，故其说愈巧而气象愈薄。近日究观圣门垂教之意，却是要人躬行实践、直内胜私，使轻

---

① ［宋］朱熹：《晦庵先生朱文公文集》卷三十三《答吕伯恭》，《朱子全书》，第1442—1443页。
② ［宋］朱熹：《晦庵先生朱文公文集》卷四十七《答吕子约》，《朱子全书》，第2200页。
③ ［宋］黎靖德辑：《朱子语类》卷三十六，《朱子全书》，第1323页。

浮刻薄、贵我贱物之态潜消于冥冥之中,而吾之本心浑厚慈良、公平正大之体常存而不失,便是仁处。其用功着力,随人浅深,各有次第。要之须是力行久熟,实到此地,方能知此意味。盖非可以想像臆度而知,亦不待想像臆度而知也。①

孔门之教,说许多仁,却未曾正定说出。盖此理直是难言,若立下一个定说,便该括不尽。且只于自家身分上体究,久之自然通达。②

朱熹在新的时代,在继承程颐提出的"涵养须用敬"的功夫论的基础上,再次强调克己复礼,认为求仁的功夫应当守住一"敬"字。朱熹明确提出:

人之为学,五常百行,岂能尽常常记得? 人之性惟五常为大,五常之中仁尤为大,而人之所以为是仁者,又但当守"敬"之一字。只是常求放心,昼夜相承,只管提撕,莫令废惰;则虽不能常常尽记众理,而义礼智信之用,自然随其事之当然而发见矣。子细思之,学者最是此一事为要,所以孔门只教人求仁也。③

今人学问百种,只是要"克己复礼"。若能克去私意,日用纯是天理,自无所忧,如何不是仁!④

朱熹认为,为学之要仍然在于求仁,在于能够主敬涵养、克己复礼。

①　[宋]朱熹:《晦庵先生朱文公文集》卷四十二《答吴晦叔》,《朱子全书》,第1912—1913页。
②　[宋]黎靖德辑:《朱子语类》卷二十,《朱子全书》,第697—698页。
③　[宋]黎靖德辑:《朱子语类》卷一百二十一,《朱子全书》,第3833—3834页。
④　[宋]黎靖德辑:《朱子语类》卷三十七,《朱子全书》,第1370页。

由于克己复礼在上文已经详述，下面主要论述主敬涵养功夫。

（二）主敬涵养

"敬"本为传统儒家礼学思想修养论的精髓。《论语·宪问》中孔子认为君子应该"修己以敬"。《论语·八佾》中孔子说："居上不宽，为礼不敬，临丧不哀，吾何以观之哉？"孔子认为"敬"应该是一种由内而外表现出的敬畏态度或神情。《左传·僖公十一年》："礼，国之干也；敬，礼之舆也。不敬则礼不行，礼不行则上下昏，何以长世？"《左传·成公十三年》借孟献子之口说："礼，身之干也；敬，身之基也。"这说明在春秋战国人看来，敬是礼的必要条件，是可以作用于身心、可以察觉的外在的态度神情。《礼记·曲礼》开篇即说："毋不敬。"正说明敬的确是可以贯穿五礼的主体精神的体现。敬与礼始终是密切相连的。《礼记·仲尼燕居》曰："敬而不中礼谓之野，恭而不中礼谓之给。"①敬的态度也须合乎礼，才可谓文质彬彬。这些思想后来为二程吸收，程门后学从心性角度发展持敬功夫，成为朱熹主敬思想的主要来源。

朱熹将主敬功夫提到很高的地位，认为从尧舜到孔孟，从《大学》格物致知、正心诚意，到程颐发明"涵养须用敬"的功夫，"敬"是贯穿儒家礼学思想的存养要法，是"先立乎其大者"的功夫和本体所在。② 朱熹说：

> 如今看圣贤千言万语，大事小事，莫不本于敬。收拾得自家精神在此，方看得道理尽。③

> "敬"字工夫，乃圣门第一义，彻头彻尾，不可顷刻间断。④

---

① ［清］阮元校刻：《十三经注疏》（清嘉庆刊本），第 5462、5362、3911、4149、2661、3500 页。
② ［宋］黎靖德辑：《朱子语类》卷十二，《朱子全书》，第 371 页。
③ ［宋］黎靖德辑：《朱子语类》卷十二，《朱子全书》，第 367 页。
④ ［宋］黎靖德辑：《朱子语类》卷十二，《朱子全书》，第 371 页。

"敬"之一字,真圣门之纲领,存养之要法。一主乎此,更无内外精粗之间。①

与先秦儒家关于敬的思想进行比较可以看出,朱熹扩展了敬的使用范围,敬不仅是从事礼事活动的敬畏态度,而且也是贯穿于圣人言语、行为中不可间断的存养功夫。朱熹的弟子黄榦曾这样概括朱熹的思想:"其为学也,穷理以致其知,反躬以践其实,居敬者所以成始成终也。谓致知不以敬,则昏惑纷扰无以察义理之归;躬行不以敬,则怠惰放肆无以致义理之实。"②这表明朱熹的主敬思想是贯穿动静、始终、知行的全过程,是致知和躬行不可或缺的条件。

关于敬的内涵,钱穆认为朱熹所言敬,"在内若有所畏,在外能整齐严肃,时时收敛此心,专主于一,随事检点,务使此心常惺惺"③。陈来概括为收敛、谨畏、惺惺、主一、整齐严肃,并认为朱熹所言主敬最基本的要求就是做得内无妄思、外无妄动。④ 在朱熹看来,敬虽然不能离开外在整齐严肃的约束,但是敬的真正内涵是与心的主宰和存心养性的功夫紧密联系在一起的。敬之所以如此重要,在于它是提高道德实践的自主性、自觉性,进行自我改造的根本方法。⑤ 有学者用"持敬说"来概括朱熹的涵养功夫,有学者用"主敬涵养"来概括,综合分析朱熹强调敬之功夫的主要方面,虽然朱熹"持敬"和"主敬"常常交错运用,但是我们认为用"主敬"来概括更为确切,因为用敬该贯动静的主宰功夫更可强调心的能动作用。⑥

---

① [宋]黎靖德辑:《朱子语类》卷十二,《朱子全书》,第371页。
② [宋]黄榦:《勉斋集》卷三十六《朱先生行状》,《文渊阁四库全书》第1168册,第423页。
③ 钱穆:《朱子新学案》,第585页。
④ 陈来:《宋明理学》,华东师范大学出版社,2003年,第138页。
⑤ 蒙培元:《理学范畴系统》,人民出版社,1989年,第407页。
⑥ 侯外庐、邱汉生、张岂之主编:《宋明理学史》,第403—407页;陈来:《宋明理学》,第138—139页。

关于心与敬的联系，朱熹认为："只敬，则心便一。""敬，只是此心自做主宰处。"①这表明敬是心自做主宰的功夫，同时也是心专一不走作的必要条件。朱熹还说：

> 敬不是只恁坐地，举足动步，常要此心在这里。②

> 敬非是块然兀坐，耳无所闻，目无所见，心无所思，而后谓之敬。只是有所畏谨，不敢放纵。如此则身心收敛，如有所畏。常常如此，气象自别。存得此心，乃可以为学。③

> 敬不是万事休置之谓，只是随事专一谨畏，不放逸耳。④

敬不是静坐，不是万事皆抛，而是存心养性，身心收敛，随事专一谨畏的"心"的状态。敬不能光凭外在的摄心静穆状态来衡量，更重要的是心与事一，心与理一，理与事一的功夫。

关于如何在心上做功夫，以达到敬的境界，朱熹主要吸收了孟子以及二程后学的修心之法。朱熹言敬，实际上就是孟子所说"求放心"。求得放心，在心上用力，就是敬。朱熹说："然今之言敬者，乃皆装点外事，不知直截于心上求功，遂觉累坠不快活。不若眼下于求放心处有功，则尤省力也。"⑤要将敬收敛到心上，才能身心合一，内外整肃，如果徒为装点外事，终究不是真正的敬的功夫。朱熹进一步强调："人只是要求放

---

① ［宋］黎靖德辑：《朱子语类》卷十二，《朱子全书》，第371页。
② ［宋］黎靖德辑：《朱子语类》卷十二，《朱子全书》，第372页。
③ ［宋］黎靖德辑：《朱子语类》卷十二，《朱子全书》，第372页。
④ ［宋］黎靖德辑：《朱子语类》卷十二，《朱子全书》，第372页。
⑤ ［宋］黎靖德辑：《朱子语类》卷十二，《朱子全书》，第370页。

心。何者为心? 只是个敬。人才敬时,这心便在身上了。"①

朱熹言敬,继承程颐所论"主一之谓敬",发挥尹焞收敛身心之说。收敛就是让心能够专一、专注于一事,不为其他事扰乱,便是"其心收敛不容一物"。朱熹有具体的阐释:

> 问:"和靖说:'其心收敛不容一物。'"曰:"这心都不着一物,便收敛。他上文云:'今人入神祠,当那时直是更不着得些子事,只有个恭敬。'此最亲切。今人若能专一此心,便收敛紧密,都无些子空罅。若这事思量未了,又走做那边去,心便成两路。"
>
> 问尹氏"其心收敛不容一物"之说。曰:"心主这一事,不为它事所乱,便是不容一物也。"问:"此只是说静时气象否?"曰:"然。"又问:"只静时主敬,便是'必有事'否?"曰:"然。"②

朱熹理解的"主一",简单地说就是"须是理会这事了,方好去理会那事"③。由于朱熹已经将心区分为已发、未发阶段,尹焞"其心收敛不容一物"之说正好可以强调未发时的主敬功夫,因此为朱熹所吸收。这种主敬的功夫主要表现在无所思虑和情感未发生时,仍努力保持敬畏、收敛、专一的知觉状态,最大程度地保持平静的思想和情绪,将注意力集中在内心,不为"忿惕好乐恐惧忧患"之心袭,不为纷繁复杂之事侵,努力保持心境清明虚静,注意力集中而不外驰。

用"常惺惺"说敬,始于谢良佐。朱熹吸收此法,认为"常惺惺"就是唤醒此心使不昏昧。有学生对朱熹诉说经常为念虑搅扰,妨碍修养功夫的苦恼,朱熹说:

---

① [宋]黎靖德辑:《朱子语类》卷十二,《朱子全书》,第 370 页。
② [宋]黎靖德辑:《朱子语类》卷十七,《朱子全书》,第 573 页。
③ [宋]黎靖德辑:《朱子语类》卷一百一十五,《朱子全书》,第 3640 页。

只是不敬。敬是常惺惺底法，以敬为主，则百事皆从此做去。今人都不理会我底，自不知心所在，都要理会他事，又要齐家、治国、平天下。①

"常惺惺"本是释氏修养之法。朱熹承谢良佐之说，认为在唤醒此心方面，儒、释在这点上是相同的，不同的是"常惺惺"乃在事上，非舍却事来求惺惺。唤醒此心，同时作用于事上，就能达到内外合一的敬的境界。朱熹说："心既常惺惺，又以规矩绳检之，此内外交相养之道也。"②此论强调敬应该该贯动静，贯穿已发未发阶段，无事应事都须敬。朱熹更有详论：

二先生所论"敬"字，须该贯动静看方得。夫方其无事而存主不懈者，固敬也。及其应物而酬酢不乱者，亦敬也。故曰："毋不敬，俨若思。"又曰："事思敬，执事敬。"岂必以摄心坐禅而谓之敬哉？③

比因朋友讲论，深究近世学者之病，只是合下欠却持敬工夫，所以事事灭裂。其言敬者，又只说能存此心，自然中理。至于容貌词气，往往全不加工。设使真能如此存得，亦与释老何异？（上蔡说便有此病了。）又况心虑荒忽，未必真能存得耶？程子言敬，必以整齐严肃、正衣冠、尊瞻视为先。又言未有箕踞而心不慢者，如此乃是至论。而先圣说克己复礼，寻常讲说，于"礼"字每不快意，必训作"理"字然后已。今乃知其精微缜密，非常情所及耳。④

① 〔宋〕黎靖德辑：《朱子语类》卷一百一十八，《朱子全书》，第 3731 页。
② 〔宋〕黎靖德辑：《朱子语类》卷十二，《朱子全书》，第 359 页。
③ 〔宋〕朱熹：《晦庵先生朱文公文集》卷四十五《答廖子晦》，《朱子全书》，第 2078 页。
④ 〔宋〕朱熹：《晦庵先生朱文公文集》卷四十三《答林择之》，《朱子全书》，第 1968—1969 页。

朱熹意识到，徒知谢良佐的"常惺惺"说，即仅仅知道唤醒而兀然无事，容易与释氏"摄心坐禅"之类混淆，因此还须注重应物不乱的已发功夫，并以整齐严肃、端正容貌、讲究词气等外在神情进行省察。朱熹主敬的涵养功夫始终突出强调内在的心性存养与外在的整齐严肃相结合："所谓庄整齐肃者，正所以存其心也。"①身心合一，内外兼备，才是儒家敬的功夫精微缜密之所在。

三　礼义的获得与反思——朱熹的格物致知论

在朱熹的思想中，"格物致知"与"居敬涵养"是践礼体仁的主要功夫。上篇我们讨论了主敬功夫，这篇将着重探讨朱熹的格物致知论。朱熹的格物致知论实际上是探讨成人在大学阶段如何来重新获得与反思礼义的问题，它既是一种关乎政治哲学的修身功夫，更是为学的修养论与方法论。朱熹本着《大学》作为礼学著作进行经典的诠释，使传统儒学中格物致知理论形成了鲜明的理学特色。我们将试图从朱熹礼学思想的角度来重新发掘其格物致知论的初衷、主旨以及形成。

（一）朱熹格物致知论的主要内涵及其引发的争议

朱熹继承并发展程颐关于《大学》中"格物致知"的思想，形成了鲜明的理学认识论和修养论。朱熹对"格物"的解释是"格，至也。物，犹事也。穷至事物之理，欲其极处无不到也"②。朱熹认为格物的基本含义就是要在接触事物的基础上穷究义理，同时穷理就要穷究其极。朱熹这样解释"致知"："致，推极也。知，犹识也。推及吾之知识，欲其所知无不尽

---

① ［宋］朱熹：《晦庵先生朱文公别集》卷四《答何叔京》，《朱子全书》，第 4901 页。
② ［宋］朱熹：《大学章句》，《朱子全书》，第 17 页。

也。"①朱熹认为，人们通过考究事物之理，就能在主观上获取并扩充知识。

朱熹认为格物的对象是非常广泛的，上至宇宙万物，下至一草一木，其中的理都必须加以研究，他说："若其用力之方，则或考之事为之著，或察之念虑之微，或求之文字之中，或索之讲论之际。使于身心性情之德，人伦日用之常，以至于天地鬼神之变，鸟兽草木之宜，自其一物之中，莫不有以见其所当然而不容已，与其所以然而不可易者。"②格物对象的广泛性也决定了格物途径和方法的多样性，主要是读书讲论、省察思索、道德实践。格物的最终目的是要达到对"所以然"——事物本质和普遍规律的了解和"所应然"——社会伦理原则与规范的认识和践履。

朱熹的格物致知论集中体现在他为《大学章句》所补"格物致知"传中，具体内容是：

> 所谓致知在格物者，言欲致吾之知，在即物而穷其理也。盖人心之灵，莫不有知，而天下之物，莫不有理。惟于理有未穷，故其知有不尽也。是以《大学》始教，必使学者即凡天下之物，莫不因其已知之理而益穷之，以求至乎其极。至于用力之久，而一旦豁然贯通焉，则众物之表里精粗无不到，而吾心之全体大用无不明矣。此谓物格，此谓知之至也。③

朱熹认为客体的天理与主体的知识能在即物穷理、"用力积累"的基础上，最终达到"豁然贯通"的境界。以天下之物所体现的天理，来印证

---

① ［宋］朱熹：《大学章句》，《朱子全书》，第 17 页。
② ［宋］朱熹：《大学或问》，《朱子全书》，第 527—528 页。
③ ［宋］朱熹：《大学章句》，《朱子全书》，第 20 页。

吾心所固有的天理，内外相证，就是格物致知。① 关于朱熹格物致知补传的意义，陈来曾指出，朱熹之所以为《大学》的"格物""致知"条目补传，就不仅是因为《大学》本身有阙文，更不是着眼于典籍的一般整理，而是适应于进一步阐发理学方法论与修养论的需要，而整个章句也为扩大理学思潮的影响提供了一个更为完善的哲学教本。②

钱穆曾说："朱子思想，以论格物穷理为最受后人之重视，亦最为后人所争论。"③的确，朱熹的格物穷理思想是其哲学体系的重要组成部分及特色所在。一直以来，人们对其质疑不断。据《大学或问》载：

> 曰：然则子之为学，不求诸心而求诸迹，不求之内而求之外，吾恐圣贤之学，不如是之浅近而支离也。曰：人之所以为学，心与理而已矣。心虽主乎一身，而其体之虚灵，足以管乎天下之理；理虽散在万物，而其用之微妙，实不外乎一人之心，初不可以内外精粗而论也。④

发问者正是与朱熹同时代的陆九渊心学的代言人，他指出朱熹格物致知说不求诸心而求之事物，不求之内心而求之外在天理，有陷于浅近而支离的经验论的嫌疑。朱熹则认为陆九渊"心即理"的主张，实际上与言"心空而无理"的禅学无异，因而力主"心虽空而万理咸备"。⑤

朱熹的格物致知论不仅在当时有争议，后世也不断在争论。董槐、叶梦鼎、黄震、王柏、景星、王祎、蔡清、王选卿、宋濂、邓济、方孝孺、程敏政等皆认为"格物致知传"未亡，都对朱熹的《大学》改本特别是补传提出

---

① 侯外庐、邱汉生、张岂之主编：《宋明理学史》，第 402 页。
② 陈来：《朱子哲学研究》，华东师范大学出版社，2000 年，第 283 页。
③ 钱穆：《朱子新学案》，第 707 页。
④ ［宋］朱熹：《大学或问》，《朱子全书》，第 528 页。
⑤ ［宋］黎靖德辑：《朱子语类》卷一百二十六，《朱子全书》，第 3934 页。

质疑。王阳明承象山心学，认为"心即理也"，天下无心外之事、心外之理。① 并以此批评朱熹对《大学》的解释，整个儿就是"义外""支离"。王阳明批评朱熹："即物穷理，是就事事物物上求其所谓定理者也。是以吾心而求理于事事物物之中，析'心'与'理'而为二矣。"②王阳明不认同朱熹所说"致知"之知，是认识的能力以及由认识能力而获得的知识，主张"意之本体便是知"，"知是心之本体"③，提出了"致良知"的学说。他说："若鄙人所谓致知格物者，致吾心之良知于事事物物也。吾心之良知，即所谓天理也。致吾心良知之天理于事事物物，则事事物物皆得其理矣。致吾心之良知者，致知也。事事物物皆得其理者，格物也。是合心与理而为一者也。"④王阳明以"致良知"释格物，认为这才是心与理合一的道德知识论。王夫之则对理学格致论作出了历史性的总结。一方面，他充分肯定朱熹补写《大学》第五章《格物致知》章，及其格物致知、即物穷理的道问学精神；另一方面，他又深刻指出程朱理学及其后学不识心官思辨，将心官思辨流于耳目学问或佛老虚无的理论缺陷。一方面，他批评陆王及其后学心本论的蹈虚，及其以格物为非、直接求理于心的佛学色彩；另一方面，他又充分吸收陆王心学论心官思辨的合理内核，强调知觉运动之心的理性思考，提出耳目与心官均用，学问与思辨结合。⑤

　　20 世纪初，西方哲学的引入为解释中国哲学提供了新的视角。朱熹的格物致知论也引起了哲学史家们的注意。哲学史的叙述思路推进了对朱熹格物说的认识与理解，也引发了许多批评与思考。张荫麟在评价冯友兰的《中国哲学史》一书时，对朱熹格物说提出质疑："朱陆同以为'人之所应然的道理'是具于各人心中。那么，他们应当同以为：欲知道

---

① ［明］王守仁：《王阳明全集》卷一《传习录上》，上海古籍出版社，1992 年，第 2 页。

② ［明］王守仁：《王阳明全集》卷二《传习录中》，第 44—45 页。

③ ［明］王守仁：《王阳明全集》卷一《传习录上》，第 6 页。

④ ［明］王守仁：《王阳明全集》卷二《传习录中》，第 45 页。

⑤ 章启辉：《王夫之与程朱陆王格致论比较》，《船山学刊》2002 年第 4 期。

怎样做一个理想的人，欲明'心之全体大用'，反求诸其心也就够了。何以朱子于此更注重'道问学'呢？更注重对外物'用力之久'呢？而且朱子还有理由比象山更不重'道问学'。朱子以为一切理之全体具于各人之心中，'人人有一太极'，那么，即使穷理为正心修身的必要条件，欲穷理，反求诸其心也就够了，何必对外物'用力之久'呢？若说心中之理原为气禀所蔽，欲去此'蔽'，有待于'格物'，到底'格物'与去蔽有没有必然的关系？欲明心中本有之理，是否非穷究外物之理不可？"①张荫麟的疑问实际上重提了该如何理解朱熹格物致知说的问题。

　　冯友兰对张氏问题的解释是："朱子则虽以为吾人心中已具有万物之理，而万物却不在吾人心中；故'格'外界之'物'之理以与吾心中所有者相印证。'用力之久'，而后确悟万物之理，实已具于吾心，此即所谓'而一旦豁然贯通'者也。由此言之，则自朱子言性即理，象山言心即理之不同，可推演出二人所说修养方法之差异。"②冯友兰认为二人心性论的差异导致了修养方法的不同。在《中国哲学史新编》一书中，冯友兰继续阐发，认为朱熹在"穷人理"与"穷物理"的问题上有一个弯没有转过来。格物是"穷物理"，目的是增加人的知识；而修养是"穷人理"，目标却是提高人的精神境界。故二者之间没有接上。只要把"穷物理"看作是"事天"的事，"穷物理"也就变成了"穷人理"，思想上的这个弯就转过来了。于是他按照这个意思给朱熹的《格物补传》再补了几句。③

　　后来，现代新儒家的代表人物牟宗三分析朱熹的格物致知说，认为："朱子即是依知识之路讲道德者，故其讲法即成为'闲议论'而无价值。朱子对于知识本身之追求甚有兴趣，若止于此，则亦无碍。但他却要依

①　张荫麟：《评〈中国哲学史〉下卷》，《三松堂全集》第十一卷，河南人民出版社，2000年，第319页。
②　冯友兰：《答张荫麟先生评〈中国哲学史〉》，《三松堂全集》第十一卷，第315页。
③　冯友兰：《中国哲学史新编》第五册，人民出版社，1988年，第177—183页。

此路讲道德实践……此就道德实践言为不中肯。"①徐复观则指出："朱元晦本注重向外格物，即物穷理，自然偏向于事理、物理方面；而对于性理本具于人之一心，自内流出，未免体认得有所不足。"②两人均认为朱熹有割裂知识与道德之嫌，对道德实践体认不足。

总之，在对待朱熹格物致知说这一问题上，学者们不知不觉陷入了这样一个"瓶颈"：在认识朱熹格物说上趋同，认为其将心与理析为二，重知识轻道德；在理解朱熹格物说时仍然将人与物、心与理对立起来思考，进而强求弥合。这种将朱熹格物说不断抽离出来进行哲学分析的解释虽然促进了我们对朱熹格物说的认识，但对于当时朱熹为何明知可能引来争议，而依然坚持自己关于格物致知的解释，朱熹是在怎样的思想背景下建构起他的格物致知学说的，我们仍然困惑不解。陈来曾指出："实际上，在对待伦理主体上，朱熹坚持心性区分，反对心即是理，与陆学相对立，究竟何以出现这种差别，反倒须要回到为学问题上来说明。因为，朱、陆都不是先确定一个完整的形而上学体系尔后由之推演出各自的为学方法。"③这为我们重新理解和认识朱熹的格物说指明了方向。紧扣朱熹关于为学问题的探讨，也许有助于我们认识朱熹格物说的真正内涵。

我们认为，之所以会出现众多对朱熹格物致知论的疑问与批评，都与偏离朱熹当时从礼学的角度来诠释格物致知论有关系。陆九渊较注重体悟礼义而不太注重具体礼仪的规范功夫。④王阳明困惑学礼者沉溺于"纷纭器数之争，而牵制刑名之末"，"忘其所谓'经纶天下之大经，立天下之大本'者"，认为《礼记》就应该"揭其大经大本而疏其条理节目"，使

---

① 牟宗三：《从陆象山到刘蕺山》，上海古籍出版社，2001年，第26页。
② 徐复观：《中国人性论史·先秦篇》，上海三联书店，2001年，第272页。
③ 陈来：《朱子哲学研究》，第417页。
④ 陆九渊重视礼义的发挥，曾说："圣人贵中国，贱夷狄，非私中国也。中国得天地中和之气，固礼义之所在。贵中国者，非贵中国也，贵礼义也。"（[宋]陆九渊：《陆九渊集》卷二十三，第277页）陆九渊曾和兄长陆子寿向朱熹询问祫礼事宜。另，朱熹建议刘敬夫精细考索《周礼》，陆九渊不以为然。（[宋]陆九渊：《陆九渊集》卷三十六，第503—504页）

"器道本末"趋于一致。①　王阳明继续"礼也者,理也"的说法,认为"礼字即是理字",二者本为一物。②　王阳明的主要兴趣在义理之学,为了追求义理,不惜舍弃礼文。他说:"谓圣人为生知者,专指义理而言,而不以礼乐名物之类,则是礼乐名物之类无关于作圣之功矣。"③陆王的这种思想倾向使得其格物理论较少关注具体事物之礼文,而是直接强调道德践履的优先性。

正如赫伯特·芬格莱特曾指出的:"礼仪的姿式和言词所特别具有的道德的然而同时又是约束性的力量,不能够从礼仪中抽象出来或者孤立地使用。"④以此来考察陆王的格物说不难发现,陆王探讨的礼义逐渐远离了具体礼仪,其影响是直接导致了清代礼仪主义的兴起。明末清初的瞿汝稷、万斯大都主张据"礼"意解释"物"字,他们参照郑玄对《仪礼·乡射礼》和孔颖达对《礼记·投壶》中"物"字的注疏,把"格物"之"物"解释为"应止之所"。⑤　后来凌廷堪提出"复礼"说,更进一步指出"古人所谓格物者,盖言礼之器数仪节,皆各有精义存乎其间,既习于礼,则当知之,非天下之物莫不有理也",并以《礼器》证之,反诘"格物非指礼而言者邪"。至于"格物"之"格",则是度量之意。⑥　清代的礼学家大多对考证礼仪制度充满了浓厚的兴趣,认为这才是究礼乐之源,对宋代理学标榜性命之旨不无鄙夷。他们大多对天道、性情、心理缺乏内在的兴趣,走入了厘清礼乐制度节文的道路。现代哲学史的叙述将格物致知论脱离了礼学解释的框架,使朱熹的格物致知论更加费解而难以认识其本来面目。因此,我们认为试图从礼之义理与节文密不可分的角度来考察朱熹的格

①　[明]王守仁:《王阳明全集》卷七《礼记纂言序》,第 243—244 页。
②　[明]王守仁:《王阳明全集》卷一《传习录上》,第 6 页。
③　[明]王守仁:《王阳明全集》卷二《传习录中》,第 53 页。
④　〔美〕赫伯特·芬格莱特著,彭国翔、张华译:《孔子:即凡而圣》,第 12 页。
⑤　[明]黄宗羲:《答万充宗论格物书》,《黄梨洲文集》,中华书局,2009 年,第 433—434 页。
⑥　[清]凌廷堪:《校礼堂文集》卷十六《慎独格物说》,第 144—145 页。

物说，还原其思考的真实背景，分析其理学建构的意图，或许有助于认识朱熹的格物致知论。

（二）朱熹格物致知论的再认识

1. 格物的基础是小学功夫

朱熹是将格物致知说放在《大学》文本中来诠释的，目的是为了重新明确大学"教人之法"，提出探究知识并最终为道德践履服务的方法。朱熹明晰了礼之为教的层次性，在《大学章句序》中引入了对大学的基础——小学的解释，因此朱熹的格物致知说应该与其对小学的理解紧密联系起来。朱熹从习礼的学习过程入手，认为格物是联系小学与大学的枢纽，小学是格物的基础，也是大学"教人之法"的起点。小学主要接受礼文的训练，潜移默化地形成规范身体的礼仪，大学则是在学的最高阶段学会认识礼中蕴含的天理，最终为形成以修身为宗旨的礼治社会服务。

关于小学与大学之间关系的阐述，集中体现在《大学章句序》中：

> 《大学》之书，古之大学所以教人之法也……人生八岁，则自王公以下，至于庶人之子弟，皆入小学，而教之以洒扫、应对、进退之节，礼、乐、射、御、书、数之文。及其十有五年，则自天子之元子、众子，以至公卿大夫元士之嫡子，与凡民之俊秀，皆入大学，而教之以穷理正心、修己治人之道。此又学校之教，大小之节所以分也……若《曲礼》《少仪》《内则》《弟子职》诸篇，固小学之支流余裔；而此篇者，则因小学之成功，以著大学之明法，外有以极其规模之大，而内有以尽其节目之详者也。①

---

① ［宋］朱熹：《晦庵先生朱文公文集》卷七十六《大学章句序》，《朱子全书》，第 3671—3672 页。

在朱熹看来，小学教的是洒扫应对进退之节、礼乐射御书数之文，大学教的是格物致知、正心诚意、修己治人之道，这一切都是礼的内容。简单一点说，小学是习礼之事，大学是明礼之理。因此格物主要就是重新明晰蕴含在礼事中的人伦之理。朱熹还有一些论述清楚地表达了格物功夫建立在小学功夫基础上的思想：

> 问："未格物以前，如何致力？"曰："古人这处，已自有小学了。"①

> 古者初年入小学，只是教之以事，如礼乐射御书数及孝弟忠信之事。自十六七入大学，然后教之以理，如致知、格物及所以为忠信孝弟者。②

> 某于《大学》中所以力言小学者，以古人于小学中已自把捉成了，故于大学之道无所不可。今人既无小学之功，却当以敬为本。③

朱熹认为古人小学与大学是贯通起来的，礼文与礼义密不可分。后世礼文阙失，小学功夫也湮没不闻，因此必须重新认识小学与大学之间的关系。朱熹提出以敬贯穿小学功夫，格物致知则是大学的首要功夫。

朱熹明确提出，小学的主敬功夫是大学格物致知的精神基础。他说：

> 盖古人由小学而进于大学，其于洒扫应对进退之间，持守坚定，涵养纯熟，固已久矣。是以大学之序，特因小学已成之功，而以格物

---

① ［宋］黎靖德辑：《朱子语类》卷十四，《朱子全书》，第 455 页。
② ［宋］黎靖德辑：《朱子语类》卷七，《朱子全书》，第 268 页。
③ ［宋］黎靖德辑：《朱子语类》卷一百一十五，《朱子全书》，第 3638 页。

致知为始。今人未尝一日从事于小学，而曰必先致其知，然后敬有所施，则未知其以何为主而格物以致其知也。①

今就其一事之中而论之，则先知后行，固各有其序矣，诚欲因夫小学之成以进乎大学之始，则非涵养履践之有素，亦岂能居然以夫杂乱纷纠之心而格物以致其知哉？②

古人之学，固以致知格物为先，然其始也，必养之于小学，则亦洒扫、应对、进退之节，礼、乐、射、御、书、数之习而已。是皆酬酢讲量之事也，岂以此而害夫持养之功哉？③

格物致知为大学的起点，其根本原因就在于它是建立在小学主敬涵养、持养践履的基础之上的。从格物的内容上来说，它是自足的；从格物的功夫来说，它是主张操存用力的，并非如时人说一见"格物"便以为重思虑知识。朱熹力辩：

今且论涵养一节，疑古人直自小学中涵养成就，所以大学之道只从格物做起。今人从前无此工夫，但见《大学》以格物为先，便欲只以思虑知识求之，更不于操存处用力，纵使窥测得十分，亦无实地可据。大抵"敬"字是彻上彻下之意，格物致知乃其间节次进步处耳。④

朱熹主张格物致知同主敬涵养一样是学礼的功夫，而并非重知识、

---

① ［宋］朱熹：《晦庵先生朱文公文集》卷四十二《答胡广仲》，《朱子全书》，第 1894—1895 页。
② ［宋］朱熹：《晦庵先生朱文公文集》卷四十二《答吴晦叔》，《朱子全书》，第 1915 页。
③ ［宋］朱熹：《晦庵先生朱文公文集》卷四十七《答吕子约》，《朱子全书》，第 2190 页。
④ ［宋］朱熹：《晦庵先生朱文公文集》卷四十三《答林择之》，《朱子全书》，第 1978—1979 页。

轻践履。朱熹对小学学习内容的开掘综合了先秦经典中对于初级教育的阐述,为大学之道的展开奠定了基础。同时主张以主敬涵养贯穿小学功夫,为格物致知功夫的展开准备了涵养的基础。这样,通过对格物之前的小学功夫的诠释,朱熹将格物穷理的讨论放在了礼文与礼义、理与事紧密相连的背景下,为三纲八目的展开打开了礼学的视野。

值得注意的是,朱熹这一思想正是对湖湘学派居敬致知思想的批评与修正。基于"先察识后涵养"的观点,胡宏说:"学为君子者,莫大于致知。"①"必先致知,及超然有所见,方力行以终之。"②又说:"明理居敬,然后诚道得。天道至诚,故无息;人道主敬,所以求合乎天也……敬也者,君子之所以终身也。"③致知指明理,先有所见,然后力行,所以致知先于力行。胡宏的格物说正是建立在明理居敬的讨论中,他说:"格之之道,必立志以定其本,而居敬以持其志。志立于事物之表,敬行乎事物之内,而知乃可精。"④针对胡宏的居敬致知说,朱熹指出:

> 五峰只说立志居敬,至于格物,却不说。其言语自是深险,而无显然明白气象,非急迫而何。⑤

> 五峰说"立志以定其本,居敬以持其志。志立乎事物之表,敬行乎事物之内,而知乃可精"者,这段语本说得极精。然却有病者,只说得向里来,不曾说得外面,所以语意颇伤急迫。盖致知本是广大,须用说得表里内外周遍兼该方得。⑥

---

① 〔宋〕胡宏:《知言·大学》,《胡宏集》,第32页。
② 〔宋〕胡宏:《知言·大学》,《胡宏集》,第34页。
③ 〔宋〕胡宏:《知言·一气》,《胡宏集》,第28页。
④ 〔宋〕胡宏:《复斋记》,《胡宏集》,第152页。
⑤ 〔宋〕黎靖德辑:《朱子语类》卷十八,《朱子全书》,第633页。
⑥ 〔宋〕黎靖德辑:《朱子语类》卷十八,《朱子全书》,第631页。

他说"立志以定其本"，是始者立个根基。"居敬以持其志，志立乎事物之表，敬行乎事物之内，而知乃可精。"知未到精处，方是可精，此是说格物以前底事。后面所说，又是格物以后底事。中间正好用工曲折处，都不曾说，便是局蹙了。①

朱熹虽然认为胡宏提出的居敬致知思想有值得肯定之处，但主要有几点不足：一是虽然用立志、居敬贯穿格物始终，但是至于如何格物，却没有明白细致的说法，有急迫、局促之嫌；二是胡宏的格物致知说主要着眼于主心的功夫，有重内轻外的弊端，应该说得"表里内外周遍兼该"才是；三是在朱熹看来，立志居敬都是格物之前的涵养功夫，而致知又是格物以后的事，因此虽然是说格物之道，而实际上又将格物的内涵架空了，因而尚未领悟格物的要领。总之，在朱熹看来，胡宏的格物说"既出于一偏而守之，亦必有一切之效，然不曾熟看伊川之意也"②。从朱熹对胡宏的批评，我们可以看出，一方面朱熹吸收了胡宏居敬致知的思想，另一方面，朱熹重新回到程颐的格物思想，将格物与居敬、致知结合起来，并深入挖掘格物以前的小学功夫，使自己的格物说内外兼容、小大有序。

最后应该指出的是，朱熹的这一思想也是当时吕祖谦和张栻的共识，只不过由于吕祖谦和张栻都早逝，朱熹得以将这一思想加以总结完善。例如，吕祖谦曾说："后生学问，且须理会《曲礼》《少仪》礼仪等学洒扫、应对、进退之事，及先理会《尔雅》训诂等文字，然后可以语上下学而上达，自此脱然有得，度越诸子也。不如此，则是躐等犯分陵节，终不能成。孰先传焉，孰后倦焉，不可不察也。"③张栻说："然尝考先王所以建学造士之本意，盖将使士者讲夫仁义礼智之彝，以明夫君臣、父子、兄弟、夫

---

① 〔宋〕黎靖德辑：《朱子语类》卷十八，《朱子全书》，第633—634页。
② 〔宋〕黎靖德辑：《朱子语类》卷十八，《朱子全书》，第631页。
③ 〔宋〕吕祖谦：《少仪外传》卷上，《文渊阁四库全书》第703册，第220页。

妇、朋友之伦,以之修身、齐家、治国、平天下,其事盖甚大矣,而为之则有其序,教之则有其方。故必先使之从事于小学,习乎六艺之节,讲乎为弟、为子之职,而躬乎洒扫应对进退之事,周旋乎俎豆羽籥之间,优游乎弦歌诵读之际,有以固其肌肤之会、筋骸之束,齐其耳目,一其心志,所谓大学之道格物致知者,由是可以进焉。"①这是张栻在《邵州复旧学记》一文中提出的,而且在给朱熹的信中已经明确提及应该将小学与大学联系起来。②

2. 格物致知的主要内容

朱熹发挥程颐之说,认为格物的对象极其广泛,即凡天下之物而格,语气自牵涉自然界万物。宋代是中国古代社会科学技术发展水平相当高的时代,朱熹的格物致知说无疑适应了时代发展的需求,是自然科学发展水平在哲学、学术思想领域的集中体现,这是朱熹格物致知说对《大学》进一步的诠释和发展。但我们应该看到的是,朱熹一直强调,无论是人伦之"内事"还是自然世界的"外事","皆是自己合当理会底",而且朱熹还提出格内事、外事的比例,"须是六七分去里面理会,三四分去外面理会方可"。③ 朱熹认为在理会人事和物事上是有一定比例而且融合统一的。在朱熹看来,格物致知是在小学的基础上展开的,因而格物的内容仍然是以礼文中蕴含的人伦之理为主。他说:"格物,莫先于五品。"④格物的首要任务是反思省察自身内在的仁、义、礼、智,使明德焕发出来,因此格物的最终目的是践履。"格物,须真见得决定是如此。"⑤

朱熹强调即物穷理:"格物,不说穷理,却言格物。盖言理,则无可捉

① ［宋］张栻:《新刊南轩先生文集》卷九《邵州复旧学记》,第 884—885 页。
② ［宋］张栻:《新刊南轩先生文集》卷二十一《答朱元晦秘书》,第 1087 页:"某近为邵州作《复旧学记》,其间论小学、大学意,偶亦相类,录呈。今犹未刻,有可见教,尚冀速示也。"
③ ［宋］黎靖德辑:《朱子语类》卷十八,《朱子全书》,第 616 页。
④ ［宋］黎靖德辑:《朱子语类》卷十五,《朱子全书》,第 464 页。
⑤ ［宋］黎靖德辑:《朱子语类》卷十五,《朱子全书》,第 464 页。

摸，物有时而离；言物，则理自在，自是离不得。"①朱熹反复强调，格物所穷之理并非"一个悬空底物"，《大学》之所以不说穷理，而说格物，实际上就是强调"要人就事物上理会"。② 朱熹格物致知说始终将对天理的探寻附着在现实人、事、物的基础上，体现了对传统礼学思想精髓的把握。

朱熹以天理论、穷理说来释格物致知，强调即物穷理，并须穷至其极，贯穿其中的核心思想仍然是理一分殊。受老师李侗重分殊胜于理一的影响，朱熹强调于分殊处理会理一，这是其格物说的主要倾向。他说：

> 万理虽只是一理，学者且要去万理中千头百绪都理会，四面凑合来，自见得是一理。不去理会那万理，只管去理会那一理……只是空想象。③

> 某怕人便说"理一"。④

> 圣人未尝言理一，多只言分殊。盖能于分殊中事事物物，头头项项，理会得其当然，然后方知理本一贯。不知万殊各有一理，而徒言理一，不知理一在何处。⑤

朱熹之所以怕人只说理一，原因在于只言理一，就会淡化于分殊处穷理的功夫。陈来曾指出，如果把注重分殊作为方法论来看，朱熹的格物穷理方法，正是注重由具体分殊的事物入手，经过对分殊的积累，自然

① ［宋］黎靖德辑：《朱子语类》卷十五，《朱子全书》，第 469 页。
② ［宋］黎靖德辑：《朱子语类》卷十五，《朱子全书》，第 469 页。
③ ［宋］黎靖德辑：《朱子语类》卷一百一十七，《朱子全书》，第 3692 页。
④ ［宋］黎靖德辑：《朱子语类》卷五十六，《朱子全书》，第 1822 页。
⑤ ［宋］黎靖德辑：《朱子语类》卷二十七，《朱子全书》，第 975 页。

会上升到对理一的把握。①

　　格物致知的主要内容仍是人事。朱熹说："圣人只说'格物'二字，便是要人就事物上理会。且自一念之微，以至事事物物，若静若动，凡居处饮食言语，无不是事，无不各有个天理人欲。须是逐一验过。"②格物的功夫最终都是认识到应对人事、遵循礼仪中的合礼与非礼之处，辨析何为天理，何为人欲。致知也不过是知得心中之礼义。朱熹说："致知，不是知那人不知底道理，只是人面前底。且如义利两件，昨日虽看义当为然，而却又说未做也无害；见得利不可做，却又说做也无害；这便是物未格，知未至。今日见得义当为，决为之；利不可做，决定是不做，心下自肯自信得及，这便是物格，便是知得至了。"③格物致知的最终目的都是为了在正心诚意践履功夫的基础上修身、齐家、治国、平天下。

　　关于格物的主要内容，以及如何展开格物穷理的过程，朱熹有一段话阐述得十分清楚：

　　　　世间之物，无不有理，皆须格过。古人自幼便识其具。且如事亲事君之礼，钟鼓铿锵之节，进退揖逊之仪，皆目熟其事，躬亲其礼。及其长也，不过只是穷此理，因而渐及于天地鬼神日月阴阳草木鸟兽之理，所以用工也易。今人皆无此等礼数可以讲习，只靠先圣遗经自去推究，所以要人格物主敬，便将此心去体会古人道理，循而行之。如事亲孝，自家既知所以孝，便将此孝心依古礼而行之；事君敬，便将此敬心依圣经所说之礼而行之。一一须要穷过，自然浃洽贯通。如《论语》一书，当时门人弟子记圣人言行，动容周旋，揖逊进退，至为纤悉。如《乡党》一篇，可见当时此等礼数皆在。至孟子时，

---

① 　陈来：《朱子哲学研究》，第 272 页。
② 　[宋] 黎靖德辑：《朱子语类》卷十五，《朱子全书》，第 467 页。
③ 　[宋] 黎靖德辑：《朱子语类》卷十五，《朱子全书》，第 479 页。

则渐已放弃。如《孟子》一书，其说已宽，亦有但论其大理而已。①

在朱熹看来，一个人社会化的过程实际上就是礼仪化的过程。在幼小的时候，躬亲洒扫应对之节，熟习进退揖让之仪，目睹事亲事君之礼，演练钟鼓铿锵之乐，在礼乐节文中耳濡目染，一切礼事均充盈其身心。进入成年之后的大学阶段，格物就是对已经内化在身心中的礼仪规范进行再反思，回复到礼文本身，探究其间的规律与本质。朱熹说："礼，小时所学，只是学事亲事长之节，乃礼之小者。年到二十，所学乃是朝廷宗庙之礼，乃礼之大者。到'立于礼'，始得礼之力。"②而"得礼之力"，在朱熹看来，就是大学终身追求的目标与成就。值得注意的是，朱熹认为应从人事拓展开去，穷究天地鬼神日月阴阳草木鸟兽之理，从表面上来看，格物的内容是拓展了，但只要熟悉《礼记》就会知道，对宇宙、自然、社会规律的探讨也仍然是礼所涵盖的。虽然朱熹也认可探讨自然规律的必要性，但其主要着力点依然是要回归对人伦之理的穷究。

在朱熹时代，由于已经缺乏从小涵养礼文的社会环境，因此学者从小在习得礼仪上存在着不足。到了成年就需要补充小学功夫，而此时的小学功夫需要借助先圣整理的经典作为参考，在学习中涵养虔敬之心，并用此心去体悟古人举手投足、进退揖让中所蕴含的道理，最终以礼仪作为衡量标准，蹈礼循行，择善而从。穷理的主要内容实际上就是以《论语》《孟子》等经典为蓝本，探寻礼之大体以及具体的动容周旋之礼。

正如杜维明指出的，不能将"格物"解释成身居局外的观察者对外在事物进行无动于衷的研究。相反，它代表了一种认知方式，认知者在这种方式中不仅被已知事物渗透，而且还被转化了。"格物"就是为了理解

---

① ［宋］黎靖德辑：《朱子语类》卷十五，《朱子全书》，第 466—467 页。

② ［宋］黎靖德辑：《朱子语类》卷三十五，《朱子全书》，第 1301 页。

我们自身以及周边世界而探索自然现象和人类事物。① 朱熹的格物说正
是如此，并非为了求知识而脱离现实的人事，而是在小学功夫的基础上
反刍礼文中蕴含的道理。反思并重新认识进入真正的道德主体的人应
该实现的"创造性自我转化"：格至事物，才能了解"所以然"，了解现实的
自然、社会、人生的本来面目；格物才能穷理，才能正心诚意，坚定人生的
应然方向，达到理想的道德、精神境界。格物最终是实现形而下的践履
与形而上的理论认识相结合，因而具有非同寻常的意义。

　　3. 格物致知的目的及其作用

　　认识到格物致知是正心诚意的必要条件，认为只有先格物穷理才能
为正心诚意、修己治人的修身功夫提供客观的标准，这是程颐阐发格物
致知说的主要目的。程颐的格物说最终理所当然地纳入了天理论的解
说范式下，提出了"格物就是穷理"的响亮命题。程颐说："《大学》论意诚
以下，皆穷其意而明之，独格物则曰'物格而后知至'，盖可以意得而不可
以言传也。自格物而充之，然后可以至圣人。不知格物而先欲意诚、心
正、身修者，未有能中于理者。"②程颐认为格物致知是意诚、心正、身修的
前提，格物作为《大学》的八条目之一应该首先予以考虑。这一解释对后
学影响很大，二程的弟子杨时、吕大临，私淑二程的胡安国父子，司马光
的后学晁说之等，都接受了他的穷理说，并有所发挥。

　　杨时在给友人的书信中，特别申明了格物说在儒家内圣外王之道中
的首要地位："《大学》所论诚意、正心、修身、治天下国家之道，其原乃在
乎物格，推之而已。若谓意诚便足以平天下，则先王之典章法物皆虚器
也。"③这就说明了强调格物，实际上也就强调了礼乐制度的重要性，否则
一味谈论正心诚意，就会使先王的典章制度形同虚设。朱熹的父亲朱松

①　杜维明：《道、学、政：论儒家知识分子》，第 42 页。
②　［宋］程颢、程颐：《河南程氏遗书》卷二十五，《二程集》，第 316 页。
③　［明］黄宗羲、全祖望：《宋元学案》卷二十五《龟山学案》，第 953 页。

受学于二程后学，他对《大学》推崇备至，在给友人的信中说："《大学》一篇，乃入道之门，其道以为欲明明德于天下，在致知格物以正心诚意而已。其说与今世士大夫之学大不相近，盖此学之废久矣！"①这表明朱熹的格物致知论尚有家学渊源。朱熹曾言："盖熹之所闻，以为天下之物无一物不具夫理，是以圣门之学，下学之序始于格物以致其知。不离乎日用事物之间，别其是非，审其可否，由是精义入神，以致其用。"②总之，强调格物致知的优先性实为二程理学一脉相承的观点，朱熹的格物致知论正是对这一主脉的延伸。

在朱熹看来，只有先格物穷理，才能为心、意提供可正、可诚的客观标准，否则正心、诚意将成为径直超绝的神秘体验而难以为学者提供可操作性的进阶。而这一客观标准就是宋代理学孜孜以求的反映宇宙、社会本质规律与普遍特点及其价值的天理，但由于天理隐晦不见，很难为人所认识，因此应该借助古代经典来彰明这不易之理。朱熹说：

> 言不难择而理未易明……不幸而吾之所谓理者或但出于一己之私见，则恐其所取舍未足以为群言之折衷也。况理既未明，则于人之言恐亦未免有未尽其意者，又安可以遽绌古书为不足信，而直任胸臆之所裁乎？③

> 释氏以胸襟流出为极则，以今观之，天地之间自有一定不易之理，要当见得不假毫发意思安排、不着毫发意见夹杂，自然先圣后圣如合符节，方是究竟处也。④

---

①　[明]黄宗羲、全祖望：《宋元学案》卷三十九《豫章学案》，第1295页。
②　[宋]朱熹：《晦庵先生朱文公文集》卷三十八《答江元适》，《朱子全书》，第1702页。
③　[宋]朱熹：《晦庵先生朱文公文集》三十六《答陆子静》，《朱子全书》，第1566页。
④　[宋]朱熹：《晦庵先生朱文公文集》三十八《答黄叔张》，《朱子全书》，第1694页。

在朱熹看来,穷究天理正是与佛、老区别开来的重要标志。格物穷理也正是整治直任胸臆的学术偏见的良方,这样,格物穷理才能为正心诚意提供一个不夹私意的客观标准。

为了消除格物致知、正心诚意在修养顺序和内容上的对立,朱熹认为格物致知是正心诚意的标准,具有一定的优先性,但格物致知也绝非可以独立存在,而应该与正心诚意联系起来理解。朱熹说:

> 今若只理会正心、诚意,却有局促之病;只说致知、格物,又却似泛滥。古人语言自是周浃。①

> 《大学》之序,自格物致知以至于诚意正心,不是两事,但其内外浅深自有次第耳。非以今日之诚意正心为是,即悔前日之格物致知为非也。②

朱熹的这些讨论,旨在消除主张优先格物致知与优先正心诚意之间的矛盾。然而,朱熹这种调和折衷格物致知与正心诚意的努力并不能掩盖他格物说的主要用意。

穷理说怎样贯穿在三纲八目之中,是程颐以来将格物作为修身起点的主要考虑内容。理怎样与心、意沟通,格物致知与正心诚意如何贯通,这是朱熹试图解决的主要问题。朱熹在给江默的信中详细阐述了这个问题:

> 格物之说,程子论之详矣。而其所谓“格,至也,格物而至于物,则物理尽”者,意句俱到,不可移易……夫“天生丞民,有物有则”,物

---

① 〔宋〕黎靖德辑:《朱子语类》卷十八,《朱子全书》,第611页。
② 〔宋〕朱熹:《晦庵先生朱文公文集》卷五十六《答方宾王》,《朱子全书》,第2654页。

者形也，则者理也，形者所谓形而下者也，理者所谓形而上者也。人之生也固不能无是物矣，而不明其物之理，则无以顺性命之正而处事物之当，故必即是物以求之。知求其理矣，而不至夫物之极，则物之理有未穷，而吾之知亦未尽，故必至其极而后已，此所谓"格物而至于物，则物理尽"者也。物理皆尽，则吾之知识廓然贯通，无有蔽碍，而意无不诚、心无不正矣。此《大学》本经之意，而程子之说然也。①

由于朱熹所言格物的内容主要是小学所言的礼之功夫，因而在后人看来格物致知与正心诚意之间的割裂、心与理之间的分离在朱熹的思想体系中正是可以避免的。程颐早就指出："'致知在格物'，非由外铄我也，我固有之也。因物有迁，迷而不知，则天理灭矣，故圣人欲格之。"②朱熹继续发挥这一思想，主张克人欲以致其知，格物以穷理，并认为格物致知本身就体现了心与理的合一。朱熹言："格物，以理言也；致知，以心言也。"③"格物所以明此心。"④因此格物就是明此心中之理，穷理至极，则致知功夫也自然贯通。

有人问朱熹致知格物，朱熹明确地说格致万事万物，"其实只是一个心"，都是明心中仁、义、礼、智之理。⑤ 具体说到心与理的关系，朱熹言：

> 理遍在天地万物之间，而心则管之；心既管之，则其用实不外乎此心矣。然则理之体在物，而其用在心也。⑥

---

① ［宋］朱熹：《晦庵先生朱文公文集》卷四十四《答江德功》，《朱子全书》，第 2037—2038 页。
② ［宋］程颢、程颐：《河南程氏遗书》卷二十五，《二程集》，第 316 页。
③ ［宋］黎靖德辑：《朱子语类》卷十五，《朱子全书》，第 473 页。
④ ［宋］黎靖德辑：《朱子语类》卷一百一十八，《矢子全书》，第 3737 页。
⑤ ［宋］黎靖德辑：《朱子语类》卷十五，《朱子全书》，第 475 页。
⑥ ［宋］黎靖德辑：《朱子语类》卷十八，《朱子全书》，第 628 页。

万理皆具于吾心，须就自家身己做工夫，方始应得万理万事。①

朱熹始终认为心具众理，心与理一，而并不认同陆九渊"心即理"的观点。朱熹认为陆学"心即理"的观点由于不察气禀物欲对人心的影响，与释氏明心见性之说无异。朱熹说："儒、释之异，正为吾以心与理为一，而彼以心与理为二耳。然近世一种学问，虽说心与理一，而不察乎气禀物欲之私，故其发亦不合理，却与释氏同病，又不可不察。"②朱熹继承程颐即物穷理来格物致知的说法，坚决与陆学辨析毫厘之间，批评陆学悬空说心、说理的弊端。据《语类》记载：

问："陆先生不取伊川格物之说。若以为随事讨论，则精神易弊，不若但求之心，心明则无所不照，其说亦似省力。"曰："不去随事讨论后，听他胡做，话便信口说，脚便信步行，冥冥地去，都不管他。③

总之，朱熹的格物说继承了程颐格物说的精华，在陆九渊心学的挑战下试图将心与理贯通起来，实现《大学》将知识与道德合成一体的要求，形成了具有理学特色的内圣外王的修养功夫论和方法论。

4. 对程颐后学格物说的批评

朱熹的格物致知说是在继承程颐的观点，在对二程后学格物穷理说的吸收与批评的基础上形成的。了解此点，就可以充分了解朱熹格物致知的理学背景，从而可以进一步加深对朱熹格物致知说特色的理解。

关于"格物在致知"，郑玄注为："格，来也。物犹事也。其知于善深

---

① ［宋］黎靖德辑：《朱子语类》卷一百三十，《朱子全书》，第4059页。
② ［宋］朱熹：《晦庵先生朱文公文集》卷五十六《答郑子上》，《朱子全书》，第2689页。
③ ［宋］黎靖德辑：《朱子语类》卷十八，《朱子全书》，第600页。

则来善物，其知于恶深则来恶物。言事缘人所好来也。此致或为至。"①
在这里，郑玄将"致知"理解为"知善知恶"，二程的解释则将"格物"解作
"穷理"，认为："'格物'者，格，至也，物者，凡遇事皆物也，欲以穷至物理
也。"②所谓"物"，指"事物"，最终指向世间万物以及人身心之理。二程认
为，事无法穷尽，能够穷尽的只是理。因为万物一理，而要穷尽天下之
物，应该充分运用类推原则。"格物穷理，非是要尽穷天下之物，但于一
事上穷尽，其他可以类推。"③"穷理格物，便是致知。"④

二程高弟吕大临在解释《大学》时，明确指出："大学者，大人之学也，
穷理尽性而已。"⑤在解释格物致知时，吕大临认为：

> "致知在格物"，格之为言至也，致知，穷理也。穷理者，必穷万
> 物之理，同至于一而已，所谓"格物"也……故《大学》之序，必先致
> 知，致知之本，必知万物同出于一理，然后为至。一物之不至，则不
> 能无疑，疑存乎胸中，欲至于诚，不啻犹天壤之异，千万里之远，欲卒
> 归于道而无惑，难矣！知万物同出于一理，知之至也，故曰"物格而
> 后知至"。⑥

吕大临的着力点放在致知上，强调穷理与致知之间的联系，认为穷
得理一，就是格物。朱熹认为吕大临注重追求领会理一，有省却格物过
程和内容的嫌疑。朱熹批评说："吕与叔谓：'凡物皆出于一，又格个什
么？'固是出于一，只缘散了，千岐万径。今日穷理，所以要收拾归于一。"

---

① ［清］阮元校刻：《十三经注疏》(清嘉庆刊本)，第3631页。
② ［宋］程颢、程颐：《河南程氏外书》卷四，《二程集》，第372页。
③ ［宋］程颢、程颐：《河南程氏遗书》卷十五，《二程集》，第157页。
④ ［宋］程颢、程颐：《河南程氏外书》卷十五，《二程集》，第171页。
⑤ ［宋］吕大临：《礼记解》大学第四十二，陈俊民：《蓝田吕氏遗著辑校》，第371页。
⑥ ［宋］吕大临：《礼记解》大学第四十二，陈俊民：《蓝田吕氏遗著辑校》，第373页。

"吕与叔说许多一了，理自无可得穷，说甚格物。"①朱熹认为吕大临这样强调"一"，实际上取消了格物与穷理的意义。朱熹的意思是，穷理之所以要格物，恰恰是因为物物各不相同。因此，不能满足于泛泛而谈万物同出一理，而应该通过格物穷理，从纷繁复杂中找出其统一性。

另外，朱熹认为吕大临穷理说还错在：

> 然其欲必穷万物之理，而专指外物，则于理之在己者有不明矣；但求众物比类之同，而不究一物性情之异，则于理之精微者有不察矣。不欲其异而不免乎四说之异，必欲其同而未极乎一原之同，则徒有牵合之劳，而不睹贯通之妙矣。②

朱熹指出，吕大临不应该将格物之物片面地规定为心外之物，应该明确还有心内之物。同时，吕大临注重探究万物的共性而忽视考察事物各自的属性差异，这样就很难深入了解事理的精微部分。在朱熹看来，由于吕大临在格物穷理说上没有处理好理一与分殊的关系，因而不能真正达到对事物的同一性和差异性的认识，也就无法理解格物穷理的贯通之妙。

谢良佐继承二程将穷理观念引入对《大学》"格物致知"的解释，提出知识需要通过穷物理才能获得，认为致知的前提是格物。③ 朱熹将谢良佐的穷理说概括为四点：一是寻个是处，二是以恕为本，三是先其大者，四是一处通而一切通。朱熹对此一一作了评论：

> 又有以为穷理只是寻个是处，然必以恕为本，而又先其大者，则

---

① ［宋］黎靖德辑：《朱子语类》卷十八，《朱子全书》，第628、629页。
② ［宋］朱熹：《大学或问》，《朱子全书》，第530页。
③ ［宋］谢良佐：《上蔡语录》卷二，《文渊阁四库全书》第698册，第579页。

一处理通，而触处皆通者。其曰"寻个是处"者则得矣。而曰"以恕为本"，则是求仁之方，而非穷理之务也。又曰"先其大者"，则不若先其近者之切也。又曰"一处通而一切通"，则又颜子之所不能及，程子之所不敢言，非若类推积累之可以循序而必至也。①

朱熹赞同谢良佐穷理"寻个是处"的说法，因为这是即物穷理的另一种表达方式。但按照朱熹的理解，谢良佐的穷理说已经基本上偏离了程颐穷理说的主要内涵。朱熹不赞同其"以恕为本"的说法，认为恕是求仁之方，不应该作为穷理的手段。朱熹认为："穷理盖是合下工夫，恕则在穷理之后。"②并且认为固然可以将恕理解为类推、取譬，但其仍然与穷理没有什么关系。如果谢良佐当初是要引入"恕"的求仁功夫，"大概只是说要推我之心以穷理，便碍理了"。③朱熹认为在穷理时如果仅仅以己心类推未知之理，反而会造成妨碍。针对谢良佐所言穷理须"先其大者"，朱熹认为格物本应从己身心格去，应先格日用切近之物。谢良佐认为格物可以"一处通而一切通"，朱熹认为这是圣人不敢言、不能及的不切实际的空想，穷理之功仍旧需要循序渐进、类推积累。

与谢良佐主张"先穷其大者"不同，杨时的格物致知说主张"反身而求"。这一思想融合了《中庸》的明善说，《孟子》"万物皆备于我"的思想以及《诗经》中"有物有则"的观点。杨时主张："为是道者必先乎明善，然后知所以为道也。明善在致知，致知在格物。"④"致知在格物，物固不可胜穷也，反身而诚，则举天下之物在我矣。"⑤朱熹肯定杨时的"反身而诚"

---

① ［宋］朱熹：《大学或问》，《朱子全书》，第 530 页
② ［宋］黎靖德辑：《朱子语类》卷十八，《朱子全书》，第 629 页。
③ ［宋］黎靖德辑：《朱子语类》卷十八，《朱子全书》，第 629 页。
④ ［宋］杨时：《龟山集》卷十八《答李杭》，《文渊阁四库全书》第 1125 册，第 283 页。
⑤ ［宋］杨时：《龟山集》卷二十六《题萧欲仁大学篇后》，《文渊阁四库全书》第 1125 册，第 355 页。

说,但不赞成格物无须外求。朱熹说:"龟山说'反身而诚',却大段好。须是反身,乃见得道理分明。如孝如弟,须见得孝弟,我元有在这里。若能反身,争多少事。他又却说:'万物皆备于我,不须外面求。'此却错了。"①在朱熹看来,格物就是合内外之理,不应强分内外。② 这是批评杨时将"物"理解得太狭隘,没有程颐看得全面。

由于杨时的穷理说主张"反身以诚",忽视格外在之物,给人的印象就是有忽视以格物作为本原,而直接谈论致知之嫌。朱熹的批评正针对此而发:

> 又有以为天下之物不可胜穷,然皆备于我而非从外得也,所谓格物,亦曰反身而诚,则天下之物无不在我者,是亦似矣。然反身而诚,乃为物格知至以后之事,言其穷理之至,无所不尽,故凡天下之理,反求诸身,皆有以见,其如目视、耳听、手持、足行之毕具于此,而无毫发之不实耳。固非以是方为格物之事,亦不谓但务反求诸身,而天下之理,自然无不诚也。《中庸》之言明善,即物格知至之事,其言诚身,即意诚心正之功。故不明乎善,则有反诸身而不诚者,其功夫地位固有序,而不可诬矣。今为格物之说,又安得遽以是为言哉?③

在朱熹看来,依照《大学》的功夫节目次序,"反身而诚"应该是物格知至以后之事。因为穷理至极,无所不尽,举凡天下之理,反求诸身才能该遍流行。如果借用《中庸》而言,明善是格物致知之事,而诚身则为诚意正心之功。如果不明善,就有反诸身而意不诚的状态出现。因此从格

---

① ［宋］黎靖德辑:《朱子语类》卷十八,《朱子全书》,第629页。
② ［宋］黎靖德辑:《朱子语类》卷十五,《朱子全书》,第477页。
③ ［宋］朱熹:《大学或问》,《朱子全书》,第530—531页。

物到诚意，它们的位置是固定的，不容轻易改变。朱熹的反诘之意是：杨时颠倒了《大学》的功夫次序，实际上并未真正理解格物之说。

胡安国私淑洛学，他也曾提出穷理说，但朱熹认为胡安国格物穷理说与程颐的穷理说并不完全一致。他针对胡安国之说指出：

> 又有以为物物致察，而宛转归己，如察天行以自强，察地势以厚德者，亦似矣。然其曰"物物致察"，则是不察程子所谓"不必尽穷天下之物"也。又曰"宛转归己"，则是不察程子所谓"物我一理，才明彼即晓此"之意也。又曰"察天行以自强，察地势以厚德"，则是但欲因其已定之名，拟其已著之迹，而元尝如程子所谓"求其所以然，与其所以为"者之妙也。①

在朱熹看来，胡安国提出的"物物致察"与程颐所言"不必尽穷天下之物"不相似，并不恰当。其"宛转归己"说也不同于二程"物我一理，才明彼即晓此"。而且"宛转归己"之说可能借用了佛氏之语，显得隔膜不够通达。朱熹说："若宛转之说，则是理本非己有，乃强委曲牵合，使入来尔。"②至于"察天行以自强，察地势以厚德"，在朱熹看来并没有在穷理问题上达到形而上的理论高度，不如程颐所论灵活，"只是一死法"。③

在吸收、批评二程后学格物致知说的基础上，朱熹经常回忆念及当年李侗所论的为学方法："为学之初，且当常存此心，勿为他事所胜，凡遇一事，即当且就此事反复推寻，以究其理，待此一事融释脱落，然后循序少进，而别穷一事，如此既久，积累之多，胸中自当有洒然处，非文字言语之所及也。"虽然朱熹认为李侗所论在"规模之大，条理之密"方面不及程

---

① ［宋］朱熹：《大学或问》，《朱子全书》，第531页。
② ［宋］黎靖德辑：《朱子语类》卷十八，《朱子全书》，第630页。
③ ［宋］黎靖德辑：《朱子语类》卷十八，《朱子全书》，第630页。

颐，但其"功夫之渐次，意味之深切"，均超过上述诸说。① 最终朱熹吸收了李侗即物究理、反复推寻、循序渐进、积累贯通的观点，将其融入程颐的格物说中，形成了自己富有特色的穷理思想，即所谓"即凡天下之物，莫不因其已知之理而益穷之，以求至乎其极。至于用力之久，而一旦豁然贯通焉"②。

---

① ［宋］朱熹：《大学或问》，《朱子全书》，第 532 页。
② ［宋］朱熹：《大学章句》，《朱子全书》，第 20 页。

第五章 朱熹的祭祀思想与实践

　　礼本源于祭祀。礼的基本义就是祭祀鬼神。东汉许慎在《说文解字》中说:"礼,履也,所以事神致福也。"清末王国维进而阐发:"推之而奉神人之酒醴,亦谓之'醴'。又推之而奉神人之事,通谓之'礼'。"①旨在说明祭祀与礼紧密相连,祭祀在礼中具有核心的地位。《礼记·祭统》中早就有言:"凡治人之道,莫急于礼。礼有五经,莫重于祭。"②荀子亦认为:"礼,上事天,下事地,尊先祖而隆君师,是礼之三本也。"③天地之为"本",所重在于它是万物生存之超越性本原;先祖之为"本",所重在于它是血缘性的族类始源;君师之为"本",所重在于其是礼乐创制道德教化之根源。④祭祀是"礼三本"的集中体现,与天地、人生、文化、政教有着密切的联系。⑤朱熹身处南宋,综罗百代,在对儒家核心礼学思想的把握上达到了新的高度,其祭祀思想融合礼、理精神,与社会政治、文化、学术发生了

---

① 王国维:《王国维手定观堂集林》卷六《释礼》,浙江教育出版社,2014年,第156页。
② [清]阮元校刻:《十三经注疏》(清嘉庆刊本),第3478页。
③ [清]王先谦:《荀子集解》卷十三,第349页。
④ 李景林:《儒家的丧祭理论与终极关怀》,《中国社会科学》2004年第2期。
⑤ 林素英:《古代祭礼中之政教观:以〈礼记〉成书前为论》,台北文津出版社有限公司,1997年,第362页。

深刻的关联。本章首先着重考察朱熹的祭祀理论,寻求朱熹鬼神观与祭祀思想之间的联系;接着探讨朱熹道统说的形成与释奠仪的展开,具体说明朱熹祭祀理论与实践展开的过程;最后以朱熹参与的祧庙讨论为例,分析学术与政治纠结下朱熹的宗庙祭祀观,希冀能够展现朱熹礼学思想立体、生动的一面。

第一节　祭之理的追索——朱熹的
鬼神观与祭祀思想

朱熹对待鬼神总的态度是:认可孔子所言"敬鬼神而远之"的态度,赞同孔子"未能事人,焉能事鬼"的反诘,认为应该专用力于所宜的人道,而不惑于不可知的鬼神,知晓尽事人之道,可知尽事鬼之道。在有人询问一般意义上鬼神的有无问题时,朱熹也委婉地告知以往圣人"未尝决言之"[1],主张对一般的学子而言,不妨对鬼神采取回避的态度,不去讨论是否真有一具体的物象。朱熹推崇程颢所言"若以为无,古人因甚如此说? 若以为有,又恐贤问某寻"[2]。他认为鬼神之理为"第二著"之事,应尽量理会眼前能够看得见摸得着的事物,而对玄乎无形影的鬼神应采取默认或姑且阙疑的态度。[3]

但实际上,朱熹对鬼神之理一直在追究穷索,在鬼神的本质与转化及其在人事中的体现等问题上,都有精致的综合性论述。本着读书以明义理的精神,朱熹对儒家经典如《尚书》《周易》《左传》《礼记》中的鬼神观

---

[1]　［宋］黎靖德辑:《朱子语类》卷六十三,《朱子全书》,第 2088 页。
[2]　［宋］黎靖德辑:《朱子语类》卷六十三,《朱子全书》,第 2091 页。
[3]　［宋］黎靖德辑:《朱子语类》卷三,《朱子全书》,第 153 页。

念进行了整合①，并对韩愈、苏轼、二程、张载、范祖禹、侯师圣、胡宏、张栻
等人的鬼神观进行了批评和吸收②，在与黄榦、陈淳、廖德明、王遇、彪居
正、吕祖俭、林至等门人的讨论交流中激发形成了具有理学特色的鬼神
观③，为儒家祭祀奠定了坚实的形而上的理论基础。

一　本体论意义上的鬼神与祭祀

　　朱熹的鬼神观是其格物致知的重要内容，而祭祀的实践则是其力行
的主要方面。因此与许多儒者回避谈论鬼神之理不同，朱熹认为应该认
真探究其义理，彰显儒家祭祀精神。针对有学者提出的"无鬼神、无释
氏"之论，朱熹认为"皆无义理"，主张学者"当讲究，识其真妄"。④ 对于民
间信仰中的神仙，朱熹并不以世俗祸福论之，而认为应该以义理断之。
他在晚年回忆二十岁左右回新安老家的遭遇时有一段话：

　　　　风俗尚鬼，如新安等处，朝夕如在鬼窟。某一番归乡里，有所谓
　　五通庙，最灵怪。众人捧拥，谓祸福立见。居民才出门，便带纸片入
　　庙，祈祝而后行。士人之过者，必以名纸称"门生某人谒庙"。某初

---

① 参见［宋］黎靖德辑：《朱子语类》卷七十八，《朱子全书》，第 2656 页；《朱子语类》卷七十四，
　《朱子全书》，第 2517 页。
② 参见［宋］黎靖德辑：《朱子语类》卷一百三十七，《朱子全书》，第 4258 页；［宋］朱熹：《晦庵
　先生朱文公文集》卷七十二《杂学辨》，《朱子全书》，第 3468 页；《朱子语类》卷六十三，《朱子
　全书》，第 2089 页；《朱子语类》卷二十五，《朱子全书》，第 898—899 页；《朱子语类》卷六十
　三，《朱子全书》，第 2086 页。
③ 参见［宋］朱熹：《晦庵先生朱文公续集》卷一《答黄直卿》，《朱子全书》，第 4656 页；《晦庵先
　生朱文公文集》卷四十九《答王子合》，《朱子全书》，第 2253 页；《晦庵先生朱文公文集》卷四
　十五《答廖子晦》，《朱子全书》，第 2082 页；［宋］黎靖德辑：《朱子语类》卷二十，《朱子全
　书》，第 675 页；《晦庵先生朱文公文集》卷四十七《答吕子约》，《朱子全书》，第 2173—2174
　页；《晦庵先生朱文公文集》卷五十七《答陈安卿》，《朱子全书》，第 2745 页；《晦庵先生朱文
　公文集》卷六十一《答林德久》，《朱子全书》，第 2944 页。
④ ［宋］朱熹：《晦庵先生朱文公文集》卷五十八《答徐子融》，《朱子全书》，第 2766 页。

还，被宗人煎迫令去，不往。是夜会族人，往官司打酒，有灰，乍饮，遂动脏腑终夜。次日，又偶有一蛇在阶旁。众人哄然，以为不谒庙之故。某告以"脏腑是食物不着，关他甚事。莫枉了五通"。中有某人，是向学之人，亦来劝往，云："亦是从众。"某告以"从众何为？不意公亦有此语。某幸归此，去祖墓甚近。若能为祸福，请即葬某与祖墓之旁，甚便。"①

在朱熹长期生活的福建，风俗本重祠神信仰，多祠庙。陆游说："闽之风俗，祭祀报祈，比他郡国最谨。以故祠庙之盛，甲于四方。"②据《淳熙三山志》载："（福州各县神祠）率里社自建立，岁月深远，一邑或至数百所，不可胜载也。"③对于民间信仰中的五通神，朱熹并无严厉的批判，但在年轻时，朱熹就自觉与民间信仰的鬼神保持距离，认为其不合义理，并不能避祸得福。在朱熹看来，人从祖先那儿祈福并得到庇佑才是儒家正理。朱熹说："夫'鬼神'二字著于《六经》，而释氏之说见行于世，学者当讲究，识其真妄，若不识得，纵使绝口不谈，岂能使之无邪？"④在知先行后、致知力行的思想支配下，朱熹的鬼神观与祭祀实践紧密地结合起来。

1175年朱熹与吕祖谦编《近思录》时，将二程、张载关于鬼神的讨论编入"道体"一类。这表明理学家关于鬼神的讨论已经直达宇宙本体论的高度，表现出鲜明的理学特色。钱穆很重视《近思录》的这一编排，指出此层极可注意。⑤后来黄榦在编《朱子语类门目》中释"鬼神"为："其别有三，在天之鬼神，阴阳造化是也；在人之鬼神，人死为鬼是也；祭祀之鬼

① ［宋］黎靖德辑：《朱子语类》卷三，《朱子全书》，第178—179页。
② ［宋］陆游：《渭南文集》卷二十四《福州城隍昭利东岳庙祈雨文》，《文渊阁四库全书》第1163册，第494—495页。
③ ［宋］梁克家：《淳熙三山志》卷九《诸县祠庙》，《文渊阁四库全书》第484册，第204页。
④ ［宋］朱熹：《晦庵先生朱文公文集》卷五十八《答徐子融》，《朱子全书》，第2766页。
⑤ 钱穆：《中国思想史中之鬼神观》，《灵魂与心》，广西师范大学出版社，2004年，第63页。

神，神示、祖考是也。三者虽异，其所以为鬼神者则同。知其异，又知其同，斯可以语鬼神之道矣，故合为一卷。"①这代表了当时门人对朱熹鬼神观的理解。祭祀意义上的鬼神，更多地表现为神祇、祖考内在于祭祀者的精神形象或者意念形态。说明天人之际的鬼神形态，是积极应对佛教生死轮回观念的体现，阐释清楚祭祀中的鬼神，才能为儒家施行祭礼提供精神上的支持，因而三者密不可分。

与黄榦从天人、理事角度划分鬼神的内涵略有不同，陈淳在《北溪字义》中说鬼神时认为："当以圣经说鬼神本意作一项论，又以古人祭祀作一项论，又以后世淫祀作一项论，又以后世妖怪作一项论。"②这表明，陈淳认识到朱熹是从经典内涵中继承、整合、集成对鬼神本意的看法，而这些与祭祀中鬼神的预设是有联系的。理学家关于淫祀的探讨以及对淫祀的打击实际上是在表明对儒家祭祀精神原则的把握、认同与实践。民间信仰之鬼神与儒家祭祀的鬼神有着相当的差异，同时也形成了佛道、民间信仰与儒家祭祀之间的张力。这两种分法略有不同，前一种强调天之鬼神的宇宙造化之内涵，后一种优先讨论鬼神之本意，但无疑都旨在探讨鬼神的宇宙基础或者本意最终的指向，仍然是为实行儒家祭祀之礼奠定基础。

钱穆曾指出："朱子言祭祀之礼，乃会通天地万物古今异世而合一言之，实为朱子宇宙本体论形上学中一番主要见解也。"③这是朱熹祭祀思想的最大特色所在。朱熹自己毫不讳言："古来圣人所制祭祀，皆是他见得天地之理如此。"④这也就是朱熹试图解析儒家祭祀中的宇宙本体基础以及穷究祭祀中的义理之所在。但是这一宇宙本体论形上学思想的建构，在当时和后来仍然使不少学者困惑。李贽后来批评说："（朱熹）以鬼

---

① ［宋］黎靖德辑：《朱子语类》，《朱子全书》，第1C7页。
② ［宋］陈淳：《北溪字义》卷下，第56页。
③ 钱穆：《朱子新学案》，第225页。
④ ［宋］黎靖德辑：《朱子语类》卷三，《朱子全书》，第154页。

神为良能可也,而谓祭鬼神是祭良能,可欤?"①在李贽看来,祭祀的是阴阳二气尚可说通,祭祀良能,即妙用、功用可能吗? 李贽在这里虽指出了将鬼神脱离祭祀本来的含义而哲理化带来的危险,但并未同情了解宋代理学家为应对佛、老生死观念挑战而对鬼神本意进行的创造性解释。其实在朱熹晚年,就有不少门人疑惑:既然鬼神是阴阳二气之良能、功用,能与天地沟通,能够"体物而不遗",为什么最终还是要落实到祭祀言之?这一困惑主要表现在对《礼记·中庸》一段话的理解上:"鬼神之为德,其盛矣乎! 视之而弗见,听之而弗闻,体物而不可遗。使天下之人齐明盛服,以承祭祀。"②

　　问:"鬼神,上言二气,下言祭祀,是如何?"曰:"此'体物不可遗'也。'体物'是与物为体。"

　　林一之问:"万物皆有鬼神,何故只于祭祀言之?"曰:"以人具是理,故于人言。"③

　　或问:"鬼神'体物而不可遗',只是就阴阳上说。末后又却以祭祀言之,是如何?"曰:"此是就其亲切著见者言之也。若不如此说,则人必将风雷山泽做一般鬼神看,将庙中祭享者又做一般鬼神看。故即其亲切著见者言之,欲人会之为一也。"④

　　上引材料表明,不少学者对张载、二程以及朱熹的鬼神论给从祭祀理论引申出来的鬼神注入宇宙本体、天地功用的含义仍然困惑不已。朱

---

① ［明］李贽:《焚书》卷三《鬼神论》,中华书局,2009 年,第 92 页。
② ［清］阮元校刻:《十三经注疏》(清嘉庆刊本),第 3532 页。
③ ［宋］黎靖德辑:《朱子语类》卷六十三,《朱子全书》,第 2082 页。
④ ［宋］黎靖德辑:《朱子语类》卷六十三,《朱子全书》,第 2083 页。

熹反复解释道："精气就物而言，魂魄就人而言，鬼神离乎人而言。不曰屈伸往来，阴阳合散，而曰鬼神，则鬼神盖与天地通，所以为万物之体，而物之终始不能遗也。"①朱熹的辨析解释主要有两个方面：一是鬼神内在的天地沟通转化的功用是主要方面，能涵盖祭祀；二是强调鬼神的宇宙本体作用能使儒家祭祀与民间信仰中一般鬼神区分开来，使祭祀精神更加明白彰显，最终目的是强调鬼神论的理学本体论意义。

二   鬼神与气——对儒家祭祀理论的阐发

朱熹将鬼神作为宇宙本体来讨论的观点主要承袭张载和二程。程颐在释《周易》乾卦时提出："大人与天地日月四时鬼神合者，合乎道也。天地者道也，鬼神者造化之迹也。圣人先于天而天同之，后于天而能顺天者，合于道而已。合于道，则人与鬼神岂能违也？"②鬼神作为天地之道的体现，是天地造化的具象。人与鬼神均是道的载体。值得注意的是，在 1175 年朱熹与吕祖谦编定的《近思录》中收录了"鬼神者，造化之迹也"，并未收张载的"鬼神者，二气之良能也"一说。③ 后来朱熹更推崇张载的这一说法，这是因为朱熹认为造化之迹一说，强调一气的自然功用，但有"浑沦"不清之嫌，而张载之说则"分明，便见有个阴阳在"。④ "良能"一词最早见于《孟子·尽心上》，孟子说："人之所不学而能者，其良能也；所不虑而知者，其良知也。"⑤这里所言良能是指作为一种与生俱来的不待后天学习的能力，实际上就是生理学上所言的本能。张载以此来论鬼

---

① ［宋］黎靖德辑：《朱子语类》卷六十三，《朱子全书》，第 2082 页。
② ［宋］程颢、程颐：《周易程氏传》卷一，《二程集》，第 705 页。
③ ［宋］张载：《正蒙·太和篇第一》，《张载集》，第 9 页。
④ ［宋］黎靖德辑：《朱子语类》卷六十三，《朱子全书》，第 2086 页。
⑤ ［清］阮元校刻：《十三经注疏》（清嘉庆刊本），第 6018 页。

神,朱熹这样阐释道:"屈伸往来,是二气自然能如此。"①在朱熹看来,鬼神既是阴阳二气物质,也是二气相互作用、转化的功用与性质。

有学者迷惑各种祭祀对象的神是否存在,朱熹继承《易传·说卦》的说法阐发道:"神也者,妙万物而言者也。盈天地之间皆神。"②这样,朱熹通过对鬼神属性、功能的界定与规范,赋予其自然的意义和灵妙的内涵。正如有学者指出的,道学家通过对儒家经典文献的重新诠释而建立起来的鬼神观,否定的只是佛教以及世俗所主张的存在论意义上的鬼神,在他们看来,鬼神不再是某种可见的形象,而是宇宙间一切运动变化的基本形式。③

气不仅可以解释个体生死存亡的不同状态,而且从祭祀的角度来讲,气还是天地山川、祖先、先师先圣等鬼神与后世祭者感通交流的媒介。如果限定鬼神只是二气物质的不同状态,就会显得机械而难以进行圆融的解释。只有赋予鬼神自然的、妙用的属性或者功能,才能涵盖阴阳二气在不同环境中的种种形态。比如,以气之屈伸往来来论鬼神,最终能够消解当时人在自然、社会生活中遇见的难以解释的现象,如道教信仰的安期生、吕洞宾、钟离权等"飞升脱化"之说,战场上尸骨明灭之火以及世俗所谓"物怪神奸"之说。

对于门人所问,该如何判断世俗所谓物怪神奸之说,朱熹的回答是:

世俗大抵十分有八分是胡说,二分亦有此理。多有是非命死者,或溺死,或杀死,或暴病卒死,是它气未尽,故凭依如此。又有是乍死后气未消尽,是它当初禀得气盛,故如此,然终久亦消了。盖精与气合,便生人物,"游魂为变",便无了。如人说神仙,古来神仙皆

① ［宋］黎靖德辑:《朱子语类》卷六十三,《朱子全书》,第 2089 页。
② ［宋］黎靖德辑:《朱子语类》卷九十,《朱子全书》,第 3023 页。
③ 方旭东:《道学的无鬼神论:以朱熹为中心的研究》,《哲学研究》2006 年第 8 期。

不见，只是说后来神仙。如《左传》伯有为厉，此鬼今亦不见。①

　　朱熹总体上否定世俗有关怪力乱神之说，对于二分难以解释的现象，朱熹也只是以气散论之，比如所谓神仙、厉鬼都只不过是气的先后存有或消散的状态而已。

　　在南宋，民间信仰迷信鬼神在南方异常兴盛，学者们多有记录并经常谈论鬼神异怪之事，如："其俗信鬼而好祀，不知几千百年。于此沉酣入骨髓而不可解者，岂独庸人孺子哉！虽吾党之士，求其能卓然不惑者，亦百无一二矣。"②有学者提出，是不是人事有理，而鬼神仙佛之事没有义理可究？朱熹认为天下一切事物，均有理可寻，鬼神之理也不例外，只不过是气而已。③ 朱熹确信天下万事万物均有理，鬼神之义理尚可推寻。朱熹注重二气之良能的解释与发挥，最终将佛道、民间信仰的鬼神与儒家的鬼神区别开来。

　　另外，二气之良能表明鬼神实际上是自然和宇宙不待而求的、内在的属性，有着无形影、不能触摸却又无处不在的状态。这样便可以与一般佛道具体供奉的神像、塑像区别开来。有学者提出儒家祭祀天地山川的礼仪，是否只是在表现心之诚敬，而并非真有鬼神来格享？朱熹回答说："若道无物来享时，自家祭甚底？肃然在上，令人奉承敬畏，是甚物？若道真有云车拥从而来，又妄诞。"④朱熹确信，在儒家祭祀礼仪中，鬼神是能够前来歆享的。但是这些鬼神只不过是气而已，而并非如道家神仙那样有具体的形象能够腾云驾雾、云车拥从而来。

　　有学者研究指出，宋代不仅大量山川、自然神由那些与现实有密切

---

①　[宋] 黎靖德辑：《朱子语类》卷六十三，《朱子全书》，第 2091 页。

②　[宋] 胡石壁：《不为刘舍人庙保奏加封》，[明] 张四维辑：《名公书判清明集》卷十四，中华书局，1987 年，第 540 页。

③　[宋] 朱熹：《晦庵先生朱文公文集》卷七十一《偶读漫记》，《朱子全书》，第 3422 页。

④　[宋] 黎靖德辑：《朱子语类》卷三，《朱子全书》，第 175 页。

关联的人死后充任，甚至还有人物神，这使得人鬼关系更为复杂，也更为亲近。① 朱熹批评那些塑天地山川神像以祭的做法，说："如今祀天地山川神，塑貌象以祭，极无义理。"②这里所言"义理"即鬼神之理，即气也。早在 1159 年，朱熹在答刘玶的书信中就详细阐发了影堂中影像与木主并存可能会带来气无主附着的冲突。朱熹对画像、塑像一直持不够信任的态度，并认为如果一定要给祖先神或先圣一个具体的形象，那么就很有可能导致祭非所祭的结果。③ 1198 年，有学者向朱熹请教在堂中四壁环列前辈之像是否适当，朱熹认为"似亦非便"。④ 朱熹认为儒家的正统祭祀只不过是心气交感的一个过程而已，而无须一定要塑造神像来顶礼膜拜。朱熹说：

> 古时祭祀都是正，无许多邪诞。古人只临时为坛以祭，此心发处，则彼以气感，才了便散。今人不合做许多神像只兀兀在这里坐，又有许多夫妻子母之属。如今神道必有一名，谓之"张太保""李太保"，甚可笑！⑤

从朱熹不无嘲讽的语气可以判断，他是坚信祭祀应该遵循古礼，而不必塑像以祭。1180 年，朱熹在建白鹿洞书院时就曾主张不必塑孔子像于礼殿，认为设置一空殿，"临时设席祭之"则可。⑥ 在 1195 年奉祠去国后，朱熹重申这一观点，并通过考证加以说明。这些都表明朱熹坚持祭

---

① 皮庆生：《宋代民众祠神信仰研究》，上海古籍出版社，2008 年，第 22 页。
② ［宋］黎靖德辑：《朱子语类》卷九十，《朱子全书》，第 3022 页。
③ ［宋］朱熹：《晦庵先生朱文公文集》卷四十《答刘平甫》，《朱子全书》，第 1795—1796 页。
④ ［宋］朱熹：《晦庵先生朱文公文集》卷五十八《答徐志伯》，《朱子全书》，第 2792 页。
⑤ ［宋］黎靖德辑：《朱子语类》卷八十七，《朱子全书》，第 2983 页。
⑥ ［宋］黎靖德辑：《朱子语类》卷三，《朱子全书》，第 177 页；［宋］朱熹：《晦庵先生朱文公文集》卷六十八《跪坐拜说》，《朱子全书》，第 3290 页；《晦庵先生朱文公文集》卷四十六《答曾致虚》，《朱子全书》，第 2124 页；《朱子语类》卷九十，《朱子全书》，第 3025 页。

祀中鬼神即气的观点。

三 义理与礼制并举——儒家祭祀的重新振作

在《周易》"观"卦中，阐释鬼神之道与祭祀关系的一句经典话语是"圣人以神道设教而天下服矣"。关于此句的解释，郑玄注为："神则无形者也，不见天之使四时而四时不忒，不见圣人使百姓而百姓自服也。"①这里所言神，即为无形之鬼神。《礼记·祭义》则更加明确了鬼神祭祀的政教意义："因物之精，制为之极，明命鬼神，以为黔首则，百众以畏，万明（按：当为民）以服。"②祭祀鬼神的目的在于：圣王依循生物的精气，制定标准的名称，明确地命名为鬼神，成为庶民崇拜的典范，让百姓畏惧，让万民敬服。到了宋代，程颐受胡瑗之学的影响，将"神道"解释为天道之妙用："天道至神，故曰神道。观天之运行，四时无有差忒，则见其神妙。圣人见天道之神，体神道以设教，故天下莫不服也。"③后来程门高徒谢良佐放出高论："知鬼神之情状，则能以神道设教而天下服。"这一观点遭到朱熹的反对，朱熹直言"其失益远矣"。④ 朱熹不赞同利用鬼神之道来为儒家张本的用意。在回复学者的信中，朱熹直言："古人诚实，于此处（鬼神二事）直是见得幽明一致，如在其上下左右，非心知其不然而姑为是言以设教也。后世说设教二字甚害事。"⑤朱熹之意非常明确，鬼神之道是古人的精神信仰所在，并非专为政教之用而设，而人间的政教制度都只不过是依照天理、天道的模式定制的。因此朱熹这样解释观卦："观者，

---

① ［清］阮元校刻：《十三经注疏》（清嘉庆刊本），第 73 页。
② ［清］阮元校刻：《十三经注疏》（清嘉庆刊本），第 3462 页。
③ ［宋］程颢、程颐：《周易程氏传》卷二，《二程集》，第 799 页。
④ ［宋］朱熹：《四书或问》卷八，第 666 页。
⑤ ［宋］朱熹：《晦庵先生朱文公集》卷五十六《答郑子上》，《朱子全书》，第 2679 页。

有以示人而为人所仰也。"①"极言观之道也。四时不忒,天之所以为观也。神道设教,圣人之所以为观也。"②可见,朱熹否定"神道设教"的用意在于以天理论统摄祭祀理论,强调祭祀是天理自然之事,而非施政者之伪意。

朱熹认为,重新振作儒家的祭祀以对抗佛、老神宇庙祠的普遍影响,首先得检修礼书、规范礼制。淳熙七年(1180),朱熹在南康军任上,面对当时"州县春秋释奠、祈报社稷及祀风雨雷师,坛墠器服之度、升降跪起之节,无所据依,循习苟简"的现状,申请颁降、乞修礼书。③ 对当时儒家祭祀衰颓的现状,朱熹不无担心和焦虑:

> 准《礼》,诸侯祭名山大川之在其境内者,又曰山川之神、水旱疫疠之灾,于是乎崇之。盖以其崇高深广,能出云气、为风雨,以滋养润泽乎一方也。今州郡封域不减古之诸侯,而封内名山大川未有望祭之礼,其有祠庙,亦是民间所立,淫诬鄙野,非复古制。顾乃舍其崇高深广、能出云雨之实,而伛偻拜伏于土木偶人之前,以求其所谓滋养润泽者,于义既无所当,又其牲牢器服一切循用流俗亵味燕器,于《礼》又无所稽。至于有山川而无祠庙者,其岁时祈祷,遂不复崇于山川,而反求诸异教淫祠之鬼,此则尤无义理,而习俗相承,莫知其谬。欲乞检照《五礼新仪》,如已有祭山川礼,即与编类行下。④

朱熹在任时多有祈雨祈晴的行为,令他苦恼的是,当时州县的官方祭祀活动并没有固定的场所,而是经常借用佛、老祭祀的庙宇,并且多掺

---

① ［宋］朱熹:《周易本义》,《朱子全书》,第 49 页。
② ［宋］朱熹:《周易本义》,《朱子全书》,第 95 页。
③ ［宋］朱熹:《晦庵先生朱文公文集》卷二十《乞颁降礼书状》,《朱子全书》,第 929 页。
④ ［宋］朱熹:《晦庵先生朱文公文集》卷二十《乞增修礼书状》,《朱子全书》,第 932—933 页。

杂了道教仪式。朱熹认为这样于礼无稽，于义不当，决心求助礼书所记载的礼制来重新振作儒家祭祀山川的礼仪。

据吴必大所录，朱熹在另一场合表达了"无所可祷"的困惑：

> 问："疾病而祷，古人固行之矣。然自典礼之亡，世既莫知所当致祷之所，缁黄巫觋始以其说诬民惑众，而淫祀日繁。今欲一切屏绝，则于君父之疾，无所用力之际，不一致祷，在臣子之心必有慊然不足者。欲姑随世俗而勉焉为之，然吾心既不以为然，亦必不能于此自致其诚，况于以所贱事君亲欤！然则如之何而可？"曰："今自是无所可祷。如《仪礼》五祀之类，今人寻常皆不曾祀。又寻常动是越祭，于小小神物，必以为祭之无益。某向为郡祷旱时，如旧例醮祭之类，皆尝至诚为之。但才见张天师，心下便不信了。"①

朱熹认为应该依照礼书，选择合适的祭祀地点，摒弃掺杂的道教之仪及信仰之神，回复到正统儒家祭祀体系中来。

其次，朱熹认为明义理才能打击淫祀，对抗佛、老以及民间信仰的鬼神。朱熹在淳熙十六年(1189)拟的上奏书中明确提出"明义理以绝神奸者"之说：

> 又况先王制礼，自天子以至于庶人，报本享亲，皆有常典，牲器时日，皆有常度，明有礼乐，幽有鬼神，一理贯通，初无间隔。苟礼之所不载，即神之所不享。是以祭非其鬼，即为淫祀。淫祀无福，经有明文，非固设此以禁之，乃其理之自然，不可得而易也。其或恍惚之间，如有影响，乃是心无所主，妄有忧疑，遂为巫祝妖人乘间投隙，以

① ［宋］黎靖德辑：《朱子语类》卷三十四，《朱子全书》，第1261页。

逞其奸欺。诳惑之术既行，则其为祸又将无所不至。古今以此坐致乱亡者，何可胜数？其监盖亦非远。苟非致精学问，以明性命之理，使此心洞然无所疑惑，当有即有，当无即无，则亦何据以秉礼执法而绝妖妄之原乎？先王之政，执左道以乱政，假鬼神以疑众者，皆必诛而不以听，其虑深矣。①

　　问："先生禁漳民礼佛朝岳，皆所以正人心也。"曰："未说到如此，只是男女混淆，便当禁约尔。"侍坐诸公各言诸处淫巫瞽惑等事，先生蹙额嗟叹而已。因举江西有玉隆万寿宫、太平兴国宫，每岁两处朝拜，不惮远近奔趋，失其本心，一至于此。曰："某尝见其如此，深哀其愚。上升一事，断无此理。岂有许多人一日同登天，自后又却不见一个登天之人。如汀民事定、光二佛，其惑亦甚。其佛肉身尝留公厅，祷祈微福。果有知道理人为汀州，合先投畀水火，以祛民惑。愚民施财崇修佛宇，所在皆然，此弊滋蔓尤甚。"陈后之言："泉州妖巫惑民，新立庙貌。海船运土石，及远来施财，遭风覆舟相继而不悟。"曰："亦尝望见庙宇壮丽，但寻常不喜入神庙，不及往观。凡此皆是愚而无知者之所为尔。"②

　　鬼神固不谓淫祀，然淫祀之鬼神既不当其位，未能除去，则亦当敬而远之耳。③

　　在朱熹看来，"天神、地示、人鬼只是一理，亦只是一气"④。鬼神的探讨是对祭祀对象状态的解释，是祭祀理论的基础，而祭祀行为的展开仍

① ［宋］朱熹：《晦庵先生朱文公文集》卷十二《己酉拟上封事》，《朱子全书》，第 622 页。
② ［宋］黎靖德辑：《朱子语类》卷一百六，《朱子全书》，第 3471 页。
③ ［宋］朱熹：《晦庵先生朱文公文集》卷五十七《答李尧卿》，《朱子全书》，第 2700 页。
④ ［宋］朱熹：《晦庵先生朱文公文集》卷四十九《答王子合》，《朱子全书》，第 2254 页。

旧需要对儒家的信仰，从心理层面服膺儒家祭祀之礼，因此朱熹说："'事人、事鬼'，以心言；'知生、知死'，以理言。"①格物穷理，明死生鬼神之理的目的仍然在于以诚敬之心礼事鬼神，彰显人道。1173 年，朱熹在给吕祖俭的信中说："熹尝谓知乾坤变化、万物受命之理，则知生而知死矣；尽亲亲、长长、贵贵、尊贤之道，则能事人而能事鬼矣。只如此看，意味自长。"②那么，朱熹是如何解释祭祀中人心为何能与鬼神之气交接感通的呢？朱熹认为："所祭者，其精神魂魄，无不感通。盖本从一源中流出，初无间隔，虽天地、山川、鬼神亦然也。"③只要极尽诚意，就能有所感通。朱熹说："鬼神之理，即是此心之理。"④

　　就敬奉的祖先神而言，祖先之气本来就在子孙身体中传承运行，就个体自身而言，"我之气即祖先之气"，因而这样的沟通是极其自然而且有效的，能够"感必应"。⑤朱熹说：

> 　　祖宗气只存在子孙身上，祭祀时只是这气，便自然又伸。自家极其诚敬，肃然如在其上，是甚物？那得不是伸？此便是神之著也。所以古人燎以求诸阳，灌以求诸阴。谢氏谓"祖考精神，便是自家精神"，已说得是。⑥

> 　　只是这个天地阴阳之气，人与万物皆得之。气聚则为人，散则为鬼。然其气虽已散，这个天地阴阳之理生生而不穷。祖考之精神魂魄虽已散，而子孙之精神魂魄自有些小相属。故祭祀之礼尽其诚

① ［宋］黎靖德辑：《朱子语类》卷三十九，《朱子全书》，第 1406—1408 页。
② ［宋］朱熹：《晦庵先生朱文公文集》卷四十七《答吕子约》，《朱子全书》，第 2169 页。
③ ［宋］黎靖德辑：《朱子语类》卷三，《朱子全书》，第 177 页。
④ ［宋］黎靖德辑：《朱子语类》卷三，《朱子全书》，第 174 页。
⑤ ［宋］黎靖德辑：《朱子语类》卷三，《朱子全书》，第 170 页。
⑥ ［宋］黎靖德辑：《朱子语类》卷六十三，《朱子全书》，第 2084 页。

敬,便可以致得祖考之魂魄。这个自是难说,看既散后,一似都无了。能尽其诚敬,便有感格,亦缘是理常只在这里也。①

朱熹推崇谢良佐所言"祖考精神,便是自家精神"②一说。由于祖先的精神魂魄与子孙的精神魂魄一脉相承,因而诚敬即能感格,此理尚简易明白。在给黄灏的信中,朱熹强调:"祀先之义,向来因圣人不言有无之说,窃谓气散而非无,苟诚以格之,则有感通之理。况子孙又其血气之所传,则其感格尤速也。"③但是朱熹也强调祖先之鬼神也有独立于血缘关系而存在的特点,祖先的精神魂魄作为气,可能浩然长存,不断转化。朱熹说:"若说有子孙底引得他气来,则不成无子孙底他气便绝无了。他血气虽不流传,他那个亦自浩然日生无穷。""不成说有子孙底方有感格之理。便使其无子孙,其气亦未尝亡也。"④因此祭祀的关键仍然在于主体的诚敬之心。

朱熹说:"发于心,达于气,天地与吾身共只是一团物事。所谓鬼神者,只是自家气。自家心下思虑才动,这气即敷于外,自然有所感通。"⑤这种感通一方面决定于以类相求,必须与天地山川以及人间秩序和职位相对应的祭祀;另一方面强调心的沟通能够促进气的交流。"神之有无,皆在于此心之诚与不诚,不必求之恍惚之间也。"⑥这是朱熹试图理解祭祀天地、山川、五祀以及先圣先师所作的理论预设。朱熹曾说:

所以"神不歆非类,民不祀非族",只为这气不相关。如"天子祭

---

① 　[宋]黎靖德辑:《朱子语类》卷三,《朱子全书》,第169—170页。
② 　[宋]谢良佐:《上蔡语录》卷一,《文渊阁四库全书》第698册,第574页。
③ 　[宋]朱熹:《晦庵先生朱文公文集》卷四十六《答黄商伯》,《朱子全书》,第2132页。
④ 　[宋]黎靖德辑:《朱子语类》卷三,《朱子全书》,第173页。
⑤ 　[宋]黎靖德辑:《朱子语类》卷九十八,《朱子全书》,第3302页。
⑥ 　[宋]黎靖德辑:《朱子语类》卷二十五,《朱子全书》,第898页。

天地，诸侯祭山川，大夫祭五祀"，虽不是我祖宗，然天子者天下之主，诸侯者山川之主，大夫者五祀之主。我主得他，便是他气又总统在我身上，如此便有个相关处。①

　　如天子则祭天，是其当祭，亦有气类，乌得而不来歆乎。诸侯祭社稷，故今祭社亦是从气类而祭，乌得而不来歆乎。今祭孔子必于学，其气类亦可想。②

　　朱熹用气是否相关来解释当祭与否。气以类聚，选择适当的场所和祭品以及祭祀的方式，有合适的人主祭，这样就能增强气的沟通与交流。朱熹还说："鬼神固是以理言，然亦不可谓无气。所以先王祭祀，或以燔燎，或以郁鬯，以其有气，故以类求之尔。"③这种气以类分、聚的理论直接与人间等级秩序相连。因此当有学者问一般人可否烧香拜天时，朱熹言辞激烈地说："天只在我，更祷个甚么？"并举自己在南康军时的祈雨经历，也只不过到天庆观烧香而已。在朱熹看来，如果个人直接祈雨求天，则是如同越诉一样，不合礼制秩序。④应该指出的是，朱熹对气以类聚的认识，也可以解释民间信仰中合众祷神的灵验。有学生告知：有民众于村落杜撰立一神祠，一起祈祷，其神便灵。朱熹说："可知众心之所辐凑处，便自暖，故便有一个灵底道理。"⑤

　　对于学者而言，认识到圣贤所行之道和所传之心，则是在祭祀中能与先师先圣之气沟通的关键。心的服膺与承担能增进个体之气与圣贤之气的沟通。朱熹阐发说：

① ［宋］黎靖德辑：《朱子语类》卷三，《朱子全书》，第 171 页。
② ［宋］黎靖德辑：《朱子语类》卷三，《朱子全书》，第 177 页。
③ ［宋］黎靖德辑：《朱子语类》卷八十七，《朱子全书》，第 2985 页。
④ ［宋］黎靖德辑：《朱子语类》卷九十，《朱子全书》，第 3023—3024 页。
⑤ ［宋］黎靖德辑：《朱子语类》卷八十七，《朱子全书》，第 2984 页。

此身在天地间,便是理与气凝聚底。天子统摄天地,负荷天地间事,与天地相关,此心便与天地相通。不可道他是虚气,与我不相干。如诸侯不当祭天地,与天地不相关,便不能相通。圣贤道在万世,功在万世。今行圣贤之道,传圣贤之心,便是负荷这物事,此气便与他相通。如释奠列许多笾豆,设许多礼仪,不成是无此,姑谩为之。人家子孙负荷祖宗许多基业,此心便与祖考之心相通。①

　　在朱熹看来,学者承担的使命和任务就是传圣贤之统绪,继圣贤之心志,行未尽之王道。因此,如何增进学者对心的认识以及加强心的凝聚力,服膺儒家的道统,便成为与圣贤之气沟通的重要条件。在《中庸章句序》中朱熹着力挖掘了道统传承的谱系,表明自己在道统接续中的地位,同时将伪《古文尚书》中的"人心惟危,道心惟微,惟精惟一,允执厥中"作为圣贤传承的十六字心传,旨在说明后世学者不仅应该将自身投入寻求道统的文化脉络中去,同时也应领悟人心、道心之旨,更好地融入圣贤体系中来。朱熹在理论层面的努力均在暗示:只有增强自身心与气的能动性,才能在祭祀活动中增进与先圣、先师的交流。

第二节　朱熹道统观的形成
与释奠仪的开展

　　艾尔曼曾指出:"学术的谱系不是固定的历史实体,然而,党派在字面意义上反映出某些个体或群体要与他们的先辈建立联系的要求。"②这

① 〔宋〕黎靖德辑:《朱子语类》卷三,《朱子全书》,第170页。
② 〔美〕艾尔曼著,赵刚译:《经学、政治和宗族——中华帝国晚期常州今文学派研究》,江苏人民出版社,1998年,第3页。

种学术谱系的建立和联系，正是儒者祭祀先圣先师以达到"同气相求"的先决条件和精神预设。道统表明儒者对儒家思想的认同和对儒学精神的理解，释奠是儒者对先圣先师表达崇拜、恭敬之心的礼仪。儒家的道统意识在祭祀活动确实有着明显的体现。[①] 如何诠释圣贤之道、理解圣贤所传之学，如何在心志以及信念上与圣贤达到志同道合、心心相契的境界，是朱熹一生不懈的追求。已经有学者注意到朱熹在祭祀活动中的祈祷文与其道统观之间有着潜在的联系。[②] 从朱熹一生的学术历程来看，其对道学的认识与抉发以及对道统传承谱系的确定，与其重视祭祀先师先圣的礼仪紧密联系在一起。本节拟按时间顺序追溯朱熹道统观形成的曲折历程以及开展释奠礼仪的实践过程，希图展现朱熹礼学思想在学术与实践中交相并进的特点。

一　初步奠定道统观、整顿释奠仪（1147—1155）

朱熹早年对于道统论的认识，可能要追溯到三先生之一的刘子翚的教诲。据朱熹自述，1147 年刘子翚去世之前，朱熹曾向他请教入道次第。刘子翚欣然推荐他读自己所著《复斋铭》和《圣传论》，朱熹顿首受教。在《圣传论》中，刘子翚论证了尧、舜、禹、汤、文王、周公、孔子、颜子、曾子、子思、孟子的圣人之学的传授谱系。[③] 这表明在朱熹的思想体系中，从三代圣王到先圣先师的谱系基本上已经确定，而朱熹的历史使命和理论建构的着力点则放在宋代谁来接续道统和道学的核心价值观上。

绍兴二十三年（1153），朱熹年二十四，为同安县主簿。赴任即行乡

---

①　肖永明：《书院祭祀中的道统意识》，《哲学与文化》2008 年第 9 期。

②　Hoyt Cleveland Tillman, "Zhu Xi's Prayers to the Spirit of Confucius and Claim to the Transmission of the Way", pp.489 - 513;〔美〕田浩：《朱熹的鬼神观与道统观》，《迈入 21 世纪的朱子学——纪念朱熹诞辰 870 周年、逝世 800 周年论文集》，第 171—183 页。

③　〔宋〕刘子翚：《屏山集》卷一，《文渊阁四库全书》第 1134 册，第 364—377 页。

饮酒礼，为文告先圣。① 两年后朱熹建经史阁，又告先圣。② 并立祠以祀
县之故丞相苏颂，亦告先圣。③ 之所以为故相苏颂立祠，一方面是因为其
一直抵王安石新学，且终身不悔不易；另一方面朱熹认为苏颂本祖籍同
安，而当今士人学子却不熟悉本县先贤，却喜道其他名人为荣，朱熹认为
有必要立祠祭祀苏颂以正县学之风。④ 朱熹曾有诗作描述当时释奠斋居
的心情，表达"聊参物外趣，岂与俗子群"的志趣。⑤ 绍兴二十五年（1155）
任满辞归，均告先圣。⑥ 绍兴二十六年正月立赵鼎祠。作为南宋前期的
宰相，赵鼎推进了程学学派而为朱熹所青睐。⑦ 同时这也表明从青年时
代开始，光大程学与批评王学便成为朱熹学术思想的主要方面。

　　应当指出的是，朱熹的这些行为均是当时朝廷礼制对于官员职责要
求的反映。因为自绍兴十四年（1144）始，应知永州罗长源之请，"州县文
臣诣学谒先圣，乃许视事"，而朝廷行之。⑧ 这表明朱熹此时在州县所为，
大部分应该归属为职责内的义务。但是朱熹不堪与俗子为伍的心志主
要还是表现在对先圣先贤的追崇上，而苏颂祠和赵鼎祠的建立无疑表明
朱熹自己学术上的追求倾向于二程之学，而直接针对王安石新学。

　　同安任上，朱熹申明婚礼、乡饮酒礼中存在的诸多问题，尤其是潜心
考订释奠仪。据洪嘉植《朱熹年谱》："初，县学释奠旧例，止以人吏行事。
先生至，求《政和五礼新仪》印本于县，无之，乃取《周礼》《仪礼》《唐开元
礼》《绍兴祀令》，更相参考，画成礼仪、器用、衣服等图，训释辨明，纤悉毕

① ［宋］朱熹：《晦庵先生朱文公文集》卷八十六《行乡饮酒礼告先圣文》，《朱子全书》，第
4032 页。
② ［宋］朱熹：《晦庵先生朱文公文集》卷八十六《经史阁上梁告先圣文》，《朱子全书》，第
4032—4033 页。
③ ［宋］朱熹：《晦庵先生朱文公文集》卷八十六《奉安苏丞相祠告先圣文》《奉安苏丞相祠文》
《奉安苏丞相画像文》，《朱子全书》，第 4033—4034 页。
④ ［宋］朱熹：《晦庵先生朱文公文集》卷七十七《苏丞相祠记》，《朱子全书》，第 3694 页。
⑤ ［宋］朱熹：《晦庵先生朱文公文集》卷一《释奠斋居》，《朱子全书》，第 244 页。
⑥ ［宋］朱熹：《晦庵先生朱文公文集》卷八十六《辞先圣文》，《朱子全书》，第 4036 页。
⑦ 〔美〕刘子健著，赵冬梅译：《中国转向内在——两宋之际的文化内向》，第 84 页。
⑧ ［宋］李心传：《建炎以来朝野杂记》甲集卷十三《释奠宗子侍祠》，第 281 页。

备。俾执事、学生朝夕观览，临事无舛。"①鉴于当时释奠仪举行时官吏之举动多不中节，神情不端庄的现象，朱熹严厉地将释奠时不法者屏而去之。② 朱熹通过释奠仪的制定，力求使执事学生朝夕练习，避免容节谬乱、仪矩阙疏，做到临事从容中礼。

由郑居中等"奉敕"撰写的《政和五礼新仪》，徽宗赵佶曾亲自作序颁布推行，但朱熹认为其出自众手，多有前后矛盾和疏略不备之处。为此，他专门写了一篇《民臣礼议》，指出州县行礼有"五不合"：

> 其书虽尝班布，然与律令同藏于理官。吏之从事于法礼之间者，多一切俗吏，不足以知其说。长民者又不能以时布宣，使通于下，甚者至或并其书而亡之。此礼之所以不合者一也。书脱幸而存者，亦以上下相承，沿习苟简，平时既莫之习，临事则骤而学焉，是以设张多所谬盭，朝廷又无以督察绳纠之，此礼之所以不合者二也。祭器尝经政和改制，尽取古器物之存于今者以为法，今郊庙所用则其制也。而州县专取聂氏《三礼》制度，丑怪不经，非复古制，而政和所定未尝颁降，此礼之所以不合者三也。州县惟三献官有祭服，其分献、执事、陪位者皆常服也，古今杂糅，雅俗不辨，而县邑直用常服，不应礼典，此礼之所以不合者四也。又《五礼》之书，当时修纂出于众手，其间亦有前后自相矛盾，及疏略不备处，是以其事难尽从，此礼之所以不合者五也。③

朱熹察觉到当时礼典的颁行、实施有很大的漏洞，礼仪典制没有专

---

① ［清］王懋竑：《朱熹年谱》卷一，第 13 页。
② ［宋］朱熹：《晦庵先生朱文公文集》卷八十六《屏弟子员告先圣文》，《朱子全书》，第 4033—4034 页。
③ ［宋］朱熹：《晦庵先生朱文公文集》卷六十九《民臣礼议》，《朱子全书》，第 3352—3353 页。

人管理，而是委托吏官，礼仪的颁行宣布不及时，州县难知或不知；平时不习礼，临事仓促不能尽礼，朝廷又无以督之；古祭器难知，现行礼器不合古制；参与礼典的人大多无祭服，不应礼典；朝廷所撰礼典，亦有前后矛盾、疏略不备之处。针对行礼不合的五个方面，朱熹亦有"五说"举而正之。

就释奠礼而言，朱熹认为"释奠从祀所用器物"最多，必须首先满足此用，且一州一县必须配备，而且要"自为一库"，妥善保管并慎重交接。同时，朱熹认为祭服应该以《政和五礼》为准，州县三献、分献、执事、赞、祝、陪位所穿衣服应当补器配置，"使皆为古礼服"，并且释奠分献之属皆用士人，余祭用人吏，让释奠仪式与其他祭祀礼仪区别开来，以显敬重先圣先师之意。最后朱熹考定释奠仪之失，并且认为可以"更加详考，厘而正之，仍为图其班序、陈设、行事、升降之所事为一图"。从朱熹的议论来看，他对举正释奠礼仪满怀信心。[①] 结合前面所论述的祭祀理论来看，朱熹无疑认为释奠仪式的准确无误以及祭祀人员的恭谨严肃，是能够与祭祀对象进行精神沟通与交流的必要条件，因而不遗余力地关注释奠仪式器物的保管、盛放，以及参与人员的培训，以保证仪式顺畅地进行。

二　道统说的建构——以周敦颐与二程为中心（1156—1178）

这一时期是朱熹一生学术思想建立的重要时期。朱熹着力于弘扬二程之学，为建构精密的理学体系而努力。绍兴三十二年（1162），朱熹在应诏封事中提出应该推崇二程之学，认为二程得孔孟以来不传之学，其《大学》篇是"学者所当先务"。[②] 隆兴元年（1163）朱熹编《论语要义目录》，在《序》中亦指出："河南二程先生独得孟子以来不传之学于遗经，其

---

① 　［宋］朱熹：《晦庵先生朱文公文集》卷六十九《民臣礼议》，《朱子全书》，第 3353—3354 页。
② 　［宋］朱熹：《晦庵先生朱文公文集》卷十一《壬午应诏封事》，《朱子全书》，第 572 页。

所以教人者,亦必以是为务。然其所以言之者,则异乎人之言之矣。"①乾道四年(1168)四月二十日编订《程氏遗书》,校订刻版于泉州。在《序》中朱熹说:"读是书者,诚能主敬以立其本,穷理以进其知,使本立而知益明,知精而本益固,则日用之间,且将有以得乎先生之心,而于疑信之传可坐判矣。"②这表明,朱熹一直致力于二程之学的理解、诠释和推广。

1167 至 1169 年间朱熹在推崇二程之学的同时,加深了对周敦颐之学的研究,二程与周敦颐之间的学术传承关系成为朱熹关注和讨论的焦点。1168 年,朱熹从吕大临的记录判断推定二程受学于周敦颐,而不仅仅是从游的关系。同时对于二程与邵雍的关系,朱熹尚拿不定主意,求助于汪应辰。③ 汪对邵雍可能并不十分推重,似有贬低之意。朱熹比较看重二程对邵雍的推崇,认为其不惑于异端,学术较纯,而且学术成就应在张载和司马光之间。④ 但朱熹对邵雍的评价仍然游移不定,希望汪能在对邵的学术成就以及与司马光的比较上给出更多参考意见。

后来,朱熹指出二程与周敦颐之间有着明确的学术授受关系,希望汪应辰仔细研读《通书》和《太极图说》,体会周、程之间的学术联系与孔、老关系有着实质的区别。朱熹在信中写道:"濂溪、河南授受之际,非末学所敢议。然以其迹论之,则来教为得其实矣,敢不承命而改焉。但《通书》《太极图》之属,更望暇日试一研味,恐或不能无补万分,然后有以知二先生之于夫子,非若孔子之于老聃、郯子、苌弘也。"⑤而汪应辰认为只要表明程颐与周敦颐的关系曾经是从学即可,而二程于邵雍,若言"从游"则似太重。关于对邵雍之学的评价,汪应辰没有给出意见。⑥

---

① [宋]朱熹:《晦庵先生朱文公文集》卷七十五《论语要义目录序》,《朱子全书》,第 3613 页。
② [宋]朱熹:《晦庵先生朱文公文集》卷七十五《程氏遗书后序》《程氏遗书附录后序》,《朱子全书》,第 3624—3625 页。
③ [宋]朱熹:《晦庵先生朱文公文集》卷三十《答汪尚书》,《朱子全书》,第 1302—1303 页。
④ [宋]汪应辰:《文定集》卷十五《与朱元晦》,《文渊阁四库全书》第 1138 册,第 724 页。
⑤ [宋]朱熹:《晦庵先生朱文公文集》卷三十《答汪尚书》,《朱子全书》,第 1302—1303 页。
⑥ [宋]汪应辰:《文定集》卷十五《与朱元晦》,《文渊阁四库全书》第 1138 册,第 724 页。

接下来，汪应辰经过仔细考虑，还是不太认同二程受学于濂溪，并以范仲淹授张载《中庸》为例，说明有学术交往并不能就判定张载学承范仲淹。汪说："濂溪先生高明纯正，然谓二程受学，恐未能尽。范文正公一见横渠，奇之，授以《中庸》，谓横渠学文正，则不可也。"①1169年，朱熹在回信中说：

又蒙喻及二程之于濂溪，亦若横渠之于范文正耳。先觉相传之秘，非后学所能窥测。诵其诗，读其书，其周、范之造诣固殊，而程、张之契悟亦异。如曰仲尼、颜子所乐，吟风弄月以归，皆是当时口传心受的当亲切处。后来二先生举似后学，亦不将作第二义看。然则行状所谓反求之《六经》然后得之者，特语夫功用之大全耳。至其入处，则自濂溪，不可诬也。若横渠之于文正，则异于是，盖当时粗发其端而已。受学乃先生自言，此岂自诬者耶？

大抵近世诸公知濂溪甚浅，如《吕氏童蒙训》记其尝著《通书》，而曰用意高远。夫《通书》《太极》之说，所以明天理之根源、究万物之终始，岂用意而为之？又何高下远近之可道哉？近林黄中自九江寄其所撰《祠堂记》文，极论"濂"字偏旁，以为害道，尤可骇叹。而《通书》之后，次序不伦，载蒲宗孟碣铭全文，为害又甚。以书晓之，度未易从。见谋于此别为叙次而刊之，恐却不难办也。《舂陵记》文亦不可解，此道之衰，未有甚于今日，奈何奈何！②

朱熹认为受学是程颐亲口所说，而且从其著述、言论均可以找到二者之间的学术授受、继承的关系。朱熹认为如吕祖谦等，只识《通书》等用意高远，而实际上并没有认识到周敦颐之学明确了天理的根源以及万物的终

① ［宋］汪应辰：《文定集》卷十五《与朱元晦》，《文渊阁四库全书》第1138册，第724页。
② ［宋］朱熹：《晦庵先生朱文公文集》卷三十《与汪尚书》，《朱子全书》，第1305—1306页。

始。另外朱熹透露了当时学术界普遍不能理解周学的现状：林栗仿王学《字说》之法，以为"濂"字害道；当时的《通书》版本附录中所载蒲宗孟的碣铭并没有反映周敦颐的精神实质；流行的《春陵记》文义不明。朱熹将这些不能理解周学精神的种种看作是道学衰落的表现，十分焦虑、愤慨。

　　乾道五年(1169)六月，朱熹编定周敦颐《太极图》《通书》，刻版于建安。在《周子太极通书后序》中，朱熹论证了二程之学受周敦颐《太极图》和《通书》的影响很大，说明了《太极图》与《通书》之间的内在联系，论证太极图说为周敦颐自创，而非承袭陈抟、种放、穆修而来。[①] 最后，朱熹认同胡宏所言："人见其书之约也，而不知其道之大也；人见其文之质也，而不知其义之精也；人见其言之淡也，而不知其味之长也……人有真能立伊尹之志，修颜回之学，然后知《通书》之言包括至大，而圣门之事业无穷矣。"[②]胡宏曾明确指出周氏启程氏兄弟之学，实为宋代振兴道的第一人。[③] 朱熹认为这是不可易之至论。如果说胡宏只是首先敏锐地感觉到周、程关系的重要性，那么朱熹则对周、程关系进行了深入的论证。

　　这里我们不禁要问：为什么朱熹要将周敦颐提到如此高的地位？朱熹为何要在二程兄弟作为道学的传继者中添加一个周敦颐？这需要联系朱熹当时所面对的学术问题来加以回答。有学者指出，朱熹之所以推崇周敦颐，主要是因为周敦颐的太极说解决了他三十岁到四十岁之间的精神危机。1167 年到 1169 年间，朱熹与张栻和其他湖湘学者讨论心的动静，以及中和问题时出现了巨大的精神危机，这实际上就是朱熹经历的从中和旧说向中和新说的学术转型过程。顿悟中和新说，作《已发未发说》确立生平学问大旨，成为朱熹思想里程碑式的飞跃，而这一切得益

---

① ［宋］朱熹：《晦庵先生朱文公文集》卷七十五《周子太极通书后序》，《朱子全书》，第 3628—3630 页。

② ［宋］胡宏：《周子通书序》，《胡宏集》，第 161 页。

③ Joseph A. Adler, "Zhu Xi's Spiritual Practice as the Basis of His Central Philosophical Concepts", *Dao*, Vol.7, No.1, 2008, p.66.

于对周敦颐之学的吸收和改造。周敦颐的太极、阴阳说为朱熹提供了解决这一问题的精神食粮,太极的提出成为理作为宇宙本体的基础。[1] 朱熹将周敦颐哲学中形而下的"太极"提升为形而上的本体,并对其内容作了重大改造。[2] 通过将太极概念引入二程已有的理气论述,朱熹集大成的宇宙本体思想得以确立。

　　学术思想建构的需要使朱熹确信周敦颐的地位非同寻常,随后朱熹所做之事均在不断加强二程与周敦颐的学术联系,提升周敦颐在道学传承脉络中的地位。乾道五年(1169)十月,朱熹校订《程氏易传》,由吕祖谦刻于婺州。[3] 乾道六年春,朱熹草成《太极图说解》,寄张栻、吕祖谦讨论,至闰五月修订完成。[4] 同时,朱熹将《太极图》列于《通书》之前,并题为《太极通书》,让张栻刻于严陵学宫,希望广为流传。[5] 这年十二月,张栻对朱熹的《太极图说解》作出评价:"《太极图解》析理精详,开发多矣……《图解》须子细看,方求教,但觉得后面亦不必如此辩论之多,只于纲领处拈出可也。"[6]在给吕祖谦的信中,张栻这样说:"濂溪自得处浑全,诚为二先生发源所自。然元晦持其说,句句而论,字字而解,故未免返流于牵强,而亦非濂溪本意也。观二先生《遗书》中,与学者讲论多矣,若《西铭》则再四言之,至《太极图》则未尝拈出此意,恐更当研究也。"[7]张栻认同二程与周敦颐之间的学术联系,但认为朱熹辩论多而琐碎,还须在把握纲领上下功夫。

---

[1]　Joseph A. Adler, "Zhu Xi's Spiritual Practice as the Basis of His Central Philosophical Concepts", pp.57-79.

[2]　陈代湘:《朱熹对周敦颐宇宙本体论的继承与改造》,《上饶师范学院学报》(社会科学版) 2002 年第 1 期。

[3]　[宋] 吕祖谦:《东莱集》卷七《书校本伊川先生易传后》,《文渊阁四库全书》第 1150 册,第 60—61 页。

[4]　束景南:《朱熹年谱长编》,第 426—427 页。

[5]　[宋] 张栻:《新刊南轩先生文集》卷三十三《通书后跋》,第 1272—1273 页。

[6]　[宋] 张栻:《新刊南轩先生文集》卷二十二《答朱元晦》,第 1100 页。

[7]　[宋] 张栻:《新刊南轩先生文集》卷二十五《寄吕伯恭》,第 1134 页。

乾道七年(1171)十月，朱熹草成《西铭解》，寄张栻、蔡元定、吕祖谦讨论①；校订程氏《遗书》《文集》《经说》，由郑伯熊刻版于建宁②。乾道八年十月一日，修订《西铭解》成，作《西铭后记》以序定之。由于张栻和蔡元定大致同意朱熹发挥的《西铭》理一分殊之旨，而吕祖谦、汪应辰则坚持认为《西铭》有理一而无分殊，朱熹在此年得《尹和靖言行录》及发现《龟山语录》中杨时论《西铭》理一分殊语，因此益加自信，遂记录阐发。③同年，吕祖谦搜集材料，为《外书》《渊源录》编撰作准备。④

乾道九年(1173)四月十六日序定《太极图说解》。由于此前已与多人讨论《太极图说》，朱熹自己综合其反馈意见说：

愚既为此说，读者病其分裂已甚，辩诘纷然，苦于酬应之不给也，故总而论之。大抵难者或谓不当以继善成性分阴阳，或谓不当以太极阴阳分道器，或谓不当以仁义中正分体用，或谓不当言一物各具一太极。又有谓体用一源，不可言体立而后用行者；又有谓仁为统体，不可偏指为阳动者；又有谓仁义中正之分，不当反其类者。是数者之说，亦皆有理。然惜其于圣贤之意，皆得其一而遗其二也。夫道体之全，浑然一致，而精粗本末、内外宾主之分，粲然于其中，有不可以毫厘差者。此圣贤之言，所以或离或合，或异或同，而乃所以为道体之全也。今徒知所谓浑然者之为大而乐言之，而不知夫所谓粲然者之未始相离也，是以信同疑异，喜合恶离，其论每每陷于一偏，卒为无星之称、无寸之尺而已，岂不误哉！⑤

① 束景南：《朱熹年谱长编》，第439—440页。
② 束景南：《朱熹年谱长编》，第441—442页。
③ 束景南：《朱熹年谱长编》，第473页。
④ [宋]吕祖谦：《东莱别集》卷八《与朱侍讲》，《文渊阁四库全书》第1150册，第244—245页；[宋]朱熹：《晦庵先生朱文公文集》卷四十六《答潘叔昌》，《朱子全书》，第2146页。
⑤ [宋]朱熹：《太极图说解》，《朱子全书》，第76—77页。

在《太极图说解后记》中,朱熹说:"某窃以为此《图》立象尽意,剖析幽微,周子盖不得已而作也。观其手授之意,盖以为惟程子为能当之。至程子而不言,则疑其未有能受之者尔。夫既未能默识于言意之表,则驰心空妙,入耳出口,其弊必有不胜言者。"①这是朱熹对程子未言太极的解释,虽然不免牵强难以服众,但其拳拳之意溢于言表。六月,朱熹整理编成程氏《外书》。② 同年,吕祖谦刊印《横渠集》,朱熹认为"刊行甚善"。③

除了加强论证二程与周敦颐之间的学术联系外,朱熹还准备着手整理以周、程为中心的道学传授谱系人物事迹。四五月间,朱熹欲作《渊源录》一书,"尽载周、程以来诸君子行实文字",致书吕祖谦,烦请薛季宣代为搜访永嘉诸人事迹。④ 此年《伊洛渊源录》草成,此中排序为:濂溪先生,明道先生、伊川先生、康节先生、横渠先生、吕希哲、范祖禹、杨国宝、朱光庭、李吁、刘绚、蓝田吕大忠、吕大钧、吕大临、苏昞、谢良佐、游酢、杨时、刘安节、尹焞、张绎、马伸、王蘋、胡安国,最后一卷还记录了程氏门人中无记录文字者王端明、刘立之等人。吕祖谦看了书稿后,告诫朱熹:"大抵此书其出最不可早,与其速成而阔略,不若少待数年而粗完备也。"⑤这一周、程谱系人员的确定在朱熹看来实为未定稿,但很快就不胫而走,招致众多学者的攻击,使朱熹疲于应对。绍熙二年在给吴仁杰的信中朱熹说:"裒集程门诸公行事,顷年亦尝为之而未就,今邵武印本所谓《渊源录》者是也。当时编集未成,而为后生传出,致此流布,心甚恨之。不知曾见之否?然此等功夫亦未须作。"⑥十二月,朱熹再校《程氏易传》,由吕祖谦刻于婺州。

---

① ［宋］朱熹:《太极图说解》,《朱子全书》,第 79 页。
② ［宋］朱熹:《晦庵先生朱文公文集》卷七十五《程氏外书后序》,《朱子全书》,第 3638—3639 页。
③ ［宋］朱熹:《晦庵先生朱文公文集》卷三十三《答吕伯恭》,《朱子全书》,第 1442 页。
④ ［宋］朱熹:《晦庵先生朱文公文集》卷三十三《答吕伯恭》,《朱子全书》,第 1438 页。
⑤ ［宋］吕祖谦:《东莱别集》卷八《与朱侍讲》,《文渊阁四库全书》第 1150 册,第 252 页。
⑥ ［宋］朱熹:《晦庵先生朱文公文集》卷五十九《答吴斗南》,《朱子全书》,第 2836 页。

淳熙元年（1174），朱熹屡次督促吕祖谦关注洛中文字，想及早补缀。① 吕祖谦也在编次程颐文字，汪应辰检得不少资料，录呈给吕祖谦参考。② 当时，朱熹对《横渠集》颇以为未尽，还在理会中。淳熙二年（1175）左右，张栻、吕祖谦与朱熹的观点基本达成一致，张栻应静江守张某之请作《三先生祠记》。③

同年四月，吕祖谦从浙江到福建与朱熹会晤，两人在寒泉精舍相与读周敦颐、张载、程颢、程颐等著作，感其"广大闳博，若无津涯"，初学者不易把握其要义，于是精选 612 条，辑成《近思录》，共分 14 卷。④ 同时与吕祖谦商定删节《程氏遗书》而为《程子择言》。

乾道四年（1168）五月，朱熹为崇安县学赵抃、胡安国祠堂撰记，表彰其为官德行和为学著述立言体道的成就。⑤ 这是对服膺程学的学者及官员的肯定。这年，与朱熹相从甚厚的魏掞之被赐同进士出身，守太学。释奠于先师，掞之请废王安石父子从祀，主张追爵程颢、程颐，列于祀典，但没有成功。⑥ 1173 年，尤溪县修庙学成，为石子重作县学记及五县学斋铭。⑦ 石子重在县学建藏书阁，在阁中置濂溪周先生和二程先生之像，朱熹为之名曰"传心阁"。⑧ "传心"一名蕴含深意，表明整个理学群体共

---

① ［宋］吕祖谦：《东莱别集》卷七《与汪端明》，《文渊阁四库全书》第 1150 册，第 224—225 页。
② ［宋］汪应辰：《文定集》卷十五《与吕伯恭》，《文渊阁四库全书》第 1138 册，第 732 页；杜海军：《吕祖谦年谱》，第 134—135 页。
③ ［宋］张栻：《新刊南轩先生文集》卷十《三先生祠记》，第 917—918 页。
④ ［宋］朱熹：《晦庵先生朱文公文集》卷八十一《书近思录后》，《朱子全书》，第 3826 页。
⑤ ［宋］朱熹：《晦庵先生朱文公文集》卷第七十七《建宁府崇安县学二公祠记》，《朱子全书》，第 3708 页；《晦庵先生朱文公文集》卷三十八《与曾裘父》，《朱子全书》，第 1694 页。
⑥ ［宋］张栻：《新刊南轩先生文集》卷四十《教授魏元履墓表》，第 1380—1384 页；［元］脱脱等：《宋史》卷四百五十九，第 13468 页。
⑦ ［宋］朱熹：《晦庵先生朱文公文集》卷七十七《南剑州尤溪县学记》，《朱子全书》，第 3718—3720 页；《晦庵先生朱文公文集》卷八十五《南剑州尤溪县学明伦堂铭》，《朱子全书》，第 3989 页。
⑧ ［宋］张栻：《新刊南轩先生文集》卷三十六《南剑州尤溪县学传心阁铭》，第 1313—1315 页；［宋］朱熹：《晦庵先生朱文公文集》卷八十一《跋张敬夫为石子重作传心阁铭》，《朱子全书》，第 3825 页。

同的为圣贤传心的使命与志趣。

　　据束景南考证，乾道九年(1173)十一月，应张栻、李宗思之请，朱熹作《六先生画象赞》。① 朱熹表彰了濂溪先生周敦颐、明道先生程颢、伊川先生程颐、康节先生邵雍、横渠先生张载、涑水先生司马光②，并与何镐、方士繇等讨论修改③。同时朱熹得曲江濂溪像，认为"比旧传南安本殊丰厚精彩"，表示愿意采用新画像。④ 值得一提的是，朱熹此次表彰的六先生正与后来沧州精舍释奠仪中的从祀对象一致。

　　淳熙三年(1176)四月二十一日，朱熹为刘珙在建康府学所立程颢祠作记，说："吾少读程氏书，则已知先生之道学德行，实继孔孟不传之统。"⑤后来还与刘珙论及明道冠服事。朱熹当时对各种版本的先圣像颇为留意，对于流传的二程先生以及邵雍、张载的画像也很关注，对于画像中人物神采以及所着衣服非常关心。⑥ 朱熹认为作为立于学校祠堂的画像，人物着装不宜使用野服，而应采用根据礼法规定的不同等级的服饰——法服，或追用其平生冠服最盛者也可。⑦ 对画像冠服的关注，显示了朱熹对祭祀对象的尊崇之意和强烈地欲与祭祀对象心契之的愿望。这年十一月二十四日，为张栻作《静江府学记》，认为其学"近推程氏，以达于孔孟"。⑧

　　同年，江州太守潘慈明与通守吕胜已修复濂溪书堂，朱熹于淳熙四年(1177)二月七日作《江州重建濂溪先生书堂记》以记其事。朱熹非常明确地从弘扬、承续道统的角度对周敦颐进行定位，并阐述了祠祀周敦

① 束景南：《朱熹年谱长编》，第 501—503 页。
② ［宋］朱熹：《晦庵先生朱文公文集》卷八十五《六先生画象赞》，《朱子全书》，第 4001—4003 页。
③ ［宋］朱熹：《晦庵先生朱文公文集》卷四十四《答方伯谟》，《朱子全书》，第 2016 页。
④ ［宋］朱熹：《晦庵先生朱文公续集》卷八《答李伯谏》，《朱子全书》，第 4786 页。
⑤ ［宋］朱熹：《晦庵先生朱文公文集》卷七十八《建康府学明道先生祠记》，《朱子全书》，第 3732 页。
⑥ ［宋］朱熹：《晦庵先生朱文公文集》卷四十《与平父书中杂说》，《朱子全书》，第 1798 页。
⑦ ［宋］朱熹：《晦庵先生朱文公文集》卷三十七《与刘共父》，《朱子全书》，第 1621 页。
⑧ ［宋］朱熹：《晦庵先生朱文公文集》卷七十八《静江府学记》，《朱子全书》，第 3743 页。

颐的意义所在,道统意识表现得相当强烈。他说:"道之在天下者未尝
亡,惟其托于人者或绝或续,故其行于世者有明有晦,是皆天命之所为,
非人智力之所能及也。""若濂溪先生者,其天之所畀,而得乎斯道之传者
与……盖自周衰孟轲氏没,而此道之传不属,更秦及汉,历晋、隋、唐,以
至于我有宋……清明之禀,得以全付乎人。而先生出焉,不由师傅,默契
道体,建图属书,根极领要,当时见而知之有程氏者,遂扩大而推明之,使
夫天理之微,人伦之著,事物之众,鬼神之幽,莫不洞然毕贯于一,而周
公、孔子、孟氏之传,焕然复明于当世。"①后来朱熹在给张栻的信中自我
评价此记,认为"发明天命之意,粗为有功,但恨未及所谓不谓命者,阙却
下一截意思耳。此亦是玩理不熟,故临时收拾不上。如此非小病,可惧
也"②。这表明朱熹在奠定周敦颐学术地位和阐释其学术主旨上下了很
大的功夫,朱熹也一直处于建构道学体系的焦虑之中。

　　淳熙四年(1177),孝宗诏罢临川伯王雱从祀,这从一个侧面表明
新学的政治地位在不断下降。然而,最高统治者似乎并不愿意受学术
之争的影响,或者说在试图避免或消除学术思想的抗争对政治的左
右。淳熙五年(1178)正月,侍御史谢廓然上书乞禁程学、王学,又得到
孝宗许可。③ 这表明中央统治者试图消除王学与程学之争,而地方的
理学家仍在为程学的光大而努力。十月一日,应时任宜春太守张栻之
请,朱熹作《袁州州学三先生祠记》。在此记中,朱熹阐发了周敦颐、二
程在继承孔孟统绪中的作用及地位,认为其有功于当世儒学不小。朱
熹的用意主要在于呼应胡安国、魏掞之请罢王学及王氏父子之祠的主
张,目的在"使三先生之祠遍天下,而圣朝尊儒重道之意垂于无穷,则

---

① ［宋］朱熹:《晦庵先生朱文公文集》卷七十八,《朱子全书》,第 3739—3740 页。
② ［宋］朱熹:《晦庵先生朱文公文集》卷三十二《答张敬夫》,《朱子全书》,第 1391 页。
③ ［元］脱脱等:《宋史》卷三十五,第 667 页。

其美绩之可书,又不止于此祠而已也"①。淳熙五年,赵汝谊扩大祠堂规模,并祀二程,张栻也为之记。②

这一时期,朱熹道统说的建构与对释奠的关注主要表现出以下特点:以道统谱系的建构为中心,注重道学理论层面的建设,推举周敦颐之学,关注程学及其后学,为理学的形上本体奠定了坚实的基础。由于这一时期是朱熹一生中重要的思想形成发展阶段,这一时期并没有外仕的经历,而是过着长期请祠的生活,朱熹也无法同一般官员一样举行释奠礼仪,这是与同安任上有些不同的。而这一时期对释奠仪的关注是通过另外的途径达到的:朱熹为许多修建周敦颐和二程祠堂的州县官学等撰记,主要着重的是祭祀对象的学术思想及其贡献的理论研究。通过这种间接的方式,朱熹一方面关注了祭祀的对象,另一方面也强化了他的道统意识以及道学理论。

三　道统说遭质疑与释奠仪的振作(1179—1188)

这一时期,就道统论而言,朱熹仍然注重对周敦颐之学的阐发和推广。主要表现在:一方面不断校正《太极图说》和《通书》《中庸章句》等,通过文本的不断修正与传播,扩大学术的影响力;另一方面不断为各地所建周敦颐祠堂作记,并利用外仕的机会整修濂溪祠堂,拜访周敦颐后裔等,通过亲身实践,表明自己服膺周敦颐之学。

淳熙六年(1179)正月,朱熹为婺源县宰张汉印刻周敦颐《通书》作跋。在跋中,朱熹订正濂溪一名的由来,并强调《通书》"所以发明圣学之

---

① ［宋］朱熹:《晦庵先生朱文公文集》卷七十八《袁州州学三先生祠记》,《朱子全书》,第3743—3744页。
② ［宋］张栻:《新刊南轩先生文集》卷十《道州重建濂溪周先生祠堂记》,第906—908页。

传，而学者不可以不读"。① 后又得九江故家传本《太极通书》，校正延平本《太极通书》，为作后跋。② 五月，据杨方九江本，朱熹再次集校《太极图》和《通书》。在《序》中朱熹再次强调《通书》实为发明《太极图》其蕴，程氏之书亦祖述二书之意。朱熹批评胡宏没有认识到此点是"未考乎先生之学之奥"③。朱熹认为自己能在周敦颐百余年后执政其故里，顿生惭惧崇仰之心。后来朱熹还强调："盖自濂溪《太极》言阴阳、五行有不齐处，二程因其说推出气质之性来。使程子生在周子之前，未必能发明到此。"④这说明，朱熹还是从理学自身的理论体系建构上在沟通二程与周敦颐的联系。六月，朱熹撰《濂溪先生事实记》。⑤ 八月，周敦颐的曾孙周直卿自九江来访，以周敦颐《爱莲说》墨本及《拙赋》刻本见示，为作跋，建爱莲馆、拙斋藏之。⑥ 淳熙十年三月所撰《中庸集解序》中说："至于本朝，濂溪周夫子始得其所传之要，以著于篇，河南二程夫子又得其遗旨而发挥之。"⑦

　　淳熙十四年(1187)九月六日，《通书解》成。⑧ 淳熙十五年正月，陆九渊作《荆国王文公祠堂记》，推崇王安石，并且指责王安石的政敌是改革失败的内因，道学的前辈也难逃责任。⑨ 此论进一步激化朱、陆矛盾，朱熹致书刘孟容斥《祠堂记》。后来关于《太极图说》的辩论，实际上都可以看作

---

① [宋] 朱熹：《晦庵先生朱文公文集》卷八十一《书徽州婺源县周子通书板本后》，《朱子全书》，第 3840 页。
② 束景南：《朱熹年谱长编》，第 626 页。
③ [宋] 朱熹：《晦庵先生朱文公文集》卷七十六《再定太极通书后序》，《朱子全书》，第 3652 页。
④ [宋] 黎靖德辑：《朱子语类》卷五十九，《朱子全书》，第 1888 页。
⑤ [宋] 朱熹：《晦庵先生朱文公文集》卷九十八《濂溪先生事实记》，《朱子全书》，第 4558—4559 页。
⑥ [宋] 朱熹：《晦庵先生朱文公文集》卷八十一《书濂溪先生爱莲说后》《书濂溪先生拙赋后》，《朱子全书》，第 3844、3845 页。
⑦ [宋] 朱熹：《晦庵先生朱文公文集》卷七十五《中庸集解序》，《朱子全书》，第 3639 页。
⑧ [宋] 朱熹：《晦庵先生朱文公文集》卷八十一《周子通书后记》，《朱子全书》，第 3856—3857 页。
⑨ [宋] 陆九渊：《陆九渊集》卷十九《荆国王文公祠堂记》，第 231—234 页。

陆对朱道统说的质疑与反驳。二月三日,为抵制儒者们的议论,朱熹始出《太极图说解》《西铭解》以授学者,使广其传。[①] 六月,朱熹至玉山遇洪迈,见其主修《四朝国史》篡改《太极图说》首句,作《记濂溪传》斥之。[②]

淳熙六年(1179)十月二十七日,朱熹为黄灏所立隆兴府学周敦颐祠撰记,阐发了周敦颐继承、创新儒学的特点:"其高极乎无极太极之妙,而其实不离乎日用之间;其幽探乎阴阳五行造化之赜,而其实不离乎仁义礼智、刚柔善恶之际。其体用之一源,显微之无间,秦汉以下,诚未有臻斯理者,而其实则不外乎《六经》《论语》《中庸》《大学》《七篇》之所传也。"[③]从此篇来看,当时周敦颐所生之乡国、平生游宦所历之地的州县学,大都有请祠、立祠的行动。

淳熙八年(1181)三月,婺源周师清请朱熹为县学周、程三先生祠撰记,朱熹以"然此婺源者,非其乡也,非其寓也,非其所尝游宦之邦也。且国之祀典,未有秩焉而祀之,于礼何依? 而于义何所当乎"为由力辞。后周氏又率众来书请之,并指出当时"所在学官,争为祠室,以致其尊奉之意"这一较为普遍的现象。朱熹因为祖籍婺源,不敢再辞,八月撰文叙述始末,并提出"既得以日见先生之貌象而瞻仰之,则曷若遂读其书、求其指,以反诸身而力行之乎"[④]。

早在乾道六年(1170),周舜元就在韶州州学建周敦颐祠堂,十四年后教授廖德明增广并修葺一新,"月旦望,率诸生拜谒,岁春秋释奠之明日,则以三献之礼礼焉"[⑤]。淳熙二年(1175),张栻曾应詹仪之之请为韶

---

① ［宋］朱熹:《晦庵先生朱文公文集》卷八十二《题太极西铭解后》,《朱子全书》,第 3880 页。
② ［宋］朱熹:《晦庵先生朱文公文集》卷七十一《记濂溪传》,《朱子全书》,第 3410 页。
③ 此引文中的"七篇"实际上指的是《孟子》。见［宋］朱熹:《晦庵先生朱文公文集》卷七十八《隆兴府学濂溪先生祠记》,《朱子全书》,第 3747 页。
④ ［宋］朱熹:《晦庵先生朱文公文集》卷第七十九《徽州婺源县学三先生祠记》,《朱子全书》,第 3760—3761 页。
⑤ ［宋］朱熹:《晦庵先生朱文公文集》卷七十九《韶州州学濂溪先生祠记》,《朱子全书》,第 3769 页。

州州学周敦颐祠堂作记。① 淳熙十年五月四日，朱熹为此州学祠堂撰记。朱熹明确提出周敦颐在儒学传承中的重要地位："有濂溪先生者作，然后天理明而道学之传复续……其所以上接洙泗千岁之统，下启河洛百世之传者，脉络分明而规模宏远矣。"②

朱熹为论证周、程在接续道统上所作的努力并非一帆风顺，招致了许多学者的质疑。陈亮不赞同朱熹崇尚三代、贬低汉唐而提出圣人之道不传于汉唐的观点，与朱熹展开了一场关于道统问题的争论。朱熹以汉唐诸儒溺心于训诂、见道不全和汉唐君王只见功利、陷于私欲而不及义理为根据，认为道统之传中断于汉唐。陈亮则站在功利主义学派的立场上，肯定汉唐诸君的事功修为。他认为道不能离开人而独存，汉唐诸君对于道的接续起了重要作用。朱熹以义理为标准，试图勾画圣王到圣学先师的道统谱系，而陈亮则认为上古圣王谱系和汉唐圣王先儒都应该囊括在道统之中。从淳熙十一年（1184）三月到淳熙十二年春，朱熹与陈亮有多封书信往来讨论道统问题。③

针对朱熹吸收周敦颐太极说为自己宇宙论奠定根基的做法，象山陆氏兄弟提出了质疑并最终试图否认朱熹道统说的理论基础。淳熙十二年（1185）春至淳熙十四年五月，陆九韶与朱熹展开了一场无极太极的讨论。④ 淳熙十五年夏至淳熙十六年正月，朱熹与陆九渊再次展开太极无

---

① ［宋］张栻：《新刊南轩先生文集》卷十《濂溪周先生祠堂记》，913—915 页。
② ［宋］朱熹：《晦庵先生朱文公文集》卷第七十九《韶州州学濂溪先生祠记》，《朱子全书》，第 3768—3769 页。
③ 1184 年 3 月：［宋］陈亮：《陈亮集》卷二十八《甲辰秋书》，中华书局，1987 年，第 337—341 页；［宋］朱熹：《晦庵先生朱文公文集》卷三十六《与陈同甫》《答陈同甫》，《朱子全书》，第 1580—1582 页。1184 年 9 月：［宋］陈亮：《陈亮集》卷二十八《甲辰秋书》，第 337—341 页；［宋］朱熹：《晦庵先生朱文公文集》卷三十六《答陈同甫》，《朱子全书》，第 1582—1584 页。1185 年春：［宋］陈亮：《陈亮集》卷二十八《乙巳春书之一》《乙巳春书之二》，第 342—348、348—351 页；［宋］朱熹：《晦庵先生朱文公文集》卷三十六《答陈同甫》，《朱子全书》，第 1585—1590 页。
④ 束景南：《朱熹年谱长编》，第 817—819 页；［宋］朱熹：《晦庵先生朱文公文集》卷三十六《答陆子美》，《朱子全书》，第 1560—1562 页。

极论辩。后来陆九渊总结两方观点的分歧在于："大抵言'无极而太极'
是老氏之学，与《周子通书》不类。《通书》言太极不言无极，《易大传》亦
只言太极不言无极。若于'太极'上加'无极'二字，乃是蔽于老氏之学。"
陆氏兄弟认为，周子《通书》与二程言论，均不见"无极"二字，这说明即使
周、程也知道无极之说为非，指出是老氏之学。①

除了批评朱熹引入无极论太极是援老入儒的做法外，对于朱熹提出
的道统传授谱系，陆九渊也不以为然：

> 由孟子而来，千有五百余年之间，以儒名者甚众，而荀扬王韩独
> 著，专场盖代，天下归之，非止朋游党与之私也。若曰传尧舜之道，
> 续孔孟之统，则不容以形似假借，天下万世之公，亦终不可厚诬也。
> 至于近时伊洛诸贤，研道益深，讲道益详，志向之专，践行之笃，乃汉
> 唐所无有，其所植立成就，可谓盛矣！然江汉以濯之，秋阳以暴之，
> 未见其如曾子之能信其皜皜；肫肫其仁，渊渊其渊，未见其如子思之
> 能达其浩浩；正人心，息邪说，距诐行，放淫辞，未见其如孟子之长于
> 知言，而有以承三圣也。②

陆九渊的质疑主要有两个方面：一是从孟子到二程之间的千五百
年间，如荀况、扬雄、王通、韩愈等名儒，能够一概抹杀其地位和成就
么？二是伊洛诸贤虽然有志于道学而且成就斐然，然而比起曾子、子
思和孟子，则相差甚远，仍不能承继道统。陆九渊认为："韩退之言：
'轲死不得其传。'固不敢诬后世无贤者，然直是至伊洛诸公，得千载不
传之学。但草创未为光明，到今日若不大段光明，更干当甚事？"③在陆

① ［宋］陆九渊：《陆九渊集》卷十五《与陶赞仲》，第192页。
② ［宋］陆九渊：《陆九渊集》卷一《与侄孙濬》，第13页。
③ ［宋］陆九渊：《陆九渊集》卷三十五《语录下》，第436页。

九渊看来，伊洛诸公的学术还不足以将儒学发扬光大，根本谈不上承继道统。

　　陆九渊之所以批评朱熹的道统说，是因为他自己也追求在道统传授谱系中的地位。他以道统为己任，自谓传孟子之学，"因读《孟子》而自得之"①。全祖望说："(陆氏兄弟)以不传之学为己任，以舍我其谁自居。"②陆九渊以继承孟子之学为统，他认为孔子之后儒家有多个分歧，主要表现为"里出"和"外入"两种："孔门惟颜、曾传道，他未有闻。盖颜、曾从里面出来，他人外面入去。今所传者，乃子夏、子张之徒，外入之学。曾子所传，至孟子不复传矣。"③陆九渊此说意在批评朱熹之学乃是儒家的"外入"之学，即强调内外本末精粗一致的礼学，而自己继承的是从"里面出来"的曾子、孟子相传的儒家仁学。朱熹所言"格物致知""克己复礼"等，显然是要为儒家的"外入之学"也就是礼学寻找理论根据，终是外入之学而不能继承孔、颜、曾、孟之正统。④

　　针对陆九渊所言，朱熹说："务要突过有若、子贡以上，更不数近世周、程诸公，故于其言不问是非，一例吹毛求疵，须要讨不是处……颜、曾所以独得圣学之传，正为其博文约礼，足目俱到，亦不是只如此空疏杜撰也。子贡虽未得承道统，然其所知似亦不在今人之后，但未有禅学可改换耳。周、程之生，时世虽在孟子之下，然其道则有不约而合者。反覆来书，窃恐老兄于其所言多有未解者，恐皆未可遽以颜、曾自处而轻之也。"⑤在此书中朱熹还论无极、太极问题，实际上均是回应陆氏兄弟质疑周敦颐在道统传承谱系中地位的问题。淳熙十六年(1189)六月，朱熹作

① ［宋］陆九渊：《陆九渊集》卷三十五《语录下》，第 471 页。
② ［明］黄宗羲、全祖望：《宋元学案》卷五十七《梭山复斋学案》，第 1877 页。
③ ［宋］陆九渊：《陆九渊集》卷三十五《语录下》，第 443 页。
④ 梁涛：《中国哲学合法性的证明——读〈朱陆之辩——朱熹陆九渊哲学比较研究〉》，《东方论坛》2004 年第 2 期。
⑤ ［宋］朱熹：《晦庵先生朱文公文集》卷三十六《答陆子静》，《朱子全书》，第 1576—1577 页。

《皇极辨》,再论无极太极。① 朱熹曾写信给詹体仁说:"《中庸序》中推本尧、舜传授来历,添入一段甚详。"②可知《中庸章句序》中的道统心传部分正形成于此时。

这一时期,朱熹有一次外任南康军的机会,因而得以再度关注并振作释奠仪。淳熙七年(1180)三月十八日,白鹿洞书院建成,朱熹率宾佐、合师生一起恭修释菜之礼,告先圣,以先师兖国公颜回、邹国公孟子配享。③ 此月,朱熹申乞颁降《礼书》与增修《礼书》。④ 当时朱熹在军学,没能查到《政和五礼新仪》,因而在释奠仪上有不少困惑:

(1)朱熹不清楚殿上两廊从祀人员的神位和名号。考虑到从祀对象往往有百余位,人员众多,祭物有限,难以遍及;加之州县庙学窄狭,祭器献官多不及数,不能一一分献,朱熹认为与其这样不能极尽诚意,还不如允许州学免祭两廊诸位,以使事力相称、仪物周备。

(2)在能够看到的仪注中,朱熹发现原本在南宋已经追贬王安石爵秩,停罢配享的政令并没有及时反映在州县的释奠行事仪中。他认为这会给奉行者带来疑惑,希望能够申明改正。

(3)朱熹发现当时所用释奠陈设仪有误,将"牺尊、象尊"误为"著尊、牺尊"。今天我们检《政和五礼新仪》,不得不佩服朱熹的细致和敏锐。另外朱熹对释奠祭祀陈设的六尊摆放方位和数量还有质疑。

(4)朱熹还想知道《政和五礼新仪》有无岁时祠祭,希望能够参酌唐《开元礼》,确定释奠仪式。

淳熙六年(1179)三月末朱熹知江西南康军,谒先圣为文致祭。⑤ 四

---

① ［宋］朱熹:《晦庵先生朱文公文集》卷七十二《皇极辨》,《朱子全书》,第3453—3457页;束景南:《朱熹年谱长编》,第963—964页。
② ［宋］朱熹:《晦庵先生朱文公文集》卷二十七《答詹帅书》,《朱子全书》,第1205页。
③ ［宋］朱熹:《晦庵先生朱文公文集》卷八十六《白鹿洞成告先圣文》《白鹿洞成告先师文》,《朱子全书》,第4037页。
④ ［宋］朱熹:《晦庵先生朱文公文集》卷二十《乞增修礼书状》,《朱子全书》,第930页。
⑤ ［宋］朱熹:《晦庵先生朱文公文集》卷八十六《南康谒先圣文》,《朱子全书》,第4036—4037页。

月，发布榜文，询问："濂溪先生虞部周公心传道统，为世先觉。熙宁中，曾知本军。未委军学曾与不曾建立祠貌？"①朱熹立濂溪周先生祠于南康学宫，以二程先生配，又立五贤祠。② 此五贤为陶潜、刘焕、刘恕、李公择、陈瓘，建祠的理由为前四公均为南康人，而陈瓘曾谪居于此。③ 此五祠的建造经费"皆用初到送代者折送香药及逐月供给中不应得者椿管为之，不敢破使官钱"④。后来张栻为朱熹新立濂溪祠作记，从《记》中可以知道，当时周敦颐的书籍得到较为广泛的传播，士人学者知尊敬而讲习者也增多，张栻认为出现的流弊是"其间未免或失其旨，妄意高远，不由其序，游谈相夸，不践其实，反以病夫。真若是者，适为吾道之罪人耳"⑤。此时，朱熹还与同僚学友拜访了濂溪书堂，会见了周敦颐曾孙周直卿。淳熙十年，朱熹在给廖德明的信中又提到周敦颐以及二程画像着装问题："向见濂溪家本画象服紫，当是提宪所借。明道庙象服绯，但伊川不知所服。向来南康只用野服，盖伊川晚年已休致，可不用朝服也。二先生朝服当时未有履，只合用靴了。"⑥淳熙十二年在给刘清之的信中，朱熹关注濂溪书堂的规模、建制，希望其有田产可以瞻守，使其长久。⑦

　　淳熙六年（1179）十月二十日，齐庆胄提到静江府刘焞申乞造行礼冠服，朱熹申乞检会礼制行下。"其申请所降指挥，盖文公先生守南康日，申请检会《政和五礼新仪》及取州县礼制，编次成书，颁下四方，虽先生继以其书多抵牾，复于临漳条奏、长沙删定，然此要为修明礼典之始也，故

---

① ［宋］朱熹：《晦庵先生朱文公文集》卷九十九《知南康榜文》，《朱子全书》，第4582页。
② 参见［宋］朱熹：《晦庵先生朱文公文集》卷三十四《答吕伯恭》，《朱子全书》，第1481—1482页；《晦庵先生朱文公续集》卷二《答蔡季通》，《朱子全书》，第4700页；《晦庵先生朱文公别集》卷四《向伯元》，《朱子全书》，第4903页；《晦庵先生朱文公文集》卷八十六《奉安濂溪先生祠文》《谒李尚书刘屯田祠文》《奉安五贤祠文》，《朱子全书》，第4038—4040页。
③ ［宋］朱熹：《晦庵先生朱文公文集》卷三十四《答吕伯恭》，《朱子全书》，第1482页。
④ ［宋］朱熹：《晦庵先生朱文公文集》卷三十四《答吕伯恭》，《朱子全书》，第1487页。
⑤ ［宋］张栻：《新刊南轩先生文集》卷十《南康军新立濂溪书祠记》，第916页。
⑥ ［宋］朱熹：《晦庵先生朱文公别集》卷四《廖子晦》，《朱子全书》，第4901—4902页。
⑦ ［宋］朱熹：《晦庵先生朱文公文集》卷三十五《答刘子澄》，《朱子全书》，第1543页。

列于潭州牒学之首,庶有考焉。若所颁大中祥符器制、元丰礼文,先生不取,则不载云。"①在讲学时,朱熹还对释奠仪拜祭的方位问题进行策问。②在与门人讨论时,朱熹疑惑:"古人神位皆西坐东向,故献官皆西向拜。而今皆南向了,释奠时,献官犹西向拜,不知是如何?"③庆元元年(1195)在给余正甫的信中,朱熹还在询问:"《开元释奠礼》先圣东向,先师南向,亦以右为尊,与其所定府君、夫人配位又不相似,不知何也?"④

后来朱熹发现《政和五礼新仪》也多谬误,曾说:"淳熙己亥,初守南康,尝一言之朝廷,为取《政和新仪》镂版颁下,而其本书自多抵牾,复以告焉,则莫之省矣。"⑤朱熹发现朝廷现行礼书纰漏百出,而且实践环节也多不合礼制,深感失望,这也是朱熹晚年下定决心编撰《仪礼经传通解》的重要原因。

淳熙六年(1179)朱熹修军学,申乞以泗水侯(孔鲤)从祀,原因是"崇宁元年二月二十五日诏,追封孔鲤为泗水侯,孔伋为沂水侯",后来泗水侯独未得在从祀之列,朱熹试图追溯孔门之贤或之嗣在祀典中的地位。⑥但此状并未上,因为朱熹考虑到"以渐去任,不欲入文字理会事,但封与刘淳叟,以其为学官,可以言之"⑦。淳熙八年朱熹调职东归,顺游庐山,率弟子张扬卿、王沇、周颐、林用中、陈祖永、许子春、王翰、余隅、陈士直、张彦先、黄榦,敬拜于濂溪先生书堂下。朱熹说周敦颐"承天畀,系道统",诵说《太极图》,赞其义以晓众。⑧

① 〔宋〕朱熹:《绍熙州县释奠仪图》,《朱子全书》,第13—14页。
② 〔宋〕朱熹:《晦庵先生朱文公文集》卷七十四《策问》,《朱子全书》,第3571页。
③ 〔宋〕黎靖德辑:《朱子语类》卷九十,《朱子全书》,第3024页。
④ 〔宋〕朱熹:《晦庵先生朱文公文集》卷六十三《答余正甫》,《朱子全书》,第3074页。
⑤ 〔宋〕朱熹:《晦庵先生朱文公文集》卷八十三《书释奠申明指挥后》,《朱子全书》,第3927页。
⑥ 〔宋〕朱熹:《晦庵先生朱文公文集》卷二十《乞以泗水侯从祀先圣状》,《朱子全书》,第929页。
⑦ 〔宋〕黎靖德辑:《朱子语类》卷九十,《朱子全书》,第3027页。
⑧ 〔宋〕朱熹:《晦庵先生朱文公文集》卷八十四《书濂溪光风霁月亭》,《朱子全书》,第3984—3985页。

这一时期，朱熹的道统说逐渐完善，在遭遇陆氏兄弟以及陈亮等质疑的情况下，朱熹的道统说经受了挑战，从思想、学术体系上得到了详细论证。同时朱熹利用外任的机会振作释奠仪，使道统说逐渐在政事中有所体现，让两者朝着更加密切结合的方向发展。

四　确立道统说与申严释奠仪（1189—1194）

淳熙十六年（1189）二月四日，朱熹正式序定《大学章句》。三月十八日，正式序定《中庸章句》。在《中庸章句序》中，朱熹三次提到"道统之传"，明确了道统传授谱系：尧、舜、禹，成汤、文、武，皋陶、伊、傅、周、召，孔子、颜子、曾子、子思、孟子，二程子。不少学者曾疑惑朱熹并没有将首先提出道统说的韩愈考虑进这一谱系，其实只要联系陈亮与朱熹之间关于汉唐、三代的讨论就明白了，朱熹认为道不行于汉唐，唐代的韩愈又怎可接续道统呢？值得讨论或者质疑的是，朱熹为何在《序》中没有在孟子和二程之间加上周敦颐？这可能是出于以下几方面的考虑：一是程颐曾明确提出程颢传千四五百年来未传之学，有资可证；二是当时二程之学有着较为普遍的影响，朱熹也极力推崇其学，已经为大家认同；三是周敦颐之学相继被陈亮、陆九韶、陆九渊等质疑，朱熹在此不提周敦颐可能是出于避嫌之需。

绍熙三年（1192）一月十三日，陆九渊在荆门会吏民讲《洪范》"五皇极"一章，直接针对朱熹的《皇极辨》。[①] 五月，朱熹修订《四书集注》，由曾集刻版于南康。九月，应李谌之请，为黄州州学撰《二程先生祠记》，表彰其在道学传承中的重要地位及其贡献："先生之学，以《大学》《论语》《中庸》《孟子》为标指，而达于《六经》，使人读书穷理，以诚其意、正其心、修

---

① 束景南：《朱熹年谱长编》，第 1053—1054 页。

其身,而自家而国以及于天下。其道坦而明,其说简而通,其行端而实,是盖将有以振百代之沉迷,而纳之圣贤之域。"①

绍熙四年(1193)十月,邵阳太守潘恚建濂溪先生祠,朱熹以是为"致区区尊严道统之意",为之作记。朱熹重申:"自尧舜以至于孔孟,上下二千余年之间,盖亦屡明而屡晦。自孟氏以至于周、程,则其晦者千五百年,而其明者不能以百岁也。程氏既没,诵说满门,而传之不能无失,其不流而为老子、释氏者几希矣,然世亦莫之悟也……先生之蕴,因图以发,而其所谓'无极而太极'云者,又一图之纲领,所以明夫道之未始有物,而实为万物之根柢也,夫岂以为太极之上,复有所谓无极者哉!近世读者不足以识此,而或妄议之,既以为先生病。史氏之传先生者,乃增其语曰'自无极而为太极',则又无所依据而重以病夫先生。"②朱熹借作《记》的机会总结批评陆九渊的质疑。

绍熙元年(1190)二月中旬,朱熹启程赴漳州任。四月二十四日到漳州任,谒孔子祠、高登祠、李弥逊祠、蔡襄祠。③ 六月,发布《晓谕居丧持服遵礼律事》,整顿礼教。④ 八月,颁布《劝女道还俗榜》《揭示古灵先生劝谕文》《劝谕榜》,整顿风俗。⑤ 十月,刊四经成,同样告谒先圣。⑥ 朱熹自言"经历诸处州县学,都无一个合礼序",因而列上释奠礼仪。⑦ 朱熹后来这样描述这次讨论释奠仪等的情况:"绍熙庚戌,复自临漳列上释奠数事,

① 〔宋〕朱熹:《晦庵先生朱文公文集》卷八十《黄州州学二程先生祠记》,《朱子全书》,第3797页。
② 〔宋〕朱熹:《晦庵先生朱文公文集》卷八十《邵州州学濂溪先生祠记》,《朱子全书》,第3803—3804页。
③ 〔宋〕朱熹:《晦庵先生朱文公文集》卷八十六《漳州谒先圣文》《谒高东溪祠文》《谒李龙学祠文》《谒端明侍郎蔡忠惠公祠文》《谒诸庙文》,《朱子全书》,第4045—4048页。
④ 〔宋〕朱熹:《晦庵先生朱文公文集》卷一百《晓谕居丧持服遵礼律事》,《朱子全书》,第4617—4618页。
⑤ 〔宋〕朱熹:《晦庵先生朱文公文集》卷一百《劝女道还俗榜》《揭示古灵先生劝谕文》《劝谕榜》,《朱子全书》,第4618—4622页。
⑥ 〔宋〕朱熹:《晦庵先生朱文公文集》卷八十六《刊四经成告先圣文》,《朱子全书》,第4046页。
⑦ 〔宋〕黎靖德辑:《朱子语类》卷九十,《朱子全书》,第3026页。

且移书礼官督趣,乃得颇为讨究,则淳熙所镂之版已不复存。百计索之,然后得诸老吏之家。又以议论不一,越再岁,乃能定议条奏,得请施行。而主其事者适徙他官,因格不下。"①朱熹所言"自临漳列上释奠数事"是指在《释奠申礼部检状》中,朱熹结合陈孔硕录寄的王普所定释奠仪式对1179 年所颁《淳熙编类祭祀仪式》提出的进一步修正建议。② 主要关心的问题有:(1) 神位与爵号;(2) 认为聂崇义之《礼图》不淳古,乞别行图画;(3) 纠正修改释奠时日;(4) 再申陈设条中"著尊、牺尊"之误;(5) 请附罢王安石配享先圣章疏指挥。③ 关于释奠日期,朱熹两次欲检问永嘉以制度名学的学者薛叔似,又思量他"不是要理会这般事人",表现出对永嘉学派礼学的犹疑态度。④

绍熙二年(1191)二月,朱熹奏请褒录东溪高登直节。⑤ 十月一日,朱熹应刘炳之请,为应城县学撰谢良佐祠堂记,表彰谢氏的为学及其事迹。⑥ 据《文公潭州牒州学备准指挥》,绍熙三年(1192)八月十七日批准施行。主要改正有以下几项:(1) 王安石、颜回、孟轲的配享及其位次,检《国朝会要》,主要引杨时之言,详细说明了王安石降从祀的缘由;(2) 曾参的封号问题;(3) 两廊从祀位序;(4) 王雱罢祀,以《中兴礼书》为依据;(5) 释奠时日,均为上丁日,据大中祥符年间李防言;(6) 说明元本陈设条内"著尊肆,牺尊肆","著"当为"象";(7) 祭器,仍认同聂崇义《三礼图》样式。⑦

---

① [宋] 朱熹:《晦庵先生朱文公文集》卷八十三《书释奠申明指挥后》,《朱子全书》,第3927 页。

② [宋] 朱熹:《晦庵先生朱文公文集》卷四十九《答陈肤仲》,《朱子全书》,第2271 页。

③ [宋] 朱熹:《晦庵先生朱文公文集》别集卷八《释奠申礼部检状》,《朱子全书》,第 4993—4995 页。

④ [宋] 黎靖德辑:《朱子语类》卷九十,《朱子全书》,第3027—3028 页。

⑤ [宋] 朱熹:《晦庵先生朱文公文集》卷十九《乞褒录高登状》,《朱子全书》,第882—883 页;束景南:《朱熹年谱长编》,第1022 页。

⑥ [宋] 朱熹:《晦庵先生朱文公文集》卷第八十《德安府应城县上蔡谢先生祠记》,《朱子全书》,第3793—3794 页。

⑦ [宋] 朱熹:《绍熙州县释奠仪图》,《朱子全书》,第15—23 页。

绍熙五年(1194)五月,朱熹赴潭州,祭张栻祠、张浚墓、张栻墓。① 七月,立忠节庙,乞赐庙额。② 修三闾大夫屈原祠。③ 发布《约束榜》,明教化。"照对本州所管上丁释奠及祭祀社稷三献官祭服缘制造年深,各并不如法式,今欲别行制造。初献六旒冕,亚献四旒冕,终献无旒冕,及本等衣裳、大带、中单、绶佩、蔽膝、革带、履袜各一副。窃恐只依印本制造,未必尽合礼制,申行在太常寺关借上祭服,每事一件,付进奏官杨思恭,同本州差去客司杨暹就临安府制造,回州行用。"④考正释奠礼仪,行下诸州,作《绍熙州县释奠仪图》成。⑤《绍熙州县释奠仪图》包括:《申请所降指挥》《淳熙编类祀祭仪式指挥》《文公潭州牒州学备准指挥》《州县释奠至圣文宣王仪》《神位》《殿下两庑神位图》《礼器图》。"其所行仪节,大抵采自杜氏《通典》及《五礼新仪》而折衷之。"⑥

在给黄灏的信中,朱熹谈及释奠仪及濂溪祠的建设:"近报作百日礼数,此亦不经之甚。且唐制本为王公以下,岂国家所宜用邪?礼器之失,不但一爵。今朝廷所用宣和礼制局样度,虽未必皆合古,然庶几近之。不知当时礼部印本何故只用旧制?向来南康,亦无力,但以爵形太丑,而句容有新铸者,故易之耳。其实皆当遣人问于礼寺而尽易之,乃为尽善。但恐其费不赀,州郡之力不能办耳……濂溪之祠,郡将乃能留意如此,并及陶、刘,亦甚善。此等事自世俗言之似无紧要,然自今观之,于人心政体所系亦不轻。"⑦邵州守潘焘建希濂堂,杨万里作记,朱熹为书"希濂堂"

① [宋]朱熹:《晦庵先生朱文公文集》卷八十七《祭张敬夫城南祠文》《祭张魏公墓文》《祭南轩墓文》,《朱子全书》,第4089—4090页。
② [宋]朱熹:《晦庵先生朱文公文集》卷一百《约束榜》,《朱子全书》,第4639—4640页。
③ [宋]朱熹:《晦庵先生朱文公文集》卷八十六《修三闾忠洁侯庙奉安祝文》,《朱子全书》,第4050页。
④ [宋]朱熹:《晦庵先生朱文公文集》卷一百《约束榜》,《朱子全书》,第4639页。
⑤ [宋]朱熹:《晦庵先生朱文公文集》卷八十三《书释奠申明指挥后》,《朱子全书》,第3927—3928页。
⑥ [清]永瑢等:《四库全书总目》卷八十二,第702页。
⑦ [宋]朱熹:《晦庵先生朱文公文集》卷四十六《答黄商伯》,《朱子全书》,第2126—2127页。

匜，并言："惟老先生精微之意，微潘公畴能发之？微晦庵畴能领之？微先生畴宜记之？"①七月二十七日，朱熹在《跋赵清献公家问及文富帖跋语后》中认为赵抃"晚知濂溪先生甚深"，这旨在表明周敦颐的学问在北宋就有人赏识而心契。②八月，道州濂溪、明道、伊川三先生祠成，遣学生宁远县尉冯允中往祭。③

这一时期朱熹的道统说已经确立，其在漳州任上申严的释奠仪表现出鲜明的反王学特色，与此相适应的，朱熹一如既往地弘扬周敦颐及二程的学术思想，为振兴理学不遗余力。

五　沧州精舍的祭祀——统一道统与释奠（1194—1200）

朱熹终生追求和关注的道统、释奠，通过沧州精舍的祭祀实现了二者的统一。尽管他在中年任职地方官时曾一直关心书院教育，希望建立一种不同于官学的独立的教育机构，并曾努力恢复和在北宋时期创建并负盛名的白鹿洞书院、岳麓书院讲学，但受职位、身份、条件所限，他尚不能把这些书院的释奠活动与道统统一起来。即使是影响较为深远的《绍熙州县释奠仪》也不是专著，应以政文视之。④

绍熙五年（1194）十二月十三日，朱熹罢祠去国，失落地回到沧州精舍，又满怀"吾道付沧州"⑤的悲壮之情决心重振学术，率诸生行释菜之礼。朱熹门人叶贺孙记载了有关这次祭祀的过程：

---

① ［宋］杨万里撰，辛更儒笺校：《杨万里集笺校》卷七四《邵州希濂堂记》，第 3096 页。
② ［宋］朱熹：《晦庵先生朱文公文集》卷八十三《题赵清献事实后》《跋赵清献公家问及文富帖跋语后》，《朱子全书》，第 3914—3915、3919—3920 页。
③ ［宋］朱熹：《晦庵先生朱文公文集》卷八十六《谒修道州三先生祠文》，《朱子全书》，第 4049—4050 页。
④ 陈荣捷：《朱子新探索》，第 460—461 页。
⑤ ［宋］朱熹：《晦庵先生朱文公文集》卷十《水调歌头》，《朱子全书》，第 560 页。

新书院告成,明日欲祀先圣先师,古有释菜之礼,约而可行,遂检《五礼新仪》,令具其要者以呈。先生终日董役,夜归即与诸生斟酌礼仪。鸡鸣起,平明往书院,以厅事未备,就讲堂行礼。宣圣像居中,充国公颜氏、郕侯曾氏、沂水侯孔氏、邹国公孟氏西向配北上。(并纸牌子。)濂溪周先生(东一。)、明道程先生(西一。)、伊川程先生(东二。)、康节邵先生(西二。)、司马温国文正公(东三。)、横渠张先生(西三。)、延平李先生(东四。)从祀。(亦纸牌子。)……先生为献官,命贺孙为赞,直卿、居甫分奠,叔蒙赞,敬之掌仪。堂狭地润,颇有失仪。但献官极其诚意,如或享之,邻曲长幼并来陪。礼毕,先生揖宾坐,宾再起,请先生就中位开讲。先生以坐中多年老,不敢居中位,再辞不获,诸生复请,遂就位,说为学之要。午饭后,集众宾饮,至暮散。①

沧州精舍此次祭祀与白鹿洞书院初成时举行的释菜之礼意义有所不同:白鹿洞书院释奠奉行的是官方祀典,沧州精舍释奠则完全是书院的私人祭祀。作为私立书院祭祀先圣先贤的一个开始,其意义不可小觑,这表明朱熹在朝廷礼仪讨论受挫后,决心带领生徒研礼、习礼,重振学术和道统。

从仪式上来看,与州县释奠仪相比,此次释菜之礼非常简单。② 但从所祭祀的对象来看,其中蕴含着朱熹对道统内涵的重新认识。陈荣捷曾指出,朱熹与孔子的关系,不只是道统之传,也在情感之厚。其祭礼禀告先圣,非徒例行公事或树立传统,而实自少对孔子早已向往,发生感情上的联系。③ 关于配享对象,朱熹以为"配享只当论传道,合以颜子、曾子、

---

① 　[宋]黎靖德辑:《朱子语类》卷九十,《朱子全书》,第3028页。
② 　[宋]朱熹:《晦庵先生朱文公文集》卷六十九《沧州精舍释菜仪》,《朱子全书》,第3367—3368页。
③ 　陈荣捷:《朱子之宗教实践》,《朱学论集》,第121页。

子思、孟子配"①。朱熹在祝文中说："恭惟道统，远自羲轩。集厥大成，允属元圣。述古垂训，万世作程。三千其徒，化若时雨。维颜曾氏，传得其宗。逮思及舆，益以光大。自时厥后，口耳失真。千有余年，乃曰有继。周程授受，万理一原。曰邵曰张，爰及司马。学虽殊辙，道则同归。俾我后人，如夜复旦。"②这表明朱熹将在《大学章句序》和《中庸章句序》中关于道学的传授谱系结合起来，认为道统可以追溯至伏羲和黄帝，尔后孔、颜、曾、孟得以发扬光大。就宋代而言·继承道统的有周敦颐、二程、邵雍、张载、司马光、李侗等，朱熹认为这些均是道统的继承者。同时朱熹将自己的老师李侗作为从祀对象，将其与孔颜、周、二程相比③，则是通过礼仪的形式彰显自己作为道统继承人的合法性。朱熹的这一叙述应该比之前严格的伊洛传承谱系更具有开放性。

朱熹将六先生列为从祀对象。为什么朱熹要强调"学虽殊辙，道则同归"这一意义？虽然早在乾道九年(1173)朱熹就有六先生画像赞，但是在此时重新确立这一较开放的道统谱系，原因何在？值得注意的是，为什么在绍熙五年(1194)沧州精舍的释奠仪中，司马光会出现在从祀之列？结合朱熹当时的处境和考虑，似乎可以这样理解：

（1）司马光维护名教，其礼学成就斐然，注重礼仪建设，其《书仪》本《仪礼》，为朱熹所推崇。

（2）永嘉学派陈傅良等贬低司马光，认为司马光"居洛六任，只理会得个《通鉴》；到元祐出来做事，却有未尽处，所以激后来之祸"。朱熹认为这是以"利害"来评价人物。朱熹认为回溯历史，"子细看那时节，若非温公，如何做？温公是甚气势！天下人心甚么样感动！温公直有旋乾转

---

① ［宋］黎靖德辑：《朱子语类》卷九十，《朱子全书》，第3027页。
② ［宋］朱熹：《晦庵先生朱文公文集》卷八十六《沧州精舍告先圣文》，《朱子全书》，第4050页。
③ ［宋］朱熹：《晦庵先生朱文公文集》卷二《挽延平李先生三首》，《朱子全书》，第308页。

坤之功"①。朱熹借曹器之来问学之际，认为"道司马公做得未善，即是；道司马公之失，却不是"②。与永嘉学者不认同司马光相反，朱熹认为其不愧为儒者的典范。

（3）据蒋义斌考证，朱熹"最后数年，对安石之批评转严"，觉得杨时的评论"最为近之"。③ 司马光一直是王安石的政敌，两人在政治上势同水火，要实现对新学的全面反动，非吸收司马光的思想及其实践不可。朱熹将司马光列为从祀对象是出于反王学的目的，也是批评、回应陆九渊撰王安石祠堂记的观点及其用意。

（4）朱熹认为司马光是德行一致、力行甚笃的典范。"温公可谓知、仁、勇。他那活国救世处，是其次第！其规模稍大，又有学问，其人严而正。"④后来朱熹在编《仪礼经传通解》时，释《周礼》"三德"说，特以司马光为例："敏德以为行本，司马温公以之。"⑤朱熹对司马光学术以及德行的肯定，表明了朱熹在道统观上所持的较为宽容的态度。

朱熹将张载、邵雍列为从祀对象，是因为朱熹对两人的学术思想都有吸收。淳熙六年(1179)八月校补张载《横渠集》，由黄灏刻版于隆兴。⑥淳熙七年，朱熹曾印刻邵雍之书，对邵雍的先天学有着浓厚的兴趣，并且对周、程及邵雍之学有细腻的评价，认为："康节之学，不似濂溪、二程。康节爱说个循环底道理，不似濂溪、二程说得活。如'无极而太极，太极本无极'，'体用一源，显微无间'，康节无此说。"⑦淳熙十一年在比较周敦颐和邵雍在《易》上的发明时，朱熹说："《太极》却是濂溪自作，发明《易》

① ［宋］黎靖德辑：《朱子语类》卷一百二十三，《朱子全书》，第3868—3869页。
② ［宋］黎靖德辑：《朱子语类》卷一百三十，《朱子全书》，第4043页。
③ 蒋义斌：《宋代儒释调和论及排佛论之演进——王安石之融通儒释及程朱学派之排佛反王》，台湾商务印书馆，1988年，第174—176页。转引自〔美〕田浩：《朱熹的思维世界》，第246页。
④ ［宋］黎靖德辑：《朱子语类》卷一百三十，《朱子全书》，第4042—4043页。
⑤ ［宋］朱熹：《晦庵先生朱文公文集》卷六十七《周礼三德说》，《朱子全书》，第3262页。
⑥ 束景南：《朱熹年谱长编》，第637页。
⑦ ［宋］黎靖德辑：《朱子语类》卷七十一，《朱子全书》，第2395页。

中大概纲领意思而已。故论其格局，则《太极》不如《先天》之大而详；论其义理，则《先天》不如《太极》之精而约。"①这表明朱熹也是在评价、吸收北宋张载、邵雍、司马光之学的基础上推崇周敦颐的学术的。

　　朱熹将道统观、释奠仪结合的书院祭祀对后世产生了很大影响。朱熹沧州精舍释奠最终从个人的、地方的、学派的行为影响了后来中央的孔庙祭祀。宁宗嘉定十三年（1220），周敦颐被赐谥元公。理宗端平二年（1235）正月，诏升子思孔伋为"十哲"。② 淳祐元年（1241），理宗以王氏"天命不足畏，祖宗不足法，人言不足恤"，为万世罪人，废祀孔庙。③ 同时表彰周、张、二程之学，并诏从祀孔庙。但这次从祀对象尚不及邵雍和司马光。后咸淳从祀弥补了这一遗憾，邵雍、司马光升列从祀，诚如诏书所言："朱熹所赞已祀其四，而尚遗雍、光，非缺典与？其令学官列诸从祀，以示崇奖。"④度宗咸淳三年（1267），曾子与子思一同晋身孔殿，配享宣圣。⑤ 理宗景定二年（1261），吕祖谦和张栻获升列从祀，理由是"志同道合，切偲讲磨，择精语详，开牖后学，圣道大明"⑥。这是从朱熹所撰祭文以及相互论学的角度来确立张栻和吕祖谦从祀孔庙的地位的。⑦ 有学者指出，宋代从祀制最具特色之处，在于"四配"的形塑与新学、理学之交替。⑧ 朱熹所作出的努力均在彰显理学，并为最终取代新学作出了不可替代的尝试。朱熹对道统谱系人物构成的分析和努力后来随着理学成为正统官学而对后世产生了深远的影响。

---

① 〔宋〕朱熹：《晦庵先生朱文公文集》卷四十六《答黄直卿》，《朱子全书》，第 2155 页。
② 〔元〕脱脱等：《宋史》卷四十二，第 807 页。
③ 〔元〕脱脱等：《宋史》卷四十二，第 821—822 页。
④ 〔清〕孔继汾：《阙里文献考》卷十四，清乾隆二十七年刻本。
⑤ 〔元〕脱脱等：《宋史》卷四十六，第 897 页。
⑥ 〔清〕毕沅：《续资治通鉴》卷一百七十六，第 4806 页。
⑦ 〔宋〕朱熹：《晦庵先生朱文公文集》卷八十七《祭张敬夫殿撰文》《又祭张敬夫殿撰文》《祭吕伯恭著作文》，《朱子全书》，第 4074—4076、4080—4081 页；《晦庵先生朱文公文集》卷八十五《张敬夫画象赞》《吕伯恭画象赞》，《朱子全书》，第 4003、4004 页。
⑧ 黄进兴：《学术与信仰：论孔庙从祀制与儒家道统意识》，《圣贤与圣徒》，北京大学出版社，2005 年，第 69 页。

在沧州精舍释奠之后，朱熹仍然致力于释奠仪的考察。庆元元年（1195）一月五日，因长沙邵困请求刊刻《绍熙州县释奠仪图》，朱熹题跋记述平生振作释奠仪的始末，并发出感叹说："使知夫礼之易废、事之难成类如此，不止释奠一端而已也。"[①]随后朱熹得到杨王休从四川寄来的先圣、先师木刻像，发现其坐姿正是南宋时已通行的跪姿，于是考证释奠仪中塑像的来历及其姿势，作《跪坐拜说》《周礼大祝九拜辨》。[②] 在《跪坐拜说》中，朱熹详叙了其中原委：

> 顷年属钱子言作白鹿礼殿，欲据《开元礼》，不为塑像而临祭设位，子言不以为然，而必以塑像为问。予既略为考礼如前之云，又记少时闻之先人云："尝至郑州，谒列子祠，见其塑像席地而坐。"则亦并以告之，以为必不得已而为塑像，则当放此以免于苏子俯伏匍匐之讥。子言又不谓然。会予亦辞江东之节，遂不能强，然至今以为恨也。（《东坡文集•私试策问》云："古者坐于席，故笾豆之长短、簠簋之高下，适与人均。今土木之像既已巍然于上，而列器皿于地，使鬼神不享则不可知；若其享之，则是俯伏匍匐而就也。"）其后乃闻成都府学有汉时礼殿，诸像皆席地而跪坐，文翁犹是当时琢石所为，尤足据信，不知苏公蜀人，何以不见而云尔也。及杨方子直入蜀帅幕府，因使访焉，则果如所闻者，且为写放文翁石像为小土偶以来，而塑手不精，或者犹意其或为加趺也。去年又以属蜀漕杨王休子美。今乃并得先圣、先师二像，木刻精好，视其坐后两跪，隐然见于帷裳之下，然后审其所以坐者，果为跪而亡疑也。惜乎白鹿塑像之时，不得此证以晓子言，使东南学者未得复见古人之像，以革千载之缪，为

---

① ［宋］朱熹：《晦庵先生朱文公文集》卷八十三《书释奠申明指挥后》，《朱子全书》，第3928页。
② ［宋］朱熹：《晦庵先生朱文公文集》卷六十八《跪坐拜说》《周礼大祝九拜辨》，《朱子全书》，第3290—3295页。

之喟然太息。

后来朱熹又多次言及关于塑像姿势的考证：

跪坐近得杨子美书，引僧人礼忏、道士宣科为比，彼盖未尝以为难，只是惯耳。其说亦为得之。《皇祐祭式》却未之见，如有本，幸因的便借及。彼时所用，只是《开宝通礼》。此有其书，欲一参校也。《开宝》与《开元》大概相袭，《开元》只有先师二位，无诸从祀，或是《开宝》所增也。位牌于法亦只卧之于地，与献官位版相似，非此为神位也。（今献官位版亦有植之以跗而立之者，皆误也。）塑象如《开元礼》则无之，详当时初加夫子王号，即内出衮冕以被之，则为有象。不知何故抵牾如此。岂所修礼书亦姑以存古而实未必行邪？而韩退之、刘禹锡诸庙学碑，亦皆言有象，本朝则固有之久矣。①

南康从祀画象，乃取法监学，已详报吴广文矣。白鹿当时与钱子言商量，只作礼殿，不为象设，只依《开元礼》临祭设席，最为得礼之正。不然，则只用燕居之服，以石为席而坐于地，亦适古今之宜，免有匍匐就食之诮。子言皆不谓然。但今已成，恐毁之又似非礼，此更在尊意斟酌报之也。盖幼年闻先君言，尝过郑圃，谒列子庙，见其塑象地坐，则此不为无据也。②

今朝廷宗庙之礼，情文都自相悖，不晓得。古者主位东向，配位南向，故拜即望西。今既一列皆南向，到拜时亦却望西拜，都自相背。古者用笾豆簠簋等陈于地，当时只席地而坐，故如此饮食为便。

① ［宋］朱熹：《晦庵先生朱文公文集》卷四十六《答黄商伯》，《朱子全书》，第 2128 页。
② ［宋］朱熹：《晦庵先生朱文公文集》卷四十六《答曾致虚》，《朱子全书》，第 2124 页。

今塑像高高在上,而祭馔反陈于地,情文全不相称。曩者某人来问白鹿塑像,某答以州县学是天子所立,既元用像,不可更。书院自不宜如此,不如不塑像。某处有列子庙,却塑列子膝坐于地,这必有古像。行古礼,须是参用今来日用常礼,庶或缩之。如太祖祭,用笾簋笾豆之外,又设牙盘食用碗碟之类陈于床,这也有意思,到神宗时废了。元祐初,复用。后来变元祐之政,故此亦遂废。①

夫子像设置于椅上,已不是,又复置在台座上,到春秋释奠却乃陈笾簋笾豆于地,是甚义理? 某几番说要塑宣圣坐于地上,如设席模样,祭时却自席地。此有甚不可处? 每说与人,都道差异,不知如何。某记在南康,欲于学中整顿宣圣,不能得。后说与交代,宣圣本不当设像,春秋祭时,只设主祭可也。今不可行,只得设像坐于地,方始是礼。②

又问:"今之州县学,先圣有殿,只是一虚敞处,则堂室之制不备。"曰:"古礼无塑像,只云先圣位向东。"又问:"若一一理会,则更无是处。"曰:"固是。"③

以上材料表明,朱熹在考察释奠仪制上非常强调两点:(1)释奠仪的确定应该以礼书为依托,分析源流、斟酌得失、明辨谬误,最终目的是切于实用且合乎义理;(2)官方祀典与书院祭祀可以并行不悖,稍有分别。官方祀典应该合乎规范,书院祭祀应该参酌古今,以求其当。

王过曾描述朱熹晚年在沧州精舍的生活:"先生早晨拈香。春夏则

---

① [宋] 黎靖德辑:《朱子语类》卷九十,《朱子全书》,第 3025 页。
② [宋] 黎靖德辑:《朱子语类》卷九十,《朱子全书》,第 3025 页。
③ [宋] 黎靖德辑:《朱子语类》卷一百七,《朱子全书》,第 3492 页。

深衣，冬则戴漆纱帽。衣则以布为之，阔袖皂襈，裳则用白纱，如濂溪画像之服。或有见任官及它官相见，易窄衫而出。"①庆元三年(1197)，还嘱托蔡元定过舂陵，"烦为问学中濂溪祠堂无恙否"。② 庆元四年十月十六日，有书致度正，再嘱其寻访周敦颐遗文。③ 可以说，对道统的追寻以及对周敦颐的深厚感情，伴随朱熹终老。

相较当时的一般学者和官员而言，朱熹考订释奠礼仪长久不懈，并且始终以对道学的理解和追求为己任，并贯之终生。陈荣捷力证朱熹忠于孔子、周子，确是宗教热诚，不只思想之承受与发挥而已。④ 关于道统传授谱系，如果说朱熹还只是含蓄地表明自己得道统之嫡传，那么他的弟子则明确地将朱熹的地位加以提升，认定朱熹是濂洛道统的集大成者。⑤ 朱熹将释奠仪作为政教的手段深刻影响了后学。黄榦说："释奠大祀，礼当严整。"⑥陈淳对释奠仪式也多考究，所用也多参考朱熹所定《绍熙州县释奠仪》，强调整顿释奠仪的目的在于："非徒以整饬一时礼仪之事实，所以兴起一邦礼义之风，诚非小补。"⑦此论可谓深得朱熹之意。朱熹之所以执着追求理学之正统，精心设计勾画并建设道学理论及其谱系，同时注重整饬"礼仪之事实"，均在于自身服膺儒学，并倡导一种高蹈逸民之风，使社会基层无不风靡从之，实现了挣脱释、老，回归儒学的古老而又有所创新的教化方式。

---

① ［宋］黎靖德辑：《朱子语类》卷一百七，《朱子全书》，第 3505—3506 页。
② ［宋］朱熹：《晦庵先生朱文公续集》卷三《答蔡季通》，《朱子全书》，第 4705 页。
③ 束景南：《朱熹年谱长编》，第 1333—1334 页。
④ 陈荣捷：《朱子之宗教实践》，《朱学论集》，第 122 页。
⑤ ［宋］黄榦：《勉斋集》卷三十六《朱先生行状》，《文渊阁四库全书》第 1168 册，第 428 页；《勉斋集》卷十九《徽州朱文公祠堂记》，《文渊阁四库全书》第 1168 册，第 215—216 页；［宋］陈淳：《北溪字义·师友渊源》，第 76—77 页。
⑥ ［宋］黄榦：《勉斋集》卷三十五《行下军学申严释奠事》，《文渊阁四库全书》第 1168 册，第 402 页。
⑦ ［宋］陈淳：《北溪大全集》卷四十八《上传寺丞论释奠五条》，《文渊阁四库全书》第 1168 册，第 880 页。

第三节　学术与政治纠结中的
朱熹祧庙之议

　　绍熙五年(1194)闰十月七日,朱熹上《祧庙议状》就孝宗祔庙的问题发表意见。这是朱熹在朝四十六日政治生涯中的一件大事,对朱熹晚年的学术思想产生了重要的影响。由于涉及昭穆次序、始祖尊卑、禘祫祭享等礼制问题,加之政治力量的此消彼长、学术派别的暗中较量,宋代太庙之争断断续续长达二百多年,最终以朱熹议祧庙失败而结束,正了太祖东向之位。① 关于此事的来龙去脉,自宋代以来,已有不少学者论及。② 对于朱熹在祧庙之议中的表现,学者们也多有评价。如马端临认为朱熹力主僖祖不祧之议"则几于胶柱鼓瑟而不适于时,党同伐异而不当于理"③。束景南认为朱熹参与的"这场祧庙争议,不过是以僖祖为始祖还是以太祖为始祖的无谓争论",并且导致了道学内部的分裂。④ 的确,从整体情形来看,议祧庙不论对朱熹个人的政治生涯、学术思想的发展,还是道学群体的建设,都产生了重大的影响。问题在于:如果说朱熹固执难化,这不是与他一贯主张的因时制礼有冲突吗? 朱熹为什么要冒着理学阵营分裂的危险而不顾一切地来讨论这件事情呢? 在祧庙之议中,朱

---

① 　关于宋代太庙祭祀的讨论,可参见[宋]李心传:《建炎以来朝野杂记》第68—69、69—70、75、75—76、561—563 页;[宋]赵彦卫:《云麓漫钞》卷十二,中华书局,1996 年,第 221 页。

② 　[元]马端临:《文献通考》卷九十四,第 2874—2885 页;陈戍国:《中国礼制史·宋辽金夏卷》,第 53—67 页;陈安金、王宇:《永嘉学派与温州区域文化崛起研究》,人民出版社,2008 年,第 209—220 页;李衡眉:《宋代宗庙中的昭穆制度问题》,《河南大学学报》(社会科学版)1994 年第 4 期;张焕君:《宋代太庙中的始祖之争——以绍熙五年为中心》;郭善兵:《略述宋儒对周天子宗庙礼制的诠释——以宗庙庙数、祭祀礼制为考察中心》,《东方论坛》2006 年第 5 期。

③ 　[元]马端临:《文献通考》卷九十四,第 2880 页。

④ 　束景南:《朱子大传》,第 914 页。

熹到底要坚持什么？这一事件与朱熹晚年不遗余力编撰《仪礼经传通解》之间有着怎样的联系？本节试图从学术分歧、政治纠葛以及礼学思想等角度深入考察朱熹议祧庙的动因，以期确定祧庙之议事件在朱熹礼学思想发展中的地位。

一   制度与义理——与永嘉学派的礼学之争

朱熹议祧庙主要针对的就是以楼钥、陈傅良为代表的永嘉功利之学。这从朱熹及其后学对祧庙之议的记载和评议可以明显看出。朱熹说："赵汝愚雅不以熙宁复祀僖祖为然，给舍楼钥、陈傅良又复牵合装缀以附其说，其语颇达上听。"①据李闳祖记载："祧僖祖之议，始于礼官许及之、曾三复，永嘉诸公合为一辞，先生独建不可祧之议。陈君举力以为不然，赵揆亦右陈说。"②这表明，赵汝愚、陈傅良和楼钥是朱熹在祧庙之议中的主要对手，而陈、楼二氏主要承担了理论论证的工作。关于这点，楼钥也不否认："艺祖东向，宗庙大典，集议至再，始正百年之礼。而台谏有异论，钥极论之，丞相赵公宣旨，钥又执不可，公从旁力赞其决，而事遂定。"③正是因为陈傅良在太庙议中为赵汝愚、楼钥提供了理论准备和精神支持，因此才能使赵汝愚迅速作出决断，祧迁了僖祖，正了太祖东向之位。

陈傅良曾撰《僖祖太祖庙议》一文发表自己对太庙祭祀的意见，相当自信地认为："汉魏以来，诸儒考经不详，或得或失，王、郑二家，互相诋毁，要不足深信，此某所以专以经为断，以赞庙议之决。"此文以博引经传、力求考据的形式论证了另立祠庙的合理性，陈傅良的高明之处在于

① ［宋］朱熹：《晦庵先生朱文公文集》卷六十九《刲定庙议图记》，《朱子全书》，第 3347 页。
② ［宋］黎靖德辑：《朱子语类》卷一百七，《朱子全书》，第 3489 页。
③ ［宋］楼钥：《攻媿集》卷九十五《宝谟阁待制赠通议大夫陈公神道碑》，《文渊阁四库全书》第 1153 册，第 476 页。

他并不讨论僖祖该不该祧迁的问题，而是提出僖祖从太庙祧迁后另立始祖庙并万世不毁的建议。陈傅良罗列经传引文，逐条加以解释，最后考证出周代的始祖庙和太祖庙是分开的："周监二代，郁郁弥文，于是以受命之君为祖，继祖为宗，而郊其所始封之君。"①目的在于论证宋代"受命之君"是太祖，"继祖"为太宗，而僖祖为"始封之君"。这样就为祧迁僖祖，但仍承认僖祖世世皆享的地位提供了理论支持。

在朱熹看来，陈傅良的论证是有问题的，主要在于他所引用的经、注，都不能证明太庙和始祖庙是以他所设想的方式分立的。因为在西汉和东汉前期，实行的是一庙一世的制度，即不管是始祖、太祖、太宗，还是以下诸世，都是各自一庙，合为七数，故称"天子七庙"，但是自东汉明帝带头不另立庙，而以神主入世祖庙后，章帝也仿效明帝不立庙，汉代的太庙最终过渡为"一庙多室"体制，到汉献帝完成了"一庙多室、同殿异世"的格局，宋代沿用的就是此制。② 由于在两汉之间存在着这样的嬗变，到了宋代已经弄不清到底一世一庙是周礼，还是后世沿用的一庙多室为周礼。而单从时间先后看，反而是"一世一庙"更加接近周礼。朱熹就抓住这一点批评陈傅良"今各立一庙，周时后稷亦各立庙"的观点，认为："周制与今不同。周时岂特后稷各立庙，虽赧王也自是一庙。今立庙若大于太庙，始是尊祖。今地步狭窄，若别立庙，必做得小小庙宇，名曰尊祖，实贬之也。"③朱熹认为，既然周礼是一世一庙，那么陈傅良所谓的始祖庙与太祖庙分立和宋代的所谓太庙就完全是两回事，既非古制，也不符合经典原义。④

---

① ［宋］陈傅良：《止斋集》卷二十八《僖祖太祖庙议》，《文渊阁四库全书》第 1150 册，第 731—732 页。
② 杨志刚：《中国礼仪制度研究》，第 342—345 页。
③ ［宋］黎靖德辑：《朱子语类》卷一百七，《朱子全书》，第 3493 页。
④ ［宋］朱熹：《晦庵先生朱文公文集》卷六十九《汉同堂异室庙及原庙议》，《朱子全书》，第 3345 页。

陈傅良"以经为断"的论证过程，引用了《诗经》《周礼》《仪礼》《尚书》《春秋》等经典的原文和传、注，朱熹一一加以批驳。陈傅良曾引用《周礼·司服》："享先王则衮冕，享先公则鷩冕。大司乐乃奏，夷则歌小吕，舞大濩，以享先妣。"并自注："先妣，姜嫄也。周立庙自后稷为始祖，姜嫄无所配，是以特立庙祭之，谓之闵宫。"①刘知夫不解陈傅良引《闵宫》为故事，朱熹的回应是："《闵宫》诗，而今人都说错了。"②

陈傅良引用《诗经》，认为"文武每庙各有乐章，而后稷庙无专乐，则见周祖文王，而后稷不在七庙之列，于是有先王先公之庙"，"假如后稷为太祖，则不应但有郊乐而无庙乐"，那么肯定是存在先公先王之庙的。陈傅良又举《春官宗伯》"守祧"以及"天府"两条经文及郑玄注为证。陈傅良认为，将这两条经文注文连起来理解，存在着一个独立于"文武之庙"的"后稷之庙"。他引用《仪礼·丧服传》的一条注文"诸侯及其太祖，天子及其始祖所自出"证明，始祖和太祖所指不同。又举本条注文下马融、韦昭的两条注为证。③ 总之，陈傅良意在证明始祖之庙与太祖之庙是分开的，现在的僖祖也应从太祖庙中迁祧。

据李闳祖记录，朱熹对陈傅良这种引用经文下小注的做法不以为然：

> "永嘉看文字，大字平白处都不看，偏要去注疏小字中寻节目以为博。只如韦玄成《传庙议》，渠自不理会得，却引《周礼·守祧》'掌守先王先公之庙祧'注云'先公之迁主藏于后稷之庙，先王之迁主藏于文武之庙'，遂谓周后稷别庙。殊不知太祖与三昭三穆皆各自为

① ［宋］陈傅良：《止斋集》卷二十八《僖祖太祖庙议》，《文渊阁四库全书》第1150册，第730—731页。
② ［宋］黎靖德辑：《朱子语类》卷一百七，《朱子全书》，第3493页。
③ ［宋］陈傅良：《止斋集》卷二十八《僖祖太祖庙议》，《文渊阁四库全书》第1150册，第731页。

庙,岂独后稷别庙。"又云:"后稷不为大祖,甚可怪也。"①

朱熹认为陈傅良的庙议"皆是临时去捡注脚来说",而自己所论"都是大字印在那里底,却不是注脚细字"。② 因此,朱熹在所论《禘祫议》中只引用《仪礼》以及《礼记》中《王制》《曲礼》《檀弓》等篇中论述,并且引用《韦玄成传》云"宗庙异处,昭穆不序"来说明汉制与周制已不同。③ 又据叶贺孙记录,朱熹对陈傅良庙议所引文献逐一审过,认为多不可靠。④ 总之,朱熹从观点到论据,对陈傅良的太庙议进行了评点与批驳。

实际上,具体礼学分歧背后反映的是陈傅良和朱熹在政治态度与学术主张上的不同。据《宋史》记载:"(陈傅良)于太祖开创本原,尤为潜心。及是,因轮对,言曰:'太祖皇帝垂裕后人,以爱惜民力为本。熙宁以来,用事者始取太祖约束,一切纷更之……'退以《周礼说》十三篇上之。"⑤这是记述绍熙元年(1190)陈傅良与光宗廷对的情景。由于光宗对陈傅良经史之学颇感兴趣,后来陈傅良将《周礼说》献给了光宗,引起了很大的社会反响。叶适曾言:"永嘉陈君举亦著《周礼说》十二篇,盖尝献之绍熙天子,为科举家宗尚。"⑥这表明陈傅良"综理当世之务,考核旧闻,于治道可以兴滞补敝"的学术,赢得了皇帝和举子们的青睐。⑦ 朱熹对此高度重视、密切关注,曾向胡大时打听陈傅良廷对的

① [宋]黎靖德辑:《朱子语类》卷一百二十三,《朱子全书》,第3870页。
② [宋]黎靖德辑:《朱子语类》卷一百七,《朱子全书》,第3493页。
③ [宋]朱熹:《晦庵先生朱文公文集》卷六十九《禘祫议》,《朱子全书》,第3333—3334页。
④ [宋]黎靖德辑:《朱子语类》卷一百七,《朱子全书》,第3499页。
⑤ [元]脱脱等:《宋史》卷四百三十四,第12886—12887页。这里言"十三篇",应该是包括现存《止斋集》中的《进〈周礼说〉序》在内。
⑥ [宋]叶适:《水心文集》卷十二《黄文叔周礼序》,《叶适集》,第220页。
⑦ [宋]楼钥:《攻媿集》卷九十五《宝谟阁待制赠通议大夫陈公神道碑》,《文渊阁四库全书》第1153册,第471页。

具体内容。①

　　陈傅良的《周礼说》着眼于对现实问题的考虑，希望在经典中找到依据，从而能为南宋统治者提供进行制度建设的良方。他曾说："《周礼》一经，尚多三代经理遗迹，世无覃思之学，顾以说者谬，尝试者复大谬，乃欲一切驳尽为慊。苟得如《井田谱》与近时所传林勋《本政书》者，数十家各致其说，取其通如此者，去其泥不通如彼者，则周制可得而考矣。周制可得而考，则天下亦几于理矣。"②陈傅良认为，完美的制度近乎天理，有着至高无上的地位。因此他研究《周礼》的目的非常明确，就是要考证周制以为当代所用。而朱熹却认为："如今学问，不考古固不得。若一向去采撷故事，零碎凑合说出来，也无甚益。孟子慨然以天下自任，曰：'当今之世，舍我其谁！'到说制度处，只说'诸侯之礼，吾未之学，尝闻其略也'。"③朱熹还曾言辞激烈地批评考究制度之学的学者，说："今日考一制度，明日又考一制度，空于用处作工夫。"④就朱熹的治学取向喜好而言，他也非常注重考证功夫。但是朱熹以为考证也需建立在对圣人旨意和礼制中蕴含义理完整全面的把握上，同时应该像孟子那样，信信存疑，如果拘泥于尚未了解的制度，一味采撷故事，就会陷入烦琐零碎的境地。

　　有学者曾分析朱熹与陈傅良学术分歧背后的原因，认为永嘉学派首先着眼于制度设计的合理性，至少在形式上，永嘉学派维护了制度原则的独立性。朱熹认为为学根本在"理会自家身心"，制度设计的原则也不可能独立于天理。这种分歧源于双方的道、法之辩。朱熹侧重"法"自"道"出，法是派生性的，而道是第一位的，因此所有实践的重心应放在求

---

①　[宋]朱熹：《晦庵先生朱文公文集》卷五十三《答胡季随》，《朱子全书》，第2517页。

②　[宋]陈傅良：《止斋集》卷四十《夏休〈井田谱〉序》，《文渊阁四库全书》第1150册，第813—814页。

③　[宋]黎靖德辑：《朱子语类》卷八十六，《朱子全书》，第2913页。

④　[宋]黎靖德辑：《朱子语类》卷十一，《朱子全书》，第346页。

道；而永嘉学认为，理学的"道"与制度自身所具有的制度理性——"法"，是互相独立的，对道与法的追求并不必然是时间先后的问题，二者在士大夫的实践中应该是交织在一起的。① 这种分析是有一定道理的，但还需要指出的是，他们求制度之学的路径是不一样的：陈傅良认为从制度到制度就几近天理，而朱熹则认为从理会身心出发去体悟周制中蕴含的天理才是正途。朱熹认为如果不能把握、体认天理，就无法理会《周礼》的精妙完美之处。陈傅良的弟子曹叔远曾在绍熙二年（1191）来竹林精舍问学，朱熹明确表示：

> 曹问《周礼》。曰："不敢教人学。非是不可学，亦非是不当学，只为学有先后，先须理会自家身心合做底，学《周礼》却是后一截事。而今且把来说看，还有一句干涉吾人身心上事否？"②

朱熹在给胡大时的信中也指出："君举先未相识，近复得书，其徒亦有来此者。折其议论，多所未安。最是不务切己，恶行直道，尤为大害。"③总之，在朱熹看来，陈傅良之学多重制度经史，不重身心义理之学。重制度经史，不免照搬成制为世所用，表现出功利的倾向。

在祧庙之议中，朱熹认为陈傅良、楼钥二人主张的正太祖东向之位正是其功利主义倾向的表现。南宋高宗无嗣，选太祖后裔孝宗承继大统，这就导致当时朝廷上下开始重新理解并试图复兴太祖开创的以"祖宗家法"为核心的政治制度。而陈傅良潜心研究太祖建立大宋基业的丰功伟绩以及开创新的政治经济文化格局的各种制度，这无疑是顺应了当时统治者及士人不甘心偏安一隅，而欲雪靖康之耻、求国家之兴的精神

---

① 陈安金：《论永嘉学派与朱子学派的分歧》。
② ［宋］黎靖德辑：《朱子语类》卷八十六，《朱子全书》，第 2911 页。
③ ［宋］朱熹：《晦庵先生朱文公文集》卷五十三《答胡季随》，《朱子全书》，第 2516 页。

需求。陆游就曾说："今乃独尊僖祖，使突有天下二百四十余年，太祖尚不正东向之位，恐礼官不当久置不议也。"①许及之甚至发出"太祖皇帝开基，而不得正东向之位，虽三尺童子亦为之不平"的言论，虽被朱熹责为"鄙陋"②，但也确实传递出当时朝廷及臣僚群体欲正太祖之位的强烈要求。在祧庙之议中，陈、楼二人作为讲究制度名物的专家主张正太祖东向之位，无疑也具有鲜明的政治意义。

朱熹却认为，不能以功业来论庙制，如果现在正太祖东向之位，虽然暂时达到了恢复太祖至尊地位的政治目的，但这无形中却否认了太宗以来的政治脉络，会导致"一旦并迁僖、宣二祖，析太祖、太宗为二之失"，这对于国家的长治久安是无益的。③另外，在朱熹看来，如果要从功业来说，僖祖生产繁衍并培育了优秀的子孙后代，这就是功业。朱熹引程颐之说，以为物岂有无本而生者："今日天下基本，盖出僖祖，安得为无功业？"④那么朱熹之意非常明显，承认僖祖是始祖，是太祖、太宗两脉共同的祖先，不要用功业去衡量僖祖与太祖，有利于团结高宗和孝宗两脉的政治力量，增强统治内部的凝聚力，这才是百世之利、礼制之义。因此从朱熹议祧庙中针对永嘉学者的功利主义倾向提出"僖祖不可祧"的主张我们可以看出，朱熹的礼学重义理的解剖，这与其一贯主张学者应首先明义利之辨是相符的。

值得一提的是，相较于朱熹尖锐的批评和强烈的态度，无论是在学术观点上，还是政治人事上，陈傅良、楼钥二人对朱熹都是宽容、尊重的。陈傅良在著作中极少明确地批评或反驳朱熹。但为什么朱熹会在议祧庙上对楼、陈进行毫不留情、不遗余力的批评呢？宁宗即位后，赵汝愚首

①　［宋］陆游：《老学庵笔记》卷十，第128—129页。
②　［宋］黎靖德辑：《朱子语类》卷九十，《朱子全书》，第3040页。
③　［宋］黄榦：《勉斋集》卷三十六《朱先生行状》，《文渊阁四库全书》第1168册，第421页。
④　［宋］黄榦：《勉斋集》卷三十六《朱先生行状》，《文渊阁四库全书》第1168册，第421页。

荐朱熹和陈傅良①,至少在赵汝愚看来,朱熹和陈傅良同为当时的硕儒。两人在祧庙一事上各持己见,一是向来学术取向不一所致,二是各为自身学术地位而争。朱熹力主以僖祖为始祖,其祭法"不用汉儒之说,刻画周制,禁后王之损益",反对毁庙。② 永嘉学派以研究名物制度的礼学为长,关注汉唐以来典章制度名物的历史沿革。在祧庙之议中,最终以永嘉诸儒的主张取胜,这无疑给朱熹的学术自信以重创,因而不惜辩口利辞。永嘉学派注重"内外交相养成"的思想建构,尤其注重"外王"层面的制度建设,这在国家政治生活中无疑具有重要的作用。通过梳理、研究礼仪制度,永嘉学派作为一个士大夫集体对南宋政治产生了重要的影响。这对于同样致力于用学术来引导、影响政治的朱熹来说,无疑是很大的挑战或警醒。

　　朱熹意识到明析礼义在国家政治生活中具有重要的作用。早年朱熹曾发出"礼不难行于上,而欲其行于下者难也"的感叹,在州郡县任职时朱熹强调因时制礼,其目的在于向下推广实施礼仪。③ 而在朝参与国家礼制讨论时,朱熹发现皇家礼仪之难不在于行之难,而在于难以行得正确、适当。出任朝廷职位之前,朱熹主要以教学生活为主,只有短暂的州郡县的任职经历,可谓秉笏披袍之日少,传业授道之时多。一旦进入朝廷层面的制度讨论,朱熹不免以自己所认为的大经大本来议论国事,没有注意到政治大势以及具体的制度沿革,因而受挫也是必然。议祧庙的失败使朱熹痛不欲生④,同时也给了朱熹一个反思学术的机会,对永嘉学派的批评与吸收也是重新清理、调整自身学术的开始。朱熹开始意识到自己孜孜以求的天理如果不能和具体的礼制结合起来,终究难以服

---

① 〔元〕脱脱等:《宋史》卷四百二十九,第12763页。
② 〔明〕王夫之:《宋论》卷十三,第228页。
③ 〔宋〕朱熹:《晦庵先生朱文公文集》卷六十九《民臣礼议》,《朱子全书》,第3352—3354页。
④ 〔宋〕朱熹:《晦庵先生朱文公文集》卷二十九《与赵丞相书》,《朱子全书》,第1273页。

众。《仪礼经传通解》正是在朱熹百念俱灰、痛定思痛后正式开始编撰的，表明了朱熹强烈要求回归礼学本经的学术要求。

二　私欲和学术局限——对赵汝愚的批评

朱熹议祧庙的主张，是得到过宁宗承认和肯定的。朱熹曾回忆宁宗亲口所说："说得极好。以高宗朝不曾议祧，孝宗朝不曾议祧，卿云'不可轻易'，极是。"①"僖祖乃国家始祖，高宗时不曾迁，孝宗时又不曾迁，太上皇帝时又不曾迁，今日岂敢轻议！"②据黄榦《朱先生行状》："上然之，且曰：'僖祖国家始祖，高宗、孝宗、太上皇帝不曾迁，今日岂敢轻议！'"③其实，宁宗的态度并非如朱熹所言那么坚定。宁宗作为太祖后裔的新君，亟须在皇统问题上返本清源，正太祖东向之位无疑在政治上具有正名的作用。而且，宁宗也认为"朱熹言多不可用"④。宁宗对祧庙的态度，表面上看来是无可无不可的，实际上最终还是倾向于赵汝愚、陈傅良的观点。

当然，朱熹的主张没有被采纳，关键是被当时的丞相赵汝愚破坏所致。本来在朝廷或学界，大家都认为赵汝愚属理学同道，"往往世所标指谓道学者"⑤。在此之前，赵汝愚多提拔服膺程学之士，对于朱熹所提倡的社仓法，也曾在福建数县推广。朱熹入仕经筵，也有赵汝愚引荐之功。无论在学术倾向还是政治理念上，赵汝愚和朱熹应该是有不少共识的。可是他却生硬地拒绝刊出朱熹的奏议，并且在争议并未明朗化时就连夜

① ［宋］黎靖德辑：《朱子语类》卷一百七，《朱子全书》，第 3493 页。
② ［宋］朱熹：《晦庵先生朱文公文集》卷六十九《别定庙议图记》，《朱子全书》，第 3347 页。
③ ［宋］黄榦：《勉斋集》卷三十六，《文渊阁四库全书》第 1168 册，第 421 页。
④ ［元］脱脱等：《宋史》卷四百四，第 12226 页。
⑤ ［宋］叶适：《水心文集》卷二十四《国子祭酒赠宝谟阁待制李公墓志铭》，《叶适集》，第 471 页。

拆毁了僖祖庙,并迁了四祖庙,使之成为既成事实,不再有任何商议的余地。朱熹后来曾气愤不已地对弟子们说:"赵子直又不付出,至于乘夜撤去僖祖室。兼古时迁庙,又岂应如此?"①在给赵汝愚的信中,他还不无怨恨地说:"其罪不在楼、陈,而丞相实任之也。"并且失望而痛心疾首地表示不敢再与赵汝愚交往。② 前面提到的学者们关于导致道学内部分裂的判断正基于此。那么朱熹认为赵汝愚的错失到底在哪儿呢?

首先,朱熹认为赵汝愚不应该因避王安石之学而一概否定其具体的礼学主张。赵汝愚不采王安石的庙议,早在朱熹议祧庙之前就有所反映。朱熹在朝廷时并不知情,有书为证:

> 又问:"赵丞相平日信先生,何故如此?"曰:"某后来到家检渠所编《本朝诸臣奏议》,正主韩维等说,而作小字附注王安石之说于其下,此恶王氏之僻也。"③

> 这般事,最是宰相没主张。这奏议是赵子直编,是他当初已不把荆公做是了,所以将那不可祧之说皆附于注脚下,又甚率略。那许多要祧底话,却作大字写,不知那许多是说个甚?④

赵汝愚编《名臣奏议》时,朱熹曾建议他"只是逐人编好"⑤,但赵汝愚未加采纳,而是将全书分为 12 个门类 114 个子目。清代学者就曾指出两种意见之间的不同:"盖以人而分,可以综括生平,尽其人之是非得失,

---

① 〔宋〕黎靖德辑:《朱子语类》卷一百七,《朱子全书》,第 3492 页。
② 〔宋〕朱熹:《晦庵先生朱文公文集》卷二十九《与赵丞相书》,《朱子全书》,第 1272—1274 页。
③ 〔宋〕黎靖德辑:《朱子语类》卷一百七,《朱子全书》,第 3491 页。
④ 〔宋〕黎靖德辑:《朱子语类》卷一百七,《朱子全书》,第 3490 页。
⑤ 〔宋〕黎靖德辑:《朱子语类》卷一百三十二,《朱子全书》,第 4143 页。

为论世者计也；以事而分，可以参考古今，尽其事之沿革利弊，为经世者计也。平心而论，汝愚所见者大矣。"①从总体来看，此书对于了解宋代政治史无疑具有重要的参考价值，确实也达到了赵汝愚所预期的经世致用的目的。

在此书中，赵汝愚不同意王安石提出的"本朝自僖祖以上，世次不可得而知，则僖祖有庙与稷契疑无以异"②，对于王安石的观点只以小字附注。朱熹认为赵汝愚在祧庙议上至少以下几方面没有认识到：

> 夫绌始祖之尊，置之别庙，不使与于合食之列，而又并迁二祖，止祀八世，熹固已议之矣，而亦未敢尽其词也。今太上圣寿无疆，方享天下之养，而于太庙遽虚一世，略无讳忌，此何礼也？熹本欲于免奏自劾前议不明，致此疏脱，又闻彼中他议方作，不欲以此助其指摘，姑从刊削，然不可不使丞相闻之也。闻今别庙乃是向来二后所祔，不知是否？夫以十世之祖考而下列于孙妇之废庙，此不论而知其得失也，相公何忍为之耶？③

朱熹认为：首先，僖祖祧去之后将其置之别庙，这是以祖祔孙，不能使其得以合食，这样就贬低了僖祖的地位，失去了尊祖之内涵；其次，祧去僖祖后，庙数为八，非九非七，不合古制，也不同近制，而且有诅咒刚禅位不久的光宗早死之嫌；最后，如果僖祖等祧迁之地竟然是孙妇二后向来的祔庙，更是不当之极。朱熹认为赵汝愚之所以没有认识到以上几点，是"向来讲究未精之失"④。

朱熹认为，赵汝愚之所以不能在祧庙议上与自己有相同的见解，主

①　[清]永瑢等：《四库全书总目》卷五十五，第502页。
②　[宋]王安石：《王文公文集》卷三十一《庙议》，第358页。
③　[宋]朱熹：《晦庵先生朱文公文集》卷二十九《与赵丞相书》，《朱子全书》，第1273页。
④　[宋]朱熹：《晦庵先生朱文公文集》卷二十九《与赵丞相书》，《朱子全书》，第1273页。

要是因为他对王安石其人其学认识不足。庆元二年(1196)在给张洽的
信中,朱熹还在不断总结分析王学与祧庙之议间的关系:

　　　　所论新法,大概亦是如此。然介甫所谓胜流俗者,亦非先立此
　　意以压诸贤,只是见理不明,用心不广,故至于此。若得明道先生与
　　一时诸贤向源头与之商量,令其胸中见得义理分明,许多人欲客气
　　自无处着,亦不患其不改矣。若便以不可与有为待之,而不察其所
　　欲胜之流俗亦真有未尽善处,则亦非所以为天下之公,而自陷于一
　　偏之说矣。项见赵丞相所编诸公奏议,论新法者自有数卷,其言虽
　　不为不多,然真能识其病根而中其要害者殊少,无惑乎彼之以为流
　　俗之浮言而不足恤也。至如祧庙一事,当时发言盈庭,多者累数千
　　字,而无一言可以的当与介父争是非者。但今人只见介父所言便以
　　为非,排介父者便以为是,所以徒为竞辨,而不能使天下之论卒定于
　　一也。①

　　朱熹在祧庙之议中取的是王安石不能祧迁僖祖的观点,这并非表明
朱熹就对王安石之学有认同的一面。从整体来说,朱熹对王安石的礼学
有着针锋相对的、深入的批评。朱熹认为二程理学正是弥补或者挽救新
学之失的良药。在祧庙之议中,与其说朱熹取的是王安石的观点,不如
说是采纳、服膺程颐的观点。朱熹曾明确说:"庙议当时只用荆公之说,
盖伊川先生之意也。"②
　　程颐曾有《禘说》一文,赞同王安石所论祧庙的意见,认为"介甫所
见,终是高于世俗之儒"。③ 朱熹在读了程颐的《禘说》后更加坚信自己的

① 　[宋]朱熹:《晦庵先生朱文公文集》卷六十二《答张元德》,《朱子全书》,第 2984—2985 页。
② 　[宋]朱熹:《晦庵先生朱文公文集》卷四十五《答廖子晦》,《朱子全书》,第 2097 页。
③ 　[宋]程颢、程颐:《河南程氏文集遗文》,《二程集》,第 670 页。

祧庙主张为至当，撰文如下：

> 熹未见此论时，诸生亦有发难，以为僖祖无功德者。熹答之曰：
> "谁教他会生得好孙子？"人皆以为戏谈，而或笑之。今得杨子直所
> 录伊川先生说，所谓'今天下基本，皆出于此人，安得为无功业'，乃
> 与熹言默契，至哉言乎！天下百年不决之是非，于此乎定矣。①

在朱熹看来，不能祧迁僖祖的建议虽然是王安石提出的，但得到了元祐大儒程颐的认同，因而可以作为天下之正理。朱熹认为，赵汝愚不能正确看待王安石之学，未能"识其病根而中其要害"，一味地以王安石所是为非，实际上是没有真正掌握批评荆公新学的精义。

其次，朱熹指责赵汝愚"以宗枝入辅王室，而无故轻纳鄙人之妄议，毁撤祖宗之庙以快其私"②。那么赵汝愚的"私"心在何处呢？赵汝愚是汉恭宪王元佐七世孙，也就是宋太宗长子赵德崇七世孙，是属于太宗一脉的。正是宗室的身份，使他的仕途遭遇了种种尴尬。

乾道元年(1165)③，赵汝愚在殿试中程文第一，孝宗按照当时宗室管理政策第一名必须取普通举人的规定，没有取他作状元。除了进士及第时的优异成绩，赵汝愚还是第一个省试知贡举的宗室，第一个被提拔到执政岗位上的宗室，并最终成为宋代第一个也是唯一的宗室宰相。④ 这样的政治履历使得赵汝愚对自己的宗室身份总是小心翼翼，而这样的身份也不时受到同时代官员们的注意。绍熙二年(1191)，他从福建入京，自福州知州兼福建安抚使升任吏部尚书。虽然当时宗室任吏部尚书在宋代尚属首例，但此次升迁并未引来太大争议。绍熙四年，当赵汝愚被

---

① ［宋］朱熹：《晦庵先生朱文公文集》八十三《书程子禘说后》，《朱子全书》，第3924页。
② ［宋］朱熹：《晦庵先生朱文公文集》卷二十九《与赵丞相书》，《朱子全书》，第1274页。
③ 另有一说为乾道二年。
④ ［美］贾志扬著，赵冬梅译：《天潢贵胄：宋代宗室史》，江苏人民出版社，2005年，第186页。

任命为同知枢密院事时，监察御史汪义端反对，援引祖宗故事，以为没有用宗室为执政的先例，并且污蔑赵汝愚"发策讪讪祖宗"。但这并未减少孝宗对赵汝愚的信任，反而命他兼权参知政事。留正执政后，汝愚乞免兼职，乃除特进、右丞相。赵汝愚辞免不拜，说："同姓之卿，不幸处君臣之变，敢言功乎？"仍乃命以特进为枢密使，赵汝愚又辞特进。孝宗将攒，赵汝愚议攒宫非永制，欲改卜山陵，与留正议不合。后来，韩侂胄欲逐汝愚而难其名，有人提示说，赵乃宗姓，只要诬以谋危社稷的罪名就可以罢免其职，置其于不义之地。韩侂胄于是擢用曾向赵汝愚求节度使而不得的李沐，上奏说"汝愚以同姓居相位，将不利于社稷，乞罢其政"。① 总之，姓赵以及是太宗后代的事实使赵汝愚不免遭受种种非议，他也时常如履薄冰，不得不谨小慎微地对待自己的身份和地位，唯恐带来不利的政治影响。

那么以此为背景来看赵汝愚在祧庙之议中果决的态度和连夜毁庙的举动也就不难理解了：如果他不旗帜鲜明地表明自己主张正太祖东向之位，势必会给早有觊觎之意的人更多把柄。而朱熹批评赵汝愚有私心也正基于此，认为其满足了个人的私欲而无视能够带来长久和平安定的礼制秩序。从朱熹一贯申讲的天理人欲之辨来理解，那就是因为赵汝愚没有克己之私欲，有挟势弄权之嫌，因而使天理被蒙蔽了。目光短浅必然表现为行动中的小廉曲谨与阿世循俗。综合种种情形，我们认为朱熹还是过于严苛了。

朱熹与赵汝愚祧庙之议的分歧直接导致了道学群体内部的分裂，这给以韩侂胄为首的官僚集团以可乘之机。因为赵汝愚的大力推荐，朱熹得以进入朝廷供职，但是"韩侂胄用事，既逐赵汝愚、朱熹，以其门多知名士，设伪学之目以摈之"②。朱熹后来不无叹息地说："庙议固可恨，然自

① ［元］脱脱等：《宋史》卷三百九十二，第 11983—11988 页。
② ［元］脱脱等：《宋史》卷三百九十四，第 12033 页。

有衬之，乃有大于此者，令人痛心。"①这里所言"大于此者"，一方面是指道学群体遭到了全面而致命性的打击，另一方面则是朱熹所倡言的理学学术受到了前所未有的挑战。以朱熹刚烈倔直的性格而言，这种打击最终必然表现为对学术的调整与反思，"一切从原头理会过"和逐一讲究礼文制度成为朱熹着力的重点，据《语类》记载：

> 先生言："前辈诸贤多只是略绰见得个道理便休，少有苦心理会者。须是专心致意，一切从原头理会过。且如读《尧、舜典》'历象日月星辰''律度量衡''五礼五玉'之类，《禹贡》山川、《洪范》九畴，须一一理会令透。又如《礼书》冠、昏、丧、祭、王朝、邦国许多制度，逐一讲究。"因言："赵丞相论庙制不取荆公之说，编《奏议》时已编作细注，不知荆公所论，深得三代之制。又不曾讲究毁庙之礼，当时除拆，已甚不应《仪礼》，可笑！子直一生工夫只是编《奏议》。今则诸人之学又只做《奏议》以下工夫。一种稍胜者，又只做得西汉以下工夫，无人就尧、舜、三代原头处会尖。"②

很明显，朱熹将对赵汝愚的批评与讨论须一一从三代源头处理会礼文制度联系起来，表明了二者之间的密切关联。在朱熹看来，赵汝愚一生只在编《诸臣奏议》，而陈傅良、陈亮等学者，只做得西汉以来的史学功夫，仅仅满足于适应现实政治的需要，而根本没有从表现三代经典如《仪礼》等中仔细体会人心义理。在议祧庙之前，朱熹自认为在道德性命之学上已经有了足够的自信；议祧庙失败之后，朱熹强调从三代经典中理会义理应该本着从礼文制度入手的原则，注重礼与理的统一，主张同时

① [宋]朱熹：《晦庵先生朱文公文集续集》卷五《与章侍郎》，《朱子全书》，第4740页。
② [宋]黎靖德辑：《朱子语类》卷一百一十三，《朱子全书》，第3591页。

在刑名器数和道德性命上用力。

三　礼学理学化——特色及其不足

宗庙祭祀，主要表达追养继孝、敬亡事存、收族报本的礼意，具有安邦定国的象征意义，不外乎表现为亲亲尊尊的精神内涵。[①] 但是，什么才是太庙礼制中的亲亲尊尊之精神，却是一个聚讼不已、莫衷一是的话题。高明士分析中古的宗庙制度认为，自汉以来的发展，争议最多者即太庙与祧庙之设定，甚至始封君与受命君也被讨论，也就是如何来表现尊尊精神。到唐代终于确立所谓功德论，正面的意义，即以"德"来定位太祖不迁之庙，其相对意义，仍以"德"来制君，这是值得注意的礼制发展。[②]从思想渊源来说，陈傅良无疑接受的是唐代以来所强调以及在实际礼制中践行的太祖功德论，也在政治实践中试图体现亲亲精神；而朱熹着重考察的则是宗庙制度中所应该坚守的尊尊精神，主张跨越汉唐直奔三代制度精髓。朱熹深知"宗庙不立而人心有所不安"[③]的道理，议论祧庙的着眼点是"尊祖敬宗、报本返始"这一主题。自始至终，朱熹都紧紧扣住在宗庙祭祀、祧迁上该如何体现尊尊精神，什么才是真正意义上的"报本返始"。

对于当时出现的三种主张祧迁的说法，朱熹都一一作了批评，其标准就是是否体现了尊敬祖宗的精神。

第一，对于"欲祧僖祖于夹室，以顺、翼、宣祖所祧之主祔焉"的主张，朱熹认为"夹室乃偏侧之处，若藏列祖于偏侧之处，而太祖以孙居中尊，

① 林素英：《古代祭礼中之政教观：以〈礼记〉成书前为论》，第 161—168 页。
② 高明士：《礼法意义下的宗庙——以中国中古为主》，高明士编：《东亚传统家礼、教育与国法（一）：家族、家礼与教育》，华东师范大学出版社，2008 年，第 53—54 页。
③ ［宋］朱熹：《晦庵先生朱文公文集》卷六十九《禘祫议》，《朱子全书》，第 3334 页。

是不可也"①。"如曰藏于太庙之西夹室，则古者唯有子孙祧主上藏于祖考夹室之法，而无祖考祧主下藏于子孙夹室之文。昔者僖祖未迁，则西夹室者，僖祖之西夹室也。故顺、翼二祖之主藏焉而无不顺之疑。今既祧去僖祖，而以太祖祭初室矣，则夹室者乃太祖之夹室。自太祖之室视之，如正殿之视朵殿也。子孙坐于正殿，而以朵殿居其祖考，于礼安乎？此不可之一也。"②朱熹认为让祖居偏侧之处，而让孙居中尊之位，不足以体事死如事生的宗庙内涵。

第二，对于"欲祔景灵宫"的说法，"元初奉祀景灵宫圣祖，是用簠簋笾豆，又是蔬食。今若祔列祖，主祭时须用荤腥，须用牙盘食，这也不可行"③。在祭祀时可能因为要体现差异而难以传递尊祖之意。"至于祫享，则又欲设幄于夹室之前而别祭焉，则既不可谓之合食，而僖祖神坐正当太祖神坐之背，前孙后祖，此又不可之二也。"④

第三，关于"欲立别庙"说，朱熹认为太祖庙四周一带地步狭窄，别庙的大小也不好确定。尤其是祫祭时会引来许多混乱和更多的纷争。朱熹说："如曰别立一庙以奉四祖，则不唯丧事即远，有毁无立，而所立之庙必在偏位，其栋宇仪物亦必不能如太庙之盛，是乃名为尊祖而实卑之。又当祫之时，群庙之主祫于太庙，四祖之主祫于别庙，亦不可谓之合食。此又不可之三也。"⑤

同时朱熹认为，当时的临安太庙还不足以体现东向之位为尊。他说：

> 其说不过但欲太祖正东向之位，别更无说。他所谓"东向"，又

---

① [宋]黎靖德辑：《朱子语类》卷一百七，《朱子全书》，第 3489 页。
② [宋]朱熹：《晦庵先生朱文公文集》卷十五《祧庙议状》，《朱子全书》，第 721 页。
③ [宋]黎靖德辑：《朱子语类》卷一百七，《朱子全书》，第 3489—3490 页。
④ [宋]朱熹：《晦庵先生朱文公文集》卷十五《祧庙议状》，《朱子全书》，第 721 页。
⑤ [宋]朱熹：《晦庵先生朱文公文集》卷十五《祧庙议状》，《朱子全书》，第 721 页。

那曾考得古时是如何。东向都不曾识,只从少时读书时见奏议中有说甚"东向",依希听得。如今庙室甚狭,外面又接檐,似乎阔三丈,深三丈。祭时各捧主出祭,东向位便在楹南檐北之间,后自坐空;昭在室外,后却靠实;穆却在檐下一带,亦坐空。如此,则东向不足为尊,昭一列却有面南居尊之意。古者室中之事,东向乃在西南隅,所谓奥,故为尊。合祭时,太祖位不动,以群主入就尊者,左右致飨,此所以有取于东向也。今堂上之位既不足以为尊,何苦要如此,乃使太祖无所自出。①

　　朱熹此论的目的在于强调,既然目前的太庙东向也未必体现至尊,也就没有必要一定正太祖东向之位。

　　总之,在朱熹看来,祧庙与否的关键就在于能否体现尊祖之精神。而在僖祖与太祖祖孙关系之间,无疑僖祖为至尊,因此礼制变动与否的关键就在于是否体现僖祖的至尊地位,是否表达太祖的尊祖敬宗之心愿。如朱熹指责若依郑侨祧迁僖祖之说,"特以其心急于尊奉太祖,三年一祫时暂东向之故,而为此纷纷,不复顾虑。殊不知其实无益于太祖之尊,而徒使僖祖、太祖两庙威灵常若相与争校强弱于冥冥之中,并使四祖之神疑于受摈,彷徨踯躅,不知所归,令人伤痛不能自已"②。又设想当年太祖追尊四祖之心,相比于今日群臣之议:"尊太祖以东向者,义也;奉僖祖以东向者,恩也。义者,天下臣子今日之愿也;恩者,太祖皇帝当日之心也。与其伸义诎恩以快天下臣子之愿,孰若诎义伸恩以慰太祖皇帝之心乎?"③朱熹认为体察、抚慰太祖敬宗尊祖之心比满足、顺遂当今臣子之心更能体现宗庙祭祀的真正用意。

---

① 〔宋〕黎靖德辑:《朱子语类》卷一百七,《朱子全书》,第 3490 页。
② 〔宋〕朱熹:《晦庵先生朱文公文集》卷十五《祧庙议状》,《朱子全书》,第 721 页。
③ 〔宋〕朱熹:《晦庵先生朱文公文集》卷十五《祧庙议状》,《朱子全书》,第 723 页。

朱熹强调，继承太祖之统绪不在于是否让太祖正东向之位，而在于思考行太祖之礼乐，对于太祖所尊所亲的祖宗，更当爱敬兼尽，事死如生，方为至孝。第一种庙议方案保留僖祖，祧去宣祖、真宗、英宗，太祖、太宗仍为一世。朱熹认为这样"三岁祫享，则僖祖东向如故，而自顺祖以下至于孝宗，皆合食焉，则于心为安而于礼为顺焉"[①]。朱熹不仅强调人心之体察，还以人情论庙制，认为庙室的建设应该与生前祖先所居相衬，如果随意让其处之夹室或简陋的别庙，就很难体现宗庙建设的本质内涵所在。朱熹说："以人情而论之，则生居九重，穷极壮丽，而没祭一室，不过寻丈之间，甚或无地以容鼎俎而阴损其数，孝子顺孙之心，于此宜亦有所不安矣。"[②]从这些论述来看，朱熹均是在以心体心，以心说理，以人情推定礼仪。

朱熹想以理服人，却招致以理说礼的惨败。"礼学理学化"的特征在于学者论礼时不免刊落制度、名物、典章而直抒其意；而且一旦将"礼义"从具体的制度中抽离出来，就容易造成以"理"代礼，从而产生对礼的误解与扭曲。[③] 王安石、程颐、朱熹之所以会在祧庙之议上达成共识，是因为他们在追求礼义特别是在体认宗庙制度中的亲亲尊尊精神时无疑倾向了尊尊，认为这是天理人心使然。朱熹以天理、人心、人情来论礼制时，不免忽视宗庙礼制在现实政治中演变的历史轨迹。

尽管朱熹议论祧庙在当时和后来还是有不少人赞同或服膺，如赵彦卫也认为"徹安陵，而止有八庙。虽号为正东向之位，而临安庙制有堂无室，卒无东向之位可正"[④]。清代汪师韩在维护朱熹庙议的基础上，仍以心、理、情论宋代宗庙之礼："今以其尊于太祖者下就太祖之室，固非理

---

① [宋] 朱熹：《晦庵先生朱文公文集》卷十五《祧庙议状》，《朱子全书》，第 723 页。
② [宋] 朱熹：《晦庵先生朱文公文集》卷六十九《禘祫议》，《朱子全书》，第 3334 页。
③ 张寿安：《十八世纪礼学考证的思想活动——礼教论争与礼秩重省》，北京大学出版社，2005 年，第 104—106 页。
④ [宋] 赵彦卫：《云麓漫钞》卷十二，第 221 页。

也；以其尊于太祖，因别立庙，而废其合食，亦非情也。唐、宋既无可比契、稷之祖，则即以所追王之最尊者为世祖。假使周无后稷，要不得以太王、王季下就文、武之祧，亦必不别庙以奉太王、王季，使不得在祫享之列也。后儒但见开创之君当为太祖，而不念别祀之非礼。则是开创之君，其身后正位为太祖，即不得与父祖会食，此其居心，亦不仁甚矣！"①王夫之也撰文体察朱熹议论祧庙之用心，认为朱熹"独于祧庙之说，因时而立义，诚见其不忍祧也"②。

　　但是我们也不难看出，朱熹在设计具体的祧迁方案时礼学功夫仍有不足之处。朱熹前后曾提出两种庙议方案：第一种方案，保留僖祖，祧去宣祖、真宗、英宗，太祖、太宗仍为一世；第二种方案，"不若上存僖祖为初室，东向如故，而迁宣祖一世于西夹室。太祖、太宗、仁宗三室亦为百世不迁之庙，将来永不祧毁"③。这两种方案都与当时实行制度差异过大：首先是确定世室，已列的太祖、太宗、仁宗以及待六世亲尽的高宗，将突破崇宁九庙之制而使庙数再次增加；其次，迁祧真宗、英宗，与时人观念差别太大；再次，虽以太祖、太宗为一世，同为穆庙，但哲宗与徽宗，钦宗与高宗皆是兄弟，却昭穆不同，前后标准歧异，自然难以服人。④ 朱熹后来也提到："当日议状、奏札出于匆匆，不曾分别始祖、世室、亲庙三者之异，故其为说易致混乱。"⑤

　　另外，朱熹关于始祖问题的讨论实际上也与礼学、礼制不合。据李衡眉考证，古代昭穆制度中实无"始祖"这一称呼。东汉时《白虎通》的作者班固与《礼纬》的作者是宗庙之制中"始祖"之称的始作俑者。隋朝以

① ［清］汪师韩：《唐宋毁庙论》，《皇清经世文编》，《魏源全集》第十六册，岳麓书社，2004 年，第 103—104 页。
② ［明］王夫之：《宋论》卷十三，第 230 页。
③ ［宋］朱熹：《晦庵先生朱文公文集》卷十五《进拟诏意》，《朱子全书》，第 728 页。
④ 张焕君：《宋代太庙中的始祖之争——以绍熙五年为中心》。
⑤ ［宋］朱熹：《晦庵先生朱文公文集》卷六十九《别定庙议图记》，《朱子全书》，第 3347 页。

后，"始祖"之称已被普遍乱用于宗庙之制中。元、明两代仍坚持使用太
祖这一称呼，而不被"始祖"之称所惑乱。① 很明显，朱熹作为一代大儒，
仍然困惑于"始祖"之称，是没有注意到这一称呼的历史渊源。据《旧唐
书·礼仪志》记载，早在唐中宗时，张齐贤就曾指出："太祖之外，更无始
祖。"②又据《旧五代史·礼志上》，五代晋天福二年（937）正月议立晋宗庙
时，御史中丞张昭远上奏曰："臣读十四代史书，见二千年故事，观诸家宗
庙，都无始祖之称。"又曰："自商、周以来，时更十代，皆于亲庙之中，以有
功者为太祖，无追崇始祖之例。"③所以"始祖"议者，实不能成立。

因此，朱熹议祧庙失败似乎预示了礼学理学化带来的必然结果，在
学术上很难致用，在政治上表现出不成熟与不合时宜。但是，朱熹超乎
寻常的学术反思能力使得他在奉祠去国后的两年内，还在不断反思、讨
论祧庙事件。庆元二年（1196），朱熹正式启动私人修撰《仪礼经传通
解》。朱熹意识到在考察具体礼制时也应注意礼本身的制度沿革，义理
优先的前提应该是充分认识到礼中所蕴含的理。如果不注意承袭原有
的礼制规范，就容易导致混乱。这些反思都不同程度地体现在了编撰
《通解》所制定的体例中。后来朱熹在编撰礼书的过程中多提醒学者留
意有关庙制、禘祫、郊社等问题，在讨论中多次提及关于祧庙的主张，足
见此事对朱熹编修礼书的影响。④

---

① 李衡眉：《历代昭穆制度中"始祖"称呼之误厘正》，《求是学刊》1995 年第 3 期。
② 此条材料为高明士在李衡眉论述的基础上指出，见高明士：《礼法意义下的宗庙——以中
国中古为主》，高明士编：《东亚传统家礼、教育与国法（一）：家族、家礼与教育》，第 32—
33 页。
③ ［宋］薛居正等：《旧五代史》卷一百四十二，中华书局，1976 年，第 1899 页。
④ 参见［宋］朱熹：《晦庵先生朱文公续集》卷一《答黄直卿》，《朱子全书》，第 4649 页；《晦庵先
生朱文公文集》卷五十二《答吴伯丰》，《朱子全书》，第 2457 页；《晦庵先生朱文公文集》卷五
十九《答李宝之》，《朱子全书》，第 2830 页。

第六章　朱熹礼学思想的特点

第一节　学:《仪礼》为本

朱熹重新认识并确立了三《礼》的地位及关系,明确提出《仪礼》是本经,是经礼的观点。朱熹说:

> 先儒以《仪礼》为经礼。①

> 《仪礼》,礼之根本,而《礼记》乃其枝叶。②

> 《仪礼》是经,《礼记》是解《仪礼》。如《仪礼》有《冠礼》,《礼记》
> 便有《冠义》;《仪礼》有《昏礼》,《礼记》便有《昏义》;以至燕、射之类,
> 莫不皆然。③

---

① 〔宋〕黎靖德辑:《朱子语类》卷八十五,《朱子全书》,第 2899 页。
② 〔宋〕黎靖德辑:《朱子语类》卷八十四,《朱子全书》,第 2888 页。
③ 〔宋〕黎靖德辑:《朱子语类》卷八十五,《朱子全书》,第 2899 页。

朱熹强调《仪礼》作为礼之根本，旨在突出《仪礼》的重要性，这是对唐宋以来礼学学习和研究重视《礼记》而忽视《仪礼》的反思，尤其是对王安石新学注重《周礼》、废罢《仪礼》的反动。朱熹常常批评宋儒研究《仪礼》中出现的杜撰之风。朱熹所说的"杜撰"，就是自出新意，穿凿附会，指出的是宋代学者在考察礼学时往往习惯脱离仪节，多用义理来揣度礼意所产生的弊端。朱熹指出："熙宁以来，王安石变乱旧制，废罢《仪礼》，而独存《礼记》之科，弃经任传，遗本宗末，其失已甚。而博士诸生又不过诵其虚文以供应举，至于其间亦有因仪法度数之实而立文者，则咸幽冥而莫知其源。一有大议，率用耳学臆断而已。"①这说明朱熹已经充分认识到不习《仪礼》带来的严重后果，看到了"今士人读《礼记》而不读《仪礼》"所产生的悬空说礼义，"不能见其本末"的弊端。② 出于对制度名物之学与道德性命之学的深刻反思，朱熹的礼学思想才倾向于以《仪礼》为基础的修身之学，而非以《周礼》为凭借的制度之学。③

朱熹明确告诉学者们，先有礼，才能引申礼义，二者之间的关系不能本末倒置。礼义的引申与发挥应该建立在对《仪礼》的学习和认识上。如果不熟悉《仪礼》，对《礼记》的认识和发挥就会导致空谈虚说的弊病。在绍熙五年（1194）所上的《乞修三礼札子》中，朱熹提出："《周官》一书，固为礼之纲领，至其仪法度数，则《仪礼》乃其本经，而《礼记·郊特牲》《冠义》等篇乃其义说耳。"④在今天，《仪礼》为本经的观点可以说是不言自明的。而在朱熹以前，对《仪礼》地位的认识却并不一致，甚至可以说分歧很大。

郑玄曾有统合《礼器》和《祭义》的说法，认为礼兼具"体"和"履"两方面功能，而"《周官》为体，《仪礼》为履"。在注释"经礼"和"曲礼"时，郑玄

---

① ［宋］朱熹：《晦庵先生朱文公文集》卷十四《乞修三礼札子》，《朱子全书》，第 687 页。
② ［宋］黎靖德辑：《朱子语类》卷八十四，《朱子全书》，第 2888 页。
③ 殷慧、肖永明：《朱熹的〈周礼〉学思想》，《湖南大学学报》（社会科学版）2008 年第 1 期。
④ ［宋］朱熹：《晦庵先生朱文公文集》卷十四《乞修三礼札子》，《朱子全书》，第 687 页。

说"'经礼',谓《周礼》也。《周礼》六篇,其官有三百六十。'曲',犹事也,'事礼',谓今《礼》也。《礼》篇多亡,本数未闻,其中事仪三千。""《曲礼》者,是《仪礼》之旧名,委曲说礼之事。"①在郑玄看来,"经礼三百"指《周礼》,《周礼》三百六十官,举其成数;"曲礼三千"指《仪礼》,《仪礼》篇目多亡,本数多少不可考。"经礼,即《周礼》三百六十官。曲礼,即今《仪礼》冠、昏、吉、凶。其中事仪三千,以其有委曲威仪,故有二名也。"②实际上,在郑玄的阐释中就已经暗含了崇体贱履,扬《周礼》轻《仪礼》的倾向。

　　梁朝礼学名家贺玚继续发挥郑玄"《周礼》为体"的观点,认为《周礼》其体有二:"一是物体,言万物贵贱、高下、小大、文质各有其体;二曰礼体,言圣人制法,体此万物,使高下、贵贱各得其宜也。其《仪礼》但明体之所行,践履之事物,虽万体皆同一履,履无两义也。"③在这里,贺玚挖掘了体的两层内涵:一方面,"体"表现为自然世界丰富的层次性、多样性;另一方面,也表现为人类社会制度效法自然世界设立的等级礼制。《周礼》中"体"所展现的是具有形而上的普遍性,而《仪礼》则表现的是形而下的实践性,是对《周礼》的践履。从中我们不难看出,《周礼》的地位似乎在无形中得到提升,而《仪礼》的地位则在不自觉中下降。

　　唐孔颖达在袭用郑、贺观点的基础上,在《礼记正义序》中论述《周礼》和《仪礼》的关系时,从"三百""三千"的搭配入手,试图从经籍中寻找《周礼》为体、为经,《仪礼》为曲礼的文献依据。他说:

　　　　《周礼》为体,其《周礼》见于经籍,其名异者,见有七处。案:《孝经说》云"礼经三百",一也;《礼器》云"经礼三百",二也;《中庸》云"礼仪三百",三也;《春秋说》云"礼经三百",四也;《礼说》云"有正经

---

① ［清］阮元校刻:《十三经注疏》(清嘉庆刊本),第 2659、3108、2660 页。
② ［宋］朱熹:《仪礼经传通解·篇第目录》,《朱子全书》,第 27 页。
③ ［清］阮元校刻:《十三经注疏》(清嘉庆刊本),第 2659 页。

三百"，五也；《周官》外题谓为《周礼》，六也；《汉书·艺文志》云"《周官经》六篇"，七也。七者皆云三百，故知俱是《周官》。《周官》三百六十，举其大数而云三百也。其《仪礼》之别，亦有七处，而有五名。一则《孝经说》《春秋》及《中庸》并云"威仪三千"；二则《礼器》云"曲礼三千"；三则《礼说》云"动仪三千"；四则谓为《仪礼》；五则《汉书·艺文志》谓《仪礼》为《古礼经》。凡此七处、五名称谓，并承三百之下，故知即《仪礼》也。①

总之，以郑、孔为代表的礼学家都认为《周礼》有统摄《仪礼》的纲领性作用，"体"作用于"用"，"三百"纲目引领"三千"威仪。朱熹却一反这一成说，在《仪礼经传通解》中，对《仪礼》是经礼作了详细的说明，实为不刊之论。

朱熹不赞成郑玄等言"经礼"是《周礼》三百六十官，"曲礼"乃指《仪礼》"事仪三千"的说法，而主张采用臣瓒和叶梦得的观点。朱熹说：

> 臣瓒曰："《周礼》三百，特官名耳。经礼，谓冠、昏、吉、凶。"盖以《仪礼》为经礼也。而近世括苍叶梦得曰："经礼，制之凡也；曲礼，文之目也。先王之世，二者盖皆有书藏于有司，祭祀、朝觐、会同则大史执之以莅事，小史读之以喻众。而乡大夫受之以教万民，保氏掌之以教国子者，亦此书也。愚意礼篇三者，《礼器》为胜。"诸儒之说，瓒、叶为长。②

臣瓒的观点已经谈到《周礼》三百，特指官名，而谈论经礼，则是指

---

① ［唐］孔颖达：《礼记正义序》，［清］阮元校刻：《十三经注疏》（清嘉庆刊本），第2655—2656页。
② ［宋］朱熹：《仪礼经传通解·篇第目录》，《朱子全书》，第27—28页。

《仪礼》中的冠、婚、吉、凶之礼，但没有明确经礼与曲礼之间的区别。叶梦得则提出"经礼"为纲，"曲礼"为目，而认为作为"经礼"和"曲礼"的礼书，共同为典礼的举行和礼仪的传授、教化服务，有用《仪礼》统合经礼、曲礼的倾向。朱熹则在上述说法的基础上详细论述如下：

> 盖《周礼》乃制治立法、设官分职之书，于天下事无不该摄，礼典固在其中，而非专为礼设也。故此志列其经传之目，但曰《周官》而不曰《周礼》，自不应指其官目以当礼篇之目，又况其中或以一官兼掌众礼，或以数官通行一事，亦难计其官数以充礼篇之数。至于《仪礼》，则其中冠、昏、丧、祭、燕、射、朝聘自为经礼大目，亦不容专以曲礼名之也。但《曲礼》之篇，未见于今何书为近，而三百、三千之数，又将何以充之耳？又尝考之，经礼固今之《仪礼》，其存者十七篇。而其逸见于它书者，犹有《投壶》《奔丧》《迁庙》《衅庙》《中霤》等篇。其不可见者，又有《古经》增多三十九篇，而《明堂阴阳》《王史氏记》数十篇。及河间献王所辑礼乐古事多至五百余篇，倘或犹有逸在其间者，大率且以《春官》所领五礼之目约之，则其初固当有三百余篇亡疑矣。所谓曲礼，则皆礼之微文小节，如今《曲礼》《少仪》《内则》《玉藻》《弟子职》篇所记事亲事长、起居饮食、容貌辞气之法，制器备物、宗庙宫室、衣冠车旗之等。凡所以行乎经礼之中者，其篇之全数虽不可知，然条而析之，亦应不下三千有余矣。①

朱熹明确指出《周礼》乃是制治立法、设官分职之书，而并非专为礼而设的经礼。《仪礼》才是经礼，因冠、婚、丧、祭、燕、射、朝聘的经礼大目，不能专以曲礼名之。"经礼三百"指《仪礼》当时应有不下三百的篇

---

① ［宋］朱熹：《仪礼经传通解·篇第目录》，《朱子全书》，第28页。

目，"曲礼"是指礼之微文小节，体现在《仪礼》之中应有三千余条。总之，朱熹意在强调：无论是经礼三百，还是曲礼三千，都不能离开《仪礼》来讨论，都必须建立在对《仪礼》了解的基础上。

值得注意的是，在论述经礼、曲礼之间的关系时，朱熹还纠正了"以经礼为常礼，曲礼为变礼"的说法，认为不能将经礼与曲礼完全对立割裂开来，而应该看到两者之间的密切联系。他说：

> 若或者专以经礼为常礼，曲礼为变礼，则如《冠礼》之不醴而醮、用酒杀牲而有折俎、若孤子冠母不在之类，皆礼之变而未尝不在经礼篇中；"坐如尸""立如斋""毋放饭""毋流歠"之类，虽在曲礼之中，而不得谓之变礼，其说误也。①

在朱熹看来，常中有变，变中有常，这也是正确理解《仪礼》和《礼记》的关键。这一观点在《朱子语类》中亦有记载：

> 礼有经，有变。经者，常也；变者，常之变也。先儒以《曲礼》为变礼，看来全以为变礼亦不可。盖曲者，委曲之义，故以《曲礼》为变礼。然"毋不敬，安定辞，安民哉"，此三句，岂可谓之变礼！先儒以《仪礼》为经礼。然《仪礼》中亦自有变，变礼中又自有经，不可一律看也。②

朱熹认为不能拘泥于经与权、常与变的绝对认定，而应该看到经礼、曲礼中都有常礼、变礼，不可一概而论。这样实际上也就沟通了《仪礼》与《礼记》之间的关系，不论是记载经典礼文的《仪礼》，还是对礼仪典制

---

① ［宋］朱熹：《仪礼经传通解·篇第目录》，《朱子全书》，第 28 页。
② ［宋］黎靖德辑：《朱子语类》卷八十五，《朱子全书》，第 2899 页。

进行理论升华的《礼记》，其中都涵盖了对礼的原则的坚持和变通，不可忽视。对礼的"经""变"思想的阐释，也成为朱熹因时制礼的理论基础。

　　另外，朱熹除了在学理上提出《仪礼》作为经礼外，在情感上也对《仪礼》有着强烈的认同感。朱熹针对不少学者认为《仪礼》是残缺之礼书而不愿研习的现象，提出"惟《仪礼》是古全书"①。"礼书如《仪礼》，尚完备如他书。"②朱熹所言的"全"和"完备"应该是指《仪礼》保存了一些完整的仪节，这是后世理解礼的基础，目的在于引导提醒学者们关注《仪礼》。朱熹还说："《仪礼》事事都载在里面，其间曲折难行处，他都有个措置得恰好。"③这就说明《仪礼》的完备表现在关注了人际交往和社会规范的方方面面，考虑周全而妥善措置了各种曲折难行处，不仅是行为的范本，也是义理追溯的源头。在谈到《仪礼》一书是如何产生时，朱熹的观点精辟而独到。他说："《仪礼》，不是古人预作一书如此。初间只以义起，渐渐相袭，行得好，只管巧，至于情文极细密，极周经处，圣人见此意思好，故录成书。"④朱熹用简短的话说明了一个重大的理论问题：礼仪的实行先于《仪礼》一书的产生。⑤ 同时在这段话中，朱熹实际上还肯定了在《仪礼》精致细密的仪节中实际上内蕴着丰富精巧的义理。《仪礼》是礼与义的完美结合。朱熹认为，就典礼的产生、礼仪书本的撰作和礼义的阐发来说，《仪礼》是记录礼典、礼仪的成书，具有"本"的价值、"经"的地位。《礼记》是后代诸儒阐发礼义的篇章结集，只具"末"的价值、"传"的地位。在朱熹看来，如果不正确理解《仪礼》和《礼记》的关系，在处理礼学具体问题上就会以《礼记》代替《仪礼》，观念上的错误终会导致具体的谬误。

---

① ［宋］黎靖德辑：《朱子语类》卷八十四，《朱子全书》，第2888页。
② ［宋］黎靖德辑：《朱子语类》卷八十五，《朱子全书》，第2898页。
③ ［宋］黎靖德辑：《朱子语类》卷八十五，《朱子全书》，第2905页。
④ ［宋］黎靖德辑：《朱子语类》卷八十五，《朱子全书》，第2898页。
⑤ 当代礼学名家沈文倬在《略论礼典的实行和〈仪礼〉书本的撰作》中详细论证了礼典的实践先于文字记录而存在，自殷至西周各种礼典次第实行，而礼书至春秋以后开始撰作。参见沈文倬：《菿闇文存——宗周礼乐文明与中国文化考论》，第8页。

因此在朱熹看来，重新审视《仪礼》的地位将有利于澄清对三《礼》学的认识。

朱熹关于《仪礼》与《礼记》关系的思考集中体现在晚年《仪礼经传通解》的编写中。朱熹最初希望能将早年关于《大学》《中庸》等篇的义理探讨所得贯穿于《仪礼经传通解》。王过说："先生编《礼》，欲以《中庸》《大学》《学记》等篇置之卷端为《礼本》。"①后来《仪礼经传通解》虽并未将此三篇置于卷端，以为礼本，但实际上朱熹已经将《中庸》《大学》《学记》中关于礼义的探讨渗入了礼书的纲目之中。朱熹在对待礼的态度上一向主张应优先领会义理。据叶贺孙所录：

> 杨通老问《礼书》。曰："看《礼书》，见古人极有精密处，事无微细，各各有义理。然又须自家工夫到，方看得古人意思出。若自家工夫未到，只见得度数文为之末，如此岂能识得深意？如将一碗干硬底饭来吃，有甚滋味？若白地将自家所见揣摸他本来意思不如此，也不济事。兼自家工夫未到，只去理会这个，下梢溺于器数，一齐都昏倒了。如今度得未可尽晓其意，且要识得大纲。"②

朱熹的意思是，《仪礼》虽然是典礼仪式的记录，但义理精微之处已暗藏其中。因此须将《礼记》中关于礼义的阐释与《仪礼》中的仪节相互参照，才能真正懂得礼学。朱熹所言"自家工夫"一方面是指对天人性命之理的察识，另一方面是通过服膺天理来涵养本原，同时在修身中践履礼仪。有涵养察识作为基础，才能真正理解原初之礼，才能真心诚意践履当下之礼。朱熹严肃地告诉学礼者："礼学是一大事，不可不讲，然亦

---

① ［宋］黎靖德辑：《朱子语类》卷十九，《朱子全书》，第663页。
② ［宋］黎靖德辑：《朱子语类》卷八十四，《朱子全书》，第2887页。

须看得义理分明,有余力时及之乃佳。不然,徒弊精神,无补于学问之实也。"①如果不能为玄虚的义理找到经典和现实的依据,就只能汲汲于名物器数而不能真正有补于世教。卫湜曾指出当时学习《礼记》的学者往往"穷性理者略度数,推度数者遗性理"②。朱熹的目的正在于将性理的探讨与度数的推明有机地结合起来。《仪礼经传通解》的编修贯穿了朱熹对宋代三《礼》学研究的思考,也是朱熹礼学思想以《仪礼》为本经的集中体现。

第二节　理:情文相称

朱熹考证礼仪主要注重考察礼之名物制度和礼中人情。③ 情文相称既是朱熹考礼的最终目标,也是其礼学思想的特色之一。朱熹考证礼文的内容非常丰富,我们综合《朱文公文集》和《朱子语类》中的相关内容,结合陈来《朱子书信编年考证》以及束景南《朱熹年谱长编》中的考证成果,将朱熹考证《仪礼》的相关内容列表如下:

时　间	考　证　内　容	出　　处
1155 年	祭器、祭服等	《文集》卷六十九《民臣礼议》
1170 年	庙室之制	《文集》卷四十二《与吴晦叔》
1173 年	论家庙祭外祖 论祭仪及墓次焚黄	《文集》卷三十《答汪尚书》
1173 年	论丧礼、祭礼与丧服	《文集》卷四十三《答陈明仲》

---

① ［宋］朱熹:《晦庵先生朱文公文集》卷五十九《答陈才卿》,《朱子全书》,第 2848 页。
② ［清］朱彝尊:《经义考》卷一百四十二,第 748 页。
③ 钱穆:《朱子新学案》,第 1315 页。

时　间	考　证　内　容	出　　处
1177 年	详辨祔礼	《文集》卷三十六《答陆子寿》
1177 年	论既祔复主之礼	《文集》卷五十八《答叶味道》
1181 年	深衣制度	《文集》卷三十七《答颜鲁子》《文集》卷六十八《深衣制度》
1187 年	论庙室之向与坐位方向	《文集》卷四十九《答王子合》
1187 年	论丧礼服制	《文集》卷五十四《答周叔谨》
1187 年	高宗赵构卒，讨论订正丧服制度	《文集》卷六十九《君臣服议》
1189 年	论宗法	《文集》卷五十一《答董叔重》
1192 年	堂室制度	《文集》卷六十八《殿屋厦屋说》《明堂说》
1194 年	论丧服制度及庙中塑像	《文集》卷四十六《答黄商伯》
1194 年	庙议	《文集》卷六十九《禘祫议》《文集》卷六十九《汉同堂异室庙及原庙议》《文集》卷六十九《别定庙议图记》
1194 年	释奠仪	《文集》卷八十三《书释奠申明指挥后》
1195 年	论从祀画像及塑像	《文集》卷四十六《答曾致虚》
1195 年	辨程氏祭仪之误	《文集》卷六十二《答李晦叔》
1195 年	论嫁母之有服	《文集》卷八十四《题不养出母议后》
1195 年	跪坐拜	《文集》卷六十八《跪坐拜说》《周礼大祝九拜辩》
1197 年	祭礼	《文集》卷六十三《答叶仁父》
1197 年	论卒哭而祔之礼	《文集》卷六十二《答王晋辅》
1198 年	论天子新丧吉服之制及主式	《文集》卷六十《答潘子善》
1198 年	备答丧礼诸疑问	《文集》卷六十三《答胡伯量》《答李继善》

续表

时　间	考　证　内　容	出　　处
1198 年	婚礼	《文集》卷六十三《答郭子从》
1198 年	天子之礼	《文集》卷六十九《天子之礼》
1198 年	壶、宫制、社坛、井田等	《文集》卷六十八《壶说》《答社坛说》《井田类说》
1198 年	论朝中礼仪	《文集》卷七十一《读杂书偶记三事》
1198 年	论庙制	《语类》卷九十
1198 年	论冠服之制	《语类》卷九十一
1198 年	论幞头之制	《语类》卷九十一
1198 年	衣裳制度	《语类》卷一百七
1198 年	跪、坐、拜姿	《语类》卷九十一

从上表我们不难看出,朱熹考证《仪礼》的礼文实以丧、祭二礼为中心。朱熹对礼文的考证多切合社会实际需要,如朱熹注意到朝廷中失礼小节而学士儒臣都不能纠正的现实,深切感受到州县礼仪推行不力的现状,力图通过考证,为制定切实可行的礼仪服务。从考证形式上来看,朱熹并不仅仅局限于求证古代礼书中的经典诠释,而且充分注意到仪礼在社会历史沿革中的变化,通过小说、画本以及民间实物,参考史书中的记载,留心见闻中关于礼仪因革变化的论说,通过考察经典与历史相结合的方式反映礼仪随时随地变化的一面。

朱熹在继承北宋儒者们关于礼与人情的思考论述的基础上,继续申明"先王制礼,本缘人情"的观点。① 与北宋儒者相较,朱熹对于礼中人情的体察,不仅作了形而上建设性的思考,更从礼仪、礼制中深入挖掘其人情、礼意所在。下面举例说明。

---

① ［宋］朱熹:《晦庵先生朱文公文集》卷三十六《答陆子寿》,《朱子全书》,第 1558 页。

朱熹讨论了古礼中上下君臣、父子、母子、臣属之间蕴含的情意，认为"古人上下之际虽是严，而情意甚相通"，例如"虞礼，子为尸，父拜之"，"子冠，母先拜之，子却答拜"，"皇帝为丞相起"，感叹当时上下君臣、臣属之间由于礼仪缺失而导致的情意隔膜与疏远现象。①

朱熹曾探讨北宋和南宋君臣之礼间的细微不同，并指出少数民族礼仪受中原文化影响产生的变化。②《朱子语类》记载：

> 本朝于大臣之丧，待之甚哀，贺孙举哲宗哀临温公事。曰："温公固是如此，至于尝为执政，已告老而死，祖宗亦必为之亲临、罢乐。看古礼，君于大夫，小敛往焉，大敛往焉；于士，既殡往焉；何其诚爱之至！今乃恝然。这也只是自渡江后，君臣之势方一向悬绝，无相亲之意，故如此。古之君臣所以事事做得成，缘是亲爱一体。因说虏人初起时，其酋长与部落都无分别，同坐同饮，相为戏舞，所以做得事。如后来兀术犯中国，掳掠得中国士类，因有教之以分等陛立制度者，于是上下位势渐隔，做事渐难。"③

以君临臣丧礼来说，两宋之际，临奠仪式的时间、空间、过程选择、安排都从以临奠对象——死者为中心向临奠者——君主一方倾斜，这表明皇帝的权威在凸显，死者和臣下完全被置于从属地位。④ 朱熹也不禁感慨："祖宗时，于旧执政丧亦亲临。渡江以来，一向废此。"⑤细微的礼仪往往反映出政治格局、人情礼遇的变化，朱熹敏锐地察觉到了孝宗连平日待之甚厚的陈俊卿在死后也不亲临，说明君臣情意之薄，政治凝聚力在

---

① ［宋］黎靖德辑：《朱子语类》卷九十一，《朱子全书》，第3071—3072页。
② ［宋］黎靖德辑：《朱子语类》卷八十九，《朱子全书》，第3012—3013页。
③ ［宋］黎靖德辑：《朱子语类》卷八十九，《朱子全书》，第3012—3013页。
④ 皮庆生：《宋代的"车驾临奠"》。
⑤ ［宋］黎靖德辑：《朱子语类》卷八十五，《朱子全书》，第2898页。

减弱。

　　朱熹不同意杜佑"古人用尸者，盖上古朴陋之礼"，"而世之迂儒必欲复尸，可谓愚矣"的观点，注意到当时的瑶族山洞及崇安偏远的乡村仍存在祭祀用尸的习俗，认为："古人用尸，自有深意，非朴陋也。"同时指出祭祀中用尸的深意在于可以更好地实现子孙与祖先之间的气类感格："子孙既是祖宗相传一气下来，气类固已感格，而其语言饮食，若其祖考之在焉，则有以慰其孝子顺孙之思，而非恍惚无形想象不及之可比矣。古人用尸之意，所以深远而尽诚，盖为是耳。"①

　　朱熹还曾探讨墓祭及节祠问题，认为在正礼与人情之间，应注重人情的考察。② 朱熹探讨宗法制度下异爨应如何体现宗子意，并以当时陆九渊家为例，具有现实针对性。③ 朱熹认为冠礼涉及面小，"是自家屋里事"，最易行。朱熹还探讨婚礼庙见的含义，认为："昏礼庙见舅姑之亡者而不及祖，盖古者宗子法行，非宗子之家不可别立祖庙，故但有祢庙。今只共庙，如何只见祢而不见祖？此当以义起，亦见祖可也。"④

　　在行父母之丧礼时，如何践履儒家礼仪以对抗释、道丧仪，当时士人为之困惑。《朱子语类》中记载：

　　　　或问："亲死，遗嘱教用僧道，则如何？"曰："便是难处。"或曰："也可以不用否？"曰："人子之心有所不忍。这事，须子细商量。"或问："设如母卒，父在，父要循俗制丧服，用僧道火化，则如何？"曰："公如何？"曰："只得不从。"曰："其他都是皮毛外事，若决如此做，从之也无妨，惟火化则不可。"泳曰："火化，则是残父母之遗骸。"曰：

---

①　［宋］黎靖德辑：《朱子语类》卷九十，《朱子全书》，第 3043—3044 页。
②　［宋］朱熹：《晦庵先生朱文公文集》卷三十《答张钦夫》，《朱子全书》，第 1325—1326 页。
③　［宋］黎靖德辑：《朱子语类》卷九十，《朱子全书》，第 3043 页。
④　［宋］黎靖德辑：《朱子语类》卷八十九，《朱子全书》，第 2998 页。

“此话若将与丧服浮屠一道说，便是未识轻重在。”①

在朱熹看来，火化是浮屠之礼，不能用于儒家丧礼，这是应该坚守、不能随意放弃的基本原则。也就是说，在体察、顺应人情时还应该对儒礼有相当的坚持。

朱熹指出礼学经典、通典、律令，都是考察礼意的文本。“服议，汉儒自为一家之学，以《仪礼·丧服》篇为宗。《礼记》中《小记》《大传》则皆申其说者，详密之至，如理丝栉发。可试考之，画作图子，更参以《通典》及今律令，当有以见古人之意不苟然也。”②只有既注重礼经，又参考礼的历史沿革与发展，才能真正领会古人行礼之意。同样，顺人情应以古礼为依据，也不可姑徇人情。朱熹说：“古者礼学是专门名家，始终理会此事。故学者有所传授，终身守而行之。凡欲行礼，有疑者辄就质问。所以上自宗庙朝廷，下至士庶乡党，典礼各各分明。汉、唐时犹有此意。如今直是无人。如前者某人丁所生继母忧，《礼经》必有明文，当时满朝更无一人知道合当是如何，大家打哄一场。后来只说莫若从厚。恰似无奈何，本不当如此，姑徇人情从厚为之。是何所为如此？岂有堂堂中国，朝廷之上以至天下儒生，无一人识此礼者！然而也是无此人。”③

在具体提出礼仪主张意见时，朱熹主张兼顾人情与礼之原则。考察濮议时朱熹认为：“欧公说不是，韩公、曾公亮和之。温公、王珪议是……且如今有为人后者，一日所后之父与所生之父相对坐，其子来唤所后父为父，终不成又唤所生父为父？这自是道理不可。”④

---

① ［宋］黎靖德辑：《朱子语类》卷八十九，《朱子全书》，第 3009 页。
② ［宋］黎靖德辑：《朱子语类》卷八十九，《朱子全书》，第 3007 页。
③ ［宋］黎靖德辑：《朱子语类》卷八十四，《朱子全书》，第 2884—2885 页。
④ ［宋］黎靖德辑：《朱子语类》卷一百二十七，《朱子全书》，第 3970—3971 页。关于朱熹对濮议的讨论，还可参见《朱子语类》卷一百七，《朱子全书》，第 3499 页；《朱子语类》卷八十五，《朱子全书》，第 2905—2906 页。

有门人问丧礼制度节目，朱熹认为"恐怕《仪礼》也难行"，因为在春秋时期，孔子已经开始有"厌周文之类了"。因此面对浩瀚烦琐的古礼，朱熹揣测即使"圣人出来，也只随今风俗立一个限制，须从宽简。而今考得礼子细，一一如古，固是好；如考不得，也只得随俗不碍理底行去"①。这是注意到人们对待礼仪的态度以及畏难的情绪，强调考礼是基础，应随俗权宜，以理为衡量标准因时制宜。

有弟子也谈到丧礼太"繁絮"。朱熹说："礼不如此看，说得人都心闷。须讨个活物事弄。"探讨在行古丧礼时的种种难处，强调尽哀戚之情的重要性，并且以体情作为行礼的重要标准。朱熹强调：

> 古者之礼，今只是存他一个大概，令勿散失，使人知其意义，要之必不可尽行。如始丧一段，必若欲尽行，则必无哀戚哭泣之情。何者？方哀苦荒迷之际，有何心情一一如古礼之繁细委曲？古者有相礼者，所以导孝子为之。若欲孝子一一尽依古礼，必躬必亲，则必无哀戚之情矣。况只依今世俗之礼，亦未为失，但使哀戚之情尽耳……使圣贤者作，必不尽如古礼，必裁酌从今之宜而为之也。又如士相见礼、乡饮酒礼、射礼之属，而今去那里行？只是当存他大概，使人不可不知。方周之盛时，礼又全体皆备，所以不可有纤毫之差。今世尽不见，徒掇拾编缉于残编断简之余，如何必欲尽仿古之礼得。②

从朱熹考察礼中人情，我们不难发现他不仅注重理解古礼之中情意的表达，而且关注历史进程中礼制增损所反映出的人情变化，还关注现实生活世界中礼中人情的释放表达。如果说考礼之文是求真之举，那么

---

① ［宋］黎靖德辑：《朱子语类》卷八十九，《朱子全书》，第3002页。
② ［宋］黎靖德辑：《朱子语类》卷八十九，《朱子全书》，第3013—3014页。

考礼之情则是求善之端。而无论是考察礼之文,还是礼之情,都是为了追求情文相称,使儒家礼仪能够合情合理地和谐开展,这也是朱熹强调因时制礼的前提和基础。朱熹主张广泛而深入地考察礼中蕴含的礼意、人情,实际上并不是仅仅满足于书面文字的传承与了解,最终目的还是在于践履实行:"古礼非必有经,盖先王之世,上自朝廷,下达闾巷,其仪品有章,动作有节,所谓礼之实者,皆践而履之矣。故曰'礼仪三百,威仪三千,待其人而后行',则岂必简策而后传哉!"①

第三节　用：因时制宜的践礼观

　　周予同曾指出:"朱子之治礼,盖不拘拘于礼经,而欲依据古礼,酌斟人情,以自创一当时可行之礼仪而已。"②其实自从有古礼以来,随着社会政治环境的变化,人群地理位置的转移,以及风俗人情的不同,在礼仪的制作和遵守上就不可避免地要因时制宜,不断变化。这是历史发展无法逃避的现实,也是礼仪规范发展变化的客观规律。关于因时制礼的讨论,《左传·隐公十一年》中借君子之口道出知礼应该"量力而行之,相时而动"③。《礼记·礼器》中言:"礼,时为大。"④这都是强调礼仪制作应该顺应时代需要,在仪式、制度、规范上有因革,有变通。

　　北宋学者在谈礼时,也都注意到了因时制礼的必要性。苏轼曾感叹"天下之礼宏阔而难言",认为只有"近于正而易行"的礼,才能使"天下之安而从之"。⑤ 张载亦认为:"时措之宜便是礼,礼即时措时中见之事业

---

① ［宋］朱熹:《晦庵先生朱文公文集》卷七十四《讲礼记序说》,《朱子全书》,第3585页。
② 周予同:《朱熹》,周予同著、邓秉元编:《中国经学史论著选编》,第89页。
③ ［清］阮元校刻:《十三经注疏》(清嘉庆刊本),第3770页。
④ ［清］阮元校刻:《十三经注疏》(清嘉庆刊本),第3099页。
⑤ ［宋］苏轼:《苏轼文集》卷二《礼论》,第58页。

者,非礼之礼,非义之义,但非时中者皆是也。"①王安石更进一步领会孟子所言"非礼之礼,非义之义,大人不为"的含义,认为"古之人以是为礼,而吾今必由之,是未必合于古之礼也",强调指出圣人制礼也是"贵乎权时之变也"。② 二程亦非常重视"礼,时为大"的观点,认为"当随则随,当治则治"③。

　　朱熹非常强调在实践层面上的礼制必须酌古今之宜。他认为,古礼繁缛,早在三代时,就难以全面推行:"古礼于今实难行。尝谓后世有大圣人者作,与他整理一番,令人苏醒,必不一一尽如古人之繁,但放古之大意。"④经过千余年时间的淘汰与洗濯,不仅礼文难考,而且人情日趋简便,时人于礼日益疏略,因此"后世苟有作者,必须酌古今之宜"⑤。朱熹所在的南宋,也是一个礼崩乐坏的时代,在仓皇逃遁中建立起来的南宋政权亟待礼制的重建。面对这样的时代需求,朱熹一方面感叹古礼难行,另一方面认识到如果要做"议礼、制度"之事的话,就必须酌古今之宜,一则考虑古礼中礼的内涵与大意不可失,二则应顺应南宋时期人们的需求。朱熹说:

　　　　礼,时为大。有圣人者作,必将因今之礼而裁酌其中,取其简易易晓而可行,必不至复取古人繁缛之礼而施之于今也。古礼如此零碎繁冗,今岂可行! 亦且得随时裁损尔。⑥

　　　　礼时为大。某尝谓,衣冠本以便身,古人亦未必一一有义。又

① 〔宋〕张载:《经学理窟·礼乐》,《张载集》,第 264 页。
② 〔宋〕王安石:《王文公集》卷第二十八《非礼之礼》,第 323 页。
③ 〔宋〕程颢、程颐:《河南程氏遗书》卷十五,《二程集》,第 146、171 页。
④ 〔宋〕黎靖德辑:《朱子语类》卷八十四,《朱子全书》,第 2877 页。
⑤ 〔宋〕黎靖德辑:《朱子语类》卷八十四,《朱子全书》,第 2877 页。
⑥ 〔宋〕黎靖德辑:《朱子语类》卷八十四,《朱子全书》,第 2877—2878 页。

是逐时增添，名物愈繁。若要可行，须是酌古之制，去其重复，使之
简易，然后可。①

　　或者说，朱熹已经深察到周礼繁复琐碎，早已难实行，即使是司马迁
这样的史家，董仲舒这样的大儒，都不可能挽救文质之失。而且从北宋
礼制缘人情简便而酌减的现实，也使朱熹认识到只有简易疏通的礼仪才
能易知易行。据李方子记录，朱熹这样解释：

　　　　凶服古而吉服今，不相抵接。释奠惟三献法服，其余皆今服。
　　百世以下有圣贤出，必不踏旧本子，必须斩新别做。如周礼如此繁
　　密，必不可行。且以《明堂位》观之，周人每事皆添四重虞戮，不过是
　　一水檐相似。夏火，殷藻，周龙章，皆重添去。若圣贤有作，必须简
　　易疏通，使见之而易知，推之而易行。盖文、质相生，秦汉初已自趣
　　于质了。太史公、董仲舒每欲改用夏之忠，不知其初盖已是质也。
　　国朝文德殿正衙常朝，升朝官已上皆排班，宰相押班，再拜而出。时
　　归班官甚苦之，其后遂废，致王乐道以此攻魏公，盖以人情趋于简便
　　故也。②

　　什么才是酌古今之宜的制礼方式呢？怎样才能说是取得了古礼中
的大意而能在此基础上简易疏通呢？我们不妨从朱熹提出的具体主张
来考察他的因时制礼思想。以衣冠为例，朱熹认为衣冠首先要便于身体
的活动，如果要推行一种新的衣冠制度，就应以现行的衣冠为基础，参酌
古代的制度，去掉重复，使其简易通行。③ 朱熹举"期丧"时期的帽子为

---

① ［宋］黎靖德辑：《朱子语类》卷八十九，《朱子全书》，第3002页。
② ［宋］黎靖德辑：《朱子语类》卷八十四，《朱子全书》，第2878页。
③ ［宋］黎靖德辑：《朱子语类》卷八十九，《朱子全书》，第3002页。

例,指出持服时不妨暂且依"四脚帽子"加上麻布带子(绖)即可。这种帽子"本只是巾,前二脚缚于后,后二脚反前缚于上,今硬帽、幞头皆是。后来渐变重迟,不便于事。如初用冠带,一时似好。某必知其易废,今果如此。若一个紫衫凉衫,便可怀袖间去见人,又费轻。如帽带皂衫,是多少费?穷秀才如何得许多钱?是应必废也"①。朱熹提出衣冠要穿戴方便,而且费用要便宜,这样才能为更多人穿戴。

朱熹认为:"居今而欲行古礼,亦恐情文不相称,不若只就今人所行礼中删修,令有节文、制数、等威足矣。"比如,关于乐礼的制作,在今乐的基础上去其衰杀促数之音,考其律吕,使得其正即可。还可以让掌管词命的官员制撰乐章,只要能略述教化训诫,宾主相与之情,以及君主厚待臣下恩意之类,使人歌咏,养人心和平即可。朱熹还提倡模仿《周礼》岁时属民读法的做法,可以将孝悌忠信等事撰成文字,定时于城市或乡村聚民而读之,为之解说,令其通晓。② 淳熙十四年(1187)正月初一,朱熹为蔡元定《律吕新书》作序。朱熹在同安和临漳任上所推行的教化措施印证了他因时制礼的主张。

绍兴二十九年(1159)在给刘玶的信中,朱熹表示明确知道古礼"庙无二主"的精神,但针对当时家有"祠版"和"影"二主的现实,朱熹认为宗子奉"二主"确也能体现萃聚祖先精神的含义,也能使宗子在荐享时与祖宗得到较好的沟通。朱熹以此例说明不拘泥于古礼,就在于能将古礼之精神应用于实践,而不是死守繁文缛节;同时,在循用俗礼时也不能一味随俗,而应在保持礼文品节的基础上加以简化。这就是真正的酌古今之宜的做法。朱熹这一说法具体如下:

　　熹承询及影堂,按古礼,庙无二主。尝原其意,以为祖考之精神

---

① ［宋］黎靖德辑:《朱子语类》卷八十四,《朱子全书》,第 2890 页。
② ［宋］黎靖德辑:《朱子语类》卷八十四,《朱子全书》,第 2877 页。

既散，欲其萃聚于此，故不可以二。今有祠版，又有影，是有二主矣。古人宗子承家主祭，仕不出乡，故庙无虚主，而祭必于庙。惟宗子越在他国，则不得祭，而庶子居者代之，祝曰："孝子某（宗子名。）使介子某（庶子名。）执其常事。"然犹不敢入庙，特望墓为坛以祭。盖其尊祖敬宗之严如此。今人主祭者游宦四方，或贵仕于朝，又非古人越在他国之比，则以其田禄修其荐享尤不可阙，不得以身去国而使支子代之也。

礼意终始全不相似，泥古而阔于事情，徇俗则无复品节。必欲酌其中制，适古今之宜，则宗子所在，奉二主以从之，于事为宜。盖上不失萃聚祖考精神之义，（二主常相依，则精神不分矣。）下使宗子得以田禄荐享，祖宗宜亦歆之。处礼之变而不失其中，所谓"礼虽先王未之有，可以义起"者盖如此。但支子所得自主之祭，则当留以奉祀，不得随宗子而徙也。所喻留影于家，奉祠版而行，恐精神分散，非鬼神所安。而支子私祭上及高、曾，又非所以严大宗之正也。明则有礼乐，幽则有鬼神，其礼一致。推此思之，则知所处矣。[①]

乾道三年（1167），在给林择之的信中，朱熹不认同张栻《祭仪》中不可墓祭节祠的主张，认为：

敬夫又有书理会《祭仪》，以墓祭节祠为不可。然二先生皆言墓祭不害义，又节物所尚，古人未有，故止于时祭。今人时节随俗燕饮，各以其物，祖考生存之日盖尝月之，今子孙不废此，而能恝然于祖宗乎？此恐太泥古，不尽如事存之意。[②]

---

① ［宋］朱熹：《晦庵先生朱文公文集》卷四十《答刘平甫》，《朱子全书》，第 1795—1796 页。
② ［宋］朱熹：《晦庵先生朱文公文集》四十三《答林择之》，《朱子全书》，第 1964 页。

庆元四年(1198),在与王晋辅谈论墓祭时,朱熹认为应该尊重习俗中已盛行的拜扫之礼,不宜"只一处合为一分而遥祭之",主张"随俗各祭之"。① 总之,朱熹主张已经盛行起来的墓祭之礼。

乾道九年(1173),在给陈明仲的信中谈到祭礼时,朱熹明确提出"各依乡俗之文""随俗增损"的办法。朱熹这样说:

> 冬至已有始祖之祭,是月又是仲月,自当时祭,故不更别祭。其他俗节则已有各依乡俗之文,自不妨随俗增损。但元旦则有在官者有朝谒之礼,恐不得专精于祭事。熹乡里却止于除夕前三四日行事,此亦更在斟酌也。②

淳熙十三年(1186),窦文卿询问:"夫为妻丧,未葬或已葬而未除服,当时祭否? 不当祭则已,若祭则宜何服?"朱熹认为恐不当祭。并举例说明自家"废四时正祭而犹存节祠,只用深衣凉衫之属,亦以义起,无正礼可考也。节祠见韩魏公《祭式》"③。

淳熙十四年,朱熹谈到在处理礼文经训与当世人情冲突时,应依照司马光《书仪》的做法作为权宜之计,并以自己家祭所行为例说明:

> 所问礼文曲折,此在经训甚明,但今世人情有不能行者,且依温公《书仪》之说,亦不为无据也。然今日月已久,计已如此行之矣。家祭一节,熹顷居丧不曾行,但至时节略具饭食,墨衰入庙,酹酒瞻拜而已。然亦卒哭后方如此,前此无衣服可入庙也。今服其丧未葬,亦不敢行祭,非略之,乃谨之也。④

---

① 〔宋〕朱熹:《晦庵先生朱文公文集》卷六十二《答王晋辅》,《朱子全书》,第 2999 页。
② 〔宋〕朱熹:《晦庵先生朱文公文集》卷四十三《答陈明仲》,《朱子全书》,第 1949 页。
③ 〔宋〕朱熹:《晦庵先生朱文公文集》卷五十九《答窦文卿》,《朱子全书》,第 2823 页。
④ 〔宋〕朱熹:《晦庵先生朱文公文集》卷四十九《答王子合》,《朱子全书》,第 2250 页。

在淳熙十五年给黄子耕的信中，朱熹再次谈论大宗、小宗及支子之祭的问题。朱熹权宜裁损此祭礼时，主张模仿范氏兄弟的做法，只要支子能在礼文品物方面少损长子即可：

> 祭礼极难处，窃意神主唯长子得奉祀，之官则以自随，影像则诸子各传一本自随无害也。支子之祭，先儒虽有是言，然竟未安。向见范丈兄弟所定，支子当祭，旋设纸榜于位，祭讫而焚之，不得已此或可采用。然礼文品物亦当少损于长子，或但一献无祝亦可也。①

绍熙四年(1193)，朱熹在回复潘立之的书中谈论大宗、小宗的祭礼差异时认为，在国家没有统一的法制标准时，家家在考虑尊卑等级之杀减的基础上，从俗亦可：

> 所问祭礼，古人虽有始祖，亦只是祭于大宗之家。若小宗，则祭止高祖而下。然又有三庙、二庙、一庙、祭寝之差。其尊卑之杀极为详悉，非谓家家皆可祭始祖也。今法制不立，家自为俗，此等事若未能遽变，则且从俗可也。支子之祭，亦是如此。窃谓只于宗子之家立主而祭，其支子则只用牌子，其形如木主，而不判前后，不为陷中及两窍，不为椟，以从降杀之义。②

绍熙二年，当李尧卿询问忌日衣服及饮食主祭者事宜时，朱熹注意到张载论忌日衣服分为数等，认为在当时实际上很难实行，只要主祭者换上黪素之服即可。③ 在答曾光祖关于"主式"的疑问时，朱熹认为：

---

① ［宋］朱熹：《晦庵先生朱文公文集》卷五十一《与黄子耕》，《朱子全书》，第 2375—2376 页。
② ［宋］朱熹：《晦庵先生朱文公文集》卷六十四《答潘立之》，《朱子全书》，第 3123 页。
③ ［宋］朱熹：《晦庵先生朱文公文集》卷五十七《答李尧卿》，《朱子全书》，第 2705 页。

主式乃伊川先生所制,初非朝廷立法,固无官品之限。万一继世无官,亦难遽易,但继此不当作耳。(有官人自作主不妨。)牌子亦无定制,窃意亦须似主之大小高下,但不为判合、陷中可也。凡此皆是后贤义起之制,今复以意斟酌如此,若古礼则未有考也。①

绍熙二年,在回答如何措置丧祭之礼时,朱熹认为在《仪礼》并无"端的仪制"的情况下,可以斟酌考虑程颐和张载的礼仪,兼顾正礼与人情:

所询丧祭之礼,程、张二先生所论自不同。论正礼则当从横渠,论人情则伊川之说亦权宜之不能已者。但家间顷年居丧,于四时正祭则不敢举,而俗节荐享则以墨衰行之。盖正祭,三献受胙,非居丧所可行。而俗节则唯普同一献,不读祝,不受胙也。(如此则于远祖不必别议称呼矣。)迁主《礼经》所说不一,亦无端的仪制,窃意恐当以大祥前一日祭当迁之主,告而迁之,然后次日撤几筵,奉新主入庙,似亦稍合人情。②

庆元四年(1198),当有人询问张载与司马光所定礼仪与《礼记·檀弓》不合,"《檀弓》既祔之后,唯朝夕哭拜、朔奠。而张先生以为三年之中不徹几筵,故有日祭,温公亦谓朝夕当馈食,则是朝夕之馈当终丧行之不变,与礼经不合,不知如何",朱熹这样告知:"此等处,今世见行之礼,不害其为厚,而又无嫌于僭,且当从之。"③同年,当郭子从问有关"明器"事宜时,朱熹批复:"礼既有之,自不可去,然亦更在斟酌。今人亦或全不

---

① 〔宋〕朱熹:《晦庵先生朱文公文集》卷六十一《答曾光祖》,《朱子全书》,第 2971 页。
② 〔宋〕朱熹:《晦庵先生朱文公文集》卷六十一《答曾光祖》,《朱子全书》,第 2972 页。
③ 〔宋〕朱熹:《晦庵先生朱文公文集》卷六十三《答李继善》,《朱子全书》,第 3048 页。

用也。"①

　　以上是朱熹因时制礼的一些具体表述和做法。值得注意的是，即使同样是强调因时制礼，朱熹的思想也有细微的差别与变化。我们不难发现，朱熹在强调因时制礼时，因时随俗、考虑人情的倾向占了上风。这也是朱熹这一思想表现的主要方面。为什么会出现这一倾向呢？我们认为，这一方面说明当时《仪礼》的学习与讨论还没有深入人心，就朱熹个人而言，义理建构的兴趣占据他大量的时间和精力，而不可能将重心放在礼仪的讨论上；另一方面也是当时士大夫阶层欲整顿家族礼制的大背景使然，家庭礼制建设受地方俗礼的影响很深，因此一味强调古礼也显得不合时宜，当时的主要任务是兴起礼文，而对礼文是否合古礼则不太关注。同样我们也应该看到，朱熹因时制礼的观点，还有倾向于以《仪礼》为代表的古礼作为制礼节文骨干的一面。这是朱熹礼学思想表现出来的细致微妙之处。

　　绍熙二年(1191)，陈淳就"昏礼用命服"这一礼仪与朱熹商榷，并请教朱熹是否能在亲迎时只用冠带。朱熹认为婚礼用命服是古礼，"冠带只是燕服，非所以重正昏礼，不若从古之为正"②。

　　绍熙五年，朱熹在与蔡季通讨论祭法时，不认同程颐的说法，而主张不可遽然改易祭法世数，认为古人之所以这样设计，必然有道理和深意蕴含其中：

　　　　祭法须以宗法参之，古人所谓始祖，亦但谓始爵及别子耳。非如程氏所祭之远，上僭则过于禘，下僭则夺其宗之为未安也……祭法世数，明有等差，未易遽改。古人非不知祖不可忘，而立法如此，

----

① ［宋］朱熹：《晦庵先生朱文公文集》卷六十三《答郭子从》，《朱子全书》，第3055页。
② ［宋］朱熹：《晦庵先生朱文公文集》卷五十七《答陈安卿》，《朱子全书》，第2715—2716页。

恐亦自有精意也。①

　　庆元元年(1195)，在给廖子晦的书信中，朱熹认为应该从《仪礼》当中抽出很难改易的主要仪节以备日用，这样就不会出现临事多舛、随意苟简的状况：

　　　　所喻礼文，此等事平昔不曾讲究，一旦荒迷，又不暇问，所以例多苟简，不满人意。然"丧与其易也宁戚"，但存其大节，使不失吾哀痛之诚心为急。此等虽小不备，亦不得已也。礼服制度见于《仪礼》为详，诸家皆祖之而有更变尔。若必欲致详，可细考也。据今所急，卜葬为先，葬后三虞，卒哭而祔。祔毕，主复于寝，以俟三年而后撤几筵。此《礼经》皆有明文，不必用它说改易也。②

　　这表明朱熹认为随俗苟简也不能没有《仪礼》节文作为支撑。而这些从《仪礼》中提炼出的主要仪节也不能轻易变更、任意删减。
　　如何既能以《仪礼》节文作为支撑，又能综合考虑举世行之的俗礼，我们还可以举朱熹关于婚礼中亲迎是否庙见的讨论来说明。下面是徐寓与朱熹信中的讨论：

　　　　寓向在道院问亲迎礼，先生言亲迎以来从温公，妇入门以后从伊川。云庙见不必候三月，只迟之半月亦可，盖少存古人重配著代之义。今妇人入门即庙见，盖举世行之。近见乡里诸贤颇信左氏先配后祖之说，岂后世纷纷之言不足据，莫若从古为正否？

---

①　［宋］朱熹：《晦庵先生朱文公文集》卷四十四《答蔡季通》，《朱子全书》，第 1999—2000 页。
②　［宋］朱熹：《晦庵先生朱文公文集》卷四十五《答廖子晦》，《朱子全书》，第 2096 页。

永嘉有《仪礼》之学，合见得此事是非。左氏固难尽信，然其后说亲迎处，亦有布几筵告庙而来之说，恐所谓后祖者，讥其失此礼耳。①

徐寓言朱熹所讲"亲迎以来从温公，妇入门以后从伊川"还可以从陈淳的记录中得以印证。"迎妇以前，温公底是；妇入门以后，程《仪》是。温公《仪》，亲迎只拜妻之父两拜，便受妇以行，却是；程《仪》遍见妻之党，则不是。温公《仪》入门便庙见，不是；程《仪》未庙见，却是。"②在庆元四年（1198）答郭子从的信中，朱熹再次重申了这一主张。③

关于古人为何要设计三月而后庙见的礼仪，朱熹认为待三月之久，妇仪成熟，告庙方成妇，认为"古人是从下做上，其初且是行夫妇礼；次日方见舅姑；服事舅姑已及三月，不得罪于舅姑，方得奉祭祀"④。朱熹不同意司马光当日庙见的主张。司马光在婿迎妇入门后，设计了这样一套礼节："主人进，北向立，焚香跪酹酒，俯伏，兴立，祝怀辞由主人之左进东面，播笏出辞，跪读之曰：某以令月吉日迎妇某，婚事见祖祢。祝怀辞出笏，兴，主人再拜，退复位。婿与妇拜如常仪，出，撤阖影堂前。"⑤司马光特别说明"古无此礼，今谓之拜先灵，亦不可废也"，估计是当时北宋婚礼中普遍的做法。朱熹认为司马光这是取《左传》"先配后祖"的说法，反诘道："不知《左氏》之语何足凭？岂可取不足凭之《左氏》，而弃可信之《仪礼》乎！"⑥实际上司马光是否依据《左传》，我们不得而知，但朱熹认为当日庙见，不合《仪礼》古意，而三月庙见，则距离亲迎之礼的时间太长，可

---

① ［宋］朱熹：《晦庵先生朱文公文集》卷五十八《答徐居甫》，《朱子全书》，第2790页。
② ［宋］黎靖德辑：《朱子语类》卷八十九，《朱子全书》，第2999页。
③ ［宋］朱熹：《晦庵先生朱文公文集》卷六十三《答郭子从》，《朱子全书》，第3058页。
④ ［宋］黎靖德辑：《朱子语类》卷八十九，《朱子全书》，第3000页。
⑤ ［宋］司马光：《书仪》卷三，《文渊阁四库全书》第142册，第477页。
⑥ ［宋］黎靖德辑：《朱子语类》卷八十九，《朱子全书》，第3000页。

以酌情定为"第二日见舅姑,第三日庙见"①,这样既可存古意,实行起来也比较简单妥当。在朱熹《家礼》婚仪中,朱熹特辟"庙见"一节,设"三日,主人以妇见于祠堂"的仪节。②

朱熹不光教学者因时制礼的具体方法,而且告知学者学《礼》也有权宜一策。朱熹认为《书仪》就是学习《仪礼》的权宜之书。据沈侗所录:

> 礼之为书,浩瀚难理会,卒急如何看得许多? 且如个《仪礼》,也是几多头项。某因为思得一策:不若且买一本温公《书仪》,归去子细看。看得这个,不惟人家冠、昏、丧、祭之礼,便得他用。兼以之看其他礼书,如《礼记》《仪礼》《周礼》之属,少间自然易,不过只是许多路径节目。温公《书仪》固有是有非,然他那个大概是。③

朱熹认为正如《四书》是学习《五经》的进阶一样,司马光的《书仪》也可以成为学习礼学的启蒙实用之书。

应该指出的是,在朱熹的礼学思想中,注重考证礼文和因时制宜虽作为两大特点有着独立的不可或缺的作用,但实际上,在礼仪的考证与因时制宜之间也有着某种内在的紧张。这是因为,有些礼制限于文献不足,根本无法考证。朱熹说:

> 礼学多不可考,盖为其书不全,考来考去考得更没下梢,故学礼者多迂阔。一缘读书不广,兼亦无书可读。如《周礼》"仲春教振旅,如战之陈",只此一句,其间有多少事? 其陈是如何安排,皆无处可

---

① ［宋］黎靖德辑:《朱子语类》卷八十九,《朱子全书》,第 3001 页。
② ［宋］朱熹:《家礼》卷三,《朱子全书》,第 900 页。
③ ［宋］黎靖德辑:《朱子语类》卷一百二十,《朱子全书》,第 3792 页。

考究。其他礼制皆然。大抵存于今者，只是个题目在尔。①

另一方面，因时制宜也容易一味随俗苟简，陷入无礼可据的境地。朱熹说：

> 就今论之，有一般人因陋就简，不能以礼事其亲；又有一般人牵于私意，却不合礼。
>
> 今人于冠昏丧祭一切苟简徇俗，都不知所谓礼者，又如何责得它违与不违？古礼固难行，然近世一二名公所定之礼，及朝廷《五礼新书》之类，人家倘能相与讲习，时举而行之，不为无补。②

在当时"彼以俗尚而杂古礼，吾以臆见而改古乐"的做法比比皆是。③ 即使同样是礼学名家，因各有侧重的专长而很难做到考礼与制仪的完美结合。朱熹曾举高闶《送终礼》与司马光《书仪》的例子。程正思曾询问："按《礼》，既虞之后，以吉祭易丧祭。吉祭、丧祭何辨？"朱熹这样回答：

> 未葬时奠而不祭，但酌酒陈馔再拜而已。虞始用祭礼，卒哭则又谓之吉祭，其说则高氏说已详矣。但古礼于今既无所施，而其所制仪复无吉凶之辨，惟温公以虞祭读祝于主人之右、卒哭读祝于主人之左为别，盖得《礼》意。大抵高氏考古虽详而制仪实疏，不若温公之悫实耳。④

---

① ［宋］黎靖德辑：《朱子语类》卷八十四，《朱子全书》，第 2876 页。
② ［宋］黎靖德辑：《朱子语类》卷二十三，《朱子全书》，第 821 页。
③ ［宋］朱熹：《晦庵先生朱文公文集》卷五十六《答赵子钦》，《朱子全书》，第 2644 页。
④ ［宋］朱熹：《晦庵先生朱文公文集》卷五十《答程正思》，《朱子全书》，第 2322 页。

在朱熹看来，"考古虽详"的高闶制作的礼仪也不免疏略，实际上这就说明对学者而言，考证礼制与因时制仪之间有着差距。朱熹就曾见当时有人欲硬行古礼，致使出现情文不相称的局面。朱熹说：

> 昨见某人硬自去行，自家固自晓得，而所用执事之人皆不曾讲习。观之者笑且莫管，至于执事者亦皆忍笑不得。似恁行礼，济得甚事！此皆是情文不相称处，不如不行之为愈。①

考证古礼的目的不在于尽行古礼，而在于为现实生活中的制仪行礼提供经典的依据。何况如果尽行古礼的话，根本就没有必要讨论关于形而上的礼义，这当然是既不符合历史发展的规律，也不能满足现实生活的需要的。怎样才能制定出与时文世情相称的礼仪，怎样的礼仪才合乎人情，这就需要明晓义理之后才能判断。这就是整个宋代理学家孜孜以求需要完成的时代课题，即对于礼之本，礼之大体的阐发，而朱熹则是其中继往开来的中流砥柱。

二程高徒谢良佐曾经这样分析张载与程颢的礼学思想："横渠教人以礼为先，大要欲得正容谨节，其意谓世人汗漫无守，便当以礼为地，教他就上面做工夫，然其门人，下稍头溺于刑名度数之间，行得来困，无所见处，如吃木札相似，更没滋味，遂生厌倦，故其学无传之者。明道先生则不然，先使学者有知识，却从敬入……既有知识，穷得物理，却从敬上涵养出来，自然是别正容谨节，外面威仪非礼之本。"②在谢良佐看来，与张载强调"正容谨节"的威仪不同，二程更加强调礼的精神——内在的恭敬，并认为程颢更得礼之本。据叶贺孙所录，朱熹对这一说法不以为然：

---

① ［宋］黎靖德辑：《朱子语类》卷二十三，《朱子全书》，第 821—822 页。
② ［宋］谢良佐：《上蔡语录》卷一，《文渊阁四库全书》第 698 册，第 569 页。

　　国秀问："上蔡说横渠以礼教人，其门人下梢头低，只'溺于刑名
度数之间，行得来困，无所见处'，如何？"曰："观上蔡说得又自偏了。
这都看不得礼之大体，所以都易得偏。如上蔡说横渠之非，以为'欲
得正容谨节'。这自是好，如何废这个得？如专去理会刑名度数，固
不得；又全废了这个，也不得。如上蔡说，便非曾子'笾豆则有司
存'，本末并见之意。后世如有作者，必不专泥于刑名度数，亦只整
顿其大体。如孟子在战国时已自见得许多琐碎不可行，故说丧服、
经界诸处，只是理会大体，此便是后来要行古礼之法。"①

　　朱熹认为，应共同关注与正容谨节紧密相关的刑名度数和礼之大
体，两者不可偏废。朱熹认同孟子理会礼之大体的做法，认为这也是后
世行古礼之法。《礼记·大传》："立权度量、考文章、改正朔、易服色、殊
徽号、异器械、别衣服，此其所得与民变革者也；其不可得变革者则有矣：
亲亲也、尊尊也、长长也、男女有别，此其不可得与民变革者也。"②朱熹所
言君臣父子之义，亲亲尊尊之制，实际上都是在强化这一"不可得与民变
革者"的儒家之理。在解释"子张问十世可知也章"时，朱熹强调："三纲
五常，礼之大体，三代相继，皆因之而不能变。其所损益，不过文章制度
小过不及之间，而其已然之迹，今皆可见。则自今以往，或有继周而王
者，虽百世之远，所因所革，亦不过此，岂但十世而已乎！"③因时制宜的前
提仍然是坚守三纲五常这一不变的天理，是礼之大体。总之，朱熹在平
衡考证古礼与因时制宜之间的关系时，认为把握好礼之大体，才是根本
的出路。这也是其礼学思想理学化的特色所在。

---

① ［宋］黎靖德辑：《朱子语类》卷一百一，《朱子全书》，第3368页。
② ［清］阮元校刻：《十三经注疏》（清嘉庆刊本），第3265页。
③ ［宋］朱熹：《论语集注》卷一，《朱子全书》，第81页。

结　论

　　如果说先秦儒、墨、道等诸家在哲学上的突破，终不出礼乐传统笼罩的话[1]，那么朱熹理学思想的确立与集大成，仍然是对礼乐传统作出的礼义诠释。朱熹礼学思想是对孔孟礼学思想的继承与发展，集中体现在以《四书》为中心的对礼义的发挥。朱熹礼学思想是在继承、批判、反思宋代礼学思想的基础上形成的，更是朱熹自身参与政治、社会生活的反映，也与南宋士大夫群体的振作紧密相连，具有鲜明的时代特征和个性。

　　朱熹的礼学思想从学术层面上来说，表现出以《仪礼》为本经的特点；从理学涵摄的角度来看，表现出注重义理的考礼观；就践履实行的层面而论，又表现出因时制宜的特点。这些特点均是在朱熹与各学派的论争、激辩、批评、吸收中表现出来的，又鲜明地体现在朱熹的礼学实践中。朱熹的礼学思想充分展现了礼的双重功能，既是思想的，也是行动的。这种双向建构的统一彰显了礼的多种价值，既是内圣的"个人的德行完成之教"[2]，也是外王的"合理的人间秩序的重建"[3]。朱熹的礼学思想影

---

[1]　余英时：《士与中国文化》，上海人民出版社，2003 年，第 86 页。
[2]　牟宗三：《宋明儒学的问题与发展》，华东师范大学出版社，2004 年，第 11 页。
[3]　余英时：《朱熹的历史世界：宋代士大夫政治文化的研究》，第 118 页。

响并整合了众多儒者的行为，既是可以在文本环境下对话的、交谈的、讨论的礼义传递与沟通，也是一种可以目睹的、实践的礼仪方式。[①]

朱熹礼学思想表现出的特点决定了我们所采用的研究方法和叙述方式。将思想与社会、政治紧密结合起来多方面地考察朱熹的礼学思想及其形成，正是本书的创新及特色所在。通过对北宋《周礼》学特别是王安石新学研究方法及思想取向的反思，朱熹从为学次第的角度提出《周礼》难学、不敢轻易教人学的观点。朱熹与永嘉学、湖湘学在《周礼》观上的分歧，首先来自对新学礼学的评价和《周礼》文本的使用问题的讨论，其次才是设官分职以及田制赋税等具体问题的探讨。这些分歧既受北宋以来政治文化的影响，又是在南宋社会政治经济具体背景下形成的，还受到朱熹推行经界、建立社仓等具体制度实践的影响和制约。

关于《家礼》，我们首先指出王懋竑受清代尊朱抑陆思想以及注重考证的礼学研究方法的影响，力证《家礼》为伪，其思想倾向影响了他对《家礼》文本作出的判断。王懋竑力证其伪的缺憾，一方面在于有先入为主的观念作梗，导致了偏见；另一方面忽视了《家礼》产生的时代性，没有很好地分析朱熹礼学思想的变化。实际上，《家礼》的形成最初是建立在朱熹对《祭仪》的考订中。朱熹与当时的学者进行了广泛的讨论，《家礼》是朱熹对冠、婚、丧、祭礼仪讨论的一个总结性文本。《家礼》凸显了祠堂的地位，重新建立了以宗法为中心的日常礼仪。《家礼》是特定时期编辑的一个未定本，反映了一段时期内朱熹礼学的主要关注点。

我们主要从学术层面和政治层面探讨了朱熹编撰《仪礼经传通解》的缘由。朱熹痛感王安石废罢《仪礼》产生的严重后果，旨在引导学者研习《仪礼》，反思当时《仪礼》学研究的不足，力图纠正礼学研究中出现的杜撰之风，同时也考虑平衡《礼记》与《仪礼》之间的关系，重新确立《礼

---

① Kai-wing Chow, *The Rise of Confucian Ritualism in Late Imperial China: Ethics, Classics, and Lineage Discourse*, Stanford University Press, 1994, pp. 2 - 4.

记》和《仪礼》的地位。同时，受现实政治中礼制主张难服众议的刺激，朱熹意识到《仪礼》在国家政治生活中的重要性，为弥补过去自身学术研究上的不足，决心编礼学礼。朱熹编撰《仪礼经传通解》遭遇了来自永嘉学派学者余正父的挑战，朱熹对其礼学及其礼论多有批评和吸收。就《仪礼经传通解》表现出的特点而言，它并非考礼、议礼之书，并非强调要人践履古礼，而是重在让学者识礼，最终目的在于能使礼治之功夫和义理适得其所，达到安邦定国的大治境界。就其在朱熹学术思想中的地位而言，《仪礼经传通解》是朱熹毕生礼学思想的总结与展现，是朱熹应对永嘉、永康学术挑战的反省与综合之作。探讨朱熹编撰《仪礼经传通解》的心路历程，有利于我们进一步思考、回应朱熹晚年思想学术转型的问题，可以充分认识到朱熹思想不断发展变化、力求完善的特点。

借助研究朱熹的《礼记》学思想，我们从朱熹对礼义的理解和诠释追溯了宋代礼、理关系展开的脉络，主要探讨了朱熹礼理双彰思想的特点、形成及其针对性。朱熹既以理释礼，又强调不以理易礼；既重视高明的上学理论建构，又强调下学功夫的践履；既重视理的本体理论综合，又重视礼的功夫论。朱熹关于礼、理关系的论述综合了先秦和宋代诸儒的意见，主要在批评二程后学礼学思想倾向的基础上形成。应该指出的是，清代学者对宋代以朱熹为代表的新儒家的礼、理学思想颇多非议，这是未能同情地了解不同时代学术背景下学术风貌的结果。了解宋代礼、理关系发展的历程，就不会简单地以礼、理来区分汉、宋的学术形态，而会更加全面、细致地认识学术发展的复杂性。

我们还从朱熹对求仁功夫的强调和倡导主敬涵养功夫的角度探讨了礼的实现问题。最后从朱熹所论小学与大学的关系入手，重新认识到朱熹的格物致知论实际上探讨的是礼义的实现与反思问题。朱熹是将格物致知说放在《大学》文本中来诠释的，目的是为了重新明确大学"教人之法"，提出探究知识并最终为道德践履服务的方法。朱熹明晰了礼之为教的层次性，在《大学章句序》中引入了对大学的基础——小学的解释，因此朱熹的格物致知说应该与其对小学的理解紧密联系起来。朱熹从习礼的学习过程入手，认为格物是联系小学与大学的枢纽，小学是格物的基础，也是大学"教人之法"的起点。格物的内容仍然是以礼文中蕴含的人伦之理为主。

　　除了探讨朱熹的三《礼》学思想之外，我们还以朱熹的祭祀思想及其实践为中心，分析了朱熹所论祭祀与鬼神的关系。朱熹认为鬼神具有内在的天地沟通转化的功用，能涵盖祭祀；强调鬼神的宇宙本体作用能使儒家祭祀与民间信仰中的一般鬼神区分开来，使祭祀精神更加明白彰显，最终目的是强调鬼神论的理学本体论意义。朱熹利用气论的思想使其鬼神论更加具有理性色彩，并从义理与礼制并举的角度重新振作了儒家的祭祀。考察祭祀的理论框架时，我们同时注重考察朱熹怎样在实践层面加强与先师先圣的精神联系和实现同类相求的气的沟通。从朱熹道统说的形成与释奠仪的展开探索了朱熹的学术思想及其心志理念与具体礼仪开展之间交相并进的特点，试图理解朱熹思想观念中的知识、信仰如何在现实的礼仪推行中得以实现。全面深入研究朱熹议论祧庙事件，挖掘了此事件背后学术与政治之间的纠结点，反映了朱熹礼学思想中的守与失，说明此事件与礼书修撰之间的联系。总之，试图通过具体典型的事例或主张，深入探究朱熹的礼学思想赖以产生的社会根源以及政治背景，说明朱熹礼学思想也是对社会现实的积极应对。

　　朱熹礼学思想在理论建构和实践层面所表现出的特点仍然能够给现代生活儒学的展开带来不少启示。首先，哲学家的思想体系的形成、完善及其学术主旨的确立非常重要，义理层面的建设能够决定学术思想的走向，其深度和广度往往能够超越时代背景，仍然是其影响力最主要的方面。其次，基于儒家礼义优先、因时制宜条件下的礼仪践履和推广仍然是礼学思想产生深远影响的重要指标，形式、仪式在社会生活中蕴含的象征意义具有不可忽视的恒久影响力,值得高度重视。再次,哲学家个人的思想主张和礼仪行为具有很强的感染力,在学术传播和政治力量的推动下,往往能演变成一个群体乃至整个社会的价值体系、意识形态和风俗习惯。

就朱熹的礼学思想研究而言,本书只是走出了综合性探讨的第一步。进一步的研究还可以从以下几个方面展开:清代学者对朱熹礼学的评价仍然值得深入探讨,朱熹对丧礼、丧服制度的态度仍然可以做些专题研究,朱熹礼学与宋代礼学的关系尚可进一步研究。

主要参考文献

一、专著

（一）古籍

［唐］杜佑：《通典》，中华书局，1988 年

［唐］陆淳：《春秋集传纂例》，《文渊阁四库全书》第 146 册，上海古籍出版社，1987 年

［唐］魏徵：《隋书》，中华书局，1973 年

［唐］韩愈著，刘真伦、岳珍校注：《韩愈文集汇校笺注》，中华书局，2010 年

［宋］刘敞：《公是集》，《文渊阁四库全书》第 1095 册，上海古籍出版社，1987 年

［宋］石介：《徂徕石先生文集》，中华书局，1984 年

［宋］张载：《张载集》，中华书局，1978 年

［宋］薛居正等：《旧五代史》，中华书局，1976 年

［宋］欧阳修：《欧阳修全集》，中华书局，2001 年

［宋］欧阳修、宋祁：《新唐书》，中华书局，1975 年

［宋］李觏：《李觏集》，中华书局，2011 年

［宋］周敦颐:《周敦颐集》,中华书局,1990 年

［宋］苏洵:《嘉祐集》,《文渊阁四库全书》第 1104 册,上海古籍出版社,1987 年

［宋］苏轼:《苏轼文集》,中华书局,1986 年

［宋］苏辙:《苏辙集》,中华书局,1990 年

［宋］程颢、程颐:《二程集》,中华书局,1981 年

［宋］范祖禹:《范太史集》,《文渊阁四库全书》第 1100 册,上海古籍出版社,1987 年

［宋］王安石:《周官新义》,《文渊阁四库全书》第 91 册,上海古籍出版社,1987 年

［宋］王安石:《王文公文集》,上海人民出版社,1974 年

［宋］司马光:《书仪》,《文渊阁四库全书》第 142 册,上海古籍出版社,1987 年

［宋］司马光:《传家集》,《文渊阁四库全书》第 1094 册,上海古籍出版社,1987 年

［宋］郑居中等:《政和五礼新仪》,《文渊阁四库全书》第 647 册,上海古籍出版社,1987 年

［宋］杨时:《龟山集》,《文渊阁四库全书》第 1125 册,上海古籍出版社,1987 年

［宋］吕大临等撰,陈俊民辑校:《蓝田吕氏遗著辑校》,中华书局,1993 年

［宋］朱熹:《朱子全书》,上海古籍出版社、安徽教育出版社,2002 年

［宋］郑樵:《礼经奥旨》,《丛书集成初编》第 243 册,商务印书馆,1936 年

［宋］洪迈:《容斋随笔》,中华书局,2005 年

［宋］袁采:《袁氏世范》,《文渊阁四库全书》第 698 册,上海古籍出

版社,1987 年

　　[宋] 胡宏:《胡宏集》,中华书局,1987 年

　　[宋] 陆九渊:《陆九渊集》,中华书局,1980 年

　　[宋] 吕祖谦:《东莱集》,《文渊阁四库全书》第 1150 册,上海古籍出版社,1987 年

　　[宋] 吕祖谦:《少仪外传》,《文渊阁四库全书》第 703 册,上海古籍出版社,1987 年

　　[宋] 谢良佐:《上蔡语录》,《文渊阁四库全书》第 698 册,上海古籍出版社,1987 年

　　[宋] 汪应辰:《文定集》,《文渊阁四库全书》第 1138 册,上海古籍出版社,1987 年

　　[宋] 张九成:《横浦集》,《文渊阁四库全书》第 1138 册,上海古籍出版社,1987 年

　　[宋] 王得臣:《麈史》,《文渊阁四库全书》第 862 册,上海古籍出版社,1987 年

　　[宋] 杨万里撰,辛更儒笺校:《杨万里集笺校》,中华书局,2007 年

　　[宋] 陆游:《家世旧闻》,中华书局,1993 年

　　[宋] 陆游:《渭南文集》,《文渊阁四库全书》第 1163 册,上海古籍出版社,1987 年

　　[宋] 陆游:《老学庵笔记》,中华书局,1979 年

　　[宋] 刘子翚:《屏山集》,《文渊阁四库全书》第 1134 册,上海古籍出版社,1987 年

　　[宋] 张栻:《新刊南轩先生文集》,中华书局,2015 年

　　[宋] 黄榦:《勉斋集》,《文渊阁四库全书》第 1168 册,上海古籍出版社,1987 年

　　[宋] 薛季宣:《浪语集》,《文渊阁四库全书》第 1159 册,上海古籍出

版社,1987 年

〔宋〕楼钥:《攻媿集》,《文渊阁四库全书》第 1152、1153 册,上海古籍出版社,1987 年

〔宋〕陈傅良:《止斋集》,《文渊阁四库全书》第 1150 册,上海古籍出版社,1987 年

〔宋〕叶适:《习学记言序目》,中华书局,1977 年

〔宋〕叶适:《叶适集》,中华书局,2010 年

〔宋〕陈亮:《陈亮集》,中华书局,1987 年

〔宋〕周必大:《文忠集》,《文渊阁四库全书》第 1149 册,上海古籍出版社,1987 年

〔宋〕陈淳:《北溪大全集》,《文渊阁四库全书》第 1168 册,上海古籍出版社,1987 年

〔宋〕陈淳:《北溪字义》,中华书局,1983 年

〔宋〕真德秀:《西山读书记》,《文渊阁四库全书》第 706 册,上海古籍出版社,1987 年

〔宋〕卫湜:《礼记集说》,《文渊阁四库全书》第 117、118 册,上海古籍出版社,1987 年

〔宋〕黄震:《黄氏日抄》,《文渊阁四库全书》第 708 册,上海古籍出版社,1987 年

〔宋〕王与之:《周礼订义》,《文渊阁四库全书》第 93 册,上海古籍出版社,1987 年

〔宋〕穆修:《河南穆公集》,《四部丛刊初编》本

〔宋〕晁公武撰,孙猛校证:《郡斋读书志校证》,上海古籍出版社,1990 年

〔宋〕陈振孙:《直斋书录解题》,上海古籍出版社,1987 年

〔宋〕刘克庄:《后村集》,《文渊阁四库全书》第 1180 册,上海古籍出

版社,1987 年

　　［宋］李心传：《建炎以来朝野杂记》,中华书局,2000 年

　　［宋］李心传：《建炎以来系年要录》,《文渊阁四库全书》第 325—327 册,上海古籍出版社,1987 年

　　《两朝纲目备要》,《文渊阁四库全书》第 329 册,上海古籍出版社,1987 年

　　［宋］梁克家：《淳熙三山志》,《文渊阁四库全书》第 484 册,上海古籍出版社,1987 年

　　［宋］黄仲元：《四如集》,《文渊阁四库全书》第 1188 册,上海古籍出版社,1987 年

　　［宋］李焘：《续资治通鉴长编》,中华书局,2004 年

　　［宋］魏了翁：《鹤山集》,《文渊阁四库全书》第 1172 册,上海古籍出版社,1987 年

　　［宋］章如愚：《群书考索》,《文渊阁四库全书》第 936—938 册,上海古籍出版社,1987 年

　　［宋］罗大经：《鹤林玉露》,中华书局,1983 年

　　［宋］邵伯温：《邵氏闻见录》,中华书局,1983 年

　　［宋］叶梦得：《石林燕语》,中华书局,1984 年

　　［宋］赵彦卫：《云麓漫钞》,中华书局,1996 年

　　［元］脱脱等：《宋史》,中华书局,1985 年

　　［元］马端临：《文献通考》,中华书局,2011 年

　　［元］虞集：《道园学古录》,《文渊阁四库全书》第 1207 册,上海古籍出版社,1987 年

　　［明］王守仁：《王阳明全集》,上海古籍出版社,1992 年

　　［明］邵宝：《学史》,《文渊阁四库全书》第 688 册,上海古籍出版社,1987 年

〔明〕张四维辑：《名公书判清明集》，中华书局，1987 年

〔明〕陈邦瞻：《宋史纪事本末》，中华书局，2015 年

〔明〕李贽：《焚书》，中华书局，2009 年

〔明〕黄宗羲：《黄梨洲文集》，中华书局，2009 年

〔明〕黄宗羲、全祖望：《宋元学案》，中华书局，1986 年

〔明〕王夫之：《宋论》，中华书局，1964 年

〔清〕陆陇其：《读礼志疑》，《文渊阁四库全书》第 129 册，上海古籍出版社，1987 年

〔清〕汪绂：《参读礼志疑》，《文渊阁四库全书》第 129 册，上海古籍出版社，1987 年

〔清〕秦蕙田：《五礼通考》，《文渊阁四库全书》第 137—142 册，上海古籍出版社，1987 年

〔清〕徐松：《宋会要辑稿》，上海古籍出版社，2014 年

〔清〕毕沅：《续资治通鉴》，中华书局，1957 年

〔清〕朱彝尊：《经义考》，中华书局，1998 年

〔清〕凌廷堪：《校礼堂文集》，中华书局，1998 年

〔清〕焦循：《论语通释》，《续修四库全书》第 155 册，上海古籍出版社，2002 年

〔清〕高均儒：《续东轩遗集》，清光绪七年刻本

〔清〕张成孙：《端虚勉一居文集》，清宣统刻本

〔清〕方东树：《汉学商兑》，《续修四库全书》第 951 册，上海古籍出版社，2002 年

〔清〕陈澧：《东塾读书记》，生活·读书·新知三联书店，1998 年

〔清〕孙诒让：《周礼正义》，中华书局，2013 年

〔清〕阮元校刻：《十三经注疏》（清嘉庆刊本），中华书局，2009 年

〔清〕阮元：《揅经室集》，中华书局，1993 年

〔清〕永瑢等：《四库全书总目》，中华书局，1965 年

〔清〕王懋竑：《白田杂著》，《文渊阁四库全书》第 859 册，上海古籍出版社，1987 年

〔清〕王懋竑：《朱熹年谱》，中华书局，1998 年

〔清〕夏炘：《述朱质疑》，《续修四库全书》第 952 册，上海古籍出版社，2002 年

〔清〕孔继汾：《阙里文献考》，清乾隆二十七年刻本

〔清〕皮锡瑞：《经学通论》，中华书局，1954 年

〔清〕阎镇珩：《六典通考》，清光绪刻本

〔清〕魏源：《魏源全集》，岳麓书社，2004 年

〔清〕梨翔凤：《管子校注》，中华书局，2004 年

〔清〕王先谦：《荀子集解》，中华书局，1988 年

王国维：《王国维手定观堂集林》，浙江教育出版社，2014 年

丁传靖：《宋人轶事汇编》，中华书局，2003 年

（二）近现代研究著作

蔡方鹿：《朱熹经学与中国经学》，人民出版社，2004 年

陈安金、王宇：《永嘉学派与温州区域文化崛起研究》，人民出版社，2008 年

陈来：《朱子哲学研究》，华东师范大学出版社，2000 年

陈来：《宋明理学》，华东师范大学出版社，2003 年

陈来：《中国近世思想史研究》，商务印书馆，2003 年

陈来：《朱子书信编年考证》（增订本），生活·读书·新知三联书店，2007 年

陈来主编：《早期道学话语的形成与演变》，安徽教育出版社，2007 年

陈其泰、郭伟川、周少川：《二十世纪中国礼学研究论集》，学苑出版社，1998 年

陈荣捷：《朱子门人》，台北学生书局，1982 年

陈荣捷：《朱子新探索》，华东师范大学出版社，2007 年

陈荣捷：《朱学论集》，华东师范大学出版社，2007 年

陈成国：《中国礼制史·宋辽金夏卷》，湖南教育出版社，2001 年

陈成国：《中国礼制史·先秦卷》，湖南教育出版社，2002 年

崔大华：《儒学引论》，人民出版社，2000 年

戴君仁：《梅园论学集》，台北开明书店，1970 年

戴君仁：《戴静山先生全集》，台北戴顾志鹓，1980 年

杜海军：《吕祖谦年谱》，中华书局，2007 年

冯友兰：《中国哲学史新编》，人民出版社，1988 年

冯友兰：《三松堂全集》，河南人民出版社，2000 年

高明士编：《东亚传统家礼、教育与国法（一）：家族、家礼与教育》，华东师范大学出版社，2008 年

龚鹏程：《儒学反思录》，台北学生书局，2001 年

何俊：《南宋儒学建构》，上海人民出版社，2004 年

侯外庐：《中国思想通史》（四），人民出版社，1992 年

侯外庐、邱汉生、张岂之主编：《宋明理学史》，人民出版社，1997 年

胡志宏：《西方中国古代史研究导论》，大象出版社，2004 年

黄进兴：《圣贤与圣徒》，北京大学出版社，2005 年

黄宽重：《宋代家族与社会》，东大图书股份有限公司，2006 年

金春峰：《周官之成书及其反映的文化与时代新考》，东大图书股份有限公司，1993 年

李明辉：《中国经典诠释传统》（二），台湾喜玛拉雅研究发展基金会，2002 年

李泽厚：《新版中国古代思想史论》，天津社会科学院出版社，2008 年

李致忠：《宋版书叙录》，书目文献出版社，1994 年

梁庚尧：《南宋的农村经济》，新星出版社，2006 年

梁启超：《中国近三百年学术史》，东方出版社，1996 年

林素英：《古代祭礼中之政教观：以〈礼记〉成书前为论》，台北文津出版社有限公司，1997 年

蒙培元：《理学范畴系统》，人民出版社，1997 年

孟淑慧：《朱熹及其门人的教化理念与实践》，台湾大学出版委员会，2003 年

牟宗三：《心体与性体》，台北正中书局，1995 年

牟宗三：《从陆象山到刘蕺山》，上海古籍出版社，2001 年

牟宗三：《宋明儒学的问题与发展》，华东师范大学出版社，2004 年

彭林：《中国礼学在古代朝鲜的播迁》，北京大学出版社，2005 年

皮庆生：《宋代民众祠神信仰研究》，上海古籍出版社，2008 年

钱穆：《朱子新学案》，巴蜀书社，1986 年

钱穆：《中国近三百年学术史》，商务印书馆，1997 年

钱穆：《灵魂与心》，广西师范大学出版社，2004 年

钱锺书：《管锥编》（补订重排本），生活·读书·新知三联书店，2001 年

沈文倬：《菿闇文存——宗周礼乐文明与中国文化考论》，商务印书馆，2006 年

束景南：《朱熹佚文辑考》，江苏古籍出版社，1991 年

束景南：《朱子大传》，福建教育出版社，1992 年

束景南：《朱熹年谱长编》，华东师范大学出版社，2001 年

四川大学古籍整理研究所、四川大学宋代文化研究中心编：《宋代文

化研究》第十五辑，四川大学出版社，2008 年

唐君毅：《中国哲学原论·导论篇》，中国社会科学出版社，2005 年

汪惠敏：《宋代经学之研究》，台湾师大书苑出版社，1989 年

王启发：《礼学思想体系探源》，中州古籍出版社，2005 年

吴万居：《宋代三礼学》，台北"国立"编译馆，1999 年

萧永明：《北宋新学与理学》，陕西人民出版社，2001 年

徐复观：《中国人性论史·先秦篇》，上海三联书店，2001 年

徐复观：《中国思想史论集》，上海书店出版社，2004 年

杨新勋：《宋代疑经研究》，中华书局，2007 年

杨志刚：《中国礼仪制度研究》，华东师范大学出版社，2001 年

叶世昌：《中国经济思想简史》，上海人民出版社，1983 年

于述胜：《朱熹与南宋教育思潮》，山东大学出版社，1996 年

余英时：《士与中国文化》，上海人民出版社，2003 年

余英时：《朱熹的历史世界：宋代士大夫政治文化的研究》，生活·读书·新知三联书店，2004 年

张岂之主编：《中国思想学说史·宋元卷》，广西师范大学出版社，2007 年

张寿安：《十八世纪礼学考证的思想活力——礼教论争与礼秩重省》，台北"中央研究院"近代史研究所，2001 年

周予同著，邓秉元编：《中国经学史论著选编》，复旦大学出版社，2015 年

邹昌林：《中国古代国家宗教研究》，学习出版社，2004 年

〔美〕艾尔曼著，赵刚译：《经学、政治和宗族——中华帝国晚期常州今文学派研究》，江苏人民出版社，1998 年

〔美〕杜维明著，钱文忠、盛勤译：《道、学、政：论儒家知识分子》，上海人民出版社，2000 年

〔美〕韩森著，包伟民译：《变迁之神：南宋时期的民间信仰》，浙江人民出版社，1999 年

〔美〕赫伯特·芬格莱特著，彭国翔译：《孔子：即凡而圣》，江苏人民出版社，2002 年

〔美〕贾志扬：《宋代科举》，东大图书股份有限公司，1995 年

〔美〕贾志扬著，赵冬梅译：《天潢贵胄：宋代宗室史》，江苏人民出版社，2005 年

〔美〕刘子健著，赵冬梅译：《中国转向内在——两宋之际的文化内向》，江苏人民出版社，2002 年

〔美〕田浩：《朱熹的思维世界》，陕西师范大学出版社，2002 年

〔美〕田浩编，杨立华等译：《宋代思想史论》，社会科学文献出版社，2003 年

〔英〕柯林武德著，何兆武、张文杰译：《历史的观念》，商务印书馆，2009 年

〔法〕谢和耐著，黄建华、黄迅余译：《中国社会文化史》，湖南教育出版社，1994 年

〔德〕马克斯·韦伯著，王容芬译：《儒教与道教》，商务印书馆，1995 年

〔日〕沟口雄三、小岛毅主编，孙歌等译：《中国的思维世界》，江苏人民出版社，2006 年

〔日〕山根三芳：《朱子伦理思想研究》，东海大学出版社，1983 年

〔日〕山根三芳：《宋代礼说研究》，广岛株式会社溪水社，1995 年

〔日〕宇野精一：《宇野精一著作集》，东京明治书院，1987 年

〔韩〕卢仁淑：《朱子家礼及其对韩国礼学之影响》，人民文学出版社，2000 年

Robert P. Hymes, *Statesmen and Gentlemen：The Elite of Fu-*

chou，*Chiang-hsi*，*in Nothern and Southern Sung*，Cambridge University Press，1986

Patricia Buckley Ebrey，*Chu Hsi's Family Rituals*：*A Twelfth-century Chinese Manual for Performance of Cappings*，*Weddings*，*Funerals*，*and Ancestral Rites*，Princeton University Press，1991

Patricia Buckley Ebrey，*Confucianism and Family Rituals in Imperial China*：*A Social History of Writing About Rites*，Princeton University Press，1991

Kai-wing Chow，*The Rise of Confucian Ritualism in Late Imperial China*：*Ethics*，*Classics*，*and Lineage Discourse*，Stanford University Press，1994

二、期刊论文

〔日〕浦川源吾：《朱子的礼说》,《哲学研究》1922 年第 3 期

白寿彝：《〈仪礼经传通解〉考证》,《国立北平研究院院务汇报》1936 年第 4 期

〔日〕后藤俊瑞：《朱子的礼论》,《台北帝国大学文政学部哲学科研究年报》1941 年第 7 期

钱穆：《论宋代相权》,《中国文化研究汇刊》1942 年第 2 期

〔日〕牧野巽：《〈文公家礼〉的宗法意义》,《斯文》1943 年第 2 期

E. A. Kracke，"Sung Society：Change within Tradition"，*Far Eastern Quarterly*，Vol.14，No.4，1955

〔日〕兼永芳之：《〈朱文公家礼〉的一次考察》,《中国学研究》(广岛中国学会)1958 年第 11 期

〔日〕友枝龙太郎：《朱子祭田疑义》,《东方古代研究》1959 年第 9 期

戴君仁：《书朱子〈仪礼经传通解〉后》,《孔孟学报》1967 年第 14 期

戴君仁：《朱子〈仪礼经传通解〉与修门人及修书年岁考》,《文史哲学报》1967 年第 16 期

〔韩〕张哲洙：《以朱子家礼与四礼便览的丧礼为中心》,《韩国文化人类学》1973 年第 6 期

〔日〕上山春平：《朱子的礼学——〈仪礼经传通解〉研究序说》,《人文学报》1976 年第 41 期；另见《中国关系论说资料》,东京论说资料保存会,1976 年第 1 期

〔日〕户川芳郎：《〈和刻本〉仪礼经传通解》"解题",长泽规矩也、户川芳郎：《〈和刻本〉仪礼经传通解》,东京古典研究会,1980 年第 3 期

〔日〕上山春平：《朱子的〈家礼〉与〈仪礼经传通解〉》,《东方学报》1982 年第 54 期

高明：《朱子的礼学》,《辅仁学志》（文学院之部）1982 年第 11 期

Patricia Buckley Ebrey, "Conceptions of the Family in the Sung Dynasty", *Journal of Asian Studies*, Vol.43, No.2, 1984

王瑞来：《论宋代相权》,《历史研究》1985 年第 2 期

王启发：《朱子家礼小议》,《上饶师专学报》1987 年第 2 期增刊

Thompson Kirill, "Li and yi as Immanent: Chu Hsi's Thought in Practical Perspective", *Philosophy East and West*, Vol.38, No.1, 1988

王瑞来：《论宋代皇权》,《历史研究》1989 年第 1 期

陈来：《朱子〈家礼〉真伪考议》,《北京大学学报》（哲学社会科学版）1989 年第 3 期

顾仁毅：《从仪礼到文公家礼谈丧礼中的"饭"与"含"》,《国民教育》1991 年第 7、8 期

张国风：《〈家礼〉新考》,《北京图书馆馆刊》1992 年第 1 期

杨志刚：《〈司马氏书仪〉和〈朱子家礼〉研究》,《浙江学刊》1993 年第 1 期

〔韩〕琴章泰：《传统礼学的本质与现代价值上的研究》第 4 章《朱子家礼的形成过程》,《东洋哲学研究》1993 年第 14 期

张全明：《社仓制与青苗法比较刍议》,《史学月刊》1994 年第 1 期

张邦炜：《论宋代的皇权和相权》,《四川师范大学学报》(社会科学版)1994 年第 2 期

李衡眉：《宋代宗庙中的昭穆制度问题》,《河南大学学报》(社会科学版)1994 年第 4 期

杨志刚：《朱子〈家礼〉民间通用礼》,《传统文化与现代化》1994 年第 4 期

李衡眉：《历代昭穆制度中"始祖"称呼之误厘正》,《求是学刊》1995 年第 3 期

金春峰：《朱熹〈仁说〉剖析》,《求索》1995 年第 4 期

〔韩〕尹用男：《朱子礼说的体用理论分析》,《东洋哲学》1996 年第 7 期

〔韩〕朴美拉：《〈仪礼经传通解〉的体制中出现之朱子礼学思想》,《汉城大宗教与文化》1997 年第 3 期

赖文华：《朱子礼学中的妇女》,《中国文化月刊》1997 年第 205 卷

〔韩〕李吉杓、崔培英：《朱子〈家礼〉与对其中所出现之婚礼的考察：议婚、纳采、纳币》,《大韩家庭学会志》1998 年第 121 期

〔韩〕郑景姬：《朱子礼学的形成与〈家礼〉》,《汉城大韩国史论》1998 年第 39 卷

〔韩〕李范稷：《朱子家礼普及与性理学的理解》,《建国大教育论丛》1999 年第 32 卷

〔美〕包弼德：《唐宋转型的反思：以思想的变化为主》,《中国学术》2000 年第 3 辑

〔韩〕李丞涓：《国与家：以在〈朱子家礼〉中的出现为中心》,《东洋社

会思想》2000 年第 3 期

〔韩〕张斗宇：《朱熹礼学中"朱熹家礼"的位相企划意图》，《精神文化研究》2000 年第 80 卷

〔韩〕郑一均：《〈朱子家礼〉与礼的精神》，《韩国学报》2001 年第 27 期

朱汉民：《二程天理论的文化意义》，《湖南大学学报》（社会科学版）2001 年第 4 期

彭林：《论〈朱子家礼〉在朝鲜时代的播迁》，《华学》2001 年第 5 期

〔韩〕李吉杓、金仁玉：《〈朱子家礼〉与〈四礼便览〉中所出现之祭礼的文献之比较考察》，《生活文化研究》2001 年第 15 期

陈代湘：《朱熹对周敦颐宇宙本体论的继承与改造》，《上饶师范学院学报》（社会科学版）2002 年第 1 期

李华瑞：《南宋时期新学与理学的消长》，《史林》2002 年第 3 期

章启辉：《王夫之与程朱陆王格致论比较》，《船山学刊》2002 年第 4 期

颜炳罡：《依仁以成礼，还是设礼以显仁——从儒家的仁礼观看儒学发展的两种方式》，《文史哲》2002 年第 3 期

王维先、宫云维：《朱子〈家礼〉对日本近世丧葬礼俗的影响》，《浙江大学学报》（人文社会科学版）2003 年第 6 期

粟品孝：《文本与行为：朱熹〈家礼〉与其家礼活动》，《安徽师范大学学报》（人文社会科学版）2004 年第 1 期

李景林：《儒家丧祭理论与终极关怀》，《中国社会科学》2004 年第 2 期

〔美〕田浩：《所谓"朱子的社仓"与当代道学社群和政府里的士大夫的关系》，《黄山学院学报》2004 年第 4 期

杨世文、李国玲：《宋儒对仪礼的注解与辨疑》，《四川大学学报》（哲

学社会科学版)2004 年第 4 期

姜广辉:《论宋明理学与经学的关系》,《湖南大学学报》(社会科学版)2004 年第 5 期

皮庆生:《宋代的"车驾临奠"》,《台大历史学报》2004 年第 6 期

陈安金:《论永嘉学派与朱子学派的分歧》,《江汉论坛》2004 年第 7 期

Hoyt Cleveland Tillman, "Zhu Xi's Prayers to the Spirit of Confucius and Claim to the Transmission of the Way", *Philosophy East and West*, Vol.54, No.4, 2004

安国楼:《朱熹的礼仪观与〈朱子家礼〉》,《郑州大学学报》(哲学社会科学版)2005 年第 1 期

张国刚:《道学起源的历史视野——读余英时〈朱熹的历史世界：宋代士大夫政治文化研究〉》,《博览群书》2005 年第 1 期

王启发:《朱熹〈仪礼经传通解〉的编纂及其礼学价值》,《炎黄文化研究》2005 年第 3 期

焕力:《宋代君权强相权盛》,《人文杂志》2005 年第 6 期

王美华:《官方礼制的庶民化倾向与唐宋礼制下移》,《济南大学学报》(社会科学版)2006 第 1 期

张焕君:《宋代太庙中的始祖之争——以绍熙五年为中心》,《中国文化研究》2006 年第 2 期

郭善兵:《略述宋儒对周天子宗庙礼制的诠释——以宗庙庙数、祭祀礼制为考察中心》,《东方论坛》2006 年第 5 期

刘复生:《理想与现实之间——宋人的井田梦以及均田、限田和正经界》,《四川大学学报》(哲学社会科学版)2006 年第 6 期

方旭东:《道学的无鬼神论：以朱熹为中心的研究》,《哲学研究》2006 年第 8 期

何俊：《由礼转理抑或以礼合理：唐宋思想转型的一个视角》，《北京大学学报》（哲学社会科学版）2007 年第 6 期

林乐昌：《张载礼学论纲》，《哲学研究》2007 年第 12 期

潘斌：《王安石〈礼记〉学探论》，《社会科学辑刊》2008 年第 1 期

罗秉祥：《儒礼之宗教意涵——以朱子〈家礼〉为中心》，《兰州大学学报》（社会科学版）2008 年第 2 期

赵旭：《唐宋时期私家祖考祭祀礼制考论》，《中国史研究》2008 年第 3 期

陈彩云：《朱子〈家礼〉中的禁奢思想及对后世的影响》，《孔子研究》2008 年第 4 期

曾军：《"四书之〈大学〉〈中庸〉，非〈礼记〉之〈大学〉〈中庸〉"考释》，《重庆邮电大学学报》（社会科学版）2008 年第 5 期

Joseph A. Adler, "Zhu Xi's Spiritual Practice as the Basis of His Central Philosophical Concepts", *Dao*, Vol.7, No.1, 2008

肖永明：《书院祭祀中的道统意识》，《哲学与文化》2008 年第 9 期

孙显军：《朱熹的〈大戴礼记〉研究》，《苏州大学学报》（哲学社会科学版）2009 年第 1 期

牟坚：《朱子对"克己复礼"的诠释与辨析——论朱子对"以理易礼"说的批评》，《中国哲学史》2009 年第 1 期

三、学位论文

林美惠：《朱子学礼研究》，高雄师范学院国文研究所硕士学位论文，1985 年

张经科：《仪礼经传通解之家礼研究》，台湾"国立"政治大学中国文学研究所硕士学位论文，1989 年

孔志明：《朱子〈家礼〉对台湾婚礼、丧礼的影响》，高雄师范大学国文

研究所硕士学位论文,1997 年

　　〔韩〕宋在伦:《朱熹礼学思想的形成:〈家礼〉〈小学〉〈仪礼经传通解〉的阶段性发展》,高丽大学文学院硕士学位论文,1999 年

　　林革华:《朱熹〈仪礼经传通解〉"编纂"研究》,吉林大学历史文献学研究所硕士学位论文,2000 年

　　师琼珮:《朱子〈家礼〉对家的理解——以祠堂为探讨中心》,台北中国文化大学史学研究所硕士学位论文,2002 年

　　〔韩〕权利顺:《随着朱子家礼的固定化丧服变化之研究》,釜山东亚大学教育学院硕士学位论文,2002 年

　　孙致文:《朱熹〈仪礼经传通解〉研究》,台北"中央大学"文学研究所博士学位论文,2004 年

四、会议论文

　　〔韩〕崔根德:《〈朱子家礼〉在韩国之受容与展开》,《国际朱子学会议论文集》上册,台北"中央研究院"中国文哲研究所筹备处,1993 年

　　蒋义斌:《朱熹的乐论》,钟彩钧主编:《国际朱子学会议论文集》下册,台北"中央研究院"中国文哲研究所,1993 年

　　蒋义斌:《朱熹对宗教礼俗的探讨——以塑像、画像为例》,《第二届宋史学术研讨会论文集》,1996 年

　　龚鹏程:《生活儒学的重建:以朱熹礼学为例》,淡江大学中国文学系主编:《台湾儒学与现代生活国际学术研讨会论文集》,台北市文化局,2000 年

　　李丰楙:《朱子家礼与闽台家礼》,"朱子学与东亚文明讨论会——纪念朱子逝世八百周年朱子学会议"(台北"中央研究院"中国文哲研究所筹备处主办)论文,2000 年

　　〔美〕田浩:《朱熹的鬼神观与道统观》,《迈入 21 世纪的朱子学——

纪念朱熹诞辰 870 周年、逝世 800 周年论文集》，华东师范大学出版社，2001 年

　　王贻樑：《〈仪礼经传通解〉与朱熹礼学思想体系》，《迈入 21 世纪的朱子学——纪念朱熹诞辰 870 周年、逝世 800 周年论文集》

　　朱瑞熙：《朱熹的服装观》，《迈入 21 世纪的朱子学：纪念朱熹诞辰 870 周年、逝世 800 周年论文集》

　　徐远和：《朱熹礼乐思想简论》，武夷山朱熹研究中心编：《朱子学与 21 世纪国际学术研讨会论文集》，三秦出版社，2001 年

　　〔韩〕郑相峰：《朱熹伦理思想与 21 世纪》，武夷山朱熹研究中心编：《朱子学与 21 世纪国际学术研讨会论文集》

　　张品端：《〈朱子家礼〉对朝鲜礼学发展的影响》，武夷山朱熹研究中心编：《朱子学与 21 世纪国际学术研讨会论文集》

　　彭林：《朱熹的礼学观》，"宋代经学国际研讨会"（台北"中央研究院"中国文哲研究所主办）论文，2002 年

　　陈戍国：《论六经总以礼为本》，浙江大学古籍研究所编：《礼学与中国传统文化：庆祝沈文倬先生九十华诞国际学术研讨会论文集》，中华书局，2006 年

五、报刊文献

　　詹子庆：《〈礼记〉的史学价值》，《光明日报》2001 年 4 月 10 日

　　龚鹏程：《生活儒学的重建：东亚儒学发展的新途径》，"儒学联合论坛"2004 年 12 月 26 日

　　周桂钿：《当代儒学发展的新趋势》，《光明日报》2006 年 7 月 15 日

后 记

本书是在我博士学位论文的基础上修改而成的。说是修改，其实仍然抱憾。近年来朱熹礼学的研究成果不断涌现，我虽然有所涉猎，如吾妻重二、刘丰、乔秀岩、叶纯芳等先生的成果，但竟未在此书的修改中体现。一方面是因为我在继续探索"宋代礼学与理学"这一课题，主要将其成果吸收至另一书稿中；另一方面则是希望不加修饰地展现原来论文的青涩。正因为准备将礼学的探索持之一生，所以索性"抱残守阙"慢慢走。

如果说博士阶段能在古老的岳麓书院求学是一段"美的历程"，那么博士期间阅读和研究朱熹，则无疑是一次冒险而又艰苦的学术旅程。朱熹的精深与刻苦，一方面深深地影响了我；另一方面又使我产生了强烈的自卑感：他的学术、思想和精神永远是一座高峰，令攀登者常觉自愧不如，难以企及。我在尝试着了解他的同时，又自然地产生想要摆脱他的影响的叛逆情绪，常常陷入欲罢不能的境地。于是在明知不可为而为之的处境下，最终为朱熹临终前的嘱托"下艰苦功夫"所激励，决心将此著当作交给研究对象朱熹的一份作业，以求心安。反躬自问时仍不免焦灼：朱熹若在，书中的观点他会认同吗？

如果没有导师肖永明教授的引领和指导，我不知道自己是否能够坚定信心并保持研究的热情。肖老师主张博士的学习应先泛观博览，有一定的学术积累和视野后再确立专精的领域和课题。他特别擅长启发式教学，能灵活巧妙地运用苏格拉底产婆术。当选题确定后，肖老师曾鼓励我尝试多种研究方法——哲学史的，思想史的，与社会史、政治史相结合的，但最终又尊重我的偏好、探索和发现。从阅读文献到论文的写作，肖老师的精心指导、不断质问一直贯穿其中，常常使我有豁然开朗、醍醐灌顶之感。肖老师开阔的学术视野、好学深思的探索精神以及严毅秉直的人品深深影响、鞭策着我。在拙著即将出版之际，谨将最诚挚的敬意和谢意献给肖老师。

三《礼》学的启蒙得益于陈戍国教授的讲授和指导。在第二次选读《礼记》课时，陈老师有针对性地结合朱熹礼学来展开课程，提醒我谨慎处理《家礼》的真伪问题，这些都使我受益匪浅。一个个下午静静地坐在明伦堂古色古香的教室，听着陈老师的课，偶尔朝窗外望望那棵绿苔、青草缠身的丫字形百年枫树，是我博士求学期间最难忘的上课记忆。可惜这棵枫树在 2014 年 8 月暴雨时轰然倒下，让人欷歔不已。

感谢朱汉民教授春风化雨般的启发与指导。朱老师提出应深入了解朱熹思想中的礼、理关系到底如何，整个宋代礼学与理学之间有着怎样的联系与纠葛，这成为我多年来不断思索的主要问题。感谢姜广辉教授、章启辉教授的指导。此论文研究方法的确定，直接得益于姜老师论著的启发，在论文章节的展开和处理上，姜老师也提出了许多参考意见。章老师提出应关注朱熹礼学思想与宋代礼学思想发展之间的关系，这一直伴随我的阅读与思考。

感谢张松辉教授、陈先初教授、于振波教授在论文开题论证时的指导。论文原题为《朱熹礼学思想体系及其建构》，依张教授建议改为现题。陈教授对我如何展开思想史与社会史的结合充满兴趣，提出了很好的建议。

　　我还要将谢意传达给美国亚利桑那州立大学的田浩（Hoyt Cleveland Tillman）教授和华东师范大学终身教授朱杰人先生。2008年底我很冒昧地通过电子邮件与田浩教授取得联系。与朱杰人教授讨论后，田教授对我的论文充满兴趣，鼓励我潜心完成论文，并指导我阅读了不少英文资料。我的研究从田教授的著作中获益良多，非常感谢田教授的期望与鼓励。

　　感谢韩国大邱国立大学的张闰洙教授为我寄来日、韩礼学研究资料。感谢台湾"中研院"张寿安教授寄来宋代礼学研究资料。安阳师院的王志跃老师在通读我的博士论文后提出了详尽细致的修改意见，使我感受到学界同人的切磋之乐。感谢书院御书楼车今花老师帮助我翻译、处理了一些韩文资料，感谢张子峻帮助我查找核对台湾的文献资料。

　　我的同学彭爱华、张天杰、曾小明、吴增礼、王胜军、王小明、戴金波、何方、罗山等曾帮我不厌其烦、一遍遍地审读论文章节。他们的质疑促进了我的思考，他们的修改使我避免了许多文句的错讹，他们的才华也常常让我惊叹和佩服。感谢积极组织和参与明伦堂讲会以及朱张读书会的钱永生、谢丰、周晓露、万琼华、张晶萍、吴国荣、周之翔、黄梓根、刘平、彭昊等诸多师友。大家的讨论交流促进了我的思考，大家的真诚友谊更是我一生无尽的宝贵财富。感谢中华书局编辑胡正娟和黄飞立两位老师的审校，正是因为他们的努力，此书才能最终面世。

　　另外需要说明的是，本书的部分章节有幸在一些刊物上发表。如绪论部分，以《朱熹礼学研究综述》为名发表于2010年第1期的《朱子学刊》。第二章"朱熹的《周礼》学思想"曾发表在2008年第1期的《湖南大学学报》（社会科学版）上。第三章第二节"《仪礼经传通解》的编撰及其在朱熹学术思想中的地位"，2012年由韩国成均馆大学校儒教文化研究所刊于《儒教文化研究》（国际版）第十七辑。第四章第二节曾以《天理与人文的统一——朱熹论礼、理关系》为名发表在《中国哲学史》2011 年第 4 期，同时被人大复印资料（中国哲学）2012 年第 2 期全文收录。第五章第一节"祭之理的追索——朱熹的鬼神观与祭祀思想"、第三节"学术与政治纠结中的朱熹祧庙之议"分别发表于《湖南大学学报》（社会科学版）2012 年第 1 期和 2009 年第 4 期。第六章"朱熹礼学思想的特点"则发表在 2012 年出版的《暨南史学》第七辑上。感谢以上刊物的厚爱和授权出版。

最后我要将谢意和爱意送给我的家人。他们一直以来鼓励我做自己想做的事，也相信我能做好自己的事，这是我无尽的动力与源泉。与论文相伴而生的是我亲爱的儿子，我给他取名"中和"，借以纪念这段美好的求学、研究时光。我也非常乐意以一己之得与他分享生命的喜悦。

殷　慧

2017 年 7 月 7 日

于岳麓书院半学斋